CJ그룹 기업분석 INTRODUCE

CJ는 ONLYONE 정신으로 세계인의 문화를 만들어 간다.

◆ 전략목표

CULTURE

문화를 만드는 일은 CJ가 가장 잘하는 일이다. CJ는 우리의 아름다운 문화를 전 세계인들에게 알리기 위해 가장 앞서 달리고 있다. 세계의 라이프스타일을 주도하는 한류의 중심에 CJ가 있다.

GLOBAL

전 세계인이 일상생활 속에서 한국의 영화, 음식, 드라마, 음악을 마음껏 즐기며 일상의 행복을 누리게 되는 것 그리고 이를 가장 앞서서 이끄는 최고의 생활문화기업이 되는 것이 바로 CJ의 꿈이다.

ONLYONE

ONLYONE 정신은 모든 면에서 최초, 최고, 차별화를 추구하는 CJ가 최우선으로 지향하는 가치다. 이를 바탕으로 CJ는 남들이 하지 않은 새로운 제품과 서비스, 시스템, 사업을 지속적으로 창출해 가고 있다.

머리말 PREFACE

삼성그룹의 모태 기업으로 자리했던 CJ그룹은 창립기와 도약기를 거쳐 종합식품회사로 성장하고 이를 발판으로 첨단 기술 개발과 해외 진출을 시작했다. 1990년대 중반, 삼성그룹으로부터 독립한 이후에는 독자적인 사업 다각화를 통해 식품&식품서비스, 생명공학, 신유통, 엔터테인먼트&미디어의 4대 핵심 사업군을 구축, 현대 4대 핵심 사업군에서의 Leading Company로 성장했다.

이에 맞추어 CJ그룹은 채용절차에서 업무에 필요한 기초직무수행능력과 가치관을 알아봄으로써 수험생들이 CJ그룹 인재상에 부합하는 인재인지 객관적으로 검증하기 위해 적성검사(Cognitive Ability Test)와 인성검사(CJ Culture Fit Test)를 실시한다.

2018년 하반기와 2019년 하반기에 시행한 CAT에서 많은 변화를 선보였던 CJ그룹은 2020년부터 CAT와 CIT, 논술시험 등 계열사별로 별도의 시험을 치르기 시작했으며, 나아가 2021년 상반기부터는 새로운 유형이 반영된 온라인 CAT를 선보였다.

이에 시대에듀에서는 수험생들이 CJ그룹 CAT 온라인 적성검사에 대한 '철저한 준비'가 가능하도록 다음과 같은 특징을 지닌 본서를 출간하게 되었다.

도서의 특징

❶ 최신 기출유형을 반영한 기출유형 뜯어보기를 수록하여 풀이방법과 이에 따른 팁을 학습할 수 있도록 하였다.
❷ 2025~2017년까지의 CJ그룹 CAT 온라인 적성검사 9개년 기출복원문제를 수록하여 CJ그룹만의 출제경향을 한눈에 파악할 수 있도록 하였다.
❸ 2025~2023년 3개년 주요기업 기출복원문제를 수록하여 다양한 기업의 출제유형을 학습할 수 있도록 하였다.

끝으로 본서로 CJ그룹 입사를 준비하는 여러분 모두의 건강과 합격을 진심으로 기원한다.

SDC(Sidae Data Center) 씀

합격의 공식 Formula of pass | 시대에듀 www.sdedu.co.kr

◇ **미션**

> ONLYONE 제품과 서비스로 최고의 가치를
> 창출하여 국가사회에 기여한다.

◇ **비전**

> 건강, 즐거움, 편리를 창조하는 글로벌 생활문화기업

◇ **핵심가치**

인재	ONLYONE	상생
일류인재, 강유문화	최초, 최고, 차별화	생태계 조성, 공유가치

◇ **행동원칙**

2025년 하반기 기출분석 ANALYSIS

총평

2025년 하반기 CJ그룹 CAT 온라인 인적성검사는 상반기와 동일한 문항 수, 영역으로 출제되었다. 4가지 영역 중 언어이해 영역의 지문이 짧고 선지가 명확하여 비교적 쉽게 느껴졌으며, 자료해석 영역에서 시간이 부족했다는 후기가 많았다. 전체적으로 평이한 수준의 시험이지만, 문제 수에 비해 시간이 부족하고, 온라인 시험 환경 등 애로사항이 있을 수 있으므로 평소에 실제 시험 환경을 최대한 비슷하게 조성하여 연습하고 준비해야 한다.

◆ 핵심전략

CJ그룹은 계열사마다 시험명, 시험방식에 차이가 있다. 그러므로 인적성검사를 준비하기 전 지원하는 계열사의 공고와 후기를 꼼꼼히 살펴봐야 한다.

CAT는 영역별로 제한시간이 있고, 한 영역의 제한시간이 끝나면 자동으로 다음 영역으로 넘어간다. 영역 내에서 문항 이동은 앞뒤로 자유롭게 가능하다. 따라서 짧은 시간 안에 확실한 정답을 도출할 수 있는 문제를 먼저 풀고, 남는 시간에 어렵고 시간이 오래 걸리는 문제를 정확하게 푸는 데 집중한다. 적성검사 시 프로그램 내에서 계산기와 메모장이 제공되므로 본서의 온라인 모의고사를 풀 때 계산기와 메모장을 옆에 띄워놓고 활용하면서 푸는 연습을 하면 실전 감각을 키우는 데 도움이 될 것이다.

◆ 시험진행

구분	영역	문항 수	제한시간
적성검사 (CAT)	언어이해	20문항	15분
	언어추리	20문항	15분
	자료해석	20문항	15분
	창의수리	20문항	15분
인성검사 (CFT)	PART 1	275문항	45분
	PART 2	90문항	15분

합격의 공식 Formula of pass | 시대에듀 www.sdedu.co.kr

◆ 영역별 출제비중

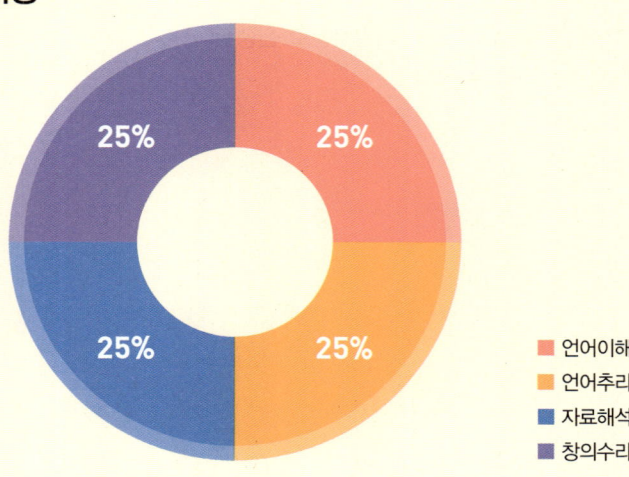

- 언어이해
- 언어추리
- 자료해석
- 창의수리

◆ 영역별 출제특징

구분	영역	출제특징
적성검사 (CAT)	언어이해	• 지문의 주제를 찾는 문제 • 지문과 일치하는 내용을 찾는 문제 • 문단 순서를 바르게 나열하는 문제
	언어추리	• 제시된 명제를 통해 참/거짓을 추론하는 문제 • 제시된 결론의 옳고 그름을 판단하는 문제 • 지문의 주장을 반박하는 내용을 찾는 문제
	자료해석	• 표에 제시된 수치를 해석하는 문제 • 증감률, 이익률 등을 계산하는 문제
	창의수리	• 거리·속력·시간, 농도 등 일차방정식을 활용하는 문제 • 직원 비율을 이용해 직원 수를 구하는 문제

신입사원 채용 안내 INFORMATION

◆ **모집시기**
① 상반기와 하반기에 인력소요가 있는 계열사별로 진행한다.
② 계열사별 채용 시기가 다를 수 있다.

◆ **지원방법**
① CJ그룹 채용 홈페이지(recruit.cj.net)에 로그인하여 원하는 공고를 클릭한다.
② 채용공고에 따라 지원서를 작성하고 접수기간 내에 제출한다.
③ 이후 해당 계열사의 전형 절차에 따라 응시한다.

◆ **채용절차**

지원서 작성 → 서류전형 → TEST 전형 → 면접전형 → 최종합격

❖ 채용절차는 채용유형 · 직무 · 시기 등에 따라 변동될 수 있으니 반드시 CJ에서 발표하는 채용공고를 확인하기 바랍니다.

온라인 시험 Tip TEST TIP

◇ **필수 준비물**
1. 타인과 접촉이 없으며 원활한 네트워크 환경이 조성된 응시 장소
2. 권장 사양에 적합한 PC, 스마트폰 및 주변기기(웹캠, 마이크, 스피커, 키보드, 마우스 등)
3. 신분증(주민등록증, 운전면허증, 여권, 외국인등록증 중 택 1)

◇ **온라인 인적성검사 프로세스**
1. 전형 안내사항 확인
2. 응시자 매뉴얼 숙지/검사 프로그램 다운로드 및 설치
3. 지정 기한 내 사전점검 진행(해당 계열사 한정)
4. 본 검사 응시

◇ **유의사항**
1. 같은 계열사라도 직군에 따라 문제 유형이나 시험 방식에 차이가 있을 수 있다.
2. 노트북 웹캠과 스마트폰으로 시험 감독이 진행되므로 행동에 유의한다.
3. 프로그램 내 계산기, 메모장, 그림판만 사용 가능하며, 필기구는 일절 사용 불가하다.
4. 실제 시험시간 이외에도 별도의 점검 시간이 소요되므로 시간 관리에 유의한다.
5. 인성검사는 응시 중 이전 페이지로 이동이 불가하므로 정확히 체크했는지 확인한다.

◇ **알아두면 좋은 Tip**
1. 원활한 시험 진행을 위해 책상 및 주변 정리가 필요하다.
2. 개인용 핫스팟은 사용이 불가하며 네트워크 연결 이상 여부를 잘 확인해야 한다.
3. PC 전원공급 상태를 확인하고, 배터리 충전기는 미리 꽂아두어야 한다.
4. 시험에 응시하기 전 반드시 안내사항과 매뉴얼을 숙지한다.
5. 적성검사의 경우 영역별 안내 시간이 있으며, 적성검사가 끝난 뒤 실시될 인성검사를 위해 평소 CJ그룹의 인재상에 대해 숙지해 둔다.

주요 대기업 적중 문제 TEST CHECK

CJ

언어이해 ▶ 주제·제목 찾기

15 다음 글의 제목으로 가장 적절한 것은?

> 주어진 개념에 포섭시킬 수 없는 대상(의 표상)을 만난 경우, 상상력은 처음에는 기지의 보편에 포섭시킬 수 있도록 다양한 직관을 종합할 것이다. 말하자면 뉴턴의 절대 공간, 역학의 법칙 등의 개념(보편)과 자신이 가지고 있는 특수(빛의 휘어짐)가 일치하는가, 조화로운가를 비교할 것이다. 하지만 일치하는 것이 없으므로, 상상력은 또다시 여행을 떠난다. 즉 새로운 형태의 다양한 종합 활동을 수행해 볼 것이다. 이것은 미지의 세계로 향한 여행이다. 그리고 이 여행에는 주어진 목적지가 없기 때문에 자유롭다.
>
> 이런 자유로운 여행을 통해 예들 들어 상대 공간, 상대 시간, 공간의 만곡, 상대성 이론이라는 새로운 개념들을 가능하게 하는 새로운 도식들을 산출한다면, 그 여행은 종결될 것이다. 여기서 우리는 왜 칸트가 상상력의 자유로운 유희라는 표현을 사용하는지 이해할 수 있게 된다. '상상력의 자유로운 유희'란 이렇게 정해진 개념이나 목적이 없는 상황에서 상상력이 그 개념이나 목적을 찾는 과정을 의미한다고 볼 수 있다. 이는 게임이다. 그리고 그 게임에 있어서 반드시 성취해야 할 그 어떤 것이 없다면, 순수한 놀이(유희)가 성립할 수 있을 것이다.
>
> — 칸트, 『판단력비판』

자료해석 ▶ 자료해석

15 다음은 C기업의 신입사원 채용 현황에 대한 자료이다. 이에 대한 설명으로 옳지 않은 것은?

〈신입사원 채용 현황〉
(단위 : 명)

구분	입사지원자 수	합격자 수
남성	680	120
여성	320	80

① 남성 합격자 수는 여성 합격자 수의 1.5배이다.
② 총입사지원자 중 합격률은 20%이다.
③ 여성 입사지원자의 합격률은 25%이다.
④ 합격자 중 남성의 비율은 70% 이상이다.
⑤ 총입사지원자 중 여성 입사지원자의 비율은 30% 이상이다.

창의수리 ▶ 농도

17 농도가 다른 두 소금물 A와 B를 각각 100g씩 섞으면 농도 10%의 소금물이 되고, 소금물 A를 100g, 소금물 B를 300g 섞으면 농도 9%의 소금물이 된다. 소금물 A의 농도는?

① 10% ② 12%
③ 14% ④ 16%
⑤ 18%

삼성

수리 ▶ 경우의 수

01 남자 5명과 여자 4명이 함께 있는 모임이 있다. 모임에서 성별마다 대표, 부대표를 한 명씩 선출하려고 할 때, 선출 가능한 경우의 수는 총 몇 가지인가?

① 240가지
② 120가지
③ 80가지
④ 40가지
⑤ 20가지

수리 ▶ 자료계산

18 매년 8월 S전자상가의 에어컨 판매 수량이 다음과 같이 일정한 규칙으로 증가할 때 2025년 8월의 에어컨 판매량은?

〈연도별 8월 에어컨 판매량〉
(단위 : 대)

구분	2018년 8월	2019년 8월	2020년 8월	2021년 8월	2022년 8월
판매량	2	11	20	29	38

① 95대
② 86대
③ 74대
④ 65대
⑤ 56대

추리 ▶ 벤 다이어그램

03
전제1. 환율이 오르면 어떤 사람은 X주식을 매도한다.
전제2. X주식을 매도한 모든 사람은 Y주식을 매수한다.
결론. _____

① 환율이 오르면 모든 사람은 Y주식을 매수한다.
② 환율이 오르면 어떤 사람은 Y주식을 매수한다.
③ 모든 사람이 X주식을 매도하면 환율이 오른다.
④ 모든 사람이 Y주식을 매수하면 환율이 오른다.
⑤ Y주식을 매도한 모든 사람은 X주식을 매수한다.

주요 대기업 적중 문제 TEST CHECK

SK

언어이해 ▶ 나열하기

※ 다음 제시된 문장 또는 문단을 논리적 순서대로 바르게 나열한 것을 고르시오. [16~17]

16
- (가) 르네상스와 종교개혁을 거치면서 성립된 근대 계몽주의는 중세를 지배했던 신(神) 중심의 사고에서 벗어나 합리적 사유에 근거한 인간 해방을 추구하였다.
- (나) 하지만 이 같은 문명의 이면에는 환경 파괴와 물질만능주의, 인간소외와 같은 근대화의 병폐가 숨어 있었다.
- (다) 또한 계몽주의의 합리적 사고는 자연과학의 성립으로 이어졌으며, 우주와 자연에서 신비로운 요소를 걷어낸 과학 기술의 발전은 인류에게 그 어느 때보다 풍요로운 물질적 부를 가져왔다.
- (라) 인간의 무지로부터 비롯된 자연에 대한 공포가 종교적 세계관을 낳았지만, 계몽주의는 이성과 합리성을 통해 이를 극복하였다.

① (가) - (나) - (다) - (라)
② (가) - (다) - (나) - (라)
③ (라) - (가) - (다) - (나)
④ (라) - (나) - (다) - (가)
⑤ (라) - (다) - (가) - (나)

창의수리 ▶ 거리 · 속력 · 시간

03 누리와 수연이는 같이 운동을 하기로 했다. 누리는 걸어서, 수연이는 자전거를 타고 운동을 했으며, 운동을 시작한 위치는 같았다. 누리가 15km를 먼저 이동했고, 수연이는 자전거를 이용해서 누리보다 10km/h 빠르게 움직인다. 수연이가 자전거를 타고 40km를 이동해서 누리를 만났다면, 두 사람이 함께 운동한 시간은?

① 1시간
② 1시간 30분
③ 2시간
④ 2시간 30분
⑤ 3시간

수열추리 ▶ 수열

10
| 84 | 80 | 42 | 20 | 21 | ( ) | 10.5 | 1.25 |

① 3
② 4
③ 5
④ 6
⑤ 7

LG

언어이해 ▶ 사실적 독해

10 다음 글의 내용으로 가장 적절한 것은?

> 1896년 『독립신문』 창간을 계기로 여러 가지 애국가 가사가 신문에 게재되기 시작했는데, 어떤 곡조에 따라 이 가사들을 노래로 불렀는지는 명확하지 않다. 다만 대한제국이 서구식 군악대를 조직해 1902년 '대한제국 애국가'라는 이름의 국가(國歌)를 만들어 나라의 주요 행사에 사용했다는 기록은 남아 있다. 오늘날 우리가 부르는 애국가의 노랫말은 외세의 침략으로 나라가 위기에 처해있던 1907년을 전후하여 조국애와 충성심을 북돋우기 위하여 만들어졌다.
> 1935년 해외에서 활동 중이던 안익태는 오늘날 우리가 부르고 있는 국가를 작곡하였다. 대한민국 임시정부는 이 곡을 애국가로 채택해 사용했으나 이는 해외에서만 퍼져나갔을 뿐, 국내에서는 광복 이후 정부수립 무렵까지 애국가 노랫말을 스코틀랜드 민요에 맞춰 부르고 있었다. 그러다가 1948년 대한민국 정부가 수립된 이후 현재의 노랫말과 함께 안익태가 작곡한 곡조의 애국가가 정부의 공식 행사에 사용되고 각급 학교 교과서에도 실리면서 전국적으로 애창되기 시작하였다.
> 애국가가 국가로 공식화되면서 1950년대에는 대한뉴스 등을 통해 적극적으로 홍보가 이루어졌다. 그리고 '국기게양 및 애국가 제창 시의 예의에 관한 지시(1966)' 등에 의해 점차 국가의례의 하나로 간주되었다.
> 1970년대 초에는 공연장에서 본공연 전에 애국가가 상영되기 시작하였다. 이후 1980년대 중반까지

언어추리 ▶ 배열하기 · 묶기 · 연결하기

16 기말고사를 치르고 난 후 A~E 5명이 다음과 같이 성적에 대해 이야기를 나누었다. 이들 중 1명이 거짓을 말한다고 할 때, 항상 참인 것은?(단, 동점은 없으며 모든 사람은 진실 또는 거짓만 말한다)

> · A : E는 1등이고, D는 C보다 성적이 높아.
> · B : B는 E보다 성적이 낮고, C는 A보다 성적이 높아.
> · C : A는 B보다 성적이 낮아.
> · D : B는 C보다 성적이 높아.
> · E : D는 B보다, A는 C보다 성적이 높아.

① B가 1등이다.
② A가 2등이다.
③ E가 2등이다.
④ B는 3등이다.
⑤ D가 3등이다.

창의수리 ▶ 수열

05 일정한 규칙으로 수를 나열할 때, 빈칸에 들어갈 수로 알맞은 것은?

| 174 | 172 | 169 | 168 | 166 | 163 | 162 | 160 | ( ) | 156 |

① 157
② 158
③ 159
④ 160
⑤ 161

도서 200% 활용하기 STRUCTURES

기출유형 뜯어보기

CJ그룹의 최신 출제경향을 바탕으로 구성한 영역별 대표유형과 상세한 해설을 수록하여 각 영역의 출제경향 및 학습방법을 확인하고 학습할 수 있도록 하였다.

9개년 기출복원문제

2025~2017년까지의 CJ그룹 CAT 온라인 적성검사 기출복원문제를 수록하여 변화하는 출제경향을 파악하고 분석할 수 있도록 하였다.

2025~2023년 주요기업 기출복원문제

삼성, KT, 포스코, SK, LG 등 주요기업의 2025~2023년 3개년 기출복원문제를 영역별로 수록하여 변화하고 있는 적성검사 유형에 대비하고 연습할 수 있도록 하였다.

Easy & Hard로 난이도별 시간 분배 연습

문제별 난이도를 표시하여 시간을 절약해야 하는 문제와 투자해야 하는 문제를 구분하여 학습할 수 있도록 하였다.

정답 및 오답분석으로 풀이까지 완벽 마무리

정답에 대한 자세한 해설은 물론 문제별로 오답분석을 수록하여 오답이 되는 이유를 바르게 이해할 수 있도록 하였다.

이 책의 차례 CONTENTS

PART 1 기출유형 뜯어보기

CHAPTER 01	언어이해	2
CHAPTER 02	언어추리	12
CHAPTER 03	자료해석	20
CHAPTER 04	창의수리	28

PART 2 기출복원문제

CHAPTER 01	2025년 하반기 기출복원문제	46
CHAPTER 02	2025년 상반기 기출복원문제	58
CHAPTER 03	2024년 하반기 기출복원문제	69
CHAPTER 04	2024년 상반기 기출복원문제	80
CHAPTER 05	2023년 하반기 기출복원문제	92
CHAPTER 06	2023년 상반기 기출복원문제	105
CHAPTER 07	2022년 하반기 기출복원문제	118
CHAPTER 08	2022년 상반기 기출복원문제	127
CHAPTER 09	2021년 하반기 기출복원문제	134
CHAPTER 10	2021년 상반기 기출복원문제	141
CHAPTER 11	2020년 기출복원문제	148
CHAPTER 12	2019년 하반기 기출복원문제	154
CHAPTER 13	2019년 상반기 기출복원문제	162
CHAPTER 14	2018년 하반기 기출복원문제	170
CHAPTER 15	2018년 상반기 기출복원문제	177
CHAPTER 16	2017년 하반기 기출복원문제	184
CHAPTER 17	2017년 상반기 기출복원문제	190

PART 3 3개년 주요기업 기출복원문제 198

별 책 정답 및 해설

PART 2 기출복원문제	2
PART 3 3개년 주요기업 기출복원문제	78

PART 1

기출유형 뜯어보기

CHAPTER 01 언어이해
CHAPTER 02 언어추리
CHAPTER 03 자료해석
CHAPTER 04 창의수리

CHAPTER 01 | 언어이해 사실적 독해

> **유형분석**
> - 제시문의 세부적인 내용을 이해할 수 있는지를 평가하는 유형이다.
> - 경제·경영·철학·역사·예술·과학 등 다양한 분야에 관련된 지문이 제시되므로 폭넓은 독서를 해야 한다.

다음 글의 내용으로 적절하지 않은 것은?

2. 선택지에 체크한 핵심어와 관련된 내용을 제시문에서 파악하며 제시문의 내용과 비교

생물 농약이란 농작물에 피해를 주는 병이나 해충, 잡초를 제거하기 위해 자연에 있는 생물로 만든 천연 농약을 뜻한다. 생물 농약을 개발한 것은 흙 속에 사는 병원균으로부터 식물을 보호할 목적에서였다. 뿌리를 공격하는 병원균은 땅속에 살고 있으므로 병원균을 제거하기에 어려움이 있었다. 게다가 화학 농약의 경우 그 성분이 토양에 달라붙어 제 기능을 발휘하지 못했기 때문에, 식물 성장을 돕고 항균 작용을 할 수 있는 미생물에 주목하기 시작한 것이다. ── ① 일치

식물 성장을 돕고 항균 작용을 하는 미생물집단을 '근권미생물'이라 하는데, 여러 종류의 근권미생물 중 농약으로 쓰기에 가장 좋은 것은 뿌리에 잘 달라붙는 것들이다. 근권미생물의 입장에서 뿌리 주변은 사막의 오아시스와 비슷한 조건이다. 뿌리 주변은 뿌리에서 공급되는 양분과 안락한 서식 환경을 제공받지만, 뿌리 주변에서 멀리 떨어진 곳은 황량한 지역이어서 먹을 것을 찾기가 어렵기 때문이다. 따라서 뿌리 주변에서는 좋은 위치를 선점하기 위해 미생물 간에 치열한 싸움이 벌어진다. 얼마나 뿌리에 잘 정착하느냐가 생물 농약으로 사용되는 미생물을 결정하는 데 중요한 기준이 되는 셈이다. ── ④ 일치

생물 농약으로 쓰이는 미생물은 식물 성장을 돕는 성질을 포함한다. 미생물이 만든 항균물질은 농작물의 뿌리에 침입하려는 곰팡이나 병원균의 성장을 억제하거나 죽게 한다. 그리고 병원균이나 곤충, 선충에 기생하는 종들을 사용한 생물 농약은 유해 병원균이나 해충을 직접 공격하기도 한다. 예를 들자면, 흰가루병은 채소 대부분에 생겨나는 곰팡이 때문에 발생하는데, 흰가루병을 일으키는 곰팡이의 영양분을 흡수해 죽이는 천적 곰팡이(암펠로마이세스 퀴스콸리스)를 이용한 생물 농약이 만들어졌다. ── ⑤ 불일치

① 화학 농약은 화학 성분이 토양에 달라붙어 제 기능을 발휘하지 못한다.
② 생물 농약은 식물을 흙 속에 사는 병원균으로부터 보호하기 위해서 만들어졌다.
③ '근권미생물'이란 식물의 성장에 도움을 주는 미생물이다.
④ 뿌리에 얼마만큼 정착하는지가 미생물의 생물 농약 사용 기준이 된다.
⑤ 생물 농약으로 쓰이는 미생물들은 유해 병원균이나 해충을 직접 공격하지는 못한다.

1. 제시문에서 접할 수 있는 핵심어 중심으로 선택지를 체크

정답 | 해설

마지막 문단에서 '그리고 병원균이나 곤충, 선충에 기생하는 종들을 사용한 생물 농약은 유해 병원균이나 해충을 직접 공격하기도 한다.'라고 설명했다.

오답분석
① 첫 번째 문단 '화학 농약의 경우 그 성분이 토양에 달라붙어 제 기능을 발휘하지 못했기 때문'이라는 문장을 통해 확인할 수 있다.
② 첫 번째 문단 '생물 농약을 개발한 것은 흙 속에 사는 병원균으로부터 식물을 보호할 목적'이라는 문장을 통해 확인할 수 있다.
③ 두 번째 문단 '식물 성장을 돕고 항균 작용을 하는 미생물집단'이라는 문장을 통해 확인할 수 있다.
④ 두 번째 문단 '얼마나 뿌리에 잘 정착하느냐가 생물 농약으로 사용되는 미생물을 결정하는 데 중요한 기준'이라는 문장을 통해 확인할 수 있다.

정답 ⑤

 이거 알면 30초 컷!

제시문의 내용과 일치하는 것 또는 일치하지 않는 것을 고르는 문제의 경우, 제시문을 읽기 전에 문제와 선택지를 먼저 읽어보는 것이 좋다. 이를 통해 제시문 속에서 알아내야 할 정보가 무엇인지를 먼저 인지한 다음 제시문을 읽어야 문제 푸는 시간을 단축할 수 있다.

CHAPTER 01 　언어이해 추론적 독해

유형분석

- 제시문에 명시적으로 드러나지 않은 부분을 추론하여 답을 도출해야 하는 유형이다.
- 자신의 주관적인 판단보다는 제시문의 세부적 내용에 대한 이해를 기반으로 문제를 풀어야 한다.

다음 글을 통해 추론할 수 있는 내용으로 적절하지 않은 것은? ─ 1. 문제에서 제시하는 추론 유형을 확인
　　　　　　　　　　　　　　　　　　　　　　　　　　　　─ 세부적인 내용을 추론하는 유형

┌─ ①의 근거

제약 연구원이란 제약 회사에서 약을 만드는 과정에 참여하는 사람을 말한다. 제약 연구원은 이러한 모든 단계에 참여하지만, 특히 신약 개발 단계와 임상 시험 단계에서 가장 중점적인 역할을 한다. 일반적으로 약을 만드는 과정은 새로운 약품을 개발하는 신약 개발 단계, 임상 시험을 통해 개발된 신약의 약효를 확인하는 임상 시험 단계, 식약처에 신약이 판매될 수 있도록 허가를 요청하는 약품 허가 요청 단계, 마지막으로 의료진과 환자를 대상으로 신약에 대해 홍보하는 영업 및 마케팅의 단계로 나뉜다. ─ 제약 연구원이 하는 일과 약을 만드는 과정

┌─ ⑤의 근거

제약 연구원이 되기 위해서는 일반적으로 약학을 전공해야 한다고 생각하기 쉽지만, 약학 전공자 이외에도 생명 공학, 화학 공학, 유전 공학 전공자들이 제약 연구원으로 활발하게 참여하고 있다. 만일 신약 개발의 전문가가 되고 싶다면, 해당 분야에서 오랫동안 연구한 경험이 필요하기 때문에 대학원에서 석사나 박사 학위를 취득하는 것이 유리하다. ─ 제약 연구원이 되기 위한 방법
　　　　　　　　└─ ③의 근거

제약 연구원이 되기 위해서는 전문적인 지식도 중요하지만, 사람의 생명과 관련된 일인 만큼 무엇보다도 꼼꼼함과 신중함, 책임 의식이 필요하다. 또한 제약 회사라는 공동체 안에서 일을 하는 것이므로 원만한 일의 진행을 위해서 의사소통 능력도 필수적으로 요구된다. 오늘날 제약 분야가 빠르게 성장하고 있다는 점을 고려할 때, 일에 대한 도전 의식, 호기심과 탐구심 등도 제약 연구원에게 필요한 능력으로 꼽을 수 있다. ─ 제약 연구원에게 필요한 능력과 마음가짐
　└─ ②의 근거
2. 문단을 읽으면서 선택지의 근거가 되는 부분을 확인

① 제약 연구원은 약품 허가 요청 단계에 참여한다. ─ 첫 번째 문단
② 오늘날 제약 연구원에게 요구되는 능력이 많아졌다. ─ 마지막 문단
③ 생명이나 유전 공학 전공자도 제약 연구원으로 일할 수 있다.
④ 신약 개발 전문가가 되려면 반드시 석사나 박사를 취득해야 한다. ─ 두 번째 문단
⑤ 제약 연구원과 관련된 정보가 부족하다면 약학을 전공해야만 제약 연구원이 될 수 있다고 생각할 수 있다.

정답 해설

제시문에 따르면 신약 개발의 전문가가 되기 위해서는 해당 분야에서 오랫동안 연구한 경험이 필요하므로, 석사나 박사 학위를 취득하는 것이 유리하다고 하였다. 그러나 석사나 박사 학위가 신약 개발 전문가가 되는 데 도움을 준다는 것일 뿐이므로, 반드시 필요한지는 알 수 없다. 따라서 ④는 제시문을 통해 추론할 수 없다.

오답분석
① 제약 연구원은 약을 만드는 모든 단계에 참여한다고 하였으므로, 일반적으로 약을 만드는 과정에 포함되는 약품 허가 요청 단계에도 제약 연구원이 참여하는 것을 알 수 있다.
② 오늘날 제약 분야가 성장함에 따라 도전 의식, 호기심, 탐구심 등도 제약 연구원에게 필요한 능력이 되었다고 하였으므로, 과거에 비해 요구되는 능력이 많아졌음을 알 수 있다.
③ 약학 전공자 이외에도 생명 공학·화학 공학·유전 공학 전공자들도 제약 연구원으로 활발하게 참여하고 있다고 하였다.
⑤ 일반적으로 제약 연구원이 되기 위해서는 약학을 전공해야 한다고 생각하기 쉽다고 하였으므로, 제약 연구원에 대한 정보가 부족한 사람이라면 약학을 전공해야만 제약 연구원이 될 수 있다고 생각할 수 있다.

정답 ④

 이거 알면 30초 컷!
- 문제에서 제시하는 추론 유형이 어떤 형태인지 파악한다.
  - 글쓴이의 주장/의도를 추론하는 유형 : 제시문에 나타난 주장, 근거, 논증 방식을 파악하는 유형으로, 주장의 타당성을 평가하여 글쓴이의 관점을 이해하며 읽는다.
  - 세부적인 내용을 추론하는 유형 : 주어진 선택지를 먼저 읽고 제시문을 읽으면서 답이 아닌 선택지를 지워나가는 방법이 효율적이다.
- 세부적인 내용을 추론하는 유형의 경우, 제시문의 의도나 주장보다는 사실이나 수치에 근거한 자료에서 정답이 주로 출제되는 편이다. 뚜렷한 수치나 단계가 언급된 경우, 선택지와의 대조에 유의하도록 한다.

CHAPTER 01 언어이해 주제·제목 찾기

유형분석

- 제시문을 읽고 말하고자 하는 주제를 파악할 수 있는지를 평가하는 유형이다.
- 단순한 설명문부터 주장, 반박문까지 다양한 형태의 제시문이 제시되는 유형이므로 제시문이 말하고자 하는 바를 잘 구분할 수 있어야 한다.

다음 글의 주제로 가장 적절한 것은? 1. 제시문 전체의 흐름보다는 중심 화제 및 주제를 파악하는 것이 우선이므로, 글 또는 각 문단의 앞과 뒤를 읽어 중심 내용을 파악

> 우유니 사막은 세계 최대의 소금 사막이자 남아메리카 중앙부 볼리비아의 포토시주(州)에 위치한 소금 호수로, '우유니 소금 사막' 혹은 '우유니 염지' 등으로 불린다. 지각변동으로 솟아오른 바다가 빙하기를 거쳐 녹기 시작하면서 거대한 호수가 생겨났다. 면적은 1만 2,000km²이며 해발고도 3,680m의 고지대에 위치한다. 배수되지 않는 지형적 특성 때문에 물이 고여 얕은 호수가 되었으며, 소금으로 덮인 수면 위에 푸른 하늘과 흰 구름이 거울처럼 투명하게 반사되어 관광지로도 이름이 높다.
> 소금층의 두께는 얕게는 30cm부터 깊게는 100m 이상이며, 호수의 소금 매장량은 약 100억 톤 이상이다. 우기인 12월에서 3월 사이에는 20~30cm의 물이 고여 얕은 염호를 형성하는 반면, 긴 건기 동안에는 표면뿐만 아니라 사막의 지하까지 증발한다. 특이한 점은 지역에 따라 호수의 색이 흰색, 적색, 녹색 등의 다른 빛깔을 띤다는 점이다. 이는 호수마다 쌓인 침전물의 색깔과 조류의 색깔이 다르기 때문이다. 또한 소금 사막 곳곳에서는 커다란 바위부터 작은 모래까지 한꺼번에 섞인 빙하성 퇴적물들과 같은 빙하의 흔적들을 볼 수 있다.

— 우유니 사막의 지리와 호칭
— 우유니 사막의 면적과 위치
— 우유니 사막의 소금층 두께와 소금 매장량
— 지역에 따라 다른 빛깔을 띠는 우유니 사막

① 우유니 사막의 기후와 식생 2. 선택지 중 세부적인 내용을 다루고 있는 것은 정답에서 제외
② 우유니 사막의 주민 생활 3. 제시문의 중심 내용에 적합한 선택지를 체크
③ 우유니 사막의 자연지리적 특성
④ 우유니 사막 이름의 유래
⑤ 우유니 사막의 관광 상품 종류

정답 해설

제시문은 우유니 사막의 위치와 형성, 특징 등 우유니 사막의 자연지리적 특성을 서술하고 있으므로 주제로 ③이 가장 적절하다.

오답분석
① 우유니 사막에 우기와 건기가 있다는 정보가 제시되어 있기는 하나 구체적인 기후 정보와 식생에 대해서는 언급하고 있지 않다.
② 우유니 사막이 관광지로 유명하다는 정보 이외에 주민 생활의 단서가 될 정보는 제시되지 않았다.
④ 우유니 사막이 세계 최대의 소금 사막이자 소금 호수이기 때문에 '우유니 소금 사막'이나 '우유니 염지'로 불린다고는 했지만, 이는 우유니 사막 이름의 유래라고 보기엔 빈약하여 제시문의 중심이 되는 내용이라고 볼 수 없다.
⑤ 지형적 특성 때문에 관광지로 이름이 높아졌다고는 언급했지만, 구체적인 관광 상품 종류에 대해서는 언급하고 있지 않다.

정답 ③

> **이거 알면 30초 컷!**
> 제시문 또는 각 문단의 앞과 뒤에 핵심어가 오는 경우가 많으므로, 이들을 먼저 읽어 핵심어를 캐치한 후 중심 내용을 파악할 수 있도록 한다. 또한 선택지 중 세부적인 내용을 다루고 있는 것은 정답에서 제외한다.

CHAPTER 01 | 언어이해 빈칸추론

> **유형분석**
> - 제시문의 흐름과 내용을 잘 파악할 수 있는지를 평가하는 유형이다.
> - 주어진 선택지와 빈칸의 앞뒤 문장을 읽으며 각각 어떤 내용이 들어갈지 유추해 본다.

다음 글을 읽고 빈칸에 들어갈 내용으로 가장 적절한 것은?

2. 첫 번째 문장을 통해 정답과 관련 없는 선택지는 제외

발전은 항상 변화를 내포하고 있다. 그러나 모든 형태의 변화가 전부 발전에 해당하는 것은 아니다. 이를테면 교통신호등이 빨강에서 파랑으로, 파랑에서 빨강으로 바뀌는 변화를 발전으로 생각할 수는 없다. 즉 _____ 좀 더 구체적으로 말해, 사태의 진전 과정에서 나중에 나타나는 것은 적어도 그 이전 단계에 내재적으로나마 존재했던 것의 전개에 해당한다는 것이다. 이렇게 볼 때, 발전은 선적(線的)인 특성이 있다. 순전한 반복의 과정으로 보이는 것을 발전이라고 규정하지 않는 이유는 그 때문이다. 반복과정에서는 최후에 명백히 나타나는 것이 처음에 존재했던 것과 거의 다르지 않다. 그러나 또 한편으로 우리는 비록 반복의 경우라도 때때로 그 과정 중의 특정 단계를 따로 떼 그것을 발견이라고 생각하기도 한다. 즉, 전체 과정에서 어떤 종류의 질이 그 시기에 특정의 수준까지 진전된 경우이다.

1. 빈칸의 앞, 뒤 문장을 통해 제시문의 흐름을 파악

① 발전은 어떤 특정한 방향으로 일어나는 변화라는 의미를 내포하고 있다.
② 변화는 특정한 방향으로 발전하는 것을 의미한다.
③ 발전은 불특정한 방향으로 일어나는 변모라는 의미이다.
④ 발전은 어떤 특정한 반복으로 일어나는 변화라는 의미로 사용된다.
⑤ 변화는 어떤 특정한 방향으로 일어나는 발전이라는 의미로 사용된다.

정답 해설

빈칸 앞에서 '발전'에 대해 '모든 형태의 변화가 전부 발전에 해당하는 것은 아니다.'라고 하면서 '교통신호등'을 예로 들고 있고, 빈칸 뒤에서 '사태의 진전 과정에서 나중에 나타나는 것은 적어도 그 이전 단계에 내재적으로나마 존재했던 것의 전개에 해당한다.'라고 상술하고 있다. 여기에 제시문의 첫 번째 문장까지 고려한다면, ①의 내용이 빈칸에 들어가는 것이 자연스럽다.

오답분석

② · ⑤ '모든 형태의 변화가 전부 발전에 해당하는 것은 아니다.'라고 언급하고 있으므로 ②와 ⑤가 빈칸에 들어가는 것은 적절하지 않다.
③ 빈칸 뒤에서 '적어도 그 이전 단계에 내재적으로나마 존재했던 것의 전개에 해당한다.'라고 언급하고 있으므로 ③이 빈칸에 들어가는 것은 적절하지 않다.
④ '순전한 반복의 과정으로 보이는 것을 발전이라고 규정하지 않는다.'라고 언급하고 있으므로 ④가 빈칸에 들어가는 것은 적절하지 않다.

정답 ①

이거 알면 30초 컷!

제시문을 모두 읽고 풀기에 시간이 부족할 수 있다. 따라서 빈칸의 전후 문장만을 통해 내용을 파악할 수 있어야 한다. 주어진 문장을 하나하나 빈칸에 넣었을 때 그 흐름이 어색하진 않은지 살펴보는 것도 좋은 방법이다.

CHAPTER 01 | 언어이해 문장·문단 나열

유형분석

- 제시문의 내용과 흐름을 잘 파악할 수 있는지를 평가하는 유형이다.
- 문단 순서 나열에서 가장 중요한 것은 접속어와 지시어이므로, 접속어의 쓰임에 대해 정확히 알고 있어야 하며, 지시어가 가리키는 것이 무엇인지 잘 파악해야 한다.

1. 먼저 접속어 및 지시대명사를 찾아 확인

다음 문단을 논리적 순서대로 바르게 나열한 것은?

4. (가)에서 핵심어 찾기 : 글쓴이가 하고 싶은 말은 첫 문장에 있기 마련이므로 첫 문장에서 제시문의 핵심이 되는 단어 또는 내용을 확인

(가) 상품의 가격은 기본적으로 수요와 공급의 힘으로 결정된다. 시장에 참여하고 있는 경제 주체들은 자신이 가진 정보를 기초로 하여 수요와 공급을 결정한다.

(나) 이런 경우에는 상품의 가격이 우리의 상식으로는 도저히 이해하기 힘든 수준까지 일시적으로 뛰어오르는 현상이 나타날 가능성이 있다. 이런 현상은 특히 투기의 대상이 되는 자산의 경우 자주 나타나는데, 우리는 이를 '거품 현상'이라고 부른다.

2. 정의된 단어를 확인 : '거품 현상'이라는 단어가 들어간 문장은 (나) 외에 (라) 밖에 없으므로 (나) 뒤에 (라)가 위치해야 옳다.

(다) 그러나 현실에서는 사람들이 서로 다른 정보를 갖고 시장에 참여하는 경우가 많다. 어떤 사람은 특정한 정보를 갖고 있는데 거래 상대방은 그 정보를 갖고 있지 못한 경우도 있다.

(라) 일반적으로 거품 현상이란 것은 어떤 상품 – 특히 자산 – 의 가격이 지속해서 급격히 상승하는 현상을 가리킨다. 이와 같은 지속적인 가격 상승이 일어나는 이유는 애초에 발생한 가격 상승이 추가적인 가격 상승의 기대로 이어져 투기 바람이 형성되기 때문이다.

(마) 이들이 똑같은 정보를 함께 갖고 있으며 이 정보가 아주 틀린 것이 아닌 한, 상품의 가격은 어떤 기본적인 수준에서 크게 벗어나지 않을 것이라고 예상할 수 있다.

① (가) - (다) - (나) - (라) - (마)
② (가) - (마) - (다) - (나) - (라)
③ (라) - (가) - (다) - (나) - (마)
④ (라) - (다) - (가) - (나) - (마)
⑤ (마) - (가) - (다) - (라) - (나)

3. 첫 문장으로 적합하지 않은 선택지를 삭제

정답 해설

먼저 (가)~(마) 문단의 맨 앞 단어만 빠르게 보면서, 접속어나 지시대명사인 (나) 문단의 '이런 경우', (다) 문단의 '그러나'와 (마) 문단의 '이들이', '이 정보'에 표시를 해놓는다.

또한 따옴표로 거품 현상을 정의한 (나)의 마지막 문장은 큰 힌트가 된다. (나) 문단을 제외하고 거품 현상을 설명한 문단은 (라)밖에 없으므로 (나) 문단 다음에 (라) 문단을 배치하는 것이 자연스럽다. 이를 종합하면 접속어 및 지시어가 없는 (가) 문단과 (라) 문단이 첫 문단이 될 수 있는데, (라) 문단은 (나) 문단 뒤에 연결되므로 (가) 문단이 이 글의 첫 문단이 된다.

(가) 문단이 맨 앞에 배치된 선택지는 ①과 ②로, (가) 문단 다음에 보는 것은 (다) 문단 또는 (마) 문단임을 알 수 있다. 연결되는 문단을 찾기 위해서 (가) 문단의 핵심어를 찾아보면, (가) 문단에서 상품의 가격은 경제 주체들이 자신이 가진 정보를 기초로 하여 정한 수요와 공급으로 결정된다고 하였으므로 '상품의 가격'이 핵심어가 된다. 연결되는 문단 후보인 (다) 문단부터 살펴보면, 접속어 '그러나'로 시작하며 앞의 내용을 뒤집고 있다.

반면 (마) 문단은 (가) 문단의 '경제 주체들'과 '자신이 가진 정보'를 각각 '이들이'와 '이 정보'로 지시하면서 부연 설명을 하고 있다. 따라서 내용을 뒤집기 전에 부연 설명을 하는 것이 적절하므로 (가) 문단 뒤에 (마) 문단이 오는 ②가 정답이다.

정답 ②

 이거 알면 30초 컷!

- 우선 각 문장에 자리한 지시어와 접속어를 살펴본다. 맨 앞에 접속어가 오거나 문장 중간에 지시어가 나오는 경우 글의 첫 번째 문장이 될 수 없다. 따라서 이러한 문장들을 하나씩 소거하다 보면 첫 문장이 될 수 있는 것을 찾을 수 있다.
- 시간이 상대적으로 부족하다고 느낄 때는 선택지를 참고하여 문장의 순서를 생각해 보는 것이 시간을 단축하는 좋은 방법이 될 수 있다.

CHAPTER 02 | 언어추리 삼단논법

유형분석

- **연역 추론**
  이미 알고 있는 판단(전제)을 근거로 새로운 판단(결론)을 유도하는 추론이다. 연역 추론은 진리일 가능성을 따지는 귀납 추론과는 달리, 명제 간의 관계와 논리적 타당성을 따진다. 즉, 연역 추론은 전제들로부터 절대적인 필연성을 가진 결론을 이끌어 내는 추론이다.
- **귀납 추론**
  특수한 또는 개별적인 사실로부터 일반적인 결론을 이끌어 내는 추론을 말한다. 귀납 추론은 구체적 사실들을 기반으로 하여 결론을 이끌어 내기 때문에 필연성을 따지기보다는 개연성과 유관성, 표본성 등을 중시하게 된다.
- **유비 추론**
  두 대상의 속성이 동일하다는 사실에 근거하여 그것들의 나머지 속성도 동일하리라는 결론을 이끌어 내는 추론, 즉 이미 알고 있는 것에서 다른 유사한 점을 찾아내는 추론을 말한다.

다음 명제가 참일 때, 항상 참인 것은?

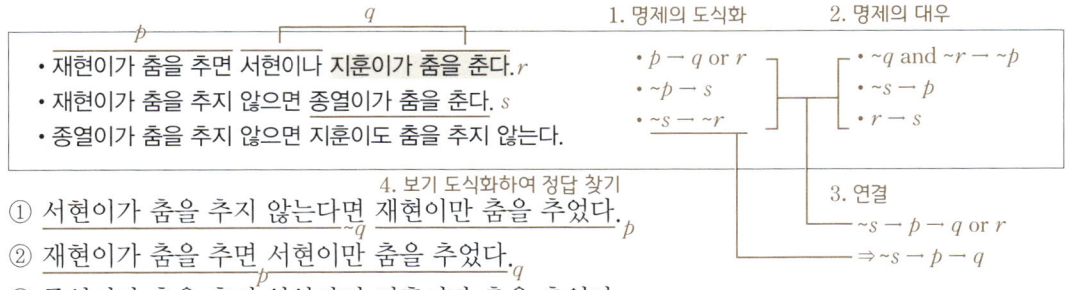

① 서현이가 춤을 추지 않는다면 재현이만 춤을 추었다.
② 재현이가 춤을 추면 서현이만 춤을 추었다.
③ 종열이가 춤을 추지 않았다면 지훈이만 춤을 추었다.
④ 서현이가 춤을 추면 재현이와 지훈이는 춤을 추었다.
⑤ 종열이가 춤을 추지 않았다면 재현이와 서현이는 춤을 추었다.

정답 해설

'재현이가 춤을 추다.'를 p, '서현이가 춤을 추다.'를 q, '지훈이가 춤을 추다.'를 r, '종열이가 춤을 추다.'를 s라고 하면 주어진 명제는 순서대로 $p \to q$ or r, $\sim p \to s$, $\sim s \to \sim r$이다. 두 번째 명제의 대우는 $\sim s \to p$이고 이를 첫 번째 명제와 연결하면 $\sim s \to p \to q$ or r이다. 세 번째 명제에서 $\sim s \to \sim r$라고 하였으므로 $\sim s \to p \to q$임을 알 수 있다. 따라서 ⑤는 항상 참이다.

정답 ⑤

 이거 알면 30초 컷!

명제 유형이 항상 결론을 찾는 문제가 출제되는 것은 아니다. 때문에 연결 관계를 잘 파악해야 한다. 만약 $p \to q$, $r \to s$라는 명제가 있다. 이를 $p \to s$라는 명제로 만들고 싶을 때 필요한 명제는 $q \to r$이다. 답이 맞는지 헷갈린다면 전체 문장이 연결되는지 확인한다.

CHAPTER 02 | 언어추리 배열하기·묶기·연결하기

> **유형분석**
> - 제시된 여러 조건·상황·규칙들을 정리하여, 경우의 수를 구한 후 문제를 해결해야 한다.
> - 고정 조건을 중심으로 표나 도식으로 정리하여, 확실한 조건과 배제해야 할 조건을 정리해 나간다.

7층 건물에 A~G 7명이 살고, 각자 좋아하는 스포츠는 축구, 야구, 농구이다. 이들이 기르는 애완동물로는 개, 고양이, 새가 있다고 할 때, 다음 〈조건〉을 바탕으로 항상 옳은 것은?

> **조건**
> - 한 층에 1명이 산다.
> - 이웃한 사람끼리는 서로 다른 스포츠를 좋아하고 다른 애완동물을 기른다.
> - G는 맨 위층에 산다.
> - 짝수 층 사람들은 축구를 좋아한다.
> - B는 유일하게 개를 기르는 사람이다. ── B = 1층
> - 2층에 사는 사람은 고양이를 키운다.
> - E는 농구를 좋아하며, D는 새를 키운다.
> - A는 E의 아래층에 살며, B의 위층에 산다.
> - 개는 1층에서만 키울 수 있다.

1. 주어진 조건 중 고정 조건을 찾아 기준을 정립

  3층 / 2층은 A
① C와 E는 이웃한다. ── 4층에 사는 사람은 C 또는 F로 알 수 없다.
② G는 야구를 좋아하며 고양이를 키운다.
     농구 또는 야구   새
③ 홀수 층에 사는 사람은 모두 새를 키운다.
   ── 1층의 B는 개를 키운다.
④ D는 5층에 산다.
   ── 새를 키우는 층은 ③ 5 ⑦층 ⇒ 5층 = D
⑤ F는 6층에 살며 고양이를 키운다.
   ── 6층에 사는 사람은 C 또는 F로 알 수 없다.

2. 고정 조건을 중심으로 표나 도식으로 정리하여 확실한 조건과 배제해야 할 조건을 정리

7층	G	새	농구 또는 야구
6층	C 또는 F	고양이	축구
5층	D	새	농구 또는 야구
4층	C 또는 F	고양이	축구
3층	E	새	농구
2층	A	고양이	축구
1층	B	개	농구 또는 야구

3. 정리한 표를 바탕으로 문제를 해결

정답 해설

7층	( ), G, 새
6층	축구, ( ), 고양이
5층	( ), D, 새
4층	축구, ( ), 고양이
3층	농구, E, 새
2층	축구, A, 고양이
1층	( ), B, 개

조건으로 표를 만들면 위와 같으며, 'D는 5층에 산다.'인 ④가 항상 옳다.

오답분석
① C와 E가 이웃하려면 C가 4층에 살아야 하는데 조건만으로는 정확히 알 수 없다.
② G는 7층에 살며 새를 키우지만, 무슨 스포츠를 좋아하는지 정확히 알 수 없다.
③ B는 유일하게 개를 키우고 개를 키우는 사람은 1층에 산다. 따라서 홀수 층에 사는 사람이 모두 새를 키운다고 할 수는 없다.
⑤ F가 4층에 사는지 6층에 사는지 알 수 없다.

정답 ④

 이거 알면 30초 컷!

1. 문제 혹은 선택지를 먼저 읽은 후 문제에서 요구하는 규칙과 조건을 파악한다.
2. 서로 관련 있는 조건을 연결하여 나올 수 있는 경우의 수를 정리한다.

CHAPTER 02 | 언어추리 진실게임

> **유형분석**
> - 일반적으로 4 ~ 5명의 진술이 제시되며, 각 진술의 진실 및 거짓 여부를 확인하여 범인을 찾는 유형이다.
> - 추리 영역 중에서도 체감난도가 상대적으로 높은 유형으로 알려져 있으나, 문제풀이 패턴을 익히면 시간 절약이 가능하다.
> - 각 진술 사이의 모순을 찾아 성립하지 않는 경우의 수를 제거하거나, 경우의 수를 나누어 모든 조건이 들어맞는지 확인해야 한다.

1. 거짓말하는 인원수 및 다른 조건이 무엇인지 숙지

개발1팀은 새해를 맞아 신제품 개발 회의를 하기로 했다. 하지만 협력업체에서 발생한 문제 때문에 A~E 5명 중 1명이 회의에서 빠지게 되었다. 다음의 진술을 한 이들 중에서 2명이 항상 거짓말을 했을 때, 협력업체로 출장을 간 사람은?

- A : C사원은 회의에서 신제품 프레젠테이션을 했다. B사원의 말은 모두 사실이다.
- B : 나와 D사원은 같이 기획안 샘플을 나눠주었다. 나는 누가 출장을 갔는지 모르겠다.
- C : 출장을 가게 된 사원이 사무실을 나서는 것을 세 사람이 보았다. 그리고 E사원은 회의에서 새 기획안을 발표했다.
- D : 나와 B사원만 출장을 다녀온 직원의 뒷모습을 보았다. 그리고 E사원은 진실만을 말한다.
- E : 출장을 간 사원은 C이다. C사원이 전화를 받고 급히 나가게 된 것을 B사원에게 직접 전달했다.

2. 서로 모순되는 조건이 무엇인지 확인

3. 모순이 되는 조건을 발견한다면 각 조건을 기준으로 두 가지의 경우를 작성

① A사원
② B사원
③ C사원
④ D사원
⑤ E사원

정답 해설

A사원과 E사원의 진술이 서로 모순되고 있기 때문에 A사원이 진실을 말한 경우와 E사원이 진실을 말한 경우 두 가지 경우로 나누어 생각하면 된다.

i) A사원의 진술이 진실인 경우

A사원이 진실을 말함에 따라 B사원의 말도 자연스레 진실이 된다. 그리고 A사원의 진술이 진실이 됨에 따라 D사원과 E사원의 진술이 거짓이 된다. 그러므로 회의에 참석한 사원은 B, C, D, E사원이며 출장을 간 사원은 A사원이 된다.

ii) E사원의 진술이 진실인 경우

E사원의 진술이 진실이 됨에 따라 D사원의 진술도 진실이 되며, 자연스레 A사원의 진술이 거짓이 된다. 하지만 D사원의 진술이 진실일 경우에는 세 사람이 출장을 가는 사원을 보았다는 C사원의 진술이 거짓이 된다. 즉, A, B, C사원의 진술이 거짓이 되어 2명이 거짓말을 한다는 조건이 성립하지 않으므로 모순이 된다.

따라서 출장을 간 사람은 A사원임을 알 수 있다.

정답 ①

이거 알면 30초 컷!

진실게임 유형 중 90% 이상은 다음 두 가지 방법으로 풀 수 있다. 주어진 진술을 빠르게 훑으며 다음 두 가지 중 어떤 경우에 해당되는지 확인한 후 문제를 풀어나간다.

두 명 이상의 발언 중 한쪽이 진실이면 다른 한쪽이 거짓인 경우
1) A가 진실이고 B가 거짓인 경우, B가 진실이고 A가 거짓인 경우 두 가지로 나눌 수 있다.
2) 두 가지 경우에서 각 발언의 진위 여부를 판단한다.
3) 주어진 조건과 비교한다(범인의 숫자가 맞는지, 진실 또는 거짓을 말한 인원수가 조건과 맞는지 등).

두 명 이상의 발언 중 한쪽이 진실이면 다른 한쪽도 진실인 경우
1) A와 B가 모두 진실인 경우, A와 B가 모두 거짓인 경우 두 가지로 나눌 수 있다.
2) 두 가지 경우에서 각 발언의 진위 여부를 판단하여 범인을 찾는다.
3) 주어진 조건과 비교한다(범인의 숫자가 맞는지, 진실 또는 거짓을 말한 인원수가 조건과 맞는지 등).

CHAPTER 02 | 언어추리 비판적 추론

> **유형분석**
> - 제시문을 읽고 비판적 의견이나 반박을 생각할 수 있는지를 평가하는 유형이다.
> - 제시문의 '주장'에 대한 반박을 찾는 것이므로, '근거'에 대한 반박이나 논점에서 벗어난 것을 고르지 않도록 주의해야 한다.

다음 글의 주장에 대한 반대 의견의 근거로 적절하지 않은 것은? 1. 문제를 풀기 위해 제시문의 주장, 관점, 의도, 근거 등 제시문의 핵심을 파악

소년법은 반사회성이 있는 소년의 환경 조정과 품행 교정을 위한 보호처분 등의 필요한 조치를 하고, 형사처분에 관한 특별조치를 적용하는 법이다. 만 14세 이상부터 만 19세 미만의 사람을 대상으로 하며, 인격 형성 도중에 있어 그 개선 가능성이 풍부하고 심신의 발육에 따르는 특수한 정신적 동요 상태에 놓여 있으므로 현재의 상태를 중시하여 소년의 건전한 육성을 기하려는 것이 본래의 목적이다. ─ 소년법의 사전적 정의와 목적

하지만 청소년이 강력범죄를 저지르더라도 소년법의 도움으로 처벌이 경미한 점을 이용해 성인이 저지른 범죄를 뒤집어쓰거나 일정한 대가를 제시하고 대신 자수하도록 하는 등 악용사례가 있으며, 최근에는 미성년자들 스스로가 모의하여 저지른 강력범죄가 날로 수위를 높여가고 있다. 무엇보다 이러한 죄를 저지른 이들이 범죄나 처벌을 대수롭지 않게 여기는 태도를 보이는 경우가 많아 법의 존재 자체를 의심받는 상황에 이르고 있다. 따라서 해당 법을 폐지하고 저지른 죄에 걸맞은 높은 형량을 부여하는 것이 옳다. ─ 소년법의 악용 사례와 실효성에 대한 의문 제기를 통한 소년법 폐지 및 형량 강화 주장

= 되갚음 → 소년법은 소년의 보호를 목적으로 하므로 어색함

① 소년법을 폐지하면 형법의 주요한 목적 중 하나인 <u>응보</u>의 의미가 퇴색된다.
② 소년법 대상의 대부분이 불우한 가정환경을 가지고 있기 때문에 소년법 폐지보다는 범죄 예방이 급선무이다.
③ 한국의 소년법은 현재 UN 아동권리협약에 묶여 있으므로 무조건적인 폐지보다는 개선 방법을 고민하는 것이 먼저다.
④ 성인이 저지른 범죄를 뒤집어쓰는 경우는 소년법의 문제라기보다는 해당 범죄를 악용한 범죄자를 처벌하는 것이 옳다.
⑤ 세간에 알려진 것과 달리 강력범죄의 경우에는 미성년자라도 실형을 선고받는 사례가 더 많으므로 성급한 처사라고 볼 수 있다.

2. 제시문의 주장 및 근거의 어색한 부분을 찾아 반박 근거와 사례를 생각

| 정답 | 해설 |

형법의 주요한 목적 중 하나인 응보는 '어떤 행위에 대하여 받는 갚음'을 뜻한다. 제시문의 주장에 따르면 소년법을 악용하여 범죄 수준에 비해 처벌을 경미하게 받는 등 악용사례가 있으므로, 소년법을 폐지하면 응보의 의미가 퇴색된다는 것은 제시문의 주장을 반박하는 근거로 적절하지 않다.

오답분석

② · ③ 소년법 본래의 취지를 상기시키며 제시문의 주장이 지나치다고 반박하고 있다.
④ 소년법의 악용 사례가 소년법 자체의 문제에 의한 것이 아니라고 주장하는 반대 의견이다.
⑤ 제시문의 주장의 근거 중 하나인 경미한 처벌이 사실과 다르다고 반박하고 있다.

정답 ①

 이거 알면 30초 컷!

- 주장, 관점, 의도, 근거 등 문제를 풀기 위한 제시문의 핵심을 파악한다.
- 제시문의 주장 및 근거의 어색한 부분을 찾아 반박할 주장과 근거를 생각해본 후, 문제의 조건에 맞게 해결한다.
- 제시문이 지나치게 길 경우, 선택지를 먼저 확인하여 홀로 제시문의 주장이 어색하거나 다른 의견을 제시하고 있는 답은 없는지 먼저 파악하는 것도 하나의 요령이다.

CHAPTER 03 자료해석 자료해석

> **유형분석**
> - 주어진 자료를 토대로 선택지의 옳고 그름을 판단하는 문제이다.
> - 증감 추이, 증감폭, 증감률 등의 개념을 정확하게 파악하고 있어야 한다.

┌ 1. 문제 확인

다음은 산업별 월간 국내카드 승인액에 대한 자료이다. 이에 대한 〈보기〉의 설명 중 옳은 것을 모두 고르면?

〈산업별 월간 국내카드 승인액〉

(단위 : 억 원)

구분	2024년 8월	2024년 9월	2024년 10월	2024년 11월	2024년 12월	2025년 1월
도매 및 소매업	3,116	3,245	3,267	3,261	3,389	3,241
운수업	161	145	165	159	141	161
숙박 및 음식점업	1,107	1,019	1,059	1,031	1,161	1,032
사업시설관리 및 사업지원 서비스업	40	42	43	42	47	48
교육 서비스업	127	104	112	119	145	122
보건 및 사회복지 서비스업	375	337	385	387	403	423
예술, 스포츠 및 여가 관련 서비스업	106	113	119	105	89	80
협회 및 단체, 수리 및 기타 개인 서비스업	163	155	168	166	172	163

2. 풀이 순서 정하기
계산이 없는 선택지 → 간단한 계산 선택지 → 복잡한 계산 선택지
= ㄷ → ㄱ → ㄹ → ㄴ

$\dfrac{|122-145|}{145} \times 100 = \dfrac{145-122}{145} \times 100 ≒ 15.9\%$

보기

- ㄱ. 교육 서비스업의 2025년 1월 국내카드 승인액의 전월 대비 감소율은 25% 이상이다. (×)
- ㄴ. 2024년 11월 운수업과 숙박 및 음식점업의 국내카드 승인액의 합은 도매 및 소매업의 국내카드 승인액의 40% 미만이다. (○)
  159+1,031=1,190억 원 / 3,261억 원 / 3,261×0.4=1,304.4억 원>1,190억 원
- ㄷ. 2024년 10월부터 2025년 1월까지 사업시설관리 및 사업지원 서비스업과 예술, 스포츠 및 여가 관련 서비스업 국내카드 승인액의 전월 대비 증감 추이는 동일하다. (×)
- ㄹ. 2024년 9월 협회 및 단체, 수리 및 기타 개인 서비스업의 국내카드 승인액은 보건 및 사회복지 서비스업 국내카드 승인액의 35% 이상이다. (○)
  155억 원 / 337억 원 / 337×0.35=117.95억 원<155억 원

① ㄱ, ㄴ
③ ㄴ, ㄷ
⑤ ㄷ, ㄹ

② ㄱ, ㄷ
④ ㄴ, ㄹ

3. 답 소거하기
풀이 순서에 따라 ㄷ과 ㄱ이 옳지 않으므로 모든 선택지를 계산해보지 않아도 답은 ④이다.

정답 해설

풀이 순서

4. ㄴ. 2024년 11월 운수업과 숙박 및 음식점업의 국내카드 승인액의 합은 159+1,031=1,190억 원으로, 도매 및 소매업의 국내카드 승인액의 40%인 3,261×0.4=1,304.4억 원보다 작다.

3. ㄹ. 2024년 9월 협회 및 단체, 수리 및 기타 개인 서비스업의 국내카드 승인액은 보건 및 사회복지 서비스업 국내카드 승인액의 $\frac{155}{337} \times 100 ≒ 46.0\%$이다.

오답분석

2. ㄱ. 교육 서비스업의 2025년 1월 국내카드 승인액의 전월 대비 감소율은 $\frac{122-145}{145} \times 100 ≒ -15.9\%$이다.

1. ㄷ. 2024년 10월부터 2025년 1월까지 사업시설관리 및 사업지원 서비스업의 국내카드 승인액의 전월 대비 증감 추이는 '증가 – 감소 – 증가 – 증가'이고, 예술, 스포츠 및 여가 관련 서비스업은 '증가 – 감소 – 감소 – 감소'이다.

정답 ④

 이거 알면 30초 컷!
- 계산이 필요 없는 선택지를 먼저 해결한다.
  예 ㄷ은 빠르게 풀이가 가능하다.
- 정확한 값을 비교하기보다 근사치를 활용한다.

CHAPTER 03 | 자료해석 자료계산

> **유형분석**
> - 자료상에 주어진 공식을 활용하는 계산 문제와 증감률, 비율, 합, 차 등을 활용한 문제가 출제된다.
> - 숫자가 큰 경우가 많으므로 정확한 수치와 제시된 조건을 꼼꼼히 확인하여 실수하지 않는 것이 중요하다.
> - 단위는 반드시 확인하도록 한다.

다음은 2018~2024년의 개방형직위 공무원 임용 현황에 대한 자료이다. (가), (나)에 들어갈 수를 순서대로 짝지은 것은?[단, (나)는 소수점 둘째 자리에서 반올림한다]

〈개방형직위 공무원 임용 현황〉

(단위 : 천 명)

구분	2018년	2019년	2020년	2021년	2022년	2023년	2024년
충원 수	136	146	166	196	136	149	157
내부임용 수	75	79	(가)	86	64	82	86
외부임용 수	61	67	72	110	72	67	71
(외부임용률, %)	44.9	45.9	43.4	56.1	52.9	(나)	45.2

※ (외부임용률) = $\frac{(외부임용 수)}{(충원 수)} \times 100$

2. 표 분석
3. 주석 확인
1. 빈칸 위치 확인

① 94, 45.0
② 94, 55.0
③ 84, 45.0
④ 84, 55.0
⑤ 84, 60.0

4. 보기 확인
- (가) : 94 or 84
- (나) : 45.0 or 55.0 or 60.0
5. (가) 계산
6. (나) 계산(45.0이거나 55.0이므로 대략적으로 계산)

정답 해설

(충원 수)=(내부임용 수)+(외부임용 수)이므로, $\underline{166=(가)+72}$이다.
∴ $\underline{(가)=94}$
       2.   5.

(외부임용률)=$\dfrac{(외부임용 수)}{(충원 수)}\times 100$이므로, $\underline{\dfrac{67}{149}\times 100 = (나)}$이다.
∴ $\underline{(나)≒45.0}$
       3.   6.

정답 ①

 이거 알면 30초 컷!

기준 값이 동일한 경우에는 정확한 수치를 계산하지 않고, 비율로 계산해도 동일한 결과를 얻을 수 있다.

CHAPTER 03 | 자료해석 자료변환

유형분석

- 제시된 표를 그래프로 바르게 변환한 것을 묻는 유형이다.
- 복잡한 표가 제시되지 않으므로 수의 크기만을 판단하여 풀이할 수 있다.

다음은 C대학교의 학과별 입학정원 변화에 대한 자료이다. 이를 바르게 변환한 그래프로 옳지 않은 것은?

〈학과별 입학정원 변화〉

(단위 : 명)

3. 표의 항목 확인 ← 1. 제목 확인 / 2. 단위 확인
이 표의 경우에는 연도가 내림차순으로 정렬되어 있다.

구분	2024년		2023년	2022년	2021년	2020년
A학과	150	−7	157	135	142	110
B학과	54	−6	60	62	55	68
C학과	144	−6	150	148	130	128
D학과	77	−8	85	80	87	90
E학과	65	+5	60	64	67	66
F학과	45	+3	42	48	40	50
G학과	120	+10	110	114	114	115
H학과	100	−5	105	108	110	106

① 2023 ~ 2024년 학과별 입학정원 변화

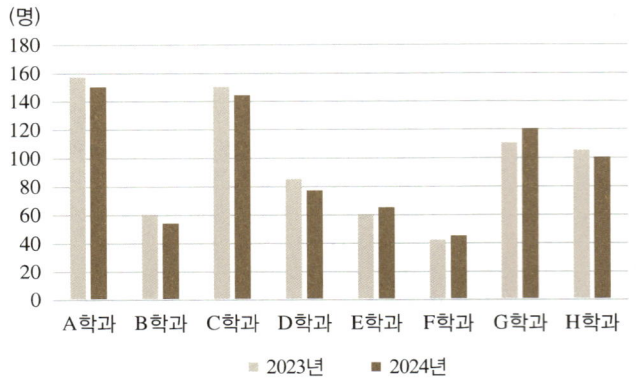

5. 빠르게 확인 가능한 선택지부터 확인
①의 경우 2024, 2023년 수치를 바로 적용할 수 있으므로 우선 확인한다.

② 2020 ~ 2024년 A, C, D, G, H학과 입학정원 변화

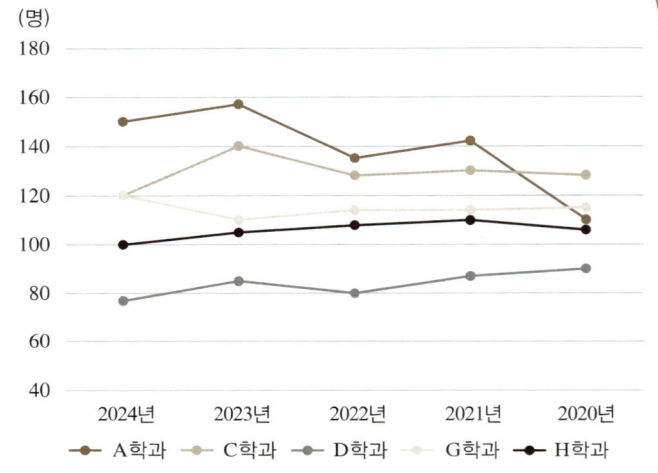

③ 2020 ~ 2024년 B, E, F, G학과 입학정원 변화

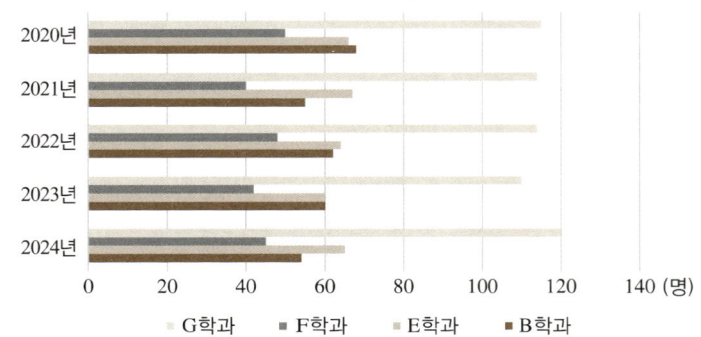

6. 증감 추이 판단 후 수치가 맞는지 확인

④ 2020 ~ 2022년 학과별 입학정원 변화

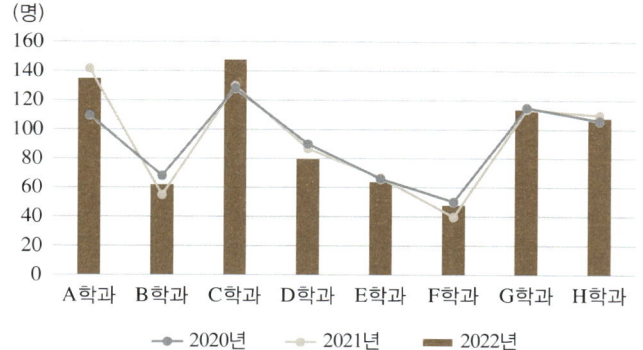

6. 증감 추이 판단 후 수치가 맞는지 확인

⑤ 전년 대비 2024년의 A ~ F학과 입학정원 증감 인원

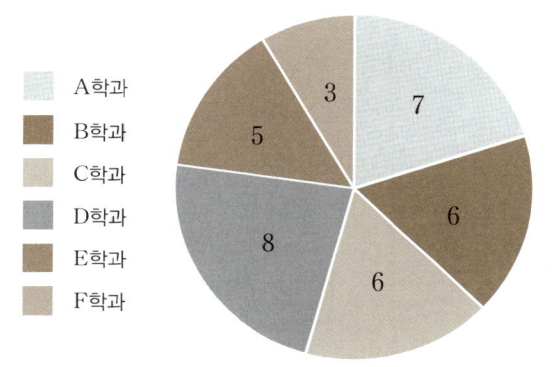

4. 선택지의 제목과 자료에서 필요한 정보 확인
⑤의 경우 필요한 자료는 증감량이므로 표에 미리 표시하면 빠른 풀이가 가능하다.

정답 해설

C학과의 2022 ~ 2024년 입학정원이 자료보다 낮게 표시되었다.

정답 ②

 이거 알면 30초 컷!

- 수치를 일일이 확인하는 것보다 증감 추이를 먼저 판단해서 선택지를 1차적으로 거르고, 나머지 선택지 중 그래프의 모양이 크게 차이나는 곳을 확인한다.
- 선택지에서 특징적인 부분이 있는 선택지를 먼저 판단한다.
- 제시된 자료의 증감 추이를 나타내면 다음과 같다.

구분	2024년	2023년	2022년	2021년	2020년
A학과	감소	증가	감소	증가	-
B학과	감소	감소	증가	감소	-
C학과	감소	증가	증가	증가	-
D학과	감소	증가	감소	감소	-
E학과	증가	감소	감소	증가	-
F학과	증가	감소	증가	감소	-
G학과	증가	감소	불변	감소	-
H학과	감소	감소	감소	증가	-

이에 따라 C학과의 2022 ~ 2024년 증감 추이가 제시된 자료와 다른 것을 알 수 있다.

CHAPTER 04 창의수리 농도

> **유형분석**
> - 거리·속력·시간 유형과 더불어 출제 가능성이 높은 유형이다.
> - (소금물의 농도) = $\dfrac{(소금의\ 양)}{(소금물의\ 양)} \times 100$
> - (소금물의 양)=(소금의 양)+(물의 양)이라는 것에 유의하고, 더해지거나 없어진 것을 미지수로 두고 풀이한다.

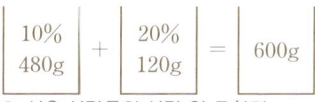

2. 섞은 설탕물의 설탕 양 구하기

- 농도 : 변화 ×
- 설탕물의 양 : $(600-x)$g
- 설탕의 양 : ↓
  3.

농도 10%의 설탕물 480g에 농도 20%의 설탕물 120g을 섞었다. 이 설탕물에서 한 컵의 설탕물을 퍼내고, 퍼낸 설탕물의 양만큼 다시 물을 부었더니 농도 11%의 설탕물이 되었다. 이때 컵으로 퍼낸 설탕물의 양은?

- 농도 : 변화 ○
- 설탕물의 양 : $600(=600-x+x)$g
- 설탕의 양 : 변화 ×

  4. 방정식   1. 미지수 설정

① 30g
② 50g
③ 60g
④ 90g
⑤ 100g

정답 해설

- 농도 10%의 설탕물에 들어있는 설탕의 양 : $\frac{10}{100} \times 480 = 48g$
- 농도 20%의 설탕물에 들어있는 설탕의 양 : $\frac{20}{100} \times 120 = 24g$
- 두 설탕물을 섞었을 때의 농도 : $\frac{48+24}{480+120} \times 100 = 12\%$ ——2.

컵으로 퍼낸 설탕물의 양을 xg이라고 하자. 이때, 컵으로 퍼낸 설탕의 양은 $\frac{12}{100}xg$이다.
　　　　1.　　　　　　　　　　　　　　　　　　　　　　　　　　3.

컵으로 퍼낸 만큼 물을 부었을 때의 농도는 $\frac{(48+24) - \frac{12}{100}x}{600 - x + x} \times 100 = 11\%$이므로
　　　　　　　　　　　　　　　　　　　　　　　4.

$$\frac{\left(72 - \frac{12}{100}x\right) \times 100}{600} = 11$$

→ $7{,}200 - 12x = 600 \times 11$
→ $12x = 600$
∴ $x = 50$

따라서 컵으로 퍼낸 설탕물의 양은 50g이다.

정답 ②

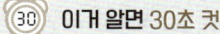

1. 숫자의 크기를 최대한 간소화해야 한다. 특히, 농도의 경우 분수와 정수가 같이 제시되고, 최근에는 비율을 활용한 문제가 많이 출제되고 있으므로 통분이나 약분을 통해 수를 간소화시켜 계산 실수를 줄일 수 있도록 한다.
2. 소금물이 증발하는 경우 소금의 양은 유지되지만, 물의 양이 감소한다. 따라서 농도는 증가한다.
3. 농도가 다른 소금물 두 가지를 섞는 문제의 경우 보통 두 소금물을 합했을 때의 전체 소금물의 양을 제시해주는 경우가 많다. 때문에 각각의 미지수를 x, y로 정하는 것보다 하나를 x로 두고 다른 하나를 (전체)$-x$로 식을 세우면 계산을 간소화할 수 있다.

CHAPTER 04 | 창의수리 일의 양

> **유형분석**
>
> - 전체 작업량을 1로 놓고, 분·시간 등의 단위 시간 동안 한 일의 양을 기준으로 식을 세운다.
> - (일률) = $\dfrac{(작업량)}{(작업시간)}$

프로젝트를 완료하는 데 A사원이 혼자 하면 7시간, B사원이 혼자 하면 9시간이 걸린다. 3시간 동안 두 사원이 함께 프로젝트를 진행하다가 B사원이 반차를 내는 바람에 나머지는 A사원이 혼자 처리해야 한다. A사원이 남은 프로젝트를 완료하는 데에는 **시간이 얼마나 더 걸리겠는가?**

- 1. (전체 일의 양) = 1
- 2. (하루 동안 할 수 있는 일의 양) = (일률) = $\dfrac{(작업량)}{(작업시간)}$
- 3. 남은 일의 양을 계산
- 4. 미지수 설정
- 5. (작업시간) = $\dfrac{(작업량)}{(일률)}$

① 1시간 20분　　② 1시간 40분
③ 2시간　　　　　④ 2시간 10분
⑤ 2시간 20분

정답 해설

프로젝트를 완료하는 일의 양을 1이라 하면, A사원은 1시간에 $\frac{1}{7}$, B사원은 1시간에 $\frac{1}{9}$만큼의 일을 할 수 있다.
　　　　1.　　　　　　　　　　　　　2.
3시간 동안 같이 한 일의 양은 $\left(\frac{1}{7}+\frac{1}{9}\right)\times 3=\frac{16}{21}$이므로, A사원이 혼자 해야 할 일의 양은 $\frac{5}{21}\left(=1-\frac{16}{21}\right)$가 된다.
　　　　　　　　　　　　　　　　　　　　　　　　　　　　　　　3.
이때 프로젝트를 완료하는 데 걸리는 시간을 x시간이라 하자.
　　　4.
$\frac{1}{7}\times x=\frac{5}{21}$
　　　　5.
$\therefore x=\frac{5}{3}$

따라서 A사원 혼자 프로젝트를 완료하는 데에는 총 1시간 40분이 더 걸린다.

정답 ②

 이거 알면 30초 컷!

1. 전체의 값을 모르는 상태에서 비율을 묻는 문제의 경우 전체를 1이라고 하면 쉽게 풀이할 수 있다. 이는 단순히 일률을 계산하는 경우뿐만 아니라 조건부 확률과 같이 비율이 나오는 문제에는 공통적으로 적용 가능하다.
2. 문제에서 제시하는 단위와 선택지의 단위가 같은지 확인한다.

CHAPTER 04 창의수리 거리·속력·시간

유형분석

- 기차와 터널의 길이, 물과 같이 속력이 있는 공간 등 추가적인 거리·속력·시간에 대한 정보가 있는 경우 난도가 높은 편에 속하는 문제로 출제되지만, 기본적인 공식에 더하거나 빼는 것이므로 기본에 집중한다.
- (시간)=$\dfrac{(거리)}{(속력)}$
- (속력)=$\dfrac{(거리)}{(시간)}$
- (거리)=(시간)×(속력)

③ • 물의 방향 : +1m/s
　• 물의 반대 방향 : −1m/s

강물이 A지점에서 3km 떨어진 B지점으로 흐르고 있을 때, 물의 속력이 1m/s이다. 철수가 A지점에서 B지점까지 갔다가 다시 돌아오는 데 1시간 6분 40초가 걸렸다고 한다. 철수의 속력은 몇 m/s인가?

① 4,000초　② 미지수 설정　① 구해야 할 최종 단위에 맞추어 계산

① 2m/s
② 4m/s
③ 6m/s
④ 8m/s
⑤ 12m/s

정답 **해설**

철수의 속력을 xm/s라 하자. ┌─ 물의 방향 ┌─ 물의 반대 방향
② A지점에서 B지점으로 갈 때 속력은 $(x+1)$m/s, B지점에서 A지점으로 갈 때 속력은 $(x-1)$m/s이다.
1시간 6분 40초는 $1\times60\times60+6\times60+40=4{,}000$초이고, 3km는 3,000m이므로 ③
① ①

$$\frac{3{,}000}{x+1}+\frac{3{,}000}{x-1}=4{,}000$$

→ $6{,}000x=4{,}000(x+1)(x-1)$
→ $3x=2(x^2-1)$
→ $2x^2-3x-2=0$
→ $(2x+1)(x-2)=0$
∴ $x=2 (\because 속력\geq 0)$
따라서 철수의 속력은 2m/s이다.

정답

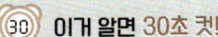

- 기차나 터널의 길이, 물과 같이 속력이 있는 장소 등 추가적인 조건을 반드시 확인한다.
- 속력과 시간의 단위를 처음에 정리하여 계산하면 계산 실수 없이 풀이할 수 있다.
  - 1시간=60분=3,600초
  - 1km=1,000m=100,000cm

CHAPTER 04 | 창의수리 인원수

> **유형분석**
> - 구하고자 하는 값을 미지수로 놓고 식을 세운다.
> - 증가·감소하는 비율이나 평균과 결합된 문제가 출제될 수도 있다.

고등학생 50명이 총 4문제가 출제된 수학 시험을 보았다. 1번과 2번 문제를 각 3점, 3번과 4번 문제를 각 2점으로 채점하니 평균이 7.2점이었고, 2번 문제를 2점, 3번 문제를 3점으로 배점을 바꾸어서 채점하니 평균이 6.8점이었다. 또한 각 문제의 배점을 문제 번호와 같게 하여 채점하니 평균은 6점이었다. 1번 문제를 맞힌 학생이 총 48명일 때, 2번, 3번, 4번 문제를 맞힌 학생 수의 총합은?

— 식 ㉡ / — 식 ㉠ / — 식 ㉢

① 미지수 설정
- 2번 문제를 맞힌 학생의 수 : a명
- 3번 문제를 맞힌 학생의 수 : b명
- 4번 문제를 맞힌 학생의 수 : c명

② 문제 확인

① 82명
② 84명
③ 86명
④ 88명
⑤ 90명

정답 해설

① 미지수 설정

2번, 3번, 4번 문제를 맞힌 학생 수를 각각 a, b, c명이라 하자.

$3(48+a)+2(b+c)=7.2\times50 \to 3a+2b+2c=216$ … ㉠
$3(48+b)+2(a+c)=6.8\times50 \to 2a+3b+2c=196$ … ㉡
$48+2a+3b+4c=6\times50 \to 2a+3b+4c=252$ … ㉢

㉡과 ㉢을 연립하면 $-2c=-56 \to c=28$

③ 미지수 줄이기

$c=28$을 대입하여 ㉠과 ㉡을 연립하면
∴ $a=40, b=20$

㉡과 ㉢의 경우 $2a+3b$가 공통되어 있으므로 이를 먼저 소거하여 c 계산

따라서 2번, 3번, 4번 문제를 맞힌 학생 수는 각각 40명, 20명, 28명이고, 이들의 합은 $40+20+28=88$명이다.

정답 ④

 이거 알면 30초 컷!

인원수 유형의 경우 가중평균을 활용한 문제가 출제될 수 있다. 따라서 산술평균과 가중평균의 개념을 알아두고, 적절하게 활용하도록 한다.

산술평균
n개로 이루어진 집합 $x_1, x_2, x_3, \cdots, x_n$이 있을 때 원소의 총합을 개수로 나눈 것

$$m=\frac{x_1+x_2+\cdots+x_n}{n}$$

가중평균
n개로 이루어진 집합 $x_1, x_2, x_3, \cdots, x_n$이 있을 때, 각 원소의 중요도나 영향도를 $f_1, f_2, f_3, \cdots, f_n$이라고 하면 각 원소의 중요도나 영향도를 가중치로 곱하여 가중치의 합인 N으로 나눈 것

$$m=\frac{x_1f_1+x_2f_2+\cdots+x_nf_n}{N}$$

예) B학생의 성적은 다음과 같다.

과목	국어	수학	영어
점수	70점	90점	50점

B학생의 산술평균 성적은 $\frac{70+90+50}{3}=70$점이다.

A대학교는 이공계 특성화 대학이다. 때문에 국어, 수학, 영어에 각각 2 : 5 : 3의 가중치를 두어 학생을 선발할 예정이다. 이때 B학생 성적의 가중평균을 구하면 $\frac{740}{2+5+3}=74$점이다.

CHAPTER 04 창의수리 개수

유형분석

- 미지수의 값이 계산에 의해 정확하게 구해지는 것이 아니라, 가능한 여러 경우의 수를 찾아서 조건에 맞는 값을 고르는 유형이다.
- 물건의 개수를 구하는 문제라면 0이나 자연수로만 답을 구해야 한다. 이처럼 문제에서 경우의 수로 가능한 조건이 주어지므로 유의한다.

획수가 5획, 8획, 11획인 한자를 활용하여 글을 쓰려고 한다. 각 한자를 a, b, c번 사용하였을 때 총 획의 수는 71획이고, 5획과 11획의 활용 횟수를 바꿔 사용했더니 총 획의 수가 89획이 되었다. 이때 8획인 한자를 쓸 수 있는 최대 횟수는?(단, 각 한자를 최소 1번씩 사용하였다)

① 4번　　　　　　　　　　② 5번
③ 6번　　　　　　　　　　④ 7번
⑤ 8번

정답 해설

$5a+8b+11c=71$ … ㉠
$11a+8b+5c=89$ … ㉡

㉠과 ㉡을 연립하면
$6a-6c=18 \rightarrow a-c=3 \rightarrow a=c+3$ … ㉢
㉢을 ㉠에 대입하면
$5(c+3)+8b+11c=71 \rightarrow 16c+8b=56$
$\therefore 2c+b=7$

— 3. 미지수 줄이기
  8획인 한자 c가 남도록 식 간소화

b, c는 1 이상의 자연수이므로 (b, c)로 $(1, 5), (5, 1)$가 가능하다.
b의 값이 최대가 되려면 c가 최솟값을 가져야하므로 $c=1$이고, $b=5$가 된다.
따라서 8획인 한자는 최대 5번을 활용할 수 있다.

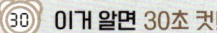 b, c가 될 수 있는 조건 확인
 • 획의 수＝0 or 자연수

정답 ②

이게 알면 30초 컷!

• 연립방정식이 나오는 경우 중복이 많은 문자를 소거할 수 있는 방법을 찾거나 가장 짧은 식을 만든다.
• 미지수를 추리해야 하는 경우 계수가 큰 미지수를 먼저 구하면 계산 과정을 줄일 수 있다.

CHAPTER 04 창의수리 금액

유형분석

- 원가·정가·할인가·판매가의 개념을 명확히 한다.
- (정가)=(원가)+(이익)
- (할인가)=(정가)$\times\left\{1-\dfrac{(할인율)}{100}\right\}$

윤정이는 어떤 물건을 100개 구입하여, 구입 가격에 25%를 더한 가격으로 50개를 팔았다. 남은 물건 50개를 기존 판매가에서 일정 비율 할인하여 판매했더니 본전이 되었다. 이때 할인율은 얼마인가?

- 원가
- (정가)=(원가)$\times\left(1+\dfrac{25}{100}\right)$
- 정가
- (할인 판매가) = (정가)$\times\{1-(할인율)\}$ = (정가)$\times\left(1-\dfrac{y}{100}\right)$
- ② 조건 확인 (100개의 원가) = (100개의 판매가)
- ① 미지수 설정 · 구입가격(원가): x원 · 할인율: $y\%$

① 32.5%
② 35%
③ 37.5%
④ 40%
⑤ 42.5%

정답 해설

윤정이가 구입한 개당 가격을 x원, 할인율을 $y\%$라고 하자.
물건 100개의 원가는 $100 \times x$원이고, 판매가는 다음과 같다.

$50 \times 1.25 \times x + 50 \times 1.25 \times \left(1 - \dfrac{y}{100}\right) \times x$

윤정이가 물건을 다 팔았을 때 본전이었으므로 (판매가)=(원가)이다.

$100x = 50 \times 1.25 \times x + 50 \times 1.25 \times \left(1 - \dfrac{y}{100}\right) \times x$

→ $2 = 1.25 + 1.25 \times \left(1 - \dfrac{y}{100}\right)$

→ $2 = 2.5 - \dfrac{y}{80}$

∴ $y = 40$

따라서 할인율은 40%이다.

정답 ④

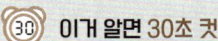 **이거 알면 30초 컷!**

- 제시된 문제의 원가(x)처럼 기준이 동일하고, 이를 기준으로 모든 값을 계산하는 경우에 처음부터 x를 생략하고 식을 세우는 연습을 한다.
- 정가가 반드시 판매가인 것은 아니다.
- 금액을 계산하는 문제는 보통 비율과 함께 제시되기 때문에 풀이과정에서 실수하기 쉽다. 때문에 선택지의 값을 대입해서 풀이하는 것이 실수 없이 빠르게 풀 수 있는 방법이 될 수도 있다.

CHAPTER 04 창의수리 경우의 수

> **유형분석**
> - 두 사건 A, B가 동시에 일어나지 않을 때, A가 일어나는 경우의 수가 a가지, B가 일어나는 경우의 수를 b가지라고 하면 A 또는 B가 일어나는 경우의 수는 $(a+b)$가지이다.
> - 두 사건 A, B가 동시에 일어날 때, A가 일어나는 경우의 수가 a가지, B가 일어나는 경우의 수를 b가지라고 하면 A와 B가 동시에 일어나는 경우의 수는 $(a \times b)$가지이다.
> - n명 중 자격이 다른 m명을 뽑는 경우의 수 : $_nP_m$가지
> - n명 중 자격이 같은 m명을 뽑는 경우의 수 : $_nC_m$가지

중복 확인(사람일 때는 같은 사람이 없으므로 중복이 없지만, 사물이나 직급, 성별같은 경우에는 중복이 있을 수 있으므로 주의해야 함)

합의 법칙

A~E 5명을 전방을 향해 일렬로 배치할 때, B와 E 사이에 1명 또는 2명이 있도록 하는 경우의 수는?
순서를 고려하므로 순열 P ─①, ② ─③

① 30가지 ② 60가지
③ 90가지 ④ 120가지
⑤ 150가지

어떤 둘 사이에 n명($n \geq 2$)을 배치할 때, $(n+2)$명을 한 묶음으로 생각하고 계산
→ $(n+2)$명을 1명으로 치환

전체 m명을 일렬로 배치하는 데 n명($2 \leq n \leq m$)이 붙어있을 경우의 수는?
① n명을 한 묶음으로 본다. 이때, 이 한 묶음 안에서 n명을 배치하는 경우의 수 : $n!$
② n명을 1명으로 생각
③ $(m-n+1)$명을 배치하는 경우의 수 : $(m-n+1)!$
④ 곱의 법칙으로 전체 경우의 수 : $n! \times (m-n+1)!$

정답 해설

ⅰ) B와 E 사이에 1명이 있는 경우
  A, C, D 중 B와 E 사이에 위치할 1명을 골라 줄을 세우는 방법은 $_3P_1$가지이다. —①
  B와 E, 가운데 위치한 1명을 한 묶음으로 생각하고, B와 E가 서로 자리를 바꾸는 것도 고려하면
  전체 경우의 수는 $_3P_1 \times 3! \times 2 = 3 \times 6 \times 2 = 36$가지이다.
           ①

ⅱ) B와 E 사이에 2명이 있는 경우
  A, C, D 중 B와 E 사이에 위치할 2명을 골라 줄을 세우는 방법은 $_3P_2$가지이다. —②
  B와 E, 가운데 위치한 2명을 한 묶음으로 생각하고, B와 E가 서로 자리를 바꾸는 것도 고려하면
  전체 경우의 수는 $_3P_2 \times 2! \times 2 = 6 \times 2 \times 2 = 24$가지이다.
           ②

따라서 구하는 경우의 수는 $36 + 24 = 60$가지이다.
           ③

정답

 이거 알면 30초 컷!

- 기본적으로 많이 활용되는 공식은 숙지한다.
  - 동전 n개를 던졌을 때의 경우의 수 : 2^n가지
  - 주사위 n개를 던졌을 때의 경우의 수 : 6^n가지
  - n명을 한 줄로 세우는 경우의 수 : $n!$가지
  - 원형 모양의 탁자에 n명이 앉는 경우의 수 : $(n-1)!$가지
- 확률과 경우의 수 문제는 빠르게 계산할 수 있는 방법을 생각해야 한다. 특히 '이상'과 같은 표현이 사용됐다면 1(전체)에서 나머지 확률(경우의 수)을 빼는 방법(여사건 활용)이 편리하다.

CHAPTER 04 창의수리 수열

유형분석

- 일반적인 수추리 문제로 제시된 수열을 통해 빈칸에 들어갈 알맞은 값을 찾는 문제이다.
- 등차수열, 등비수열, 군수열, 피보나치수열 등의 개념을 익혀두고 적용하는 연습을 한다.

※ 일정한 규칙으로 수를 나열할 때, 빈칸에 들어갈 알맞은 수를 고르시오. [1~2]

01

| −6 | 50 | 18 | 10 | −54 | ( ) | 162 | 0.4 |

① 2
② −1
③ 32
④ −18
⑤ 50

순차적으로 적용되는 규칙 확인

~~1. 각 항에 어떤 수를 사칙연산(+, −, ×, ÷)하는 규칙~~
②. 홀수 항, 짝수 항 규칙
3. 피보나치수열과 같은 계차를 이용한 규칙
4. 군수열을 활용한 규칙
5. 항끼리 사칙연산을 하는 규칙
6. 기타

02

$$\underbrace{-13 + 7 + 9 + -3}_{=0} \Big/ \underbrace{1 + 5 + -3 + -3}_{=0} \Big/ \underbrace{6 + -7 + 5 + (\ )}_{=0}$$

① -3 ② 5
③ -4 ④ 6
⑤ -8

✗ 각 항에 어떤 수를 사칙연산($+$, $-$, $\times$, $\div$)하는 규칙
✗ 홀수 항, 짝수 항 규칙
✗ 피보나치수열과 같은 계차를 이용한 규칙
④ 군수열을 활용한 규칙
5. 항끼리 사칙연산을 하는 규칙
6. 기타

정답 해설

01
홀수 항은 $\times(-3)$을 하는 수열이고, 짝수 항은 $\div 5$를 하는 수열이다.
따라서 (　)=$10 \div 5 = 2$이다.

정답 ①

02
수를 앞에서부터 4개씩 끊어 A, B, C, D라고 하자.
$\underline{A\ B\ C\ D} \rightarrow A+B+C+D=0$
$\underline{6\ -7\ 5\ (\ )} \rightarrow 6-7+5+(\ )=0$
따라서 (　)=-4이다.

정답 ③

 이거 알면 30초 컷!

수열을 풀이할 때는 다음과 같은 규칙이 적용되는지를 순서대로 확인한다.
1. 각 항에 어떤 수를 사칙연산($+$, $-$, $\times$, $\div$)하는 규칙
2. 홀수 항, 짝수 항 규칙
3. 피보나치수열과 같은 계차를 이용한 규칙
4. 군수열을 활용한 규칙
5. 항끼리 사칙연산을 하는 규칙
6. 기타

PART 2

기출복원문제

CHAPTER 01　2025년 하반기 기출복원문제
CHAPTER 02　2025년 상반기 기출복원문제
CHAPTER 03　2024년 하반기 기출복원문제
CHAPTER 04　2024년 상반기 기출복원문제
CHAPTER 05　2023년 하반기 기출복원문제
CHAPTER 06　2023년 상반기 기출복원문제
CHAPTER 07　2022년 하반기 기출복원문제
CHAPTER 08　2022년 상반기 기출복원문제
CHAPTER 09　2021년 하반기 기출복원문제
CHAPTER 10　2021년 상반기 기출복원문제
CHAPTER 11　2020년 기출복원문제
CHAPTER 12　2019년 하반기 기출복원문제
CHAPTER 13　2019년 상반기 기출복원문제
CHAPTER 14　2018년 하반기 기출복원문제
CHAPTER 15　2018년 상반기 기출복원문제
CHAPTER 16　2017년 하반기 기출복원문제
CHAPTER 17　2017년 상반기 기출복원문제

CHAPTER 01 | 2025년 하반기 기출복원문제

| 01 | 언어이해

01 다음 글의 내용으로 적절하지 않은 것은?

> 인간 사유의 결정적이고도 독창적인 비약은 시각적인 표시의 코드 체계 발명에 의해서 이루어졌다. 시각적인 표시의 코드 체계에 의해 인간은 정확한 말을 결정하여 텍스트를 마련하고, 또 이해할 수 있게 된 것이다. 이것이 바로 진정한 의미에서의 '쓰기(Writing)'이다.
> 이러한 쓰기에 의해 코드화된 시각적인 표시는 말을 사로잡게 되고, 그 결과 그때까지 소리 속에서 발전해 온 정밀하고 복잡한 구조나 지시 체계의 특수한 복잡성이 그대로 시각적으로 기록될 수 있게 되며, 나아가서는 그러한 시각적인 기록으로 인해 그보다 훨씬 정교한 구조나 지시 체계가 산출될 수 있게 된다. 그러한 정교함은 구술적인 발화가 지니는 잠재력으로써는 도저히 이룩할 수 없는 정도의 것이다. 이렇듯 쓰기는 인간의 모든 기술적 발명 속에서도 가장 영향력이 큰 것이었으며, 지금도 그러하다. 쓰기는 말하기에 단순히 첨가된 것이 아니다. 왜냐하면 쓰기는 말하기를 구술 - 청각의 세계에서 새로운 감각의 세계, 즉 시각의 세계로 이동시킴으로써 말하기와 사고를 함께 변화시키기 때문이다.

① 인간은 시각적 코드 체계를 사용함으로써 말하기를 한층 정교한 구조로 만들었다.
② 인간은 쓰기를 통해서 정확한 말을 사용한 텍스트의 생산과 소통이 가능하게 되었다.
③ 인간은 쓰기를 통해 지시 체계의 복잡성을 기록함으로써 말하기와 사고의 변화를 일으킨다.
④ 인간은 정밀하고 복잡한 지시 체계를 통해 시각적 코드를 발명하였다.
⑤ 인간의 모든 기술적 발명 속에서도 쓰기는 예전이나 지금이나 가장 영향력이 크다.

Hard

02 다음 글을 읽고 추론한 내용으로 가장 적절한 것은?

> 미국 사회에서 동양계 미국인 학생들은 '모범적 소수 인종(Model Minority)'으로, 즉 미국의 교육 체계 속에서 뚜렷하게 성공한 소수 인종의 전형으로 간주되어 왔다. 그리고 그들은 성공적인 학교생활을 통해 주류 사회에 동화되고 이것에 의해 사회적 삶에서 인종주의의 영향을 약화시킨다는 주장으로 이어졌다. 하지만 동양계 미국인 학생들이 이렇게 정형화된 이미지처럼 인종주의의 장벽을 넘어 미국 사회의 구성원으로 참여하고 있는가는 의문이다. 미국 사회에서 동양계 미국인 학생들의 인종적 정체성은 다수자인 '백인'의 특성이 장점이라고 생각하는 것과 소수자인 동양인의 특성이 단점이라고 생각하는 것의 사이에서 구성된다. 그리고 이것은 그들에게 두 가지 보이지 않는 결과를 제공한다. 하나는 대부분의 동양계 미국인 학생들이 인종적인 차이에 대한 그들의 불만을 해소하고 인종 차이에서 발생하는 차별을 피하고자 백인이 되기를 원하는 것이다. 다른 하나는 다른 사람들이 자신을 동양인으로 연상하지 않도록 자신 스스로 동양인들의 전형적인 모습에서 벗어나려고 하는 것이다. 그러므로 모범적 소수 인종으로서의 동양계 미국인 학생은 백인에 가까운 또는 동양인에서 먼 '미국인'으로 성장할 위험 속에 있다.

① '모범적 소수 인종'은 특유의 인종적 정체성을 내면화하고 있다.
② '동양계 미국인 학생들'의 성공은 일시적이고 허구적인 것이다.
③ 여러 소수 인종 집단은 인종 차이가 초래할 부정적인 효과에 대해 의식하고 있다.
④ 여러 집단의 인종은 사회에서 한정된 자원의 배분을 놓고 갈등하고 있다.
⑤ 다인종 사회에서 다수파 인종은 은폐된 형태로 인종 차별을 지속시키고 있다.

03 다음 글의 제목으로 가장 적절한 것은?

> 미래 사회에서는 산업 구조에 변화가 일어나고 대량 생산 방식에 변화가 일어나면서 전반적인 사회조직의 원리도 크게 바뀔 것이다. 즉, 산업 사회에서는 대량 생산 체계를 발전시키기 위해 표준화·집중화·거대화 등의 원리에 의해 사회가 조직되었지만, 미래 사회에서는 그와는 반대로 다원화·분산화·소규모화 등이 사회조직의 원리가 된다는 것이다. 사실상 산업 사회에서 인간 소외 현상이 일어났던 것도 이러한 표준화·집중화·거대화 등의 조직 원리로 인한 것이었다면, 미래 사회의 조직 원리라고 할 수 있는 다원화·분산화·소규모화 등은 인간 소외와 비인간화 현상을 극복하는 데도 많은 도움을 줄 수 있을 것이다.

① 산업 사회와 대량 생산
② 미래 사회조직의 원리
③ 미래 사회의 산업 구조
④ 인간 소외와 비인간화 현상
⑤ 산업 사회의 미래

04 다음 글의 빈칸에 들어갈 내용으로 가장 적절한 것은?

> 질병(疾病)이란 유기체의 신체적, 정신적 기능이 비정상으로 된 상태를 일컫는다. 인간에게 있어 질병이란 넓은 의미에서는 극도의 고통을 비롯하여 스트레스, 사회적인 문제, 신체기관의 기능 장애와 죽음까지를 포괄하며, 넓게는 개인에서 벗어나 사회적으로 큰 맥락에서 이해되기도 한다.
> 하지만 다분히 진화 생물학적 관점에서 질병은 인간의 몸 안에서 일어나는 정교하고도 합리적인 자기조절 과정이다. 질병은 정상적인 기능을 할 수 없는 상태임과 동시에, 진화의 역사 속에서 획득한 자기 치료 과정이 _____ 이기도 하다. 가령 기침을 하고, 열이 나고, 통증을 느끼고, 염증이 생기는 것 따위는 자기 조절과 방어 시스템이 작동하는 과정인 것이다.

① 문제를 일으킨 상태
② 비일상적인 특이 상태
③ 정상적으로 가동하고 있는 상태
④ 인구의 개체 변이를 도모하는 상태
⑤ 보다 새로운 정보를 습득하려는 상태

05 다음 문장을 논리적 순서대로 바르게 나열한 것은?

> (가) 르네상스와 종교개혁을 거치면서 성립된 근대 계몽주의는 중세를 지배했던 신(神) 중심의 사고에서 벗어나 합리적 사유에 근거한 인간 해방을 추구하였다.
> (나) 하지만 이 같은 문명의 이면에는 환경 파괴와 물질만능주의, 인간소외와 같은 근대화의 병폐가 숨어 있었다.
> (다) 또한 계몽주의의 합리적 사고는 자연과학의 성립으로 이어졌으며, 우주와 자연에서 신비로운 요소를 걷어낸 과학 기술의 발전은 인류에게 그 어느 때보다 풍요로운 물질적 부를 가져왔다.
> (라) 인간의 무지로부터 비롯된 자연에 대한 공포가 종교적 세계관을 낳았지만, 계몽주의는 이성과 합리성을 통해 이를 극복하였다.

① (가) – (나) – (다) – (라)
② (가) – (다) – (나) – (라)
③ (라) – (가) – (다) – (나)
④ (라) – (나) – (다) – (가)
⑤ (라) – (다) – (가) – (나)

02 | 언어추리

01 다음 명제가 모두 참일 때, 항상 참인 것은?

- 창조적인 기업은 융통성이 있다.
- 오래 가는 기업은 건실하다.
- 오래 가는 기업이라고 해서 모두가 융통성이 있는 것은 아니다.

① 융통성이 있는 기업은 건실하다.
② 창조적인 기업이 오래 갈지 아닐지 알 수 없다.
③ 융통성이 있는 기업은 오래 간다.
④ 어떤 창조적인 기업은 건실하다.
⑤ 창조적인 기업은 오래 간다.

02 다음 명제가 모두 참일 때, 빈칸에 들어갈 명제로 가장 적절한 것은?

- 모든 1과 사원은 가장 실적이 많은 2과 사원보다 실적이 많다.
- 가장 실적이 많은 4과 사원은 모든 3과 사원보다 실적이 적다.
- 3과 사원 중 일부는 가장 실적이 많은 2과 사원보다 실적이 적다.
- 따라서 _____

① 1과 사원 중 가장 적은 실적을 올린 사원과 같은 실적을 올린 사원이 4과에 있다.
② 3과 사원 중 가장 적은 실적을 올린 사원과 같은 실적을 올린 사원이 4과에 있다.
③ 모든 2과 사원은 4과 사원 중 일부보다 실적이 적다.
④ 어떤 1과 사원은 가장 실적이 많은 3과 사원보다 실적이 적다.
⑤ 어떤 3과 사원은 가장 실적이 적은 1과 사원보다 실적이 적다.

Easy
03 다음 명제가 모두 참일 때, 참이 아닌 것은?

- 많이 먹으면 살이 찐다.
- 살이 찐 사람은 체내에 수분이 많다.
- 체내에 수분이 많으면 술에 잘 취하지 않는다.

① 술에 잘 취하지 않는 사람은 체내에 수분이 많다.
② 많이 먹으면 체내에 수분이 많다.
③ 체내에 수분이 많지 않은 사람은 많이 먹지 않는다.
④ 살이 찌지 않은 사람은 많이 먹지 않는다.
⑤ 술에 잘 취하는 사람은 체내에 수분이 많지 않다.

04 다음은 서로 다른 밝기 등급(1~5등급)을 가진 A~E별의 밝기를 측정한 결과이다. 결과가 모두 참일 때, 반드시 참인 것은?

- 1등급이 가장 밝은 밝기 등급이다.
- A별은 가장 밝지도 않고, 두 번째로 밝지도 않다.
- B별은 C별보다 밝고, E별보다 어둡다.
- C별은 D별보다 밝고, A별보다 어둡다.
- E별은 A별보다 밝다.

① A별의 밝기 등급은 4등급이다.
② A~E별 중 B별이 가장 밝다.
③ 어느 별이 가장 어두운지 확인할 수 없다.
④ 어느 별이 가장 밝은지 확인할 수 없다.
⑤ 별의 밝기 등급에 따라 순서대로 나열하면 'E-B-A-C-D'이다.

05 다음 글에 대한 반박으로 적절하지 않은 것은?

> 문화재 관리에서 중요한 개념이 복원과 보존이다. 복원은 훼손된 문화재를 원래대로 다시 만드는 것을, 보존은 더 이상 훼손되지 않도록 잘 간수하는 것을 의미한다. 이와 관련하여 훼손된 탑의 관리에 대한 논의가 한창이다.
>
> 나는 복원보다는 보존이 다음과 같은 근거에서 더 적절하다고 생각한다. 우선, 탑을 보존하면 탑에 담긴 역사적 의미를 온전하게 전달할 수 있어 진정한 역사 교육이 가능하다. 탑은 백성들의 평화로운 삶을 기원하기 위해 만들어졌고, 이후 역사의 흐름 속에서 전란을 겪으며 훼손된 흔적들이 더해져 지금 모습으로 남아 있다. 그런데 탑을 복원하면 이런 역사적 의미들이 사라져 그 의미를 온전하게 전달할 수 없다.
>
> 다음으로, 정확한 자료가 없이 탑을 복원하면 이는 결국 탑을 훼손하는 것이 될 수밖에 없다. 따라서 원래의 재료를 활용하지 못하고 과거의 건축 과정에 충실하게 탑을 복원하지 못하면 탑의 옛 모습을 온전하게 되살리는 것은 불가능하므로 탑을 보존하는 것이 더 바람직하다.
>
> 마지막으로, 탑을 보존하면 탑과 주변 공간의 조화가 유지된다. 전문가에 따르면 탑은 주변 산수는 물론 절 내부 건축물들과의 조화를 고려하여 세워졌다고 한다. 이런 점을 무시하고 탑을 복원한다면 탑과 기존 공간의 조화가 사라지기 때문에 보존하는 것이 적절하다.
>
> 따라서 탑은 보존하는 것이 복원하는 것보다 더 적절하다고 생각한다. 건축 문화재의 경우 복원보다는 보존을 중시하는 국제적인 흐름을 고려했을 때도, 탑이 더 훼손되지 않도록 지금의 모습을 유지하고 관리하는 것이 문화재로서의 가치를 지키고 계승할 수 있는 바람직한 방법이라고 생각한다.

① 탑을 복원하더라도 탑에 담긴 역사적 의미는 사라지지 않는다.
② 탑을 복원하면 형태가 훼손된 탑에서는 느낄 수 없었던 탑의 형태적 아름다움을 느낄 수 있다.
③ 탑 복원에 필요한 자료를 충분히 수집하여 탑을 복원하면 탑의 옛 모습을 되살릴 수 있다.
④ 주변 공간과의 조화를 유지하는 방법으로 탑을 복원할 수 있다.
⑤ 탑을 복원하는 비용보다 보존하는 비용이 더 많이 든다.

03 자료해석

01 다음은 2024년 공무원 징계 현황에 대한 자료이다. 이에 대한 설명으로 옳지 않은 것을 〈보기〉에서 모두 고르면?

〈공무원 징계 현황〉

(단위 : 건)

징계 사유	경징계	중징계
A	3	25
B	174	48
C	170	53
D	160	40
기타	6	5

보기
ㄱ. 경징계 총건수는 중징계 총건수의 3배이다.
ㄴ. 전체 징계 건수 중 경징계 총건수의 비율은 70% 미만이다.
ㄷ. 징계 사유 D로 인한 징계 건수 중 중징계의 비율은 20% 미만이다.
ㄹ. 전체 징계 사유 중 징계의 비율이 가장 높은 것은 C이다.

① ㄱ, ㄴ
② ㄱ, ㄷ
③ ㄴ, ㄷ
④ ㄴ, ㄹ
⑤ ㄷ, ㄹ

02 S전자회사는 LED를 생산할 수 있는 기계 A, B, C 3대를 가지고 있다. 기계에 따른 하루 생산량과 불량률이 다음과 같을 때, 3대 전부를 하루 동안 가동할 경우 전체 불량률은?

〈기계별 하루 생산량 및 불량률〉

구분	하루 생산량	불량률
A기계	500개	5%
B기계	A기계보다 10% 더 생산	2%
C기계	B기계보다 50개 더 생산	5%

① 1%
② 2%
③ 3%
④ 4%
⑤ 5%

03 다음은 어느 지역의 주화 공급 현황에 대한 자료이다. 이에 대한 설명으로 옳은 것을 〈보기〉에서 모두 고르면?

〈주화 공급 현황〉

구분	액면가				합계
	10원	50원	100원	500원	
공급량(십만 개)	340	215	265	180	1,000
공급기관 수(개)	170	90	150	120	530

※ (평균 주화 공급량) = $\dfrac{(주화 종류별 공급량의 합)}{(주화 종류 수)}$

※ (주화 공급액) = (주화 공급량) × (액면가)

보기

ㄱ. 주화 공급량이 주화 종류별로 각각 20십만 개씩 증가한다면, 이 지역의 평균 주화 공급량은 270십만 개이다.
ㄴ. 주화 종류별 공급기관당 공급량은 10원 주화가 500원 주화보다 적다.
ㄷ. 10원과 500원 주화는 각각 10%씩, 50원과 100원 주화는 각각 20%씩 공급량이 증가한다면, 이 지역의 평균 주화 공급량의 증가율은 15% 이하이다.
ㄹ. 총 주화 공급액 규모가 12% 증가해도 주화 종류별 주화 공급량의 비율은 변하지 않는다.

① ㄱ, ㄴ
② ㄱ, ㄷ
③ ㄷ, ㄹ
④ ㄱ, ㄷ, ㄹ
⑤ ㄴ, ㄷ, ㄹ

04 다음은 청소년의 경제의식에 대한 설문조사 결과를 정리한 자료이다. 이에 대한 설명으로 옳은 것은?(단, 복수응답과 무응답은 없다)

〈경제의식에 대한 설문조사 결과〉

(단위 : %)

설문 내용	구분	전체	성별		학교별	
			남	여	중학교	고등학교
용돈을 받는지 여부	예	84	83	86	88	80
	아니요	16	17	14	12	20
월간 용돈 금액	5만 원 미만	75	74	76	90	60
	5만 원 이상	25	26	24	10	40
금전출납부 기록 여부	기록한다	30	23	36	31	28
	기록 안 한다	70	77	64	69	72

① 용돈을 받는 남학생의 비율이 용돈을 받는 여학생의 비율보다 높다.
② 월간 용돈을 5만 원 미만으로 받는 비율은 중학생이 고등학생보다 높다.
③ 고등학생 전체 인원을 100명이라고 한다면, 월간 용돈을 5만 원 이상 받는 학생은 40명이다.
④ 금전출납부를 기록하는 청소년의 비율이 기록 안 하는 비율보다 높다.
⑤ 용돈을 받지 않는 중학생 비율이 용돈을 받지 않는 고등학생 비율보다 높다.

05 다음은 범죄유형별 범죄자 수를 나타낸 자료이다. 남성 범죄자 비율이 가장 높은 범죄는 무엇인가?

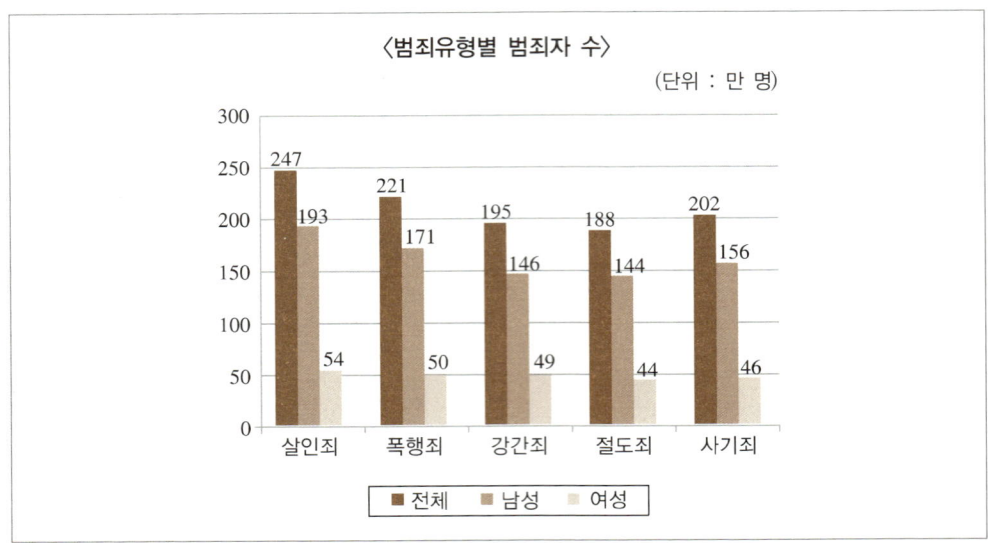

① 살인죄 ② 폭행죄
③ 강간죄 ④ 절도죄
⑤ 사기죄

| 04 | 창의수리

Easy

01 다음 일차방정식에서 미지수 x의 값으로 옳은 것은?

$$1.5 \times x \div 2 + 1 = 4$$

① 2　　　　　　　　　　② 3
③ 4　　　　　　　　　　④ 5
⑤ 6

02 아이들에게 초콜릿을 6개씩 나눠 주었더니 2명은 하나도 받지 못했고, 받은 아이 중 1명은 2개밖에 받지 못했다. 그래서 4개씩 주었더니 6개가 남았다. 5개씩 나눠주면 몇 개가 부족하겠는가?

① 2개　　　　　　　　　② 3개
③ 4개　　　　　　　　　④ 5개
⑤ 6개

03 A사원은 업무 계약 건으로 출장을 가야 한다. 회사에서 출발하여 80km/h로 이동하던 중 약속한 시간에 늦을 것 같아 회사로부터 20km 이동한 지점에서 100km/h로 속력을 올려 이동하였더니 회사에서 출장지까지 총 2시간이 걸려 도착하였다. A사원의 회사에서 출장지까지의 거리는?

① 180km　　　　　　　② 185km
③ 190km　　　　　　　④ 195km
⑤ 200km

04 농도 9%의 소금물에 물을 200g 더 넣었더니 농도 6%의 소금물이 되었다. 처음 농도 9%의 소금물의 양은?

① 250g
② 300g
③ 350g
④ 400g
⑤ 450g

05 A, B주사위 2개를 동시에 던질 때, A주사위에서는 짝수의 눈이 나오고, B주사위에서는 5 이상의 눈이 나올 확률은?

① $\frac{1}{12}$
② $\frac{1}{8}$
③ $\frac{1}{6}$
④ $\frac{1}{4}$
⑤ $\frac{1}{2}$

06 서로 다른 주사위 3개를 동시에 던질 때, 적어도 주사위 1개가 홀수의 눈이 나오는 경우의 수는 모두 몇 가지인가?

① 181가지
② 183가지
③ 185가지
④ 187가지
⑤ 189가지

CHAPTER 02 | 2025년 상반기 기출복원문제

정답 및 해설 p.007

| 01 | 언어이해

01 다음 글의 내용으로 적절하지 않은 것은?

> 김치는 넓은 의미에서 소금, 초, 장 등에 '절인 채소'를 말한다. 김치의 어원인 '딤채'도 '담근 채소'라는 뜻이다. 그러므로 깍두기, 오이지, 오이소박이, 단무지는 물론 장아찌까지도 김치류에 속한다고 볼 수 있다. 우리나라의 김치는 '지'라고 불렸다. 그래서 짠지, 싱건지, 오이지 등의 김치에는 지금도 '지'가 붙는다. 초기의 김치는 단무지나 장아찌에 가까웠을 것이다.
> 처음에는 서양의 피클이나 일본의 쓰케모노와 비슷했던 김치가 이들과 전혀 다른 음식이 된 것은 젓갈과 고춧가루를 쓰기 시작하면서부터이다. 하지만 이때에도 김치의 주재료는 무나 오이였다. 우리가 지금 흔히 먹는 배추김치는 18세기 말 중국으로부터 크고 맛이 좋은 배추 품종을 들여온 뒤로 사람들이 널리 담그기 시작하였고, 20세기에 들어와서야 무김치를 능가하게 되었다.
> 김치와 관련하여 우리나라 향신료의 대명사로 쓰이는 고추는 생각만큼 오랜 역사를 갖고 있지 않다. 중미 멕시코가 원산지인 고추는 '남만초'나 '왜겨자'라는 이름으로 16세기 말 조선에 들어와 17세기부터 서서히 보급되다가, 17세기 말부터 가루로 만들어 비로소 김치에 쓰이게 되었다. 조선 전기까지의 주된 향신료는 후추, 천초 등이었고, 이 중 후추는 값이 비싸 쉽게 구할 수 없었다. 19세기 무렵에 와서 고추는 향신료로서 압도적인 우위를 차지하게 되었다. 그 결과 후추는 더 이상 고가품이 아니게 되었으며, '산초'라고도 불리는 천초의 경우 지금에 와서는 간혹 추어탕에나 쓰일 뿐이다.
> 우리나라의 고추는 다른 나라의 고추 품종과 달리 매운맛에 비해 단맛 성분이 많고, 색소는 강렬하면서 비타민C 함유량이 매우 많다. 더구나 고추는 소금이나 젓갈과 어우러져 몸에 좋은 효소를 만들어 내고 열이 나게 함으로써 겨울의 추위를 이겨낼 수 있게 한다. 고추를 김장김치에 사용하기 시작한 것도 이 때문이라고 한다.

① 초기의 김치는 서양의 피클이나 일본의 쓰케모노와 크게 다르지 않았다.
② 고추가 들어오기 전까지는 김치에 고추 대신 후추, 천초와 같은 향신료를 사용하였다.
③ 김장김치에 고추를 사용하기 시작한 것은 몸에 열이 나게 하는 효능 때문이다.
④ 배추김치가 김치의 대명사가 된 것은 불과 100여 년밖에 되지 않았다.
⑤ 19세기 이후 후추와 천초는 향신료로서의 우위를 고추에 빼앗겼다.

02 다음 글의 내용으로 가장 적절한 것은?

'청렴(淸廉)'은 현대 사회에서 좁게는 반부패와 동의어로 사용되며 넓게는 투명성과 책임성 등을 포괄한 통합적 개념으로 사용되고 있다. 유학자들은 청렴을 효제와 같은 인륜의 덕목보다는 하위에 두었지만, 군자라면 마땅히 지켜야 할 일상의 덕목으로 중시하였다. 조선의 대표적 유학자였던 이황과 이이는 청렴을 사회 규율이자 개인 처세의 지침으로 강조하였다. 특히 공적 업무에 종사하는 사람이라면 사회 규율로써의 청렴이 개인의 처세와 직결된다는 점에 유념해야 한다고 보았다.

청렴에 대한 논의는 정약용의 『목민심서』에서 본격적으로 나타난다. 정약용은 청렴이야말로 목민관이 지켜야 할 근본적인 덕목이며 목민관의 직무는 청렴이 없이는 불가능하다고 강조하였다. 정약용은 청렴을 당위의 차원에서 주장하는 기존의 학자들과 달리 행위자 자신에게 실질적 이익이 된다는 점을 들어 설득한다. 그는 청렴은 큰 이득이 남는 장사라고 말하면서, 지혜롭고 욕심이 큰 사람은 청렴을 택하지만, 지혜롭지 않고 욕심이 작은 사람은 탐욕을 택한다고 설명한다. 정약용은 "지자(知者)는 인(仁)을 이롭게 여긴다."라는 공자의 말을 빌려 "지혜로운 자는 청렴함을 이롭게 여긴다."라고 하였다. 비록 재물을 얻는 데 뜻이 있더라도 청렴함을 택하는 것이 결과적으로는 지혜로운 선택이라고 정약용은 말한다. 목민관의 작은 탐욕은 단기적으로 이익을 얻을 수 있겠지만, 결국 개인의 몰락과 가문의 불명예를 가져올 수 있기 때문이다.

정약용은 청렴을 지키는 것은 두 가지 효과가 있다고 보았다. 첫째, 청렴은 다른 사람에게 긍정적 효과를 미친다. 목민관이 청렴할 경우 백성을 비롯한 공동체 구성원에게 좋은 혜택이 돌아갈 것이다. 둘째, 청렴한 행위를 하는 것은 목민관 자신에게도 좋은 결과를 가져다준다. 청렴은 그 자신의 덕을 높일 뿐만 아니라, 가문에 빛나는 명성과 영광을 가져다줄 것이다.

① 정약용은 청렴이 목민관이 반드시 지켜야 할 덕목임을 당위론 차원에서 정당화하였다.
② 정약용은 탐욕을 택하는 것보다 청렴을 택하는 것이 이롭다는 공자의 뜻을 계승하였다.
③ 정약용은 청렴한 사람은 욕심이 작기 때문에 재물에 대한 탐욕에 빠지지 않는다고 보았다.
④ 정약용은 청렴이 백성에게 이로움을 줄 뿐만 아니라 목민관 자신에게도 이로운 행위라고 보았다.
⑤ 이황과 이이는 청렴을 개인의 처세에 있어 주요 지침으로 여겼으나 사회 규율로는 보지 않았다.

Easy
03 다음 글의 제목으로 가장 적절한 것은?

구글어스가 세계 환경 보안관 역할을 톡톡히 하고 있어 화제다. 구글어스는 가상 지구본 형태로 제공되는 세계 최초의 위성영상지도 서비스로, 간단한 프로그램만 내려받으면 지구 전역의 위성사진 및 지도, 지형 등의 정보를 확인할 수 있다. 구글은 그동안 축적된 인공위성 빅데이터 등을 바탕으로 환경 및 동물 보호 활동을 지원하고 있다.

지구에서는 지난 10여 년간 약 230만 km^2의 삼림이 사라졌다. 병충해 및 태풍, 산불 등으로 손실된 것이다. 또한 개발도상국들의 무분별한 산림 벌채와 농경지 확보도 주된 원인이다. 이처럼 사라지는 숲에 비해 자연의 재생력으로 복구되는 삼림은 아주 적은 편이다.

그런데 최근에 개발된 초고해상도 구글어스 이미지를 이용해 정밀 분석한 결과, 식물이 살 수 없을 것으로 여겨졌던 건조지대에서도 훨씬 많은 숲이 분포한다는 사실이 밝혀졌다. 국제연합식량농업기구(FAO) 등 13개국 20개 기관과 구글이 참여한 대규모 국제공동연구진은 구글어스로 얻은 위성 데이터를 세부 단위로 쪼개 그동안 잘 알려지지 않은 전 세계 건조지역을 집중 분석했다.

그 결과 강수량이 부족해 식물의 정상적인 성장이 불가능할 것으로 알려졌던 건조지대에서 약 467만 km^2의 숲을 새로 찾아냈다. 이는 한반도 면적의 약 21배에 달한다. 연구진은 이번 발견으로 세계 삼림 면적의 추정치가 9% 정도 증가할 것이라고 주장했다.

건조지대는 지구 육지표면의 40% 이상을 차지하지만, 명확한 기준과 자료가 없어 그동안 삼림 분포에 대해 잘 알려지지 않았다. 그러나 이번 연구결과로 전 세계 숲의 이산화탄소 처리량에 대해 보다 정확한 계산이 가능해졌기 때문에, 과학자들의 지구온난화 및 환경보호 연구에 많은 도움이 될 것으로 기대되고 있다.

① 구글어스로 보는 환경훼손의 심각성
② 인간의 이기심으로 사라지는 삼림
③ 사막화 현상으로 건조해지는 지구
④ 환경오염으로 심각해지는 식량난
⑤ 전 세계 환경 보안관, 구글어스

04 다음 글의 빈칸에 들어갈 내용으로 가장 적절한 것은?

> 힐링(Healing)은 사회적 압박과 스트레스 등으로 손상된 몸과 마음을 치유하는 방법을 일컫는 말이다. 우리나라보다 먼저 힐링이 정착된 서구에서는 힐링을 질병 치유의 대체 요법 또는 영적·심리적 치료 요법 등으로 지칭하고 있다. 국내에서도 최근 힐링과 관련된 갖가지 상품이 유행하고 있다. 간단한 인터넷 검색을 통해 수천 가지의 상품을 확인할 수 있을 정도다. 종교적 명상, 자연 요법, 운동 요법 등 다양한 형태의 힐링 상품이 존재한다. 심지어 고가의 힐링 여행이나 힐링 주택 등의 상품도 나오고 있다. 그러나 _____ 우선 명상이나 기도 등을 통해 내면에 눈뜨고, 필라테스나 요가를 통해 육체적 건강을 회복하여 자신감을 얻는 것부터 출발할 수 있다.

① 힐링이 먼저 정착된 서구의 힐링 상품들을 참고해야 할 것이다.
② 많은 돈을 들이지 않고서도 쉽게 할 수 있는 일부터 찾는 것이 좋을 것이다.
③ 이러한 상품들의 값이 터무니없이 비싸다고 느껴지지는 않을 것이다.
④ 자신을 진정으로 사랑하는 법을 알아야 할 것이다.
⑤ 혼자만 할 수 있는 힐링 상품을 찾는 것보다는 다른 사람과 함께 하는 힐링 상품을 찾는 것이 좋을 것이다.

05 다음 문단을 논리적 순서대로 바르게 나열한 것은?

> (가) 또 그는 현대 건축 이론 중 하나인 '도미노 이론'을 만들었는데, 도미노란 집을 뜻하는 라틴어 '도무스(Domus)'와 혁신을 뜻하는 '이노베이션(Innovation)'을 결합한 단어다.
> (나) 그는 이 이론의 원칙을 통해 인간이 효율적으로 살 수 있는 집을 꾸준히 연구해 왔으며, 그가 제안한 건축 방식 중 필로티와 옥상정원 등이 최근 우리나라 주택에 많이 쓰이고 있다.
> (다) 최소한의 철근콘크리트 기둥들이 모서리를 지지하고 평면의 한쪽에서 각 층으로 갈 수 있게 계단을 만든 개방적 구조가 이 이론의 핵심이다. 건물을 돌이나 벽돌을 쌓아 올리는 조적식 공법으로만 지었던 당시에 이와 같은 구조는 많은 이들에게 적지 않은 충격을 주었다.
> (라) 스위스 출신의 프랑스 건축가 르 코르뷔지에(Le Corbusier)는 근대주택의 기본형을 추구했다는 점에서 현대 건축의 거장으로 불린다. 그는 현대 건축에서의 집의 개념을 '거주 공간'에서 '더 많은 사람이 효율적으로 살 수 있는 공간'으로 바꿨다.

① (나) – (가) – (다) – (라)
② (나) – (다) – (라) – (가)
③ (다) – (가) – (라) – (나)
④ (라) – (가) – (다) – (나)
⑤ (라) – (나) – (가) – (다)

| 02 | 언어추리

01 다음 명제가 모두 참일 때, 항상 참인 것은?

> - 나는 눈이 큰 여자는 모두 좋아한다.
> - 서희는 눈이 큰 여자다.
> - 가인이는 코가 예쁜 여자다.
> - 민정이는 손이 큰 여자다.

① 민정이는 가인이보다 예쁘다.
② 가인이는 나를 좋아한다.
③ 나는 서희를 좋아한다.
④ 나는 코가 예쁜 여자를 좋아한다.
⑤ 서희는 손이 큰 여자다.

02 다음 명제가 모두 참일 때, 빈칸에 들어갈 명제로 가장 적절한 것은?

> - 하루에 두 끼를 먹는 어떤 사람도 뚱뚱하지 않다.
> - 아침을 먹는 모든 사람은 하루에 두 끼를 먹는다.
> - 그러므로 _____

① 하루에 세 끼를 먹는 사람이 있다.
② 아침을 먹는 모든 사람은 뚱뚱하지 않다.
③ 뚱뚱하지 않은 사람은 하루에 두 끼를 먹는다.
④ 하루에 한 끼를 먹는 사람은 뚱뚱하지 않다.
⑤ 아침을 먹는 어떤 사람은 뚱뚱하다.

03 다음 명제가 모두 참일 때, 참이 아닌 것은?

> - 예술가는 조각상을 좋아한다.
> - 철학자는 조각상을 좋아하지 않는다.
> - 조각상을 좋아하는 사람은 귀족이다.
> - 예술가가 아닌 사람은 부유하다.

① 예술가는 철학자가 아니다.　② 예술가는 귀족이다.
③ 철학자는 부유하다.　④ 부유하면 귀족이다.
⑤ 부유하지 않으면 예술가이다.

Easy

04 민수, 철수, 영희 세 사람이 달리기를 하였고, 결과는 다음과 같았다. 세 사람의 순위를 빠른 순서대로 바르게 나열한 것은?

- 결승선에 민수가 철수보다 늦게 들어왔다.
- 결승선에 영희가 민수보다 먼저 들어왔다.
- 결승선에 영희가 철수보다 늦게 들어왔다.

① 철수 – 영희 – 민수
② 영희 – 민수 – 철수
③ 영희 – 철수 – 민수
④ 철수 – 민수 – 영희
⑤ 민수 – 영희 – 철수

05 다음 글에 대한 반론으로 가장 적절한 것은?

인간 배아의 유전자를 편집하는 기술을 허용해서는 안 된다. 첫째, 인간 배아의 유전자를 편집하는 기술은 아직 안전성이 확인되지 않았다. 따라서 예상치 못한 유전자 변형의 문제가 발생할 수 있을 뿐만 아니라, 그 문제가 미래 세대까지 영향을 끼칠 위험성이 있다. 둘째, 사회적 불평등이 심화할 수 있다. 왜냐하면 이 기술을 사용하는 데 많은 비용이 들 것으로 예상되기 때문에 소수의 사람들만 이 기술의 혜택을 받게 될 것이다. 셋째, 인간은 그 자체로 존엄한 가치를 인정받고 소중한 생명으로 여겨져야 한다. 그런데 유전자 편집 기술은 유전자 중 결함이 있는 유전자가 있다는 것을 전제하고, 인간을 있는 그대로 인정하지 않는다는 윤리적 문제에서 벗어날 수 없다.

① 인간 배아에 대한 유전자 편집 기술을 사용하기 위해서는 의료계의 동의가 필요하다.
② 유전자 편집 기술을 개발하는 데 필요한 비용은 국가적 차원에서 해결해야 한다.
③ 기술이 발전하여 비용을 낮출 수 있다면 유전자 편집 기술에 대한 혜택이 많은 사람에게 돌아갈 수 있다.
④ 의료계에 대한 경제적 지원을 늘린다면 유전자 편집 기술의 획기적 발전이 이루어질 수 있다.
⑤ 우리 사회에 유전자 편집 기술이 도입되려면 먼저 사회적 인식 변화와 함께 관련된 구체적 제도가 만들어져야 한다.

| 03 | 자료해석

Hard

01 다음은 연도별 국내 은행대출 현황을 나타낸 표이다. 이에 대한 설명으로 옳지 않은 것은?

〈국내 은행대출 현황〉

(단위 : 조 원)

구분	2016년	2017년	2018년	2019년	2020년	2021년	2022년	2023년	2024년
가계대출	437.1	447.5	459.0	496.4	535.7	583.6	620.0	647.6	655.7
주택담보대출	279.7	300.9	309.3	343.7	382.6	411.5	437.2	448.0	460.1
기업대출	432.7	449.2	462.0	490.1	537.6	546.4	568.4	587.3	610.4
부동산담보대출	156.7	170.9	192.7	211.7	232.8	255.4	284.4	302.4	341.2

※ (은행대출)=(가계대출)+(기업대출)

① 2020년 대비 2024년 부동산담보대출 증가율이 가계대출 증가율보다 높다.
② 주택담보대출이 세 번째로 높은 연도에서 부동산담보대출이 기업대출의 50% 이상이다.
③ 2021 ~ 2024년 동안 가계대출의 전년 대비 증가액은 기업대출보다 매년 많다.
④ 2018년 은행대출은 2021년 은행대출의 80% 이상을 차지한다.
⑤ 2017 ~ 2024년 동안 전년 대비 주택담보대출이 가장 많이 증가한 해는 2020년이다.

02 다음은 C지역의 연도별 건강보험금 부과액 및 징수액에 대한 자료이다. 직장가입자 건강보험금 징수율이 가장 높은 해와 지역가입자의 건강보험금 징수율이 가장 높은 해를 바르게 짝지은 것은?

〈건강보험금 부과액 및 징수액〉

(단위 : 백만 원)

구분		2021년	2022년	2023년	2024년
직장가입자	부과액	6,706,712	5,087,163	7,763,135	8,376,138
	징수액	6,698,187	4,898,775	7,536,187	8,368,972
지역가입자	부과액	923,663	1,003,637	1,256,137	1,178,572
	징수액	886,396	973,681	1,138,763	1,058,943

※ (징수율) = $\frac{(징수액)}{(부과액)} \times 100$

	직장가입자	지역가입자
①	2024년	2022년
②	2024년	2021년
③	2023년	2022년
④	2023년	2021년
⑤	2022년	2021년

03 다음은 분기별 모바일 뱅킹 서비스 이용 실적에 대한 자료이다. 이에 대한 설명으로 옳지 않은 것은?

<모바일 뱅킹 서비스 이용 실적>

(단위 : 천 건, %)

구분	2023년				2024년
	1/4분기	2/4분기	3/4분기	4/4분기	1/4분기
조회 서비스	817	849	886	1,081	1,100
자금 이체 서비스	25	16	13	14	25
합계	842(18.6)	865(2.7)	899(3.9)	1,095(21.8)	1,125(2.7)

※ ( )는 전 분기 대비 증가율임

① 조회 서비스 이용 실적은 매 분기 계속 증가하였다.
② 2023년 2/4분기의 조회 서비스 이용 실적은 전 분기보다 3만 2천 건 증가하였다.
③ 자금 이체 서비스 이용 실적은 2023년 2/4분기에 감소하였다가 다시 증가하였다.
④ 모바일 뱅킹 서비스 이용 실적의 전 분기 대비 증가율이 가장 높은 분기는 2023년 4/4분기이다.
⑤ 2024년 1/4분기의 조회 서비스 이용 실적은 자금 이체 서비스 이용 실적의 40배 이상이다.

04 다음은 카페 방문자를 대상으로 카페에서의 개인컵 사용률을 조사한 자료이다. 이에 대한 설명으로 옳은 것은?

〈카페 방문자의 개인컵 사용률〉

구분		조사대상자 수	개인컵 사용률
성별	남성	11,000명	10%
	여성	9,000명	22%
연령대별	20대 미만	4,200명	17%
	20대	5,800명	29%
	30대	6,400명	26%
	40대	3,600명	24%
지역별	수도권	11,500명	37%
	수도권 외	8,500명	23%

※ 항목별 조사대상자 수는 20,000명으로 동일하며, 조사대상자는 각기 다름

① 조사대상자 중 개인컵 사용자 수는 남성이 여성의 1.8배이다.
② 조사대상자 중 20·30대는 65% 이상이다.
③ 개인컵 사용률이 가장 높은 연령대는 조사대상자 중 개인컵 사용자 수도 가장 많다.
④ 40대 조사대상자에서 개인컵 사용자 수 중 288명이 남성이라면, 여성의 수는 남성의 2.5배이다.
⑤ 수도권 지역의 개인컵 사용률은 수도권 외 지역보다 14% 더 높다.

Easy

05 다음은 청소년이 고민하는 문제에 대해 조사한 그래프이다. 13 ~ 18세가 가장 많이 고민하는 문제와 19 ~ 24세가 두 번째로 많이 고민하고 있는 문제를 바르게 나열한 것은?

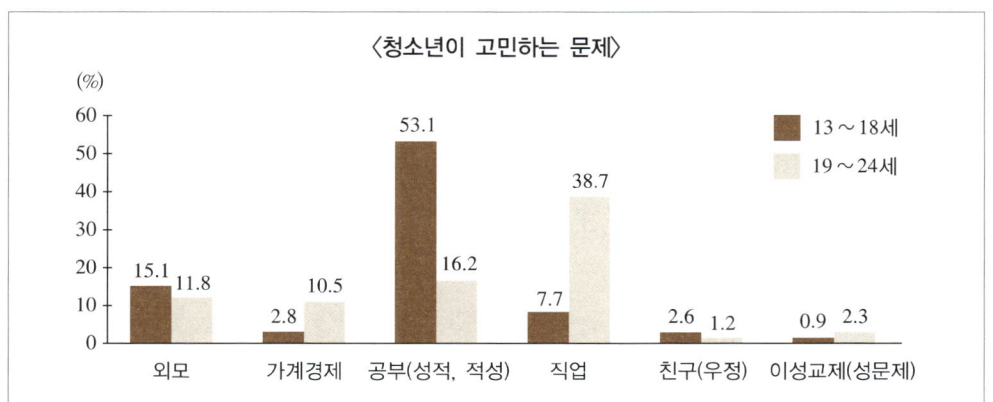

① 직업, 직업
② 직업, 공부
③ 외모, 직업
④ 공부, 공부
⑤ 공부, 외모

| 04 | 창의수리

Easy

01 a와 b의 차가 12이고 곱이 45일 때, $|a|+|b|$의 값은?(단, a와 b는 정수이다)

① 12 ② 15
③ 18 ④ 24
⑤ 27

02 농도 4%의 소금물이 들어있는 컵에 농도 10%의 소금물을 부었더니, 농도 8%의 소금물 600g이 만들어졌다. 처음 들어있던 농도 4%의 소금물의 양은?

① 160g ② 180g
③ 200g ④ 220g
⑤ 240g

03 높이가 각각 6cm, 8cm, 10cm인 벽돌 3종류가 있다. 되도록 적은 벽돌을 사용하여 같은 종류의 벽돌끼리 같은 높이로 쌓아 올리고자 한다. 필요한 벽돌은 모두 몇 개인가?

① 31개 ② 35개
③ 39개 ④ 43개
⑤ 47개

04 C전자 매장의 TV와 냉장고의 판매량 비율은 작년 3 : 2에서 올해 13 : 9로 변하였다. 올해 TV와 냉장고의 총판매량이 작년보다 10% 증가하였을 때, 냉장고의 판매량은 작년보다 몇 % 증가하였는가?

① 11.5% ② 12%
③ 12.5% ④ 13%
⑤ 1.35%

05 어느 회사의 작년 직원 수는 올해보다 5% 많았고, 내년에는 올해보다 4% 늘려 28명을 추가로 고용할 예정이다. 이 회사의 작년 직원 수와 내년 직원 수의 차이는 몇 명인가?

① 7명 ② 8명
③ 9명 ④ 10명
⑤ 11명

06 A, B, C 3개의 회사에서 중국 바이어와의 계약을 성사시키기 위해 각자 미팅을 준비하고 있다. A, B, C회사가 미팅 후 계약을 성사시킬 확률은 각각 $\frac{1}{4}$, $\frac{1}{3}$, $\frac{1}{2}$ 일 때, 중국 바이어가 한 회사하고만 계약할 확률은?

① $\frac{2}{9}$ ② $\frac{1}{4}$
③ $\frac{1}{3}$ ④ $\frac{11}{24}$
⑤ $\frac{1}{2}$

CHAPTER 03 | 2024년 하반기 기출복원문제

| 01 | 언어이해

01 다음 글의 내용으로 적절하지 않은 것은?

> 세상은 흔히 학문밖에 모르는 상아탑(象牙塔) 속의 연구 생활이 현실에서 도피한 짓이라고 비난하기가 일쑤지만, 상아탑의 덕택이 큰 것임을 알아야 한다. 모든 점에서 편리해진 생활을 향락하고 있는 소위 현대인이 있기 전에, 그런 것이 가능하기 위해서 오히려 그런 향락과는 담을 쌓고 있는 진리 탐구에 몰두한 학자들의 상아탑 속에서의 노고가 앞서 있었던 것이다. 그렇다고 남의 향락을 위하여 스스로 고난의 길을 일부러 걷는 것이 학자는 아니다. 학자는 그저 진리를 탐구하기 위하여 학문을 하는 것뿐이다. 상아탑이 나쁜 것이 아니라, 진리를 탐구해야 할 상아탑이 제구실을 옳게 다하지 못하는 것이 탈이다. 학문에 진리 탐구 이외의 다른 목적이 섣불리 앞장을 설 때, 그 학문은 자유를 잃고 왜곡(歪曲)될 염려조차 있다. 학문을 악용하기 때문에 오히려 좋지 못한 일을 하는 경우가 얼마나 많은가? 진리 이외의 것을 목적으로 할 때, 그 학문은 한때의 신기루와도 같아, 우선은 찬연함을 자랑할 수 있을지 모르나, 과연 학문이라고 할 수 있을까부터가 문제이다.
> 진리의 탐구가 학문의 유일한 목적일 때 그리고 그 길로 매진(邁進)할 때, 그 무엇에도 속박(束縛)됨이 없는 숭고한 학적인 정신이 만난(萬難)을 극복하는 기백(氣魄)을 길러 줄 것이요, 또 그것대로 우리의 인격 완성의 길로 통하게도 되는 것이다.

① 진리를 탐구하다 보면 생활에 유용한 것도 얻을 수 있다.
② 진리 탐구를 위해 학문을 하면 인격 완성에도 이를 수 있다.
③ 학자들은 인간의 생활을 향상시킨다는 목적의식을 가져야 한다.
④ 학문이 진리 탐구 이외의 것을 목적으로 하면 왜곡될 위험이 있다.
⑤ 학문하는 사람은 사명감으로 괴로움을 참고 나가야 하는 경우가 많다.

02 다음 글의 내용으로 가장 적절한 것은?

초고속 네트워크와 스마트기기의 발달은 콘텐츠 소비문화에 많은 변화를 불러왔다. 이제 우리는 시간과 장소의 제약 없이 음악이나 사진, 동영상 등 다채로운 문화 콘텐츠들을 만날 수 있다. 특히 1인 방송의 보편화로 동영상 콘텐츠의 생산과 공유는 더욱 자유로워져 1인 크리에이터라는 새로운 직업이 탄생하고 사회적인 이슈로 떠오르고 있다.

틱톡은 현재 전 세계에서 가장 주목받고 있는 영상 플랫폼 중 하나이다. 2017년 정식으로 출시된 이래 2년이 채 되지 않은 짧은 기간 동안 수억 명의 유저들을 끌어 모아 유튜브, 인스타그램, 스냅챗 등 글로벌 서비스들과 경쟁하는 인기 플랫폼으로 성장했다. 특히 작년에는 왓츠앱, 페이스북 메신저, 페이스북에 이어 전 세계에서 4번째로 많이 다운로드된 비게임 어플로 기록되어 많은 콘텐츠 크리에이터들을 놀라게 했다. 틱톡이 이토록 빠른 성장세를 보인 비결은 무엇일까? 그 답은 15초로 영상의 러닝타임을 제한한 독특한 아이디어에 있다.

최근 현대인들의 여가시간이 줄어들면서 짧은 시간 동안 간편하게 문화 콘텐츠를 즐기는 스낵컬처가 각광받고 있다. 틱톡이 보여주는 '15초 영상'이라는 극단적인 형태는 이러한 트렌드를 반영한 것이다. 하지만 틱톡의 폭발적인 인기의 근본은 스낵컬처 콘텐츠의 수요를 공략했다는 데 국한되지 않는다. 틱톡은 1인 미디어 시대가 도래하면서 보다 많은 이들이 자신을 표현하고 싶어 한다는 점을 주목해 누구나 부담 없이 영상을 제작할 수 있는 형태의 솔루션을 개발해냈다. 정형화된 동영상 플랫폼의 틀을 깨고 새로운 장르를 개척했다고도 할 수 있다. 누구나 크리에이터가 될 수 있는 동영상 플랫폼, 틱톡이 탄생함으로서 앞으로의 콘텐츠 시장은 더욱 다채로워질 것이라는 것이 필자의 소견이다.

① 1인 미디어의 등장으로 새로운 플랫폼이 생겨나고 있다.
② 1인 미디어는 문제가 많기 때문에 적절한 규제가 필요하다.
③ 틱톡은 올해 전 세계에서 4번째로 많이 다운로드된 비게임 어플이다.
④ 1인 미디어가 인기를 끄는 이유는 양질의 정보를 전달하기 때문이다.
⑤ 많은 1인 크리에이터들이 동영상 플랫폼을 통해 돈을 벌어들이고 있다.

03 다음 글의 제목으로 가장 적절한 것은?

> 제4차 산업혁명은 인공지능이 기존의 자동화 시스템과 연결되어 효율이 극대화되는 산업 환경의 변화를 의미한다. 2016년 세계경제포럼에서 언급되어, 유행처럼 번지는 용어가 되었다. 학자에 따라 바라보는 견해는 다르지만 대체로 기계학습과 인공지능의 발달이 그 수단으로 꼽힌다.
>
> 2010년대 중반부터 드러나기 시작한 제4차 산업혁명은 현재진행형이며, 그 여파는 사회 곳곳에서 드러나고 있다. 현재도 사람을 기계와 인공지능이 대체하고 있으며, 현재 일자리의 80 ~ 99%까지 대체될 것이라고 보는 견해도 있다.
>
> 만약 우리가 현재의 경제 구조를 유지한 채로 이와 같은 극단적인 노동 수요 감소를 맞게 된다면, 전후 미국의 대공황 등과는 차원이 다른 끔찍한 대공황이 발생할 것이다. 계속해서 일자리가 줄어들수록 중·하위 계층은 사회에서 밀려날 수밖에 없는데, 반면 자본주의 사회의 특성상 많은 비용을 수반하는 과학기술의 연구는 자본에 종속될 수밖에 없기 때문이다. 물론 지금도 이러한 현상이 없는 것은 아니지만, 아직까지는 단순노동이 필요하기 때문에 노동력을 제공하는 중·하위층들도 불합리한 부분들에 파업과 같은 실력 행사를 할 수 있었다. 그러나 앞으로 자동화가 더욱 진행되어 노동의 필요성이 사라진다면 그들을 배려해야 할 당위성은 법과 제도가 아닌 도덕이나 인권과 같은 윤리적인 영역에만 남게 되는 것이다.
>
> 반면에, 이를 긍정적으로 생각한다면 이처럼 일자리가 없어졌을 때 극소수에 해당하는 경우를 제외한 나머지 사람들은 노동에서 완전히 해방되어, 인공지능이 제공하는 무제한적인 자원을 마음껏 향유할 수도 있을 것이다. 하지만 이러한 미래는 지금의 자본주의보다는 사회주의 경제 체제에 가깝다. 이 때문에 많은 경제학자와 미래학자들은 제4차 산업혁명 이후의 미래를 장밋빛으로 바꿔나가기 위해, 기본소득제 도입 등의 시도와 같은 고민들을 이어가고 있다.

① 제4차 산업혁명의 의의
② 제4차 산업혁명의 빛과 그늘
③ 제4차 산업혁명의 위험성
④ 제4차 산업혁명에 대한 준비
⑤ 제4차 산업혁명의 시작

04 다음 글의 빈칸에 들어갈 내용으로 가장 적절한 것은?

과학을 이야기할 때 꼭 언급하고 지나가야 할 문제는 과학적인 방법으로 얻어진 결과를 어느 정도 신뢰할 수 있느냐 하는 문제이다. 과학은 인간의 이성으로 진리를 추구해 가는 가장 합리적인 방법이다. 따라서 과학적인 방법으로 도출해 낸 결론은 우리가 얻을 수 있는 가장 신뢰할 수 있는 결론이라고 해야 할 것이다. 그러나 인간의 이성으로 얻은 결론이므로 인간이라는 한계를 뛰어넘을 수는 없다. 인간의 지식이나 이성이 완벽하지 못하다는 것은 누구나 인정하고 있는 사실이다. 그러므로 _____.

① 과학에 대하여 보다 더 적극적인 관심을 가질 필요가 있다.
② 과학적인 방법으로 얻어진 결론도 완벽하다고 할 수는 없다.
③ 과학으로써 인간의 지식이나 이성의 한계를 넘어서야 한다.
④ 과학 탐구에 있어서도 결국 그 주체는 인간임을 잊어서는 안 된다.
⑤ 과학의 산물이 인간에게 유용한 것만은 아니라고 보아야 한다.

05 다음 문장을 논리적 순서대로 바르게 나열한 것은?

(가) 인간이 타고난 그대로의 자연스러운 본능이 성품이며, 인간이 후천적인 노력을 통하여 만들어 놓은 것이 인위이다.
(나) 따라서 인간의 성품은 악하나, 인위로 인해 선하게 된다.
(다) 즉, 배고프면 먹고 싶고 피곤하면 쉬고 싶은 것이 성품이라면, 배고파도 어른에게 양보하고 피곤해도 어른을 대신해 일하는 것이 인위이다.
(라) 그러므로 자연스러운 본능을 따르게 되면 반드시 다투고 빼앗는 결과를 초래하게 되지만, 스승의 교화를 받아 예의 법도를 따르게 되면 질서가 유지된다.

① (가) – (나) – (라) – (다)
② (가) – (다) – (나) – (라)
③ (가) – (다) – (라) – (나)
④ (가) – (라) – (나) – (다)
⑤ (가) – (라) – (다) – (나)

| 02 | 언어추리

01 다음 명제가 모두 참일 때, 항상 참인 것은?

- 어떤 학생은 공부를 잘한다.
- 체력이 좋으면 공부를 잘한다.
- 모든 체육부원은 체력이 좋다.
- 모든 체육부원은 학생이다.

① 체력이 좋으면 체육부원이다.
② 공부를 잘하면 체력이 좋다.
③ 어떤 체육부원은 공부를 잘한다.
④ 모든 학생은 체력이 좋다.
⑤ 모든 학생은 공부를 잘한다.

02 다음 명제가 모두 참일 때, 빈칸에 들어갈 명제로 가장 적절한 것은?

- 모든 생명체는 물이 있어야 살아갈 수 있다.
- 모든 동물은 생명체이다.
- 그러므로 _____

① 생명체는 모두 동물이다.
② 물이 있으면 모든 생명체가 살아갈 수 있다.
③ 동물들은 물이 있어야 살 수 있다.
④ 생명체가 살아갈 수 없으면 물이 없다.
⑤ 동물이 아닌 것은 생명체가 아니다.

03 다음 명제가 모두 참일 때, 참이 아닌 것은?

- 커피를 좋아하는 사람은 홍차를 좋아하지 않는다.
- 탄산수를 좋아하지 않는 사람은 우유를 좋아한다.
- 녹차를 좋아하는 사람은 홍차를 좋아한다.
- 녹차를 좋아하지 않는 사람은 탄산수를 좋아한다.

① 커피를 좋아하는 사람은 녹차를 좋아하지 않는다.
② 탄산수를 좋아하지 않는 사람은 녹차를 좋아한다.
③ 커피를 좋아하는 사람은 탄산수를 좋아한다.
④ 탄산수를 좋아하는 사람은 홍차를 좋아한다.
⑤ 홍차를 좋아하는 사람은 커피를 싫어한다.

04. 다음 명제에 따라 숨은 그림을 많이 찾은 순서대로 바르게 나열한 것은?

- 숨은 그림 찾기에서 민수가 철수보다 더 많이 찾았다.
- 숨은 그림 찾기에서 철수가 영희보다 더 적게 찾았다.
- 숨은 그림 찾기에서 민수가 영희보다 더 적게 찾았다.

① 영희 – 철수 – 민수
② 영희 – 민수 – 철수
③ 철수 – 영희 – 민수
④ 민수 – 철수 – 영희
⑤ 민수 – 영희 – 철수

05. 다음 글에 대한 반론으로 가장 적절한 것은?

현대인은 타인의 고통을 주로 뉴스나 영화 등의 매체를 통해 경험한다. 타인의 고통을 직접 대면하는 경우와 비교할 때 그와 같은 간접 경험으로부터 연민을 갖기는 쉽지 않다. 더구나 현대 사회는 사적 영역을 침범하지 않도록 주문한다. 이런 존중의 문화는 타인의 고통에 대한 지나친 무관심으로 변질될 수 있다. 그래서인지 현대 사회는 소박한 연민조차 느끼지 못하는 불감증 환자들의 안락하지만 황량한 요양소가 되어 가고 있는 듯하다.

연민에 대한 정의는 시대와 문화, 지역에 따라 가지각색이지만, 다수의 학자들에 따르면 연민은 두 가지 조건이 충족될 때 생긴다. 먼저 타인의 고통이 그 자신의 잘못에서 비롯된 것이 아니라 우연히 닥친 비극이어야 한다. 다음으로 그 비극이 언제든 나를 엄습할 수도 있다고 생각해야 한다. 이런 조건에 비추어 볼 때 현대 사회에서 연민의 감정은 무뎌질 가능성이 높다. 현대인은 타인의 고통을 대부분 그 사람의 잘못된 행위에서 비롯된 필연적 결과로 보며, 자신은 그러한 불행을 예방할 수 있다고 생각하기 때문이다.

① 현대인들은 자신의 사적 영역을 존중받길 원한다.
② 간접적인 경험보다 직접적인 경험에서 연민의 감정이 쉽게 생긴다.
③ 사람들은 비극이 나에게도 일어날 수 있다고 생각할 때 연민을 느낀다.
④ 연민이 충족되기 위해선 타인의 고통이 자신의 잘못에서 비롯된 것이어야 한다.
⑤ 교통과 통신이 발달하면서 현대인들은 이전에는 몰랐던 사람들의 불행까지도 의식할 수 있게 되었다.

| 03 | 자료해석

01 다음은 주요 젖병회사 브랜드인 D사, G사, U사의 연도별 판매율을 나타낸 표이다. 이에 대한 설명으로 옳지 않은 것은?

〈연도별·젖병회사별 판매율〉

(단위 : %)

구분	2019년	2020년	2021년	2022년	2023년
D사	52	55	61	58	69
G사	14	19	21	18	20
U사	34	26	18	24	11

① D사와 G사의 판매율 증감 추이는 동일하다.
② D사와 G사의 판매율이 가장 높은 연도는 동일하다.
③ D사의 판매율이 가장 높은 연도는 U사의 판매율이 가장 낮았다.
④ G사의 판매율이 가장 낮은 연도는 U사의 판매율이 가장 높았다.
⑤ U사의 판매율의 가장 높은 연도와 가장 낮은 연도의 차이는 20%p 이상이다.

02 연도별 1분기 A국립공원 방문객 수가 다음과 같을 때, 2024년 1분기 A국립공원 방문객 수와 방문객 수 비율을 바르게 짝지은 것은?(단, 방문객 수는 천의 자리에서 반올림하고, 방문객 수 비율은 소수점 이하는 버리며, 증감률은 소수점 둘째 자리에서 반올림한다)

〈연도별 1분기 A국립공원 방문객 수〉

구분	방문객 수(명)	방문객 수 비율	증감률
2020년	1,580,000	90	–
2021년	1,680,000	96	6.3%
2022년	1,750,000	100	4.2%
2023년	1,810,000	103	3.4%
2024년			-2.8%

※ 방문객 수 비율은 2022년을 100으로 함

    방문객 수   방문객 수 비율
① 1,760,000명   100
② 1,760,000명   103
③ 1,780,000명   100
④ 1,780,000명   101
⑤ 1,790,000명   100

03 다음은 사교육의 과목별 동향에 대한 자료이다. 이에 대한 설명으로 옳은 것을 〈보기〉에서 모두 고르면?

〈사교육 과목별 동향〉
(단위 : 명, 만 원)

구분		2018년	2019년	2020년	2021년	2022년	2023년
국·영·수	월 최대 수강자 수	350	385	379	366	360	378
	월 평균 수강자 수	312	369	371	343	341	366
	월 평균 수업료	55	65	70	70	70	75
탐구	월 최대 수강자 수	241	229	281	315	332	301
	월 평균 수강자 수	218	199	253	289	288	265
	월 평균 수업료	35	35	40	45	50	50

보기

ㄱ. 2019 ~ 2023년 동안 전년 대비 국·영·수의 월 최대 수강자 수와 월 평균 수강자 수는 같은 증감 추이를 보인다.
ㄴ. 2019 ~ 2023년 동안 전년 대비 국·영·수의 월 평균 수업료는 월 최대 수강자 수와 같은 증감 추이를 보인다.
ㄷ. 국·영·수의 월 최대 수강자 수의 전년 대비 증가율은 2019년에 가장 높다.
ㄹ. 2018 ~ 2023년 동안 월 평균 수강자 수가 국·영·수 과목이 최대였을 때는 탐구 과목이 최소였고, 국·영·수 과목이 최소였을 때는 탐구 과목이 최대였다.

① ㄴ
② ㄷ
③ ㄱ, ㄷ
④ ㄱ, ㄹ
⑤ ㄴ, ㄹ

04 다음은 주요 곡물별 수급 현황에 대한 자료이다. 이에 대한 설명으로 옳지 않은 것은?

〈주요 곡물별 수급 현황〉
(단위 : 백만 톤)

구분		2021년	2022년	2023년
소맥	생산량	695	650	750
	소비량	697	680	735
옥수수	생산량	885	865	950
	소비량	880	860	912
대두	생산량	240	245	260
	소비량	237	240	247

① 전체적으로 2023년에 생산과 소비가 가장 활발하였다.
② 2023년 생산량 대비 소비량의 비중이 가장 낮았던 곡물은 대두이다.
③ 2021년부터 2023년까지 대두의 생산량과 소비량이 지속적으로 증가하였다.
④ 2022년에 옥수수는 다른 곡물에 비해 전년 대비 소비량의 변화가 가장 작았다.
⑤ 2021년 전체 곡물 생산량과 2023년 전체 곡물 생산량의 차이는 140백만 톤이다.

05 다음은 C중학교 여름방학 방과 후 학교 신청 학생 중 과목별 학생 수를 비율로 나타낸 그래프이다. 방과 후 학교를 신청한 전체 학생이 200명일 때, 수학을 선택한 학생은 미술을 선택한 학생보다 몇 명이 더 적은가?

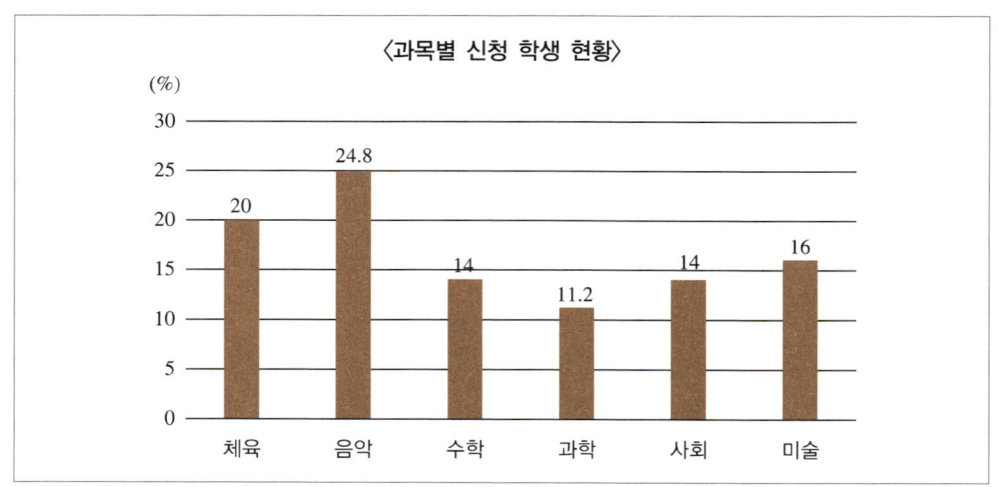

① 3명　　　　　　　　　　　② 4명
③ 5명　　　　　　　　　　　④ 6명
⑤ 7명

| 04 | 창의수리

Easy

01 일정한 규칙으로 수를 나열할 때, 빈칸에 들어갈 알맞은 수는?

$$0 \quad 1 \quad -2 \quad -1 \quad 2 \quad 3 \quad (\ )$$

① 4 ② 7
③ −5 ④ −6
⑤ −9

02 $a(a-b)=23$의 방정식이 성립할 때, a^2-b^2의 값은?(단, a, b는 자연수이다)

① 40 ② 42
③ 43 ④ 44
⑤ 45

03 벤치 1개에 5명씩 앉으면 12명이 남고, 6명씩 앉으면 아무도 앉지 않은 벤치가 7개 남는다고 한다. 이때, 벤치의 개수가 될 수 없는 것은?

① 53개 ② 54개
③ 55개 ④ 56개
⑤ 57개

04 A와 B는 가위바위보를 해서 이기면 2계단을 올라가고, 지면 1계단을 내려가는 게임을 하였다. 게임이 끝난 후 A는 11계단, B는 2계단을 올라가 있었을 때, A가 이긴 횟수는?(단, 비기는 경우는 고려하지 않는다)

① 5번 ② 8번
③ 12번 ④ 18번
⑤ 20번

05 10명의 각 나라 대표들이 모여 당구 경기를 진행하려고 한다. 경기 진행 방식은 토너먼트 방식으로 다음과 같이 진행될 때, 만들어질 수 있는 대진표의 수는?

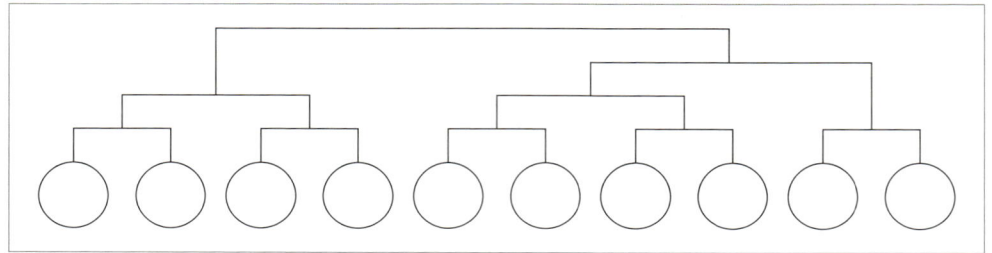

① 27,200가지 ② 27,560가지
③ 28,000가지 ④ 28,350가지
⑤ 28,500가지

06 어떤 시험에서 A, B, C 세 사람이 합격할 확률은 각각 $\frac{1}{3}$, $\frac{1}{4}$, $\frac{1}{5}$이다. B만 합격할 확률은?

① $\frac{1}{60}$ ② $\frac{2}{15}$
③ $\frac{1}{6}$ ④ $\frac{1}{4}$
⑤ $\frac{3}{5}$

CHAPTER 04 | 2024년 상반기 기출복원문제

정답 및 해설 p.018

| 01 | 언어이해

01 다음 글의 빈칸에 들어갈 내용으로 가장 적절한 것은?

> 현대인들이 부족한 잠으로 인해 만성피로를 겪고 있다. 성인 평균 권장 수면시간은 7 ~ 8시간이지만, 이를 지키는 이들은 우리나라 성인 기준 단 4%에 불과하다. 국가별 일평균 수면시간 조사에 따르면 한국인의 하루 평균 수면시간은 7시간 41분으로 OECD 18개 회원국 중 최하위를 기록했다. 또한 직장인의 수면시간은 이보다도 짧은 6시간 6분, 권장 수면시간에 2시간 가까이 부족한 수면시간으로 현대인 대부분이 수면 부족에 시달린다 해도 과언이 아닐 정도이다.
> 수면시간 총량이 적은 것도 문제지만 더 심각한 점은 _____,
> 즉 수면의 질 또한 높지 않다는 것이다. 수면장애를 '단순히 일이 많아서' 또는 '잠버릇 때문에' 발생한 일시적인 가벼운 증상 정도로 여기는 사회적 분위기를 고려하면 실제 수면장애 환자는 더 많을 것으로 추정된다. 특히 대표적인 수면장애인 '수면 무호흡증'은 피로감·불안감·우울감은 물론 고혈압·당뇨병과 심혈관질환·뇌졸중까지 다양한 합병증을 유발할 수 있다는 점에서 진단과 치료가 요구된다.

① '어떻게 잘 잤는지'
② '언제 잠을 잤는지'
③ '어디서 잠을 잤는지'
④ '얼마만큼 많이 잤는지'
⑤ '왜 잠이 부족한 것인지'

02 다음 문단을 논리적 순서대로 바르게 나열한 것은?

(가) 근대에 접어들어 모든 사물이 생명력을 갖지 않는 일종의 기계라는 견해가 강조되면서, 아리스토텔레스의 목적론은 비과학적이라는 이유로 많은 비판에 직면한다.
(나) 대표적인 근대 사상가인 갈릴레이는 목적론적 설명이 과학적 설명으로 사용될 수 없다고 주장했고, 베이컨은 목적에 대한 탐구가 과학에 무익하다고 평가했으며, 스피노자는 목적론이 자연에 대한 이해를 왜곡한다고 비판했다.
(다) 일부 현대 학자들은 근대 사상가들이 당시 과학에 기초한 기계론적 모형이 더 설득력을 갖는다는 일종의 교조적 믿음에 의존했을 뿐, 아리스토텔레스의 목적론을 거부할 충분한 근거를 제시하지 못했다고 비판한다.
(라) 이들의 비판은 목적론이 인간 이외의 자연물도 이성을 갖는 것으로 의인화한다는 것이다. 그러나 이런 비판과는 달리 아리스토텔레스는 자연물을 생물과 무생물로, 생물을 식물·동물·인간으로 나누고 인간만이 이성을 지닌다고 생각했다.

① (가) - (나) - (라) - (다)
② (가) - (다) - (나) - (라)
③ (가) - (라) - (나) - (다)
④ (나) - (다) - (라) - (가)
⑤ (나) - (라) - (다) - (가)

Easy
03 다음 글의 전개 방식으로 가장 적절한 것은?

변혁적 리더십은 리더가 조직 구성원의 사기를 고양하기 위해 미래의 비전과 공동체적 사명감을 강조하고, 이를 통해 조직의 장기적 목표를 달성하는 것을 핵심으로 한다. 거래적 리더십이 협상과 교환을 통해 구성원의 동기를 부여한다면, 변혁적 리더십은 구성원의 변화를 통해 동기를 부여하고자 한다. 또한 거래적 리더십은 합리적 사고와 이성에 호소하는 반면, 변혁적 리더십은 감정과 정서에 호소하는 측면이 크다.
이러한 변혁적 리더십은 조직의 합병을 주도하고 신규 부서를 만들어 내며, 조직 문화를 창출해 내는 등 조직 변혁을 주도하고 관리한다. 따라서 오늘날 급변하는 환경과 조직의 실정에 적합한 리더십 유형으로 주목받고 있다.
변혁적 리더는 주어진 목적의 중요성과 의미에 대한 구성원의 인식 수준을 제고시키고, 개인적 이익을 넘어서 구성원 자신과 조직 전체의 이익을 위해 일하도록 만든다. 그리고 구성원의 욕구 수준을 상위 수준으로 끌어올림으로써 구성원을 근본적으로 변혁시킨다. 즉 거래적 리더십을 발휘하는 리더는 구성원에게서 기대되었던 성과만을 얻어내지만, 변혁적 리더는 기대 이상의 성과를 얻어낼 수 있다.

① 대상에 대한 여러 가지 견해를 소개한다.
② 구체적 현상을 분석하여 일반적 원리를 도출한다.
③ 시간적 순서에 따라 개념이 형성되어 가는 과정을 밝힌다.
④ 다른 대상과의 비교를 통해 대상이 지닌 특징을 설명한다.
⑤ 개념의 이해를 돕기 위해 친근한 대상을 예로 들어 설명한다.

04 다음 글의 내용으로 적절하지 않은 것은?

> 인류의 역사를 석기시대, 청동기시대 그리고 철기시대로 구분한다면 현대는 '플라스틱시대'라고 할 수 있을 만큼 플라스틱은 현대 사회에서 가장 혁명적인 물질 중 하나이다. "플라스틱은 현대 생활의 뼈, 조직, 피부가 되었다."는 미국의 과학 저널리스트 수잔 프라인켈(Susan Freinkel)의 말처럼 플라스틱은 인간 생활에 많은 부분을 차지하고 있다. 저렴한 가격과 필요에 따라 내구성, 강도, 유연성 등을 조절할 수 있는 장점 덕분에 일회용 컵부터 옷, 신발, 가구 등 플라스틱이 아닌 것이 거의 없을 정도이다. 그러나 플라스틱에는 치명적인 단점이 있다. 플라스틱이 지닌 특성 중 하나인 영속성(永續性)이다. 즉, 인간이 그동안 생산한 플라스틱은 바로 분해되지 않고 어딘가에 계속 존재하고 있어 플라스틱은 환경오염의 원인이 된 지 오래이다.
>
> 치약, 화장품, 피부 각질제거제 등 생활용품, 화장품에 들어 있는 작은 알갱이의 성분은 '마이크로비드(Microbead)'라는 플라스틱이다. 크기가 1mm보다 작은 플라스틱을 마이크로비드라고 하는데 이 알갱이는 정수처리과정에서 걸러지지 않고 생활 하수구에서 강으로, 바다로 흘러간다. 이 조그만 알갱이들은 바다를 떠돌면서 생태계의 먹이사슬을 통해 동식물 체내에 축적되어 면역체계 교란, 중추신경계 손상 등의 원인이 되는 잔류성유기오염물질(Persistent Organic Pollutants)을 흡착한다. 그리고 물고기, 새 등 여러 생물은 마이크로비드를 먹이로 착각해 섭취한다. 마이크로비드를 섭취한 해양생물은 다시 인간의 식탁에 올라온다. 즉, 우리가 버린 플라스틱을 우리가 다시 먹게 되는 셈이다.
>
> 플라스틱 포크로 음식을 먹고 플라스틱 컵으로 물을 마시는 등 플라스틱을 음식을 먹기 위한 수단이라고만 생각했지, 직접 먹게 되리라고는 상상도 못했을 것이다. 우리가 먹은 플라스틱이 우리 몸에 남아 분해되지 않고 큰 질병을 키우게 될 것을 말이다.

① 플라스틱은 바로 분해되지 않고 어딘가에 존재한다.
② 마이크로비드는 잔류성유기오염물질을 분해하는 역할을 한다.
③ 물고기 등 해양생물은 마이크로비드를 먹이로 착각해 먹는다.
④ 플라스틱은 필요에 따라 유연성, 강도 등을 조절할 수 있고, 값이 싼 장점이 있다.
⑤ 마이크로비드는 크기가 작기 때문에 정수처리과정에서 걸러지지 않고 바다로 유입된다.

05 다음 글의 내용으로 가장 적절한 것은?

> 조선 후기의 대표적인 관료 선발 제도 개혁론인 유형원의 공거제 구상은 능력주의적, 결과주의적 인재 선발의 약점을 극복하려는 의도와 함께 신분적 세습의 문제점도 의식한 것이었다. 중국에서는 17세기 무렵 관료 선발에서 세습과 같은 봉건적인 요소를 부분적으로 재도입하려는 개혁론이 등장했다. 고염무는 관료제의 상층에는 능력주의적 제도를 유지하되, 지방관인 지현들은 어느 정도의 검증 기간을 거친 이후 그 지위를 평생 유지시켜 주고 세습의 길까지 열어 놓는 방안을 제안했다. 황종희는 지방의 관료가 자체적으로 관리를 초빙해서 시험한 후에 추천하는 '벽소'와 같은 옛 제도를 되살리는 방법으로 과거제를 보완하자고 주장했다.
>
> 이러한 개혁론은 갑작스럽게 등장한 것이 아니었다. 과거제를 시행했던 국가들에서는 수백 년에 걸쳐 과거제를 개선하라는 압력이 있었다. 시험 방식이 가져오는 부작용들은 과거제의 중요한 문제였다. 치열한 경쟁은 학문에 대한 깊이 있는 학습이 아니라 합격만을 목적으로 하는 형식적 학습을 하게 만들었고, 많은 인재들이 수험 생활에 장기간 매달리면서 재능을 낭비하는 현상도 낳았다. 또한 학습 능력 이외의 인성이나 실무 능력을 평가할 수 없다는 이유로 시험의 익명성에 대한 회의도 있었다.
>
> 과거제의 부작용에 대한 인식은 과거제를 통해 임용된 관리들의 활동에 대한 비판적 시각으로 연결되었다. 능력주의적 태도는 시험뿐 아니라 관리의 업무에 대한 평가에도 적용되었다. 세습적이지 않으면서 몇 년의 임기마다 다른 지역으로 이동하는 관리들은 승진을 위해서 빨리 성과를 낼 필요가 있었기에, 지역 사회를 위해 장기적인 전망을 가지고 정책을 추진하기보다 가시적이고 단기적인 결과만을 중시하는 부작용을 가져왔다. 개인적 동기가 공공성과 상충되는 현상이 나타났던 것이다. 공동체 의식의 약화 역시 과거제의 부정적 결과로 인식되었다. 과거제 출신의 관리들이 공동체에 대한 소속감이 낮고 출세 지향적이기 때문에 세습엘리트나 지역에서 천거된 관리에 비해 공동체에 대한 충성심이 약했던 것이다.

① '벽소'는 과거제를 없애고자 등장한 새로운 제도이다.
② 과거제 출신의 관리들은 공동체에 대한 소속감이 낮고 출세 지향적이었다.
③ 과거제는 학습 능력 이외의 인성이나 실무 능력까지 정확하게 평가할 수 있는 제도였다.
④ 과거제를 통해 임용된 관리들은 지역 사회를 위해 장기적인 전망을 가지고 정책을 추진하였다.
⑤ 고염무는 관료제의 상층에는 세습제를 실시하고, 지방관에게는 능력주의적 제도를 실시하자는 방안을 제안했다.

| 02 | 언어추리

Easy

01 다음 명제가 모두 참일 때, 항상 참인 것은?

> • 노란상자는 초록상자에 들어간다.
> • 파란상자는 빨간상자에 들어간다.
> • 빨간상자와 노란상자가 같은 크기이다.

① 파란상자는 초록상자에 들어가지 않는다.
② 초록상자는 빨간상자에 들어간다.
③ 초록상자는 파란상자에 들어가지 않는다.
④ 노란상자는 빨간상자에 들어간다.
⑤ 노란상자에 초록상자와 빨간상자가 모두 들어간다.

02 8조각의 피자를 A ~ D 4명이서 나눠 먹는다고 할 때, 다음 중 참이 아닌 것은?

> • 4명 중 피자를 1조각도 먹지 않은 사람은 없다.
> • A는 피자 2조각을 먹었다.
> • 피자를 가장 적게 먹은 사람은 B이다.
> • C는 D보다 피자 1조각을 더 많이 먹었다.

① 피자 1조각이 남는다.
② 2명은 짝수 조각의 피자를 먹었다.
③ A와 D가 먹은 피자 조각 수는 같다.
④ C가 가장 많은 조각의 피자를 먹었다.
⑤ B는 D보다 피자 1조각을 덜 먹었다.

03 어느 도시에 있는 병원의 공휴일 진료 현황은 다음과 같다. 공휴일에 진료하는 병원의 수는?

- 만약 B병원이 진료를 하지 않으면, A병원은 진료를 한다.
- 만약 B병원이 진료를 하면, D병원은 진료를 하지 않는다.
- 만약 A병원이 진료를 하면, C병원은 진료를 하지 않는다.
- 만약 C병원이 진료를 하지 않으면, E병원이 진료를 한다.
- E병원은 공휴일에 진료를 하지 않는다.

① 1곳
② 2곳
③ 3곳
④ 4곳
⑤ 5곳

04 다음 〈보기〉를 참고하여 내린 A, B의 결론에 대한 판단으로 옳은 것은?

보기

각각 다른 심폐기능 등급을 받은 가 ~ 마 5명 중 등급이 가장 낮은 2명의 환자에게 건강 관리 안내문을 발송한다.
- 마보다 심폐기능이 좋은 환자는 2명 이상이다.
- 마는 다보다 한 등급 높다.
- 나는 라보다 한 등급 높다.
- 가보다 심폐기능이 나쁜 환자는 2명이다.

A : 다에게 건강 관리 안내문을 발송한다.
B : 라에게 건강 관리 안내문을 발송한다.

① A만 옳다.
② B만 옳다.
③ A, B 모두 옳다.
④ A, B 모두 틀리다.
⑤ A, B 모두 옳은지 틀린지 판단할 수 없다.

05 기말고사를 치르고 난 후 A ~ E 5명의 친구가 다음과 같이 성적에 대해 이야기를 나누었다. 이 중 1명의 진술이 거짓일 때, 이에 대한 결론으로 옳은 것은?(단, 동점은 없으며, 모든 사람은 진실 또는 거짓만 말한다)

- A : E는 1등이고, D는 C보다 성적이 높다.
- B : B는 E보다 성적이 낮고, C는 A보다 성적이 높다.
- C : A는 B보다 성적이 낮다.
- D : B는 C보다 성적이 높다.
- E : D는 B보다, A는 C보다 성적이 높다.

① B가 1등이다.　　　　　　　② A가 2등이다.
③ E가 2등이다.　　　　　　　④ B는 3등이다.
⑤ D가 3등이다.

Hard

06 다음 글의 논증에 대한 반박으로 적절하지 않은 것은?

> 윤리와 관련하여 가장 광범위하게 받아들여진 사실 가운데 하나는 옳은 것과 그른 것에 대한 광범위한 불일치가 과거부터 현재까지 항상 있었고, 앞으로도 계속 있을 것이라는 점이다. 가령 육식이 올바른지를 두고 한 문화에 속해 있는 사람들의 판단은 다른 문화에 속해 있는 사람들의 판단과 굉장히 다르다. 그뿐만 아니라 한 문화에 속한 사람들의 판단은 시대마다 아주 다르기도 하다. 심지어 우리는 동일한 문화와 시대 안에서도 하나의 행위에 대해 서로 다른 윤리적 판단을 하는 경우를 볼 수 있다.
> 이러한 사실이 의미하는 바는 사람들의 윤리적 기준이 시간과 장소 그리고 그들이 사는 상황에 따라 달라진다는 것이다. 그러므로 올바른 윤리적 기준은 그것을 적용하는 사람에 따라 상대적이다. 이것이 바로 윤리적 상대주의의 핵심 논지이다. 따라서 우리는 윤리적 상대주의가 참이라는 결론을 내려야 한다.

① 사람들의 윤리적 판단은 그들이 사는 지역에 따라 크게 다르지 않다.
② 윤리적 판단이 다르다고 해서 윤리적 기준도 반드시 달라지는 것은 아니다.
③ 윤리적 상대주의가 옳다고 해서 사람들의 윤리적 판단이 항상 서로 다른 것은 아니다.
④ 인류학자들에 따르면 문화에 따른 판단의 차이에도 불구하고 일부 윤리적 기준은 보편적으로 신봉되고 있다.
⑤ 서로 다른 윤리적 판단이 존재하는 경우에도 그중에 올바른 판단은 하나뿐이며, 그런 올바른 판단을 옳게 만들어 주는 객관적 기준이 존재한다.

03 자료해석

01 화물 출발지와 도착지 간 거리가 A기업은 100km, B기업은 200km이며, 운송량은 A기업 5톤, B기업 1톤이다. 국내 운송 시 수단별 요금체계가 다음과 같을 때, A기업과 B기업의 운송비용에 대한 설명으로 옳은 것은?(단, 다른 조건은 같다)

〈국내 운송비용 정보〉

(단위 : 원)

구분		화물자동차	철도	연안해송
운임	기본운임	200,000	150,000	100,000
	추가운임	1,000	900	800
부대비용		100	300	500

※ 추가운임 및 부대비용은 거리(km)와 무게(톤)를 곱하여 산정함

① A, B 모두 철도운송이 저렴하다.
② A, B 모두 화물자동차 운송이 저렴하다.
③ A는 연안해송, B는 철도운송이 저렴하다.
④ A는 모든 수단이 같고, B는 연안해송이 저렴하다.
⑤ A는 화물자동차가 저렴하고, B는 모든 수단이 같다.

02 C회사에서는 업무 효율을 높이기 위해 근무 여건 개선 방안에 대하여 논의하고자 한다. 귀하는 논의 자료를 준비하기 위하여 전 사원의 야간근무 현황을 조사하였다. 다음 중 조사 내용으로 옳지 않은 것은?

〈야간근무 현황(주 단위)〉

(단위 : 일, 시간)

구분	임원	부장	과장	대리	사원
평균 야근 빈도	1.2	2.2	2.4	1.8	1.4
평균 야근 시간	1.8	3.3	4.8	6.3	4.2

※ 60분의 2/3 이상을 채울 시 1시간으로 야간근무 수당을 계산함

① 전 사원의 주 평균 야간근무 빈도는 1.8일이다.
② 과장급 사원은 한 주에 평균적으로 2.4일 정도 야간근무를 한다.
③ 평사원은 한 주 동안 평균 4시간 12분 정도 야간근무를 하고 있다.
④ 1회 야간근무 시 평균적으로 가장 긴 시간 동안 일하는 사원은 대리급 사원이다.
⑤ 야간근무 수당이 시간당 10,000원이라면 과장급 사원은 주 평균 50,000원을 받는다.

03 다음은 국내 스포츠 경기 4종목의 경기 수에 대한 자료이다. 이에 대한 설명으로 옳지 않은 것은?

〈국내 스포츠 경기 수〉
(단위 : 회)

구분	2019년	2020년	2021년	2022년	2023년
농구	400	408	410	400	404
야구	470	475	478	474	478
배구	220	225	228	230	225
축구	230	232	236	240	235

① 2020년부터 2022년까지 경기 수가 증가하는 스포츠는 1종목이다.
② 2021년부터 2022년까지의 야구 평균 경기 수는 축구 평균 경기 수의 2배이다.
③ 2019년 농구와 배구의 경기 수 차이는 야구와 축구 경기 수 차이의 70% 이상이다.
④ 농구의 2020년 전년 대비 경기 수 증가율은 2023년 전년 대비 경기 수 증가율보다 높다.
⑤ 2023년 경기 수가 2021년부터 2022년까지의 종목별 평균 경기 수보다 많은 스포츠는 1종목이다.

Easy
04 다음은 1월 2일에 C회사 주식에 100,000원을 투자한 후 매일 주가 등락률을 정리한 자료이다. 이를 참고하여 주식을 모두 매도했을 때 옳은 것은?

〈전일 대비 주가 등락률〉

구분	1월 3일	1월 4일	1월 5일	1월 6일	1월 9일
등락률	10% 상승	20% 상승	10% 하락	20% 하락	10% 상승

① 1월 5일에 매도할 경우 5,320원 이익이다.
② 1월 6일에 매도할 경우 이익률은 −6.9%이다.
③ 1월 4일에 매도할 경우 이익률은 30%이다.
④ 1월 6일에 매도할 경우 4,450원 손실이다.
⑤ 1월 9일에 매도할 경우 주식 가격은 104,544원이다.

05 다음은 2022년과 2023년 디지털 콘텐츠 제작 분야의 영역별 매출 현황에 대한 자료이다. 이에 대한 설명으로 옳지 않은 것은?

〈제작 분야의 영역별 매출 현황〉

(단위 : 억 원, %)

구분	정보	출판	영상	음악	캐릭터	애니메이션	게임	기타	합계
2022년	227 (10.8)	143 (6.8)	109 (5.2)	101 (4.8)	61 (2.9)	264 (12.6)	1,177 (56.0)	18 (0.9)	2,100 (100)
2023년	364 (13.0)	213 (7.6)	269 (9.6)	129 (4.6)	95 (3.4)	272 (9.7)	1,441 (51.5)	17 (0.6)	2,800 (100)

※ ( )는 총매출액에 대한 비율임

① 2023년 총매출액은 2022년 총매출액보다 700억 원 더 많다.
② 2022년과 2023년 모두 게임 영역이 차지하는 비율이 50% 이상이다.
③ 기타 영역을 제외한 모든 영역에서 2022년보다 2023년이 매출액이 더 많다.
④ 2022년과 2023년 총매출액에 대한 비율의 차이가 가장 적은 것은 기타 영역이다.
⑤ 음악, 애니메이션, 게임, 기타 영역은 2022년 대비 2023년에 매출액 비율이 감소하였다.

06 다음은 두 국가의 월별 이민자수에 대한 자료이다. 이에 대한 설명으로 옳은 것은?

〈A, B국의 이민자 수 추이〉

(단위 : 명)

연 / 월 \ 국가	A국	B국
2022년 12월	3,400	2,600
2023년 1월	3,800	2,800
2023년 2월	4,000	2,800

① 월별 이민자 수 차이는 2022년 12월이 가장 크다.
② 2022년 12월 B국 이민자 수는 A국 이민자 수의 75% 미만이다.
③ A국 이민자 수에 대한 B국 이민자 수의 비는 2022년 12월이 가장 크다.
④ 2023년 2월 A국 이민자 수는 2023년 2월 A, B국의 이민자 수의 평균보다 800명 더 많다.
⑤ 2023년 1월 A국과 B국 이민자 수의 차이는 2023년 1월의 A국 이민자 수의 33% 이상이다.

| 04 | 창의수리

※ 일정한 규칙으로 수를 나열할 때, 빈칸에 들어갈 알맞은 수를 고르시오. [1~2]

01

| 3 | 5 | 11 | 21 | 43 | ( ) | 171 | 341 | 683 |

① 85
② 90
③ 95
④ 100
⑤ 105

02

| 15 | 31 | 16 | 30 | 17 | 29 | 18 | ( ) |

① 26
② 27
③ 28
④ 29
⑤ 30

03 다음 표는 과자와 빵의 100g당 열량과 단백질의 양을 나타낸 것이다. 과자와 빵을 합하여 200g을 섭취해 열량 360kcal 이상, 단백질 13g 이상을 얻으려고 한다. 이때 섭취해야 하는 빵의 양의 범위는?

구분	열량(kcal)	단백질(g)
과자	120	8
빵	320	5

① 50g 이상 90g 이하
② 50g 이상 100g 이하
③ 50g 이상 80g 이하
④ 60g 이상 100g 이하
⑤ 80g 이상 100g 이하

Easy

04 운송업체에서 택배 기사로 일하고 있는 A씨는 5곳에 배달을 할 때, 첫 배송지에서 마지막 배송지까지 총 1시간 20분이 걸린다. 평균적으로 이와 같은 속도로 배달을 할 때, 12곳에 배달을 하는데 첫 배송지에서 출발해서 마지막 배송지까지 택배를 마치는 데 걸리는 시간은?(단, 배송지에서 머무는 시간은 고려하지 않는다)

① 3시간 12분 ② 3시간 25분
③ 3시간 36분 ④ 3시간 40분
⑤ 3시간 52분

05 윤희네 중창부가 대회를 나가기 위해 순서를 정하려고 한다. 중창부가 남자 4명과 여자 3명으로 구성되어 있을 때, 여자끼리 이웃하지 않을 확률은?

① $\dfrac{2}{7}$ ② $\dfrac{3}{7}$
③ $\dfrac{4}{7}$ ④ $\dfrac{5}{7}$
⑤ $\dfrac{6}{7}$

06 서울 지역 어느 중학교 학생 10명의 혈액형을 조사하였더니 A형, B형, O형인 학생이 각각 2명, 3명, 5명이었다. 이 10명의 학생 중에서 임의로 2명을 뽑을 때, 혈액형이 서로 다를 경우의 수는?

① 19가지 ② 23가지
③ 27가지 ④ 31가지
⑤ 35가지

CHAPTER 05 | 2023년 하반기 기출복원문제

정답 및 해설 p.024

│01│ 언어이해

01 다음 글의 내용으로 적절하지 않은 것은?

> 모든 차의 운전자는 도로교통법 제48조 제1항에 의해 차의 조향장치와 제동장치, 그 밖의 장치를 정확하게 조작해야 하고, 도로의 교통상황과 차의 구조 및 성능에 따라 다른 사람에게 위험과 장해를 주는 속도나 방법으로 운전을 해서는 안 된다. 즉 운전 속도나 방법이 도로교통법상 위배됨 없이 운전을 하더라도, 그 운전행위가 객관적으로 교통상황과 차의 구조, 성능 등을 모두 고려해 볼 때 다른 사람에게 위험과 장해를 초래할 개연성이 높다면 안전운전의무를 지키지 않은 것으로 본다는 것이다. 여기서 더 나아가 실제로 다른 사람들에게 자동차를 통해 위협 또는 위해를 가하거나 교통상의 위험을 발생시킨다면, 난폭운전 또는 보복운전으로 처벌을 받을 수 있다.
> 흔히들 난폭운전과 보복운전을 비슷한 개념으로 혼동하는 경우가 있다. 하지만 그 기준이나 처벌 수위에 있어선 엄연히 차이가 있다. 난폭운전이란 도로교통법에 따르면 특정 위반행위를 둘 이상 연달아서 하거나, 하나의 행위를 지속 또는 반복하여 다른 사람에게 위협 또는 위해를 가하는 경우 또는 교통상의 위험을 발생시킨 경우를 말한다. 여기서 말하는 특정 위반행위란 신호위반, 중앙선침범, 속도위반, 안전거리 미확보, 진로변경금지위반, 급제동, 앞지르기 방법 또는 방해금지 위반, 정당한 사유 없는 소음 발생 등을 말하며 이런 행위들이 연달아 발생하거나 반복된다면 난폭운전으로 처벌을 받을 수 있는 것이다.
> 다음으로 보복운전은 운전면허를 받은 사람이 자동차 등을 이용하여 형법상 특수상해, 특수폭행, 특수협박, 특수손괴의 '특수'범죄를 행한 경우를 말하며, 도로교통법에 따라 운전면허가 취소 또는 정지될 뿐만 아니라 형법에 의거, 난폭운전보다 훨씬 무거운 처벌을 받을 수 있다. 보복운전이 형법에 의해 특수범죄로 취급되는 이유는 자동차를 법률에 명시된 '위험한 물건'으로 보기 때문이다. 위험한 물건은 그 자체로 흉기에 속하지는 않으나, 특수한 상황 하에서의 성질과 사용 방법에 따라서는 사람을 살상할 수 있는 물건을 말한다. 운전자가 운전대를 잡고 있는 자동차는 그 자체로 위험한 물건이 될 수 있음에는 이견이 없을 것이다. 앞서가다가 고의로 급정지를 하거나 급감속, 급제동을 반복하며 특정인을 고의로 위협하는 행위, 중앙선이나 갓길로 밀어붙이는 행위 등은 모두 자동차라는 흉기가 될 수 있는 물건을 이용해 발생하는 특수범죄로 보복운전에 해당할 수 있다.

① 안전운전의무를 지키기 위해서는 다른 사람에게 위험이 되지 않도록 운전을 해야 한다.
② 대부분의 사람들이 난폭운전과 보복운전 간의 차이를 느끼지 못한다.
③ 속도위반만 했을 경우에도 난폭운전이 될 수 있다.
④ 보복운전과 난폭운전 모두 특수범죄에 해당한다.
⑤ 보복운전의 상황에서 자동차는 흉기로 취급된다.

02 다음 글의 내용으로 가장 적절한 것은?

> 지진해일은 지진, 해저 화산폭발 등으로 바다에서 발생하는 파장이 긴 파도이다. 지진에 의해 바다 밑바닥이 솟아오르거나 가라앉으면 바로 위의 바닷물이 갑자기 상승 또는 하강하게 된다. 이 영향으로 지진해일파가 빠른 속도로 퍼져나가 해안가에 엄청난 위험과 피해를 일으킬 수 있다.
> 전 세계의 모든 해안 지역이 지진해일의 피해를 받을 수 있지만, 우리에게 피해를 주는 지진해일의 대부분은 태평양과 주변해역에서 발생한다. 이는 태평양의 규모가 거대하고 이 지역에서 대규모 지진이 많이 발생하기 때문이다. 태평양에서 발생한 지진해일은 발생 하루 만에 발생지점에서 지구의 반대편까지 이동할 수 있으며, 수심이 깊을 경우 파고가 낮고 주기가 길기 때문에 선박이나 비행기에서도 관측할 수 없다.
> 먼 바다에서 지진해일 파고는 해수면으로부터 수십 cm 이하이지만 얕은 바다에서는 급격하게 높아진다. 수심이 6,000m 이상인 곳에서 지진해일은 비행기의 속도와 비슷한 시속 800km로 이동할 수 있다. 지진해일은 얕은 바다에서 파고가 급격히 높아짐에 따라 그 속도가 느려지며 지진해일이 해안가의 수심이 얕은 지역에 도달할 때 그 속도는 시속 45~60km까지 느려지면서 파도가 강해진다. 이것이 해안을 강타함에 따라 파도의 에너지는 더 짧고 더 얕은 곳으로 모여 무시무시한 파괴력을 가져 우리의 생명을 위협하는 파도로 발달하게 된다. 최악의 경우, 파고가 15m 이상으로 높아지고 지진의 진앙 근처에서 발생한 지진해일의 경우 파고가 30m를 넘을 수도 있다. 파고가 3~6m 높이가 되면 많은 사상자와 피해를 일으키는 아주 파괴적인 지진해일이 될 수 있다.
> 지진해일의 파도 높이와 피해 정도는 에너지의 양, 지진해일의 전파 경로, 앞바다와 해안선의 모양 등으로 결정될 수 있다. 또한 암초, 항만, 하구나 해저의 모양, 해안의 경사 등 모든 것이 지진해일을 변형시키는 요인이 된다.

① 바다가 얕을수록 지진해일의 파고가 높아진다.
② 해안의 경사는 지진해일에 아무런 영향을 주지 않는다.
③ 지진해일은 파장이 짧으며, 화산폭발 등으로 인해 발생한다.
④ 지진해일이 해안가에 도달할수록 파도가 강해지며 속도는 시속 800km에 달한다.
⑤ 태평양 인근에서 발생한 지진해일은 대부분 한 달에 걸쳐 지구 반대편으로 이동하게 된다.

Hard

03 다음 글의 빈칸에 들어갈 내용으로 가장 적절한 것은?

> 몰랐지만 넘겨짚어 시험의 정답을 맞힌 경우와 제대로 알고 시험의 정답을 맞힌 경우를 구별할 수 있을까? 또 무작정 외워서 쓴 경우와 제대로 이해하고 쓴 경우는 어떤가? 전자와 후자는 서로 다르게 평가받아야 할까, 아니면 동등한 평가를 받아야 할까?
>
> 선택형 시험의 평가는 오로지 답안지에 표기된 선택지와 정답의 일치 여부에만 달려 있다. 이는 위의 첫 번째 물음이 항상 긍정으로 대답되지는 않으리라는 사실을 말해준다. 그러나 만일 시험관에게 답안지를 놓고 응시자와 면담할 기회가 주어진다면, 시험관은 응시자에게 정답지를 선택한 근거를 물음으로써 그가 문제에 관해 올바른 정보와 추론 능력을 가지고 있는지 검사할 수 있을 것이다. 예를 들어 한 응시자가 '대한민국의 수도가 어디냐?'는 물음에 대해 '서울'이라고 답했다고 하자. 그렇게 답한 이유가 단지 '부모님이 사시는 도시라 이름이 익숙해서'였을 뿐, 정작 대한민국의 지리나 행정에 관해서는 아는 바 없다는 사실이 면접을 통해 드러났다고 하자. 이 경우에 시험관은 이 응시자가 대한민국의 수도에 관한 올바른 정보를 갖고 있다고 인정하기 어려울 것이다. 이 예는 응시자가 올바른 답을 제시하는 데 필요한 정보가 부족한 경우이다.
>
> 그렇다면 어떤 사람이 문제의 올바른 답을 추론해 내는 데 필요한 모든 정보를 갖고 있었고 실제로도 정답을 제시했다고 해서, 그가 문제에 대한 올바른 추론 능력을 가지고 있다고 할 수 있는가? 어느 도난사건을 함께 조사한 홈즈와 왓슨이 사건의 모든 구체적인 세부사항, 예컨대 범행 현장에서 발견된 흙발자국의 토양 성분뿐 아니라 올바른 결론을 내리는 데 필요한 모든 일반적 정보, 예를 들어 영국의 지역별 토양의 성분에 관한 정보 등을 똑같이 갖고 있었고, 실제로 동일한 용의자를 범인으로 지목했다고 하자. 이 경우 두 사람의 추론을 동등하게 평가해야 하는가? 그렇지 않다. 예컨대 왓슨은 모든 정보를 완비하고 있었음에도 불구하고, 이름에 모음의 수가 가장 적다는 엉터리 이유로 범인을 지목했다고 하자. 이런 경우에도 우리는 왓슨의 추론에 박수를 보낼 수 있을까? 아니다. 왜냐하면 _____

① 왓슨은 일반적으로 타당한 개인적 경험을 토대로 추론했기 때문이다.
② 왓슨은 올바른 추론의 방법을 알고 있음에도 불구하고 요행을 우선시했기 때문이다.
③ 왓슨은 추론에 필요한 전문적인 훈련을 받지 못해서 범인을 잘못 골랐기 때문이다.
④ 왓슨은 올바른 추론에 필요한 정보를 가지고 있긴 했지만 그 정보와 무관하게 범인을 지목했기 때문이다.
⑤ 왓슨은 올바른 추론에 필요한 논리적 능력은 갖추고 있음에도 불구하고 범인을 추론하는 데 필요한 관련 정보가 부족했기 때문이다.

04 다음 글을 논리적 순서대로 바르게 나열한 것은?

먹을거리가 풍부한 현대인의 가장 큰 관심사 중 하나는 웰빙과 다이어트일 것이다. 현대인은 날씬한 몸매에 대한 열망이 지나쳐서 비만한 사람들이 나태하다고 생각하기도 하고, 심지어는 거식증으로 인해 사망한 패션모델까지 있었다. 이러한 사회적 경향 때문에 우리가 먹는 음식물에 포함된 지방이나 기름 성분은 몸에 좋지 않은 '나쁜 성분'으로 매도당하기도 한다. 물론 과도한 지방 섭취, 특히 몸에 좋지 않은 지방은 비만의 원인이 되고 당뇨병, 심장병, 고혈압과 같은 각종 성인병을 유발하지만, 사실 지방은 우리 몸이 정상적으로 활동하는 데 필수적인 성분이다.

(가) 먹을 것이 풍족하지 않은 상황에서 생존에 필수적인 능력은 다름 아닌 에너지를 몸에 축적하는 능력이었다.

(나) 사실 비만과 다이어트의 문제는 찰스 다윈(Charles R. Darwin)의 진화론과 밀접한 관련이 있다. 찰스 다윈은 19세기 영국의 생물학자로 『종의 기원』이라는 책을 써서 자연선택을 통한 생물의 진화 과정을 설명하였다.

(다) 약 100년 전만 해도 우리나라를 비롯한 전 세계 대부분의 국가는 식량이 그리 풍족하지 않았다. 실제로 수십만 년 지속된 인류의 역사에서 인간이 매일 끼니 걱정을 하지 않고 살게 된 것은 불과 수십 년 전의 일이다.

(라) 생물체가 살아남고 번식을 해서 자손을 남길 수 있느냐 하는 것은 주위 환경과의 관계가 중요한 역할을 하는데, 자연선택이란 주위 환경에 따라 생존하기에 적합한 성질 또는 기능을 가진 종들이 그렇지 못한 종들보다 더 잘 살아남게 되어 자손을 남기게 된다는 개념이다.

그러므로 인류는 이러한 축적 능력이 유전적으로 뛰어난 사람들이 그렇지 않은 사람들보다 상대적으로 더 잘 살아남았을 것이다. 그렇게 살아남은 자들의 후손인 현대인들이 달거나 기름진 음식을 본능적으로 좋아하게 된 것은 진화의 당연한 결과였다. 그리하여 음식이 풍부한 현대 사회에서는 이러한 유전적 특성은 단점으로 작용하게 되었다. 지방이 풍부한 음식을 찾는 경향은 지나치게 많은 지방을 축적하게 했고, 결국 부작용으로 이어졌다.

① (나) – (가) – (라) – (다)
② (나) – (다) – (가) – (라)
③ (나) – (라) – (다) – (가)
④ (다) – (가) – (나) – (라)
⑤ (다) – (라) – (가) – (나)

05 다음 글의 중심 내용으로 가장 적절한 것은?

> 그리스 철학의 집대성자라고도 불리는 철학자 아리스토텔레스는 자연의 모든 물체는 '자연의 사다리'에 의해 계급화되어 있다고 생각했다. 자연의 사다리는 아래서부터 무생물, 식물, 동물, 인간 그리고 신인데, 이러한 계급에 맞춰 각각에 일정한 기준을 부여했다. 18세기 유럽 철학계와 과학계에서는 이러한 자연의 사다리 사상이 크게 유행했으며 사다리의 상층인 신과 인간에게는 높은 이성과 가치가 있고, 그 아래인 동물과 식물에게는 인간보다 낮은 가치가 있다고 보기 시작했다.
> 이처럼 서양의 자연관은 인간과 자연을 동일시하던 고대에서 벗어나 인간만이 영혼이 있으며, 이에 따라 인간만이 자연을 지배할 수 있다고 믿는 기독교 중심의 중세시대를 지나, 여러 철학자를 거쳐 점차 인간이 자연보다 우월하다는 자연지배관으로 모습이 바뀌기 시작했다. 이러한 자연관을 토대로 서양에서는 자연스럽게 산업혁명 등을 통한 대량소비와 대량생산의 경제성장구조와 가치체계가 발전되어 왔다.
> 동양의 자연관 역시 동양철학과 불교 등의 이념과 함께 고대에서 중세시대를 지나게 되었다. 하지만 서양의 인간중심 철학과 달리 동양철학과 불교에서는 자연과 인간을 동일 선상에 놓거나 둘의 조화를 중요시하여 합일론을 주장했다. 이들의 사상은 노자와 장자의 무위자연의 도, 불교의 윤회사상 등에서 살펴볼 수 있다. 대량소비와 대량생산으로 대표되는 자본주의의 한계와 함께 지구온난화·자원고갈·생태계 파괴가 대두되는 요즘, 동양의 자연관이 주목받고 있다.

① 서양철학에서 나타나는 부작용
② 자연의 사다리와 산업혁명
③ 철학과 지구온난화의 상관관계
④ 서양의 자연관과 동양의 자연관 차이
⑤ 서양철학의 문제점과 동양철학을 통한 해결법

| 02 | 언어추리

※ 다음 명제가 모두 참일 때, 항상 참인 명제를 고르시오. [1~2]

01

- 스포츠를 좋아하는 사람은 음악을 좋아한다.
- 그림을 좋아하는 사람은 독서를 좋아한다.
- 음악을 좋아하지 않는 사람은 독서를 좋아하지 않는다.

① 스포츠를 좋아하지 않는 사람은 독서를 좋아한다.
② 음악을 좋아하는 사람은 독서를 좋아하지 않는다.
③ 독서를 좋아하는 사람은 스포츠를 좋아하지 않는다.
④ 그림을 좋아하는 사람은 음악을 좋아한다.
⑤ 음악을 좋아하지 않는 사람은 그림을 좋아한다.

Easy

02

- 마케팅 팀의 사원은 기획 역량이 있다.
- 마케팅 팀이 아닌 사원은 영업 역량이 없다.
- 기획 역량이 없는 사원은 소통 역량이 없다.

① 마케팅 팀의 사원은 영업 역량이 있다.
② 소통 역량이 있는 사원은 마케팅 팀이다.
③ 영업 역량을 가진 사원은 기획 역량이 있다.
④ 기획 역량이 있는 사원은 소통 역량이 있다.
⑤ 영업 역량이 없으면 소통 역량도 없다.

Hard
03 다음 글의 내용이 참일 때, 반드시 참인 것은?

> 정확히 지난 7년 동안 A지역에서 수영하는 것은 법적으로 금지되어 왔다. 그런데 C동아리의 모든 회원들은 A지역 근처에서만 살았고, 회원이 되려면 지난 2년간 적어도 한 번은 수영한 경험이 있어야 한다. C동아리는 현재 새로운 회원을 영입하기 위해 신청서를 받고 있다.

① C동아리의 현재 회원들은 모두 A지역에서 벗어나서 수영을 했다.
② C동아리의 현재 회원들은 적어도 한 번은 불법적으로 수영을 했다.
③ C동아리의 지원자들은 그 누구도 A지역에서 합법적으로 수영하지 않았다.
④ C동아리의 회원 중에는 A지역에서 합법적으로 번지점프를 한 사람은 없다.
⑤ A지역 외부에서 한 번도 수영해 보지 않은 C동아리의 현재 회원들은 A지역의 법을 어긴 경험이 있다.

04 재은이는 얼마 전부터 건강을 위해 매주 아침마다 달리기를 하기로 했다. 다음 사실로부터 추론할 수 있는 것은?

> - 재은이는 화요일에 월요일보다 50m 더 달려 200m를 달렸다.
> - 재은이는 수요일에 화요일보다 30m 적게 달렸다.
> - 재은이는 목요일에 수요일보다 10m 더 달렸다.

① 재은이는 목요일에 가장 많이 달렸다.
② 재은이는 목요일에 화요일보다 20m 적게 달렸다.
③ 재은이는 월요일에 수요일보다 50m 적게 달렸다.
④ 재은이는 목요일에 가장 적게 달렸다.
⑤ 재은이는 수요일에 가장 적게 달렸다.

05 C기업의 직원인 A ~ E 5명이 자신들의 직급에 대하여 이야기하고 있다. 이들은 각각 사원, 대리, 과장, 차장, 부장이다. 1명의 말만 진실이고 나머지 사람들의 말은 모두 거짓이라고 할 때, 다음 중 진실을 말한 사람은?(단, 직급은 사원 – 대리 – 과장 – 차장 – 부장 순이며, 모든 사람은 진실 또는 거짓만 말한다)

- A : 나는 사원이고, D는 사원보다 직급이 높아.
- B : E가 차장이고, 나는 차장보다 낮은 직급이지.
- C : A는 과장이 아니고, 사원이야.
- D : E보다 직급이 높은 사람은 없어.
- E : C는 부장이고, B는 사원이야.

① A
② B
③ C
④ D
⑤ E

06 다음 글의 주장에 대한 반박으로 가장 적절한 것은?

우리는 우리가 생각한 것을 말로 나타낸다. 또 다른 사람의 말을 듣고, 그 사람이 무슨 생각을 가지고 있는가를 짐작한다. 그러므로 생각과 말은 서로 떨어질 수 없는 깊은 관계가 있다.
그러면 말과 생각이 얼마만큼 깊은 관계가 있을까? 이 문제를 놓고 사람들은 오랫동안 여러 가지 생각을 하였다. 그 가운데 가장 두드러진 것이 두 가지 있다. 그 하나는 말과 생각이 서로 꼭 달라붙은 쌍둥이인데 한 놈은 생각이 되어 속에 감추어져 있고 다른 한 놈은 말이 되어 사람 귀에 들리는 것이라는 생각이다. 다른 하나는 생각이 큰 그릇이고 말은 생각 속에 들어가는 작은 그릇이어서, 생각에는 말 이외에도 다른 것이 더 있다는 생각이다.
이 두 가지 생각 가운데서 앞의 것은 조금만 깊이 생각해 보면 틀렸다는 것을 즉시 깨달을 수 있다. 우리가 생각한 것은 거의 대부분 말로 나타낼 수 있지만, 누구든지 가슴 속에 응어리진 어떤 생각이 분명히 있기는 한데 그것을 어떻게 말로 표현해야 할지 애태운 경험이 있을 것이다. 이것 한 가지만 보더라도 말과 생각이 서로 안팎을 이루는 쌍둥이가 아님은 쉽게 판명된다.
인간의 생각이라는 것은 매우 넓고 큰 것이며, 말이란 결국 생각의 일부분을 주워 담는 작은 그릇에 지나지 않는다. 그러나 아무리 인간의 생각이 말보다 범위가 넓고 큰 것이라고 하여도 그것을 가능한 한 말로 바꾸어 놓지 않으면 그 생각의 위대함이나 오묘함이 다른 사람에게 전달되지 않기 때문에 생각이 형님이요, 말이 동생이라고 할지라도 생각은 동생의 신세를 지지 않을 수가 없게 되어 있다.

① 말이 통하지 않아도 생각은 얼마든지 전달될 수 있다.
② 생각을 드러내는 가장 직접적인 수단은 말이다.
③ 말은 생각이 바탕이 되어야 생산될 수 있다.
④ 말과 생각은 서로 영향을 주고받는 긴밀한 관계를 유지한다.
⑤ 사회적·문화적 배경이 우리의 생각에 영향을 끼친다.

| 03 | 자료해석

01 다음은 인터넷 공유활동 참여 현황을 정리한 자료이다. 이에 대해 옳지 않은 설명을 한 사람은?

〈인터넷 공유활동 참여율(복수응답)〉

(단위 : %)

구분		커뮤니티 이용	퍼나르기	블로그 운영	댓글 달기	동영상 게시
성별	남성	79.1	64.1	49.9	52.2	46.1
	여성	76.4	59.6	55.1	38.4	40.1
연령	10대	75.1	63.9	54.7	44.3	51.3
	20대	88.8	74.4	76.3	47.3	54.4
	30대	77.3	58.5	46.3	44	37.5
	40대	66	48.6	27	48.2	29.6

※ 성별, 연령별 조사인원은 동일함

① A : 자료에 의하면 20대가 다른 연령대에 비해 인터넷상에서 공유활동을 활발히 참여하고 있네요.
② B : 대체로 남성이 여성에 비해 상대적으로 활발한 활동을 하고 있는 것 같아요. 그런데 블로그 운영 활동은 여성이 더 많네요.
③ C : 남녀 간의 참여율 격차가 가장 큰 영역은 댓글 달기네요. 반면에 커뮤니티 이용은 남녀 간의 참여율 격차가 가장 적네요.
④ D : 10대와 30대의 공유 활동 참여율을 크기순으로 나열하면 두 연령대의 활동 순위가 동일하네요.
⑤ E : 40대는 대부분의 공유 활동에서 모든 연령대의 참여율보다 낮지만, 댓글 달기에서는 가장 높은 참여율을 보이고 있네요.

02 다음은 5월 17일부터 5월 22일까지 6일간 수박 1개의 판매가를 나타낸 자료이다. 이에 대한 설명으로 옳지 않은 것은?

〈5월 17 ~ 22일 수박 판매가〉

(단위 : 원/개)

구분		5/17	5/18	5/19	5/20	5/21	5/22
평균		18,200	17,400	16,800	17,000	17,200	17,400
최고값		20,000	20,000	20,000	20,000	20,000	18,000
최저값		16,000	15,000	15,000	15,000	16,000	16,000
지역별	서울	16,000	15,000	15,000	15,000	17,000	18,000
	부산	18,000	17,000	16,000	16,000	16,000	16,000
	대구	19,000	19,000	18,000	18,000	18,000	18,000
	광주	18,000	16,000	15,000	16,000	17,000	18,000

① 5월 18 ~ 21일 광주의 수박 평균 가격은 16,000원이다.
② 5월 20일부터 전체 수박의 평균 가격은 전일 대비 200원씩 일정하게 증가하고 있다.
③ 5월 17 ~ 20일 서울의 수박 평균 가격은 동기간 부산의 수박 평균 가격보다 낮다.
④ 5월 18일부터 증가한 서울의 수박 가격은 최근 높아진 기온의 영향을 받은 것이다.
⑤ 대구의 경우 5월 18일까지는 가격 변동이 없었지만, 5월 19일에 가격이 감소했다.

03 C영화관에서 근무하는 A씨는 판매율을 높이기 위해 영화를 본 관객들을 추첨해 사은품을 나누어 주는 이벤트를 실시하고자 한다. 본사로부터 할당받은 예산은 총 5백만 원이며, 예산 내에서 고객 1명당 2가지 사은품을 증정하고자 한다. 고객 만족도 대비 비용이 낮은 순으로 상품을 확보하였을 때, 최대 몇 명의 고객에게 사은품을 전달할 수 있는가?

〈C영화관 사은품 목록〉

구분	개당 구매비용(원)	확보 가능한 최대물량(개)	상품 고객 만족도(점)
차량용 방향제	7,000	300	5
식용유 세트	10,000	80	4
유리용기 세트	6,000	200	6
32GB USB	5,000	180	4
머그컵 세트	10,000	80	5
영화 관련 도서	8,800	120	4
핸드폰 충전기	7,500	150	3

① 360명 ② 370명
③ 380명 ④ 390명
⑤ 400명

04 (Easy)

다음은 병역자원 현황을 나타낸 자료이다. 총 지원자 수에 대한 2015·2016년 평균과 2021·2022년 평균의 차이는?

〈병역자원 현황〉
(단위 : 만 명)

구분	2015년	2016년	2017년	2018년	2019년	2020년	2021년	2022년
징·소집 대상	135.3	128.6	126.2	122.7	127.2	130.2	133.2	127.7
보충역 복무자 등	16	14.3	11.6	9.5	8.9	8.6	8.6	8.9
병력동원 대상	675.6	664	646.1	687	694.7	687.4	654.5	676.4
합계	826.9	806.9	783.9	819.2	830.8	826.2	796.3	813

① 11.25만 명 ② 11.75만 명
③ 12.25만 명 ④ 12.75만 명
⑤ 13.25만 명

05

다음은 피자 1판 주문 시 구매 방식별 할인 혜택과 비용을 나타낸 자료이다. 이를 근거로 정가가 12,500원인 피자 1판을 가장 싸게 살 수 있는 구매 방식은?

〈구매 방식별 할인 혜택과 비용〉

구분	할인 혜택과 비용
스마트폰앱	정가의 25% 할인
전화	정가에서 1,000원 할인 후, 할인된 가격의 10% 추가 할인
회원카드와 쿠폰	회원카드로 정가의 10% 할인 후, 할인된 가격의 15%를 쿠폰으로 추가 할인
직접 방문	정가의 30% 할인, 교통비용 1,000원 발생
교환권	피자 1판 교환권 구매비용 10,000원 발생

※ 구매 방식은 한 가지만 선택함

① 스마트폰앱 ② 전화
③ 회원카드와 쿠폰 ④ 직접 방문
⑤ 교환권

| 04 | 창의수리

※ 일정한 규칙으로 수를 나열할 때, 빈칸에 들어갈 알맞은 수를 고르시오. [1~2]

01

$$4 \quad 3 \quad 1 \quad 2 \quad -1 \quad 3 \quad (\ )$$

① −3　　　　　　　　　　② −4
③ −5　　　　　　　　　　④ −6
⑤ −7

Easy

02

$$13 \quad 9 \quad 6 \quad 12 \quad (\ ) \quad 15 \quad -8$$

① 11　　　　　　　　　　② 9
③ 5　　　　　　　　　　④ 3
⑤ −1

03 수현이의 부모님은 미국에 거주 중이고 동생은 일본에서 유학 중이다. 한국에서 미국과 일본에 국제전화를 걸 때 분당 통화요금은 각각 40원, 60원이다. 이번 달에 수현이가 부모님과 동생에게 전화를 건 시간을 합하면 1시간이고 부모님과 통화하는 데 들어간 요금이 동생과 통화하는 데 들어간 요금의 2배일 때, 수현이가 내야 하는 국제전화 요금 총액은?

① 2,400원　　　　　　　　② 2,500원
③ 2,600원　　　　　　　　④ 2,700원
⑤ 2,800원

04 연경이와 효진이와 은이가 동시에 회사를 출발하여 식당까지 걸었다. 은이는 3km/h의 속력으로 걷고 연경이는 4km/h의 속력으로 걷는다. 연경이가 은이보다 식당에 10분 일찍 도착하였고 효진이도 은이보다 5분 일찍 식당에 도착했다. 이때 효진이의 속력은?

① $\frac{7}{2}$ km/h ② $\frac{10}{3}$ km/h

③ $\frac{13}{4}$ km/h ④ $\frac{18}{5}$ km/h

⑤ $\frac{24}{7}$ km/h

05 서로 다른 8개의 컵 중에서 4개만 식탁 위에 원형으로 놓는 방법의 수는?

① 400가지 ② 410가지
③ 420가지 ④ 430가지
⑤ 440가지

06 C산악회는 이번 주말에 일정 수의 인원으로 조를 짜서 등산을 하려고 한다. 12명씩 조를 구성할 경우 4명이 남고, 10명씩 조를 구성할 경우 6명이 남는다면 C산악회 회원은 최소 몇 명인가?(단, C산악회 회원 수는 20명 이상이다)

① 132명 ② 126명
③ 96명 ④ 76명
⑤ 63명

CHAPTER 06 2023년 상반기 기출복원문제

| 01 | 언어이해

01 다음 글의 내용으로 적절하지 않은 것은?

> 최저임금제도는 정부가 근로자들을 보호하고 일자리의 질을 향상시키기 위해 근로자들이 임금을 일정 수준 이하로 받지 않도록 보장하여 경제적인 안정성을 제공하는 제도이다.
> 최저임금제도는 일자리의 안정성과 경제의 포용성을 촉진한다. 일정 수준 이상으로 설정된 최저임금은 근로자들에게 최소한의 생계비를 보장하고 근로환경에서의 안정성을 확보할 수 있게 한다. 이는 근로자들의 생활의 질과 근로 만족도를 향상시키는 데 기여한다.
> 최저임금제도는 불공정한 임금구조를 해소하고 경제적인 격차를 완화하는 데 도움을 준다. 일부 기업에서는 경쟁력 확보나 이윤 극대화를 위해 근로자들에게 낮은 임금을 지불하는 경우가 있다. 최저임금제도는 이런 부당한 임금 지급을 방지하고 사회적인 형평성을 증진한다.
> 또한 최저임금제도는 소비 활성화와 경기 부양에도 기여한다. 근로자들이 안정된 임금을 받게 되면 소비력이 강화되고, 소비 지출이 증가한다. 이는 장기적으로 기업의 생산과 판매를 촉진해 경기를 활성화한다.
> 그러나 최저임금제도는 일부 기업들에게 추가적인 경제적 부담으로 다가올 수 있다. 인건비 인상으로 인한 비용 부담 증가는 일자리의 제약이나 물가 상승으로 이어질 수 있다. 그러므로 정부는 적절한 최저임금 수준을 설정하고 기업의 경쟁력을 고려하여 적절한 대응 방안을 모색해야 한다.
> 이와 같이 최저임금제도는 노동자 보호와 경제적 포용성을 위한 중요한 정책 수단이다. 그러나 최저임금제도만으로는 모든 경제적 문제를 해결할 수 없으며 근로시간, 근로조건 등 다른 노동법과의 조화가 필요하다.

① 최저임금제도는 근로자의 소비를 증가시킨다.
② 최저임금제도는 기업 입장에서 아무런 이득이 없다.
③ 최저임금제도는 기업의 경제적 부담을 증가시킬 수 있다.
④ 최저임금제도는 경제적 양극화를 완화하는 데 도움을 준다.
⑤ 최저임금제도를 통해 근로자들은 최소한의 생계비를 보장받을 수 있다.

02 다음 글의 제목으로 가장 적절한 것은?

중세 유럽에서는 토지나 자원을 왕실이 소유하고 있었다. 사람들은 이러한 토지나 자원을 이용하려면 일정한 비용을 지불해야 했다. 예를 들어 광산을 개발하거나 수산물을 얻는 사람들은 해당 자원의 이용에 대한 비용을 왕실에 지불하였고, 이는 왕실의 권력과 부의 유지를 돕는 동시에 국가의 재정을 보충하는 역할을 하였는데, 이때 지불한 비용이 바로 로열티이다.

로열티의 개념은 산업 혁명과 함께 발전하였다. 산업 혁명을 통해 특허, 상표 등의 지식 재산권이 보호되기 시작하면서 기업들은 이러한 권리를 보유한 개인이나 조직에게 사용에 대한 보상을 지불하게 되었다. 지식 재산권은 기업이 특정한 기술·디자인·상표 등을 보유하고 있을 때 그들에게 독점적인 권리를 제공하고, 이러한 권리의 보호와 보상을 위해 로열티 제도가 도입되었다.

로열티는 기업과 지식 재산권 소유자 간의 계약에 의해 설정되는 형태로 발전하였다. 기업이 특정 제품을 판매하거나 특정 기술을 이용하는 경우 지식 재산권 소유자에게 계약에 따라 정해진 로열티를 지불하게 된다. 이로써 지식 재산권을 보유한 개인이나 조직은 자신들의 창작물이나 기술의 사용에 대한 보상을 받을 수 있으며, 기업들은 이러한 지식 재산권의 이용을 허가받아 경쟁 우위를 확보할 수 있게 되었다.

현재 로열티는 제품 판매나 라이선스, 저작물의 이용 등 다양한 형태로 나타나며 지식 재산권의 보호와 경제적 가치를 확보하는 중요한 수단으로 작용하고 있다. 로열티는 지식과 창조성의 보상으로서의 역할을 수행하며 기업들의 연구 개발을 촉진하고 혁신을 격려한다. 이처럼 로열티 제도는 기업과 지식 재산권 소유자 간의 상호 협력과 혁신적인 경제 발전에 기여하는 중요한 구조적 요소이다.

① 지식 재산권을 보호하는 방법
② 로열티 지급 시 유의사항
③ 지식 재산권의 정의
④ 로열티 제도의 유래와 발전
⑤ 로열티 제도의 모순

03 다음 문단을 논리적 순서대로 바르게 나열한 것은?

(가) 나무를 가꾸기 위해서는 처음부터 여러 가지를 고려해야 한다. 심을 나무의 생육조건, 나무의 형태, 성목이 되었을 때의 크기, 꽃과 단풍의 색, 식재지역의 기후와 토양 등을 종합적으로 생각하고 심어야 한다. 나무의 생육조건은 저마다 다르기 때문에 지역의 환경조건에 적합한 나무를 선별하여 환경에 적응하도록 해야 한다. 동백나무와 석류, 홍가시나무는 남부지방에서 키우기 적합한 나무로 알려져 있지만, 지구온난화로 남부수종의 생육한계선이 많이 북상하여 중부지방에서도 재배가 가능한 나무도 있다. 부산의 도로 중앙분리대에서 보았던 잎이 붉은 홍가시나무는 여주의 시골집 마당 양지바른 곳에서 3년째 잘 적응하고 있다.

(나) 더불어 나무의 특성을 외면하고 주관적인 해석에 따라 심었다가는 훗날 낭패를 보기 쉽다. 물을 좋아하는 수국 곁에 물을 싫어하는 소나무를 심었다면 둘 중 하나는 살기 어려운 환경이 조성된다. 나무를 심고 가꾸기 위해서는 전체적인 밑그림을 그려보고 생태적 특징을 살펴본 후에 심는 것이 바람직하다.

(다) 나무들이 밀집해 있으면 나무들끼리의 경쟁은 물론 바람길과 햇빛의 방해로 성장은 고사하고 병충해에 시달리기 쉽다. 또한 나무들은 성장 속도가 다르기 때문에 항상 다 자란 나무의 모습을 상상하며 나무들 사이의 공간 확보를 염두에 두어야 한다. 그러나 묘목을 심고 보니 듬성듬성한 공간을 메꾸기 위하여 자꾸 나무를 심게 되는 실수가 종종 발생한다.

(라) 식재계획의 시작은 장기적인 안목으로 적재적소의 원칙을 염두에 두고 나무를 선정해야 한다. 식물은 햇빛, 물, 바람의 조화를 이루면 잘 산다고 하지 않는가. 그래서 나무의 특성 중에서 햇볕을 좋아하는지 그늘을 좋아하는지, 물을 좋아하는지 여부를 살펴보는 것이 중요하다. 어린 묘목을 심을 경우 실수하는 것은 나무가 자랐을 때의 생육공간을 생각하지 않고 촘촘하게 심는 것이다.

① (가) – (나) – (다) – (라)
② (가) – (나) – (라) – (다)
③ (가) – (다) – (나) – (라)
④ (가) – (라) – (나) – (다)
⑤ (가) – (라) – (다) – (나)

04 다음 글의 빈칸에 들어갈 내용으로 가장 적절한 것은?

소독이란 물체의 표면 및 그 내부에 있는 병원균을 죽여 전파력 또는 감염력을 없애는 것이다. 이때, 소독의 가장 안전한 형태로는 멸균이 있다. 멸균이란 대상으로 하는 물체의 표면 또는 그 내부에 분포하는 모든 세균을 완전히 죽여 무균의 상태로 만드는 조작으로, 살아있는 세포뿐만 아니라 포자, 박테리아, 바이러스 등을 완전히 파괴하거나 제거하는 것이다.

물리적 멸균법은 열, 햇빛, 자외선, 초단파 따위를 이용하여 균을 죽여 없애는 방법이다. 열(Heat)에 의한 멸균에는 건열 방식과 습열 방식이 있는데, 건열 방식은 소각과 건식오븐을 사용하여 멸균하는 방식이다. 건열 방식이 활용되는 예로는 미생물 실험실에서 사용하는 많은 종류의 기구를 물 없이 멸균하는 것이 있다. 이는 습열 방식을 활용했을 때 유리를 포함하는 기구가 파손되거나 금속 재질로 이루어진 기구가 습기에 의해 부식할 가능성을 보완한 방법이다. 그러나 건열 멸균법은 습열 방식에 비해 멸균 속도가 느리고 효율이 떨어지며, 열에 약한 플라스틱이나 고무 제품은 대상물의 변성이 이루어져 사용할 수 없다. 예를 들어 많은 세균의 내생포자는 습열 멸균 온도 조건(121°C)에서는 5분 이내에 사멸되나, 건열 멸균법을 활용할 경우 이보다 더 높은 온도(160°C)에서도 약 2시간 정도가 지나야 사멸되는 양상을 나타낸다. 반면, 습열 방식은 바이러스, 세균, 진균 등의 미생물들을 손쉽게 사멸시킨다. 습열 방식은 효소 및 구조단백질 등의 필수 단백질의 변성을 유발하고, 핵산을 분해하며 세포막을 파괴하여 미생물을 사멸시킨다. 끓는 물에 약 10분간 노출하면 대개의 영양세포나 진핵포자를 충분히 죽일 수 있으나, 100°C의 끓는 물에서는 세균의 내생포자를 사멸시키지는 못한다. 따라서 물을 끓여서 하는 열처리는 _____ 멸균을 시키기 위해서는 100°C가 넘는 온도(일반적으로 121°C)에서 압력(약 $1.1kg/cm^2$)을 가해 주는 고압증기 멸균기를 이용한다. 고압증기멸균기는 물을 끓여 증기를 발생시키고 발생한 증기와 압력에 의해 멸균을 시키는 장치이다. 고압증기멸균기 내부가 적정 온도와 압력(121°C, 약 $1.1kg/cm^2$)에 이를 때까지 뜨거운 포화 증기를 계속 유입시킨다. 해당 온도에서 포화 증기는 15분 이내에 모든 영양세포와 내생포자를 사멸시킨다. 고압증기멸균기에 의해 사멸되는 미생물은 고압에 의해서라기보다는 고압 하에서 수증기가 얻을 수 있는 높은 온도에 의해 사멸되는 것이다.

① 더 많은 세균을 사멸시킬 수 있다.
② 멸균 과정에서 더 많은 비용이 소요된다.
③ 멸균 과정에서 더 많은 시간이 소요된다.
④ 소독을 시킬 수는 있으나, 멸균을 시킬 수는 없다.
⑤ 멸균을 시킬 수는 있으나, 소독을 시킬 수는 없다.

05 다음 글의 주된 전개 방식으로 가장 적절한 것은?

> 녹차와 홍차는 모두 카멜리아 시넨시스(Camellia Sinensis)라는 식물에서 나오는 찻잎으로 만든다. 공정 과정에 따라 녹차와 홍차로 나뉘며, 재배지 품종에 따라서도 종류가 달라진다. 이처럼 같은 잎에서 만든 차일지라도 녹차와 홍차가 가지고 있는 특성에는 차이가 있다.
> 녹차와 홍차는 발효 방법에 따라 구분된다. 녹차는 발효 과정을 거치지 않은 것이며, 반쯤 발효시킨 것은 우롱차, 완전히 발효시킨 것은 홍차가 된다. 녹차는 찻잎을 따서 바로 솥에 넣거나 증기로 쪄서 만드는 반면, 홍차는 찻잎을 먼저 햇볕이나 그늘에서 시들게 한 후 천천히 발효시켜 만든다. 녹차가 녹색을 유지하는 반면에 홍차가 붉은색을 띠는 것은 녹차와 달리 긴 발효 과정을 거치기 때문이다. 이러한 녹차와 홍차에는 긴장감을 풀어주고 마음을 진정시키는 L-테아닌(L-Theanine)이라는 아미노산이 들어있는데, 이는 커피에 들어 있지 않은 성분으로 진정 효과와 더불어 가슴 두근거림 등의 카페인(Caffeine) 각성 증상을 완화하는 역할을 한다. 또한 녹차와 홍차에는 항산화 효과가 강력한 폴리페놀(Polyphenol)이 들어 있어 심장 질환 위험을 줄일 수 있다는 장점도 있다. 한 연구에 따르면, 녹차는 콜레스테롤 수치를 낮춰 심장병과 뇌졸중으로 사망할 위험을 줄이는 것으로 나타났다. 이 연구 결과에 따르면 홍차 역시 하루 두 잔 이상 마실 경우 심장 발작 위험을 44% 정도 낮추는 효과를 보였다.
> 한편, 홍차와 녹차 모두에 폴리페놀 성분이 들어 있지만 그 종류는 다르다. 녹차는 카테킨(Catechin)이 많이 들어 있는 것으로 유명하지만, 홍차는 발효 과정에서 카테킨의 함량이 어느 정도 감소한다. 이 카테킨에는 EGCG(EpiGallo-Catechin-3-Gallate)가 많이 들어 있어 혈중 콜레스테롤 수치를 낮춰 동맥경화 예방을 돕고 신진대사의 활성화와 지방 배출에 효과적이다. 홍차의 발효 과정에서 생성된 테아플라빈(Theaflavin) 역시 혈관 기능을 개선하며, 혈당 수치를 감소시키는 것으로 알려져 있다. 연구에 따르면 홍차에 든 테아플라빈 성분이 인슐린과 유사한 작용을 해 당뇨병을 예방하는 효과를 보이는 것으로 나타났다.
> 만약 카페인에 민감한 경우라면 홍차보다 녹차를 선택하는 것이 좋다. 카페인의 각성 효과를 완화하는 L-테아닌이 녹차에 더 많기 때문이다. 녹차에도 카페인이 들어 있지만 커피와 달리 심신의 안정 효과와 스트레스 해소에 도움을 줄 수 있는 것은 이 때문이다. 또한 녹차의 떫은맛을 내는 카테킨 성분은 카페인을 해독하고 흡수량을 억제하기 때문에 실제 카페인 섭취량보다 흡수되는 양이 적다.

① 대상의 장단점을 분석하고 있다.
② 대상을 하위 항목으로 구분하여 항목별로 설명하고 있다.
③ 대상에 대한 여러 가지 견해를 소개하고 이를 비교·평가하고 있다.
④ 두 대상을 비교하여 공통점과 차이점을 부각하고 있다.
⑤ 연구 결과에 따른 구체적인 수치를 제시하며 내용을 전개하고 있다.

02 | 언어추리

Easy

01 다음 명제가 모두 참일 때, 항상 참인 명제는?

> - 지훈이는 이번 주 워크숍에 참여하며, 다음 주에는 체육대회에 참가할 예정이다.
> - 영훈이는 다음 주 체육대회와 창립기념일 행사에만 참여할 예정이다.

① 지훈이는 다음 주 창립기념일 행사에 참여한다.
② 영훈이는 이번 주 워크숍에 참여한다.
③ 지훈이와 영훈이는 이번 주 체육대회에 참가한다.
④ 지훈이와 영훈이는 다음 주 체육대회에 참가한다.
⑤ 영훈이는 창립기념일 행사보다 체육대회에 먼저 참가한다.

02 C사는 5개의 A~E제품을 대상으로 내구성, 효율성, 실용성 3개 영역에 대해 1~3등급으로 나누어 평가하였다. A~E제품에 대한 평가 결과가 다음과 같을 때, 반드시 참이 되지 않는 것은?

> - 모든 영역에서 3등급을 받은 제품이 있다.
> - 모든 제품이 3등급을 받은 영역이 있다.
> - A제품은 내구성 영역에서만 3등급을 받았다.
> - B제품만 실용성 영역에서 3등급을 받았다.
> - C, D제품만 효율성 영역에서 2등급을 받았다.
> - E제품은 1개의 영역에서만 2등급을 받았다.
> - A와 C제품이 세 영역에서 받은 등급의 총합은 서로 같다.

① A제품은 효율성 영역에서 1등급을 받았다.
② B제품은 내구성 영역에서 3등급을 받았다.
③ C제품은 내구성 영역에서 3등급을 받았다.
④ D제품은 실용성 영역에서 2등급을 받았다.
⑤ E제품은 실용성 영역에서 2등급을 받았다.

03 다음 〈조건〉이 모두 참일 때, 항상 참인 명제는?

> **조건**
> - 지영이, 미주, 수진이는 각각 여러 색의 공책을 가지고 있다.
> - 지영이는 보라색 공책도 가지고 있다.
> - 미주는 보라색 공책만 가지고 있다.
> - 수진이는 빨간색 공책도 가지고 있다.
> - 세 사람의 공책 중 한 가지씩 책상 위에 놓여 있다.

① 지영이의 공책은 책상 위에 있다.
② 지영이의 빨간색 공책은 책상 위에 있다.
③ 수진이의 모든 공책은 책상 위에 있다.
④ 책상 위에 있는 모든 공책은 미주의 공책이다.
⑤ 수진이는 빨간색 공책과 보라색 공책을 가지고 있다.

Hard

04 다음 내용을 바탕으로 내린 A, B의 결론에 대한 판단으로 항상 옳은 것은?

> - 갑 ~ 정 4명의 태어난 달은 모두 다르며, 4달에 걸쳐 연달아 생일이다.
> - 4명은 법학, 의학, 철학, 수학 중 하나를 전공했고, 전공이 모두 다르다.
> - 수학을 전공한 사람은 철학을 전공한 사람의 지난달에 태어났다.
> - 의학을 전공한 사람은 법학을 전공한 사람의 바로 다음 달에 태어났지만 정보다는 이전에 태어났다.
> - 병은 생일이 가장 빠르지는 않지만 갑보다는 이전에 태어났다.
> - 병과 정은 연달아 있는 달에 태어나지 않았다.

> A : 병은 의학을 전공했다.
> B : 갑은 정의 지난달에 태어났다.

① A만 옳다.
② B만 옳다.
③ A, B 모두 옳다.
④ A, B 모두 틀리다.
⑤ A, B 모두 옳은지 틀린지 판단할 수 없다.

05 C사는 다음 달 행사를 위해 담당 역할을 각각 배정하려고 한다. A~E 5명 중 1명만 거짓만을 말할 때, 다음 중 참인 것은?

> - A : 저는 '홍보'를 담당하고 있고, C는 참을 말하고 있어요.
> - B : 저는 숫자를 다뤄야 하는 '예산'과는 거리가 멀어서, 이 역할은 피해서 배정받았죠.
> - C : 저는 친화력이 좋아서 '섭외'를 배정해 주셨어요.
> - D : 저는 '구매'를 담당하고, C는 '기획'을 담당하고 있어요.
> - E : 저는 '예산'을 담당하고 있어요.

① A는 거짓을 말하고 있다.
② B는 예산을 담당한다.
③ C는 섭외를 담당하지 않는다.
④ D는 섭외를 담당한다.
⑤ A는 홍보를 담당하고 있다.

06 어느 날 사무실에 도둑이 들었다. CCTV를 확인해보니 흐릿해서 잘 보이지는 않았지만 도둑이 2명이라는 것을 확인했고, 사무실 직원들의 알리바이와 해당 시간대에 사무실에 드나든 사람들을 조사한 결과 피의자는 A~E 5명으로 좁혀졌다. 거짓을 말하는 사람이 1명이라고 할 때, 다음의 진술을 참고할 때, 거짓을 말한 사람은?(단, 모든 사람은 참이나 거짓만을 말한다)

> - A : B는 확실히 범인이에요. 제가 봤어요.
> - B : 저는 범인이 아니구요, E는 무조건 범인입니다.
> - C : A가 말하는 건 거짓이니 믿지 마세요.
> - D : C가 말하는 건 진실이에요.
> - E : 저와 C가 범인입니다.

① A ② B
③ C ④ D
⑤ E

| 03 | 자료해석

Hard

01 다음은 어느 지역에서 세대 간 직업 이동성을 알아보기 위하여 임의로 표본 추출하여 조사한 자료이다. 직업은 편의상 A, B, C로 구분하였다. 이에 대한 〈보기〉의 설명 중 옳은 것을 모두 고르면?

〈세대 간 직업 이동성 비율〉

(단위 : %)

부모의 직업 \ 자녀의 직업	A	B	C
A	45	48	7
B	5	70	25
C	1	50	49

※ 전체 부모 세대의 직업은 A가 10%, B가 40%, C가 50%이고, 조사한 부모당 자녀 수는 1명임

보기

ㄱ. 자녀의 직업이 C일 확률은 $\frac{81}{100}$ 이다.

ㄴ. 자녀의 직업이 B인 경우에 부모의 직업이 C일 확률은 구할 수 없다.

ㄷ. 부모와 자녀의 직업이 모두 A일 확률은 $0.1 \times \frac{45}{100}$ 이다.

ㄹ. 자녀의 직업이 A일 확률은 부모의 직업이 A일 확률보다 낮다.

① ㄱ, ㄷ
② ㄱ, ㄹ
③ ㄴ, ㄷ
④ ㄴ, ㄹ
⑤ ㄷ, ㄹ

02 다음은 C사의 구성원을 대상으로 한 2022년 전·후로 가장 선호하는 언론매체에 대한 설문조사 결과 자료이다. 이에 대한 설명으로 옳은 것은?

〈2022년 전·후로 선호하는 언론매체〉

(단위 : 명)

2022년 이후 / 2022년 이전	TV	인터넷	라디오	신문
TV	40	55	15	10
인터넷	50	30	10	10
라디오	40	40	15	15
신문	35	20	20	15

① 2022년 전·후로 가장 인기 없는 매체는 라디오이다.
② 2022년 이후에 가장 선호하는 언론매체는 인터넷이다.
③ 2022년 이후에 인터넷을 선호하는 구성원 모두 2022년 이전에도 인터넷을 선호했다.
④ 2022년 이후에 가장 선호하는 언론매체를 신문에서 인터넷으로 바꾼 구성원은 20명이다.
⑤ TV에서 라디오를 선호하게 된 구성원 수는 인터넷에서 라디오를 선호하게 된 구성원 수와 같다.

03 다음은 농·축·수산물 안전성 조사결과를 나타낸 자료이다. 이에 대한 설명으로 옳지 않은 것은? (단, 비율은 소수점 셋째 자리에서 반올림한다)

〈단계별 농·축·수산물 안전성 조사결과〉

(단위 : 건)

구분	농산물		축산물		수산물	
	조사건수	부적합건수	조사건수	부적합건수	조사건수	부적합건수
생산단계	91,211	1,209	418,647	1,803	12,922	235
유통단계	55,094	516	22,927	106	8,988	49
합계	146,305	1,725	441,574	1,909	21,910	284

※ [부적합건수 비율(%)] = $\frac{(부적합건수)}{(조사건수)} \times 100$

① 농·축·수산물의 부적합건수 평균은 1천 3백 건 이상이다.
② 농·축·수산물별 부적합건수 비율이 가장 높은 것은 농산물이다.
③ 유통단계의 부적합건수 중 농산물 건수는 수산물 건수의 10배 이상이다.
④ 생산단계에서의 수산물 부적합건수 비율은 농산물 부적합건수 비율보다 높다.
⑤ 부적합건수가 가장 많은 건수의 부적합건수 비율과 부적합건수가 가장 적은 건수의 부적합건수 비율의 차이는 0.12%p이다.

04 다음은 C공항에 있는 매장의 7월 첫째 주 주중 매출액을 조사한 자료이다. 이에 대한 설명으로 옳지 않은 것은?(단, 비율은 소수점 둘째 자리에서 반올림한다)

〈C공항 내 매장 주중 매출액〉

(단위 : 만 원)

구분	월요일	화요일	수요일	목요일	금요일
K치킨	423.4	459.4	381.0	445.5	493.2
H한식당	502.1	495.2	501.1	526.6	578.9
T카페	448.0	458.7	425.6	434.4	500.6

① 매장 중 주중 매출액 증감추세가 같은 곳은 두 곳이다.
② K치킨의 주중 평균 매출액은 470만 원보다 27만 원 이상 적다.
③ T카페가 주중 평균 매출액보다 일일 매출액이 많은 요일은 하루이다.
④ H한식당의 화요일 매출액은 T카페의 목요일 매출액보다 10% 이상 많다.
⑤ 수요일 매출액 대비 목요일 매출액 증가율이 가장 높은 곳은 K치킨이다.

Hard

05 다음은 대규모 기업집단의 매출액 현황을 나타낸 자료이다. 이에 대한 설명으로 옳지 않은 것은?

〈대규모 기업집단 매출액 현황〉

(단위 : 조 원)

구분	2020년	2021년	2022년
상위 10대 민간 기업집단	680.5	697.3	874.1
상위 30대 민간 기업집단	939.6	941.8	1,134.0
민간 기업집단	984.7 (총 40집단)	1,016.9 (총 45집단)	1,231.8 (총 47집단)
전체 기업집단 (민간+공공)	1,095.0 (총 48집단)	1,113.9 (총 53집단)	1,348.3 (총 55집단)

※ 자산규모 5조 이상 기업집단(상호출자·채무보증 제한대상)
※ 자산규모 기준으로 상위 10대, 30대

① 민간 기업집단의 총 수와 민간 기업집단의 매출액은 해마다 증가하고 있다.
② 2020년 공공 기업집단이 차지하고 있는 매출액은 전체 기업집단의 약 10%이다.
③ 2022년 상위 10대 민간 기업집단의 매출액은 상위 30대 민간 기업집단 매출액의 75% 이상을 차지하고 있다.
④ 2022년 전체 기업집단 매출액 대비 상위 10대 민간 기업집단이 차지하고 있는 비율은 2020년에 비해 낮아졌다.
⑤ 2020년 대비 2022년 상위 30대 민간 기업집단의 매출액 증가율보다 상위 10대 민간 기업집단의 매출액 증가율이 더 높다.

| 04 | 창의수리

※ 일정한 규칙으로 수를 나열할 때, 빈칸에 들어갈 알맞은 수를 고르시오. [1~2]

Easy
01

| 23 46 44 88 ( ) 172 170 |

① 84
② 86
③ 88
④ 90
⑤ 92

02

| 51 50 42 59 13 88 72 ( ) |

① 27
② 29
③ 31
④ 33
⑤ 35

03 C사원이 세미나에 다녀왔는데 갈 때는 70km/h로 달리는 버스를 탔고, 올 때는 120km/h로 달리는 기차를 탔더니 총 5시간이 걸렸다. 기차를 타고 온 거리가 버스를 타고 간 거리보다 30km만큼 멀다고 할 때, 기차를 타고 온 거리는?(단, 세미나에 머문 시간은 무시한다)

① 210km
② 220km
③ 230km
④ 240km
⑤ 250km

04 A배와 B배가 동시에 같은 방향으로 진행하고 있다. A배는 80km/h, B배는 160km/h로 달리는데 B배가 탐사를 가기 위해서 A배를 떠나 3시간 후에 다시 A배에 돌아오려고 한다. 이때, B배가 A배를 떠나고 얼마 후에 A배를 향하여 출발해야 하는가?

① 1시간 28분 후
② 1시간 47분 후
③ 2시간 후
④ 2시간 15분 후
⑤ 2시간 27분 후

05 스페이드, 하트, 다이아몬드 무늬의 카드가 각각 4장, 3장, 5장 들어 있는 상자에서 동시에 3장의 카드를 꺼낼 때, 두 가지 이상의 무늬의 카드가 나올 확률은?

① $\dfrac{37}{44}$
② $\dfrac{19}{22}$
③ $\dfrac{39}{44}$
④ $\dfrac{10}{11}$
⑤ $\dfrac{41}{44}$

Hard

06 다음 〈보기〉에서 경우의 수가 가장 큰 것을 순서대로 바르게 나열한 것은?

> **보기**
> ㄱ. 학급 6개에서 10명의 위원을 뽑는 경우의 수
> ㄴ. P, A, S, S를 일렬로 나열할 수 있는 경우의 수
> ㄷ. 중복을 포함하여 1~5의 5개 자연수로 만들 수 있는 네 자리 자연수의 개수

① ㄱ-ㄴ-ㄷ
② ㄱ-ㄷ-ㄴ
③ ㄴ-ㄱ-ㄷ
④ ㄴ-ㄷ-ㄱ
⑤ ㄷ-ㄴ-ㄱ

CHAPTER 07 2022년 하반기 기출복원문제

정답 및 해설 p.037

01 | 언어이해

01 다음 글의 주제로 가장 적절한 것은?

> 우리는 주변에서 신호등 음성 안내기, 휠체어 리프트, 점자 블록 등의 장애인 편의 시설을 많이 볼 수 있다. 우리는 이런 편의 시설을 장애인들이 지닌 국민으로서의 기본 권리를 인정한 것이라는 시각에서 바라보고 있다. 물론, 장애인의 일상생활 보장이라는 측면에서 이 시각은 당연한 것이다.
> 하지만 이를 바라보는 또 다른 시각이 필요하다. 그것은 바로 장애인만을 위한 것이 아니라 일상생활에서 활동에 불편을 겪는 모두를 위한 것이라는 시각이다. 편리하고 안전한 시설은 장애인뿐만 아니라 우리 모두에게 유용하기 때문이다. 예를 들어, 건물의 출입구에 설치되어 있는 경사로는 장애인들의 휠체어만 다닐 수 있도록 설치해 놓은 것이 아니라, 몸이 불편해서 계단을 오르내릴 수 없는 노인이나 유모차를 끌고 다니는 사람들도 편하게 다닐 수 있도록 만들어 놓은 시설이다. 결국 이 경사로는 우리 모두에게 유용한 시설인 것이다.
> 그런 의미에서 근래에 대두되고 있는 '보편적 디자인', 즉 '유니버설 디자인(Universal Design)'이라는 개념은 우리에게 좋은 시사점을 제공해 준다. 보편적 디자인이란 가능한 모든 사람이 이용할 수 있도록 제품, 건물, 공간을 디자인한다는 의미를 가지고 있기 때문이다. 이러한 시각으로 바라본다면 장애인 편의 시설이 우리 모두에게 편리하고 안전한 시설로 인식될 것이다.

① 우리 주변에서는 장애인 편의 시설을 많이 볼 수 있다.
② 보편적 디자인은 근래에 대두되고 있는 중요한 개념이다.
③ 어떤 집단의 사람들이라도 이용할 수 있는 제품을 만들어야 한다.
④ 보편적 디자인이라는 관점에서 장애인 편의 시설을 바라볼 필요가 있다.
⑤ 장애인들의 기본 권리를 보장하기 위해 장애인 편의 시설을 확충해야 한다.

02 다음 글을 읽고 등대공장에 대한 설명으로 적절하지 않은 것은?

> 스마트 팩토리란 인공지능(AI)・빅데이터・사물인터넷(IoT) 등 4차 산업혁명의 핵심 기술을 적용해 생산성・품질・고객만족도를 향상시키는 지능형 생산 공장을 말한다. 지난해 국내 최초로 P기업이 스마트 팩토리를 성공적으로 구축한 공로를 인정받아 세계경제포럼(WEF)으로부터 '등대공장'에 선정됐다. 등대공장은 어두운 밤하늘에 등대가 빛을 밝혀 배를 안내하듯 사물인터넷(IoT), 인공지능(AI) 등 4차 산업혁명의 핵심기술을 도입하여 제조업의 미래를 이끄는 공장을 일컫는 말로, 세계경제포럼이 2018년부터 매년 선정하고 있다. P기업은 딥러닝(Deep Learning)에 기반을 둔 AI 기술로 용광로의 가동 상황을 자동 제어함으로써 기존 기술로는 개선이 어려운 원가 절감, 품질 향상 등을 이루어 냈다.
>
> 딥러닝이란 방대한 자료에서 패턴을 감지하고 학습하여 더 복잡한 패턴을 찾아내는 인공신경망으로, 인간의 신경 시스템을 모방한 알고리즘을 말한다. 데이터에 기반을 두고 예측하는 기술로, 얼굴 인식, 번역, 추천 알고리즘 등의 기술이 발전하는 데 바탕이 되었다. 따라서 현재의 인공지능(AI)을 뒷받침하는 기술이라고 할 수 있다.

① 사물인터넷(IoT), 인공지능(AI) 등 4차 산업혁명의 핵심기술을 도입한다.
② 2018년부터 시작되었으며, 매년 세계경제포럼(WEF)이 선정한다.
③ 주로 밤바다에 빛을 밝혀 배의 항로를 안내한다.
④ 국내 P기업의 등대공장에는 딥러닝에 기반을 둔 AI기술이 도입되었다.
⑤ 국내에서는 P기업의 스마트 팩토리가 최초로 등대공장에 선정되었다.

Hard

03 다음 글에 대한 반론으로 가장 적절한 것은?

> 어떤 경제 주체의 행위가 자신과 거래하지 않는 제3자에게 의도하지 않게 이익이나 손해를 끼치는 것을 '외부성'이라 한다. 과수원의 과일 생산이 인접한 양봉업자에게 벌꿀 생산과 관련한 이익을 준다든지, 공장의 제품 생산이 강물을 오염시켜 주민들에게 피해를 주는 것 등이 대표적인 사례이다. 외부성은 사회 전체로 보면 이익이 극대화되지 않는 비효율성을 초래할 수 있다. 개별 경제 주체가 제3자의 이익이나 손해까지 고려하여 행동하지는 않을 것이기 때문이다. 예를 들어 과수원의 이윤을 극대화하는 생산량이 Q_a라고 할 때, 생산량을 Q_a보다 늘리면 과수원의 이윤은 줄어든다. 하지만 이로 인한 과수원의 이윤 감소보다 양봉업자의 이윤 증가가 더 크다면, 생산량을 Q_a보다 늘리는 것이 사회적으로 바람직하다. 하지만 과수원이 자발적으로 양봉업자의 이익까지 고려하여 생산량을 Q_a보다 늘릴 이유는 없다.
>
> 전통적인 경제학은 이러한 비효율성의 해결책이 보조금이나 벌금과 같은 정부의 개입이라고 생각한다. 보조금을 받거나 벌금을 내게 되면 제3자에게 주는 이익이나 손해가 더 이상 자신의 이익과 무관하지 않게 되므로, 자신의 이익에 충실한 선택이 사회적으로 바람직한 결과로 이어진다는 것이다.

① 일반적으로 과수원은 양봉업자의 입장을 고려하지 않는다.
② 과수원 생산자는 자신의 의도와 달리 다른 사람들에게 손해를 끼칠 수 있다.
③ 과수원자에게 보조금을 지급한다면 생산량을 Q_a보다 늘리려 할 것이다.
④ 정부의 개입을 통해 외부성으로 인한 비효율성을 줄일 수 있다.
⑤ 정부의 개입 과정에서 시간과 노력이 많이 들게 되면 비효율성이 늘어날 수 있다.

04 다음 글의 내용으로 적절하지 않은 것은?

> 오늘날 지구상에는 193종의 원숭이와 유인원이 살고 있다. 그 가운데 192종은 온몸이 털로 덮여 있고, 단 한 가지 별종이 있으니, 이른바 '호모 사피엔스'라고 자처하는 털 없는 원숭이가 그것이다. 지구상에서 대성공을 거둔 이 별종은 보다 고상한 욕구를 충족하느라 많은 시간을 보내고 있으나, 엄연히 존재하는 기본적 욕구를 애써 무시하려고 하는 데에도 똑같이 많은 시간을 소비한다. 그는 모든 영장류 가운데 가장 큰 두뇌를 가졌다고 자랑하지만, 두뇌뿐 아니라 성기도 가장 크다는 사실은 애써 외면하면서 이 영광을 고릴라에게 떠넘기려고 한다. 그는 무척 말이 많고 탐구적이며 번식력이 왕성한 원숭이다. 나는 동물학자이고 털 없는 원숭이는 동물이다. 따라서 털 없는 원숭이는 내 연구 대상으로서 적격이다. 호모 사피엔스는 아주 박식해졌지만 그래도 여전히 원숭이이고, 숭고한 본능을 새로 얻었지만 옛날부터 갖고 있던 세속적 본능도 여전히 간직하고 있다. 이러한 오래된 충동은 수백만 년 동안 함께해 왔고, 새로운 충동은 기껏해야 수천 년 전에 획득했을 뿐이다. 수백만 년 동안 진화를 거듭하면서 축적된 유산을 단번에 벗어던질 가망은 전혀 없다. 이 사실을 회피하지 않고 직면한다면, 호모 사피엔스는 훨씬 느긋해지고 좀 더 많은 것을 성취할 수 있을 것이다. 이것이 바로 동물학자가 이바지할 수 있는 영역이다.

① 인간의 박식과 숭고한 본능은 수백만 년 전에 획득했다.
② 인간에 대해서도 동물학적 관점에서 탐구할 필요가 있다.
③ 인간이 오랜 옛날부터 갖고 있던 동물적 본능은 오늘날에도 남아있다.
④ 인간은 자신이 지닌 동물적 본능을 무시하거나 외면하려는 경향이 있다.
⑤ 오늘날 지구상에 존재하는 원숭이와 유인원 가운데 '호모 사피엔스'는 다른 외형적 특징을 가지고 있다.

05 다음 문단을 논리적 순서대로 바르게 나열한 것은?

(가) 논리실증주의자와 포퍼는 지식을 수학 지식이나 논리학 지식처럼 경험과 무관한 것과 과학적 지식처럼 경험에 의존하는 것으로 구분한다. 그 과학적 지식은 과학적 방법에 의해 누적된다고 주장하며, 가설이 과학적 지식의 후보가 된다고 보았다.

(나) 하지만 콰인은 가설만 가지고서 예측을 논리적으로 도출할 수 없다고 본다. 예를 들어 새로 발견된 금속 M은 열을 받으면 팽창한다는 가설만 가지고는 열을 받은 M이 팽창할 것이라는 예측을 이끌어낼 수 없다. 먼저 지금까지 관찰한 모든 금속은 열을 받으면 팽창한다는 기존의 지식과 M에 열을 가했다는 조건 등이 필요하다는 것이다.

(다) 그들은 가설로부터 논리적으로 도출된 예측을 관찰이나 실험 등의 경험을 통해 맞는지 틀리는지 판단함으로써 그 가설을 시험하는 과학적 방법을 제시한다. 논리실증주의자는 예측이 맞을 경우에, 포퍼는 예측이 틀리지 않는 한, 그 예측을 도출한 가설이 하나씩 새로운 지식으로 추가된다고 주장한다.

(라) 이렇게 예측은 가설, 기존의 지식, 여러 조건 등을 모두 합쳐야만 논리적으로 도출된다는 것이다. 그러므로 예측이 거짓으로 밝혀지면 정확히 무엇 때문에 예측에 실패한 것인지 알 수 없다는 것이다. 이로부터 콰인은 개별 가설뿐만 아니라 기존의 지식들과 여러 조건 등을 모두 포함하는 전체 지식이 경험을 통한 시험의 대상이 된다는 총체주의를 제안한다.

① (가) – (나) – (다) – (라)
② (가) – (다) – (나) – (라)
③ (가) – (라) – (나) – (다)
④ (나) – (다) – (라) – (가)
⑤ (나) – (라) – (다) – (가)

| 02 | 언어추리

Hard

01 다음 〈조건〉을 통해 추론할 때, 항상 참인 것은?

> **조건**
> - 사원번호는 0부터 9까지 정수로 이루어졌다.
> - C사에 입사한 사원에게 부여되는 사원번호는 여섯 자리이다.
> - 2020년 상반기에 입사한 C사 신입사원의 사원번호 앞의 두 자리는 20이다.
> - 사원번호 앞의 두 자리를 제외한 나머지 자리에는 0이 올 수 없다.
> - 2020년 상반기 C사에 입사한 K씨의 사원번호는 앞의 두 자리를 제외하면 세 번째, 여섯 번째 자리의 수만 같다.
> - 사원번호 여섯 자리의 합은 9이다.

① K씨의 사원번호는 '201321'이다.
② K씨의 사원번호는 '201231'이 될 수 없다.
③ K씨의 사원번호 세 번째 자리 수는 '1'이다.
④ K씨의 사원번호 앞의 두 자리가 '20'이 아닌 '21'이 부여된다면 K씨의 사원번호는 '211231'이다.
⑤ K씨의 사원번호 네 번째 자리의 수가 다섯 번째 자리의 수보다 작다면 K씨의 사원번호는 '202032'이다.

02 다음 명제가 참일 때, 항상 참인 것은?

> - 서울에 있는 어떤 공원은 사람이 많지 않다.
> - 분위기가 있지 않으면 사람이 많지 않다.
> - 모든 공원은 분위기가 있다.

① 분위기가 있지 않은 서울의 모든 공원은 사람이 많다.
② 분위기가 있는 서울의 어떤 공원은 사람이 많지 않다.
③ 분위기가 있는 서울의 모든 공원은 사람이 많지 않다.
④ 분위기가 있지 않은 서울의 어떤 공원은 사람이 많지 않다.
⑤ 분위기가 있지 않은 서울의 어떤 공원은 사람이 많다.

| 03 | 자료해석

Hard

01 서울에 사는 L씨는 휴일에 가족들과 경기도 맛집에 가기 위해 오후 3시에 집 앞으로 중형 콜택시를 불렀다. 집에서 맛집까지의 거리는 12.56km이며, 집에서 맛집으로 출발하여 4.64km 이동하면 경기도에 진입한다. 맛집에 도착할 때까지 신호로 인해 택시가 멈췄던 시간은 8분이며, 택시의 속력은 이동 시 항상 60km/h 이상이었다. 다음 자료를 참고할 때, L씨가 지불하게 될 택시요금은?(단, 콜택시의 예약 비용은 없으며, 신호로 인해 멈춘 시간은 모두 경기도 진입 후이다)

〈서울시 택시요금 계산표〉

구분			신고요금
중형택시	주간	기본요금	2km까지 3,800원
		거리요금	100원당 132m
		시간요금	100원당 30초
	심야	기본요금	2km까지 4,600원
		거리요금	120원당 132m
		시간요금	120원당 30초
	공통사항		- 시간·거리 부분 동시병산(15.33km/h 미만 시) - 시계외 할증 20% - 심야(00:00 ~ 04:00)할증 20% - 심야·시계외 중복할증 40%

※ '시간요금'이란 속력이 15.33km/h 미만이거나 멈춰 있을 때 적용됨
※ 서울시에서 다른 지역으로 진입 후 시계외 할증(심야 거리 및 시간요금)이 적용됨

① 13,800원　　② 14,000원
③ 14,220원　　④ 14,500원
⑤ 14,920원

02 다음은 2021년 우리나라의 LPCD(Liter Per Capita Day)에 대한 자료이다. 1인 1일 사용량에서 영업용 사용량이 차지하는 비중과 1인 1일 가정용 사용량의 하위 두 항목이 차지하는 비중을 순서대로 나열한 것은?(단, 소수점 셋째 자리에서 반올림한다)

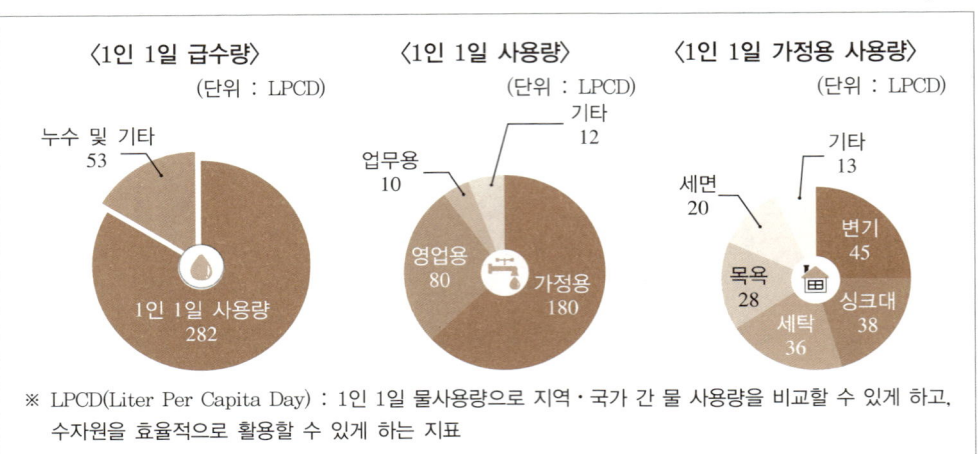

① 27.57%, 16.25%
② 27.57%, 19.24%
③ 28.37%, 18.33%
④ 28.37%, 19.24%
⑤ 30.56%, 20.78%

| 04 | 창의수리

※ 일정한 규칙으로 수를 나열할 때, 빈칸에 들어갈 알맞은 수를 고르시오. [1~2]

01

| 3 −10 −4 −7 10 −1 ( ) 8 |

① −18　　　　　　　　　　② −12
③ 2　　　　　　　　　　　④ 4
⑤ 8

02

| 7 2 9 11 20 ( ) |

① 24　　　　　　　　　　② 29
③ 31　　　　　　　　　　④ 33
⑤ 35

Easy

03 연속하는 세 자연수를 모두 더하면 129일 때, 다음 중 가장 큰 자연수는?

① 41　　　　　　　　　　② 42
③ 43　　　　　　　　　　④ 44
⑤ 45

04 C씨는 뒷산에 등산하러 가서 오르막길 A는 1.5km/h로 이동하였고, 내리막길 B는 4km/h로 이동하였다. A길로 올라가 정상에서 30분 쉬고 B길로 내려오는 데 총 6시간 30분이 걸렸으며, 오르막길과 내리막길이 총 14km일 때, A의 거리는?

① 2km　　　　　　　　　② 4km
③ 6km　　　　　　　　　④ 8km
⑤ 10km

05 태국 여행에서 네 종류의 A~D 손수건을 총 9장 구매했으며, 그중 B손수건은 3장, 나머지는 각각 같은 개수를 구매했다. 기념품으로 친구 3명에게 종류가 다른 손수건을 3장씩 나눠주는 경우의 수는?

① 5가지　　　　　　　　② 6가지
③ 7가지　　　　　　　　④ 8가지
⑤ 9가지

CHAPTER 08 | 2022년 상반기 기출복원문제

| 01 | 언어이해

01 다음 글의 내용으로 가장 적절한 것은?

> 통증은 조직 손상이 일어나거나 일어나려고 할 때 의식적인 자각을 주는 방어적 작용으로 감각의 일종이다. 통증을 유발하는 자극에는 강한 물리적 충격에 의한 기계적 자극, 높은 온도에 의한 자극, 상처가 나거나 미생물에 감염되었을 때 세포에서 방출하는 화학 물질에 의한 화학적 자극 등이 있다. 이러한 자극은 온몸에 퍼져 있는 감각 신경의 말단에서 받아들이는데, 이 신경 말단을 통각 수용기라 한다. 통각 수용기는 피부에 가장 많아 피부에서 발생한 통증은 위치를 확인하기 쉽지만, 통각 수용기가 많지 않은 내장 부위에서 발생한 통증은 위치를 정확히 확인하기 어렵다. 후각이나 촉각 수용기 등에는 지속적인 자극에 대해 수용기의 반응이 감소하는 감각 적응 현상이 일어난다. 하지만 통각 수용기에는 지속적인 자극에 대해 감각 적응 현상이 거의 일어나지 않는다. 그래서 우리 몸은 위험한 상황에 대응할 수 있게 된다.
>
> 대표적인 통각 수용 신경 섬유에는 $A\delta$섬유와 C섬유가 있다. $A\delta$섬유에는 기계적 자극이나 높은 온도 자극에 반응하는 통각 수용기가 분포되어 있으며, C섬유에는 기계적 자극이나 높은 온도 자극뿐만 아니라 화학적 자극에도 반응하는 통각 수용기가 분포되어 있다. $A\delta$섬유를 따라 전도된 통증 신호가 대뇌 피질로 전달되면, 대뇌 피질에서는 날카롭고 쑤시는 듯한 짧은 초기 통증을 느끼고 통증이 일어난 위치를 파악한다. C섬유를 따라 전도된 통증 신호가 대뇌 피질로 전달되면, 대뇌피질에서는 욱신거리고 둔한 지연 통증을 느낀다. 이는 두 신경 섬유의 특징과 관련이 있다. $A\delta$섬유는 직경이 크고 전도 속도가 빠르며, C섬유는 직경이 작고 전도 속도가 느리다.

① $A\delta$섬유는 C섬유보다 직경이 작고 전도 속도가 빠르다.
② 통각 수용기가 적은 부위일수록 통증 위치를 확인하기 쉽다.
③ 기계적 자극이나 높은 온도에 반응하는 통각 수용기는 $A\delta$섬유에만 분포되어 있다.
④ 통각 수용기는 수용기의 반응이 감소되는 감각 적응 현상이 거의 일어나지 않는다.
⑤ $A\delta$섬유를 따라 전도된 통증 신호가 대뇌 피질로 전달되면, 대뇌피질에서는 욱신거리고 둔한 지연 통증을 느낀다.

Easy

02 다음 글의 내용으로 적절하지 않은 것은?

> 『북학의』는 18세기 후반 사회적 위기에 직면한 조선을 개혁하려는 의도로 쓰인 책이다. 당시까지 조선 사회는 외국 문물에 대해 굳게 문을 닫고 있었고 지식인은 자아도취에 빠져 백성들의 현실을 외면한 채 성리학 이론에만 깊이 매몰되어 있었다. 북경 사행길에서 새로운 세계를 접한 박제가는 후진 상태에 머물러 있는 조선 사회와 백성의 빈곤을 해결할 수 있는 대책을 정리하여 『북학의』를 완성했다.
> 『북학의』는 이후 '북학'이라는 학문이 조선의 시대사상으로 자리 잡는 기반이 되었다. 박제가 외에도 박지원, 홍대용, 이덕무 등 북학의 중요성을 강조하는 학자그룹이 나타나면서 북학은 시대사상으로 자리 잡았다. 폐쇄적인 사회의 문을 활짝 열고 이용후생(利用厚生)을 통한 백성들의 생활 안정과 부국을 강조했기 때문에 북학파 학자들을 일컬어 '이용후생 학파'라고도 부른다.
> 이들은 청나라 사행에서 견문한 내용을 국가 정책으로 발전시키고자 하였다. 건축 자재로서 벽돌의 이용, 교통수단으로서 선박과 수레의 적극적 활용, 비활동적인 한복의 개량, 대외무역 확대 등이 이들이 제시한 주요 정책들이었다. 그 바탕에는 사농공상으로 서열화된 직업의 귀천을 최대한 배제하고 상공업의 중흥을 강조해야 한다는 생각이 자리 잡고 있었다.

① 『북학의』의 저자는 박제가이다.
② 이용후생 학파는 농업의 중요성을 강조하였다.
③ 18세기 후반 조선 사회는 외국 문화에 대해 폐쇄적이었다.
④ 이용후생 학파는 청나라에서 보고 들은 내용을 국가 정책으로 발전시키고자 했다.
⑤ 『북학의』를 통해 후진 상태의 조선에서 벗어날 수 있는 대책을 제시하였고, 이는 시대적 공감을 얻었다.

03 다음 글의 주제로 가장 적절한 것은?

> 소액주주의 권익을 보호하고, 기업 경영의 투명성을 높여 궁극적으로 자본시장에서 기업의 자금 조달을 원활히 함으로써 기업의 중장기적인 가치를 제고해 나가기 위해 집단 소송제 도입이 필요하다. 즉, 집단 소송제의 도입은 국민 경제뿐만 아니라 기업 스스로의 가치 제고를 위해서도 바람직한 것이다. 현재 집단 소송제를 시행하고 있는 미국의 경우 전 세계적으로 자본시장이 가장 발달되었으며 시장의 투명성과 공정성이 높아 기업들이 높은 투자가치를 인정받고 있다.

① 집단 소송제는 시장에 의한 기업 지배 구조 개선을 가능하게 한다.
② 집단 소송제를 도입할 경우 경영의 투명성을 높여 결국 기업에 이득이 된다.
③ 기업의 투명성과 공정성은 집단 소송제의 시행 유무에 따라 판단된다.
④ 제도를 도입함으로써 제기되는 부작용은 미국의 경험과 사례로 방지할 수 있다.
⑤ 선진국 계열에 올라서기 위해서 집단 소송제를 시행해야 한다.

04 다음 문장을 논리적 순서대로 바르게 나열한 것은?

(가) 심리학자 와이너는 부정적인 경험을 한 상황을 어떻게 해석하느냐에 따라 이러한 공포증이 생길 수도 있고 그렇지 않을 수도 있다고 말한다.
(나) 일반적인 사람들도 공포증을 유발하는 대상을 접하면서 부정적인 경험을 할 수 있지만 공포증으로까지 이어지는 경우는 드물다.
(다) 부정적인 경험을 하더라도 상황을 가변적으로 해석하는 사람보다 고정적으로 해석하는 사람은 공포증이 생길 확률이 높다.
(라) '공포증'이란 특정 대상에 대한 과도한 두려움으로 그 대상을 계속해서 피하게 되는 증세를 말한다.

① (가) - (나) - (다) - (라)
② (나) - (라) - (가) - (다)
③ (다) - (가) - (나) - (라)
④ (다) - (나) - (라) - (가)
⑤ (라) - (나) - (가) - (다)

05 다음 글에 사용된 설명 방식으로 적절하지 않은 것은?

집단사고는 강한 응집력을 보이는 집단의 의사결정과정에서 나타나는 비합리적 사고방식이다. 이는 소수의 우월한 엘리트들이 모여서 무언가를 결정하는 과정에서 흔히 발생한다. 이것의 폐해는 반대 시각의 부재, 다시 말해 원활하지 못한 소통에서 비롯된다. 그 결과 '이건 아닌데…….' 하면서도 서로 아무 말을 못 해서 일이 파국으로 치닫곤 한다.
요즘 각광받는 집단지성은 집단사고와 비슷한 것 같지만 전혀 다른 개념이다. 집단지성이란 다수의 개체들이 협력하거나 경쟁함으로써 얻어지는 고도의 지적 능력을 말한다. 이는 1910년대 한 곤충학자가 개미의 사회적 행동을 관찰하면서 처음 제시한 개념인데, 사회학자 피에르 레비가 사이버공간에서의 집단지성의 개념을 제시한 이후 여러 분야에서 활발히 연구되고 있다. 위키피디아는 집단지성의 대표적인 사례이다. 위키피디아는 참여자 모두에게 편집권이 있고, 다수에 의해 수정되며, 매일 업데이트되는 '살아 있는 백과사전'이다. 서로 이해와 입장이 다른 수많은 참여자가 콘텐츠를 생산하거나 수정하고 다시 그것을 소비하면서 지식의 빈자리를 함께 메워 가는 소통의 과정 자체가 위키피디아의 본질이다. 이처럼 집단지성은 참여와 소통의 수준에서 집단사고와는 큰 차이가 있다.

① 정의
② 대조
③ 예시
④ 인용
⑤ 비유

| 02 | 언어추리

01 A ~ D 4명은 같은 아파트 10층에 살고 있다. 다음 〈조건〉을 고려하였을 때, 항상 거짓인 것은?

> **조건**
> - 아파트 10층의 구조는 다음과 같다.
>
> | 계단 | 1001호 | 1002호 | 1003호 | 1004호 | 엘리베이터 |
> |---|---|---|---|---|---|
>
> - A는 엘리베이터보다 계단이 더 가까운 곳에 살고 있다.
> - C와 D는 계단보다 엘리베이터에 더 가까운 곳에 살고 있다.
> - D는 A 바로 옆에 살고 있다.

① C 옆에는 D가 살고 있다.
② D는 1003호에 살고 있다.
③ A보다 계단이 가까운 곳에 살고 있는 사람은 B이다.
④ B가 살고 있는 곳에서 엘리베이터 쪽으로는 2명이 살고 있다.
⑤ 본인이 살고 있는 곳과 가장 가까운 이동 수단을 이용한다면 C는 엘리베이터를 이용할 것이다.

Hard
02 A ~ D국의 각 기상청은 최근 태평양에서 발생한 태풍의 이동 경로를 다음과 같이 예측하였고, 이들 중 단 두 국가의 예측만이 실제 태풍의 이동 경로와 일치했다. 다음 중 실제 태풍의 이동 경로를 예측한 나라로 바르게 짝지어진 것은?(단, 예측이 틀린 국가는 모든 예측에 실패했다)

> - A국 : 8호 태풍 바비는 일본에 상륙하고, 9호 태풍 마이삭은 한국에 상륙할 것입니다.
> - B국 : 9호 태풍 마이삭이 한국에 상륙한다면, 10호 태풍 하이선은 중국에 상륙할 것입니다.
> - C국 : 8호 태풍 바비의 이동 경로와 관계없이 10호 태풍 하이선은 중국에 상륙하지 않을 것입니다.
> - D국 : 10호 태풍 하이선은 중국에 상륙하지 않고, 8호 태풍 바비는 일본에 상륙하지 않을 것입니다.

① A국, B국　　　　　　② A국, C국
③ B국, C국　　　　　　④ B국, D국
⑤ C국, D국

| 03 | 자료해석

01 다음은 2017년부터 2021년까지 자원봉사 참여현황을 나타낸 자료이다. 이에 대한 〈보기〉의 설명 중 옳지 않은 것을 모두 고르면?(단, 소수점 둘째 자리에서 반올림한다)

〈연도별 자원봉사 참여현황〉

(단위 : 명)

구분	2017년	2018년	2019년	2020년	2021년
총 성인 인구수	41,649,010	42,038,921	43,011,143	43,362,250	43,624,033
자원봉사 참여 성인 인구수	2,667,575	2,874,958	2,252,287	2,124,110	1,383,916

보기

ㄱ. 자원봉사에 참여하는 성인 참여율은 2018년이 가장 높다.
ㄴ. 2019년의 자원봉사 참여율은 2020년보다 높다.
ㄷ. 자원봉사 참여 인구의 증가율이 가장 높은 해는 2018년이고, 가장 낮은 해는 2020년이다.
ㄹ. 2017년부터 2020년까지의 총 자원봉사 참여 성인 인구수는 천만 명 이상이다.

① ㄱ, ㄴ
② ㄱ, ㄷ
③ ㄴ, ㄷ
④ ㄴ, ㄹ
⑤ ㄷ, ㄹ

| 04 | 창의수리

※ 일정한 규칙으로 수를 나열할 때, 빈칸에 들어갈 알맞은 수를 고르시오. [1~2]

Hard
01

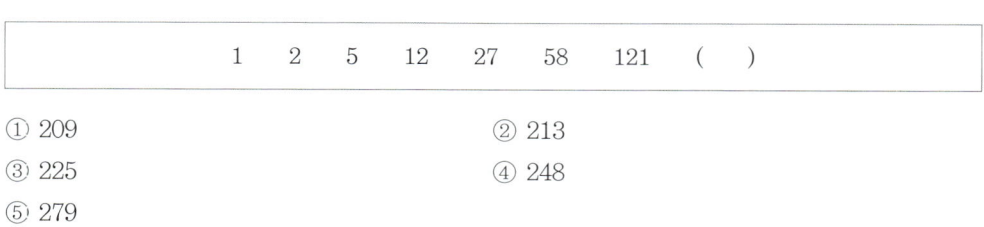

① 209
② 213
③ 225
④ 248
⑤ 279

02

① 190
② 210
③ 240
④ 260
⑤ 280

03 A~E 5명의 학생이 줄을 서려고 한다. A와 B가 이웃하지 않게 서는 경우의 수는?

① 36가지
② 48가지
③ 60가지
④ 72가지
⑤ 84가지

04 A와 B는 C회사 채용 필기시험에 응시했다. A가 합격할 확률은 40%이고 A와 B 모두 합격할 확률은 30%일 때, 2명 모두 불합격할 확률은?

① 0.1
② 0.15
③ 0.2
④ 0.25
⑤ 0.3

05 기차역에 도착한 A씨는 기차 출발 시각까지 30분이 남았다는 사실을 알고 30m/min의 속력으로 근처 서점에서 책을 사오려고 한다. 책을 고르는데 10분이 걸린다고 할 때, 역에서 서점까지의 최대 거리는?

① 0.1km
② 0.2km
③ 0.3km
④ 0.4km
⑤ 0.5km

06 A와 B는 둘레가 400m인 공원을 따라 산책하고 있다. A의 속력은 1km/h이고, B의 속력은 2km/h일 때 같은 방향으로 걷기 시작했다면, 출발 후 한 시간 동안 두 사람이 만나는 횟수는?

① 1번
② 2번
③ 3번
④ 4번
⑤ 5번

CHAPTER 09 2021년 하반기 기출복원문제

정답 및 해설 p.045

| 01 | 언어이해

01 다음 글의 문단별 소제목으로 적절하지 않은 것은?

> (가) 우리 경제는 1997년을 기준으로 지난 30년간 압축성장을 이룩하는 과정에서 많은 문제점을 안게 되었다. 개발을 위한 물자 동원을 극대화하는 과정에서 가명·무기명 금융거래 등 잘못된 금융 관행이 묵인되어 음성·불로 소득이 널리 퍼진 소위 지하경제가 번창한 것이다.
> (나) 이에 따라 계층 간 소득과 조세 부담의 불균형이 심해졌으며, 재산의 형성 및 축적에 대한 불신이 팽배해져 우리 사회의 화합과 지속적인 경제성장의 장애 요인이 되고 있었다. 또한 비실명 거래를 통해 부정한 자금이 불법 정치자금·뇌물·부동산투기 등에 쓰이면서 각종 비리와 부정부패의 온상이 되기도 하였다. 이에 따라 일반 국민들 사이에 위화감이 조성되었으며, 대다수 국민들의 근로의욕을 약화하는 요인이 되었다.
> (다) 이와 같이 비실명 금융거래의 오랜 관행에서 발생하는 폐해가 널리 번짐에 따라, 우리 경제가 더 나은 경제로 진입하기 위해서는 금융실명제를 도입하여 금융거래를 정상화할 필요가 절실했으며, 그러한 요구가 사회단체를 중심으로 격렬하게 제기되었다.
> (라) 이에 문민정부는 과거 정권에서 부작용을 우려하여 시행을 유보하였던 금융실명제를 과감하게 도입했다. 금융실명제는 모든 금융거래를 실제의 명의(實名)로 하도록 함으로써 금융거래와 부정부패·부조리를 연결하는 고리를 차단하여 깨끗하고 정의로운 사회를 구현하고자 하는 데 의미가 있었다.
> (마) 이러한 금융실명제가 도입되면서 금융 거래의 투명성은 진전되었으나 여전히 차명 거래와 같은 문제점은 존재했다. 이전까지는 탈세 목적을 가진 차명 거래가 적발되어도 법률로 계좌를 빌려준 사람과 실소유주를 처벌할 수 없었던 것이다.

① (가) : 잘못된 금융 관행으로 나타난 지하경제
② (나) : 비실명 금융거래의 폐해
③ (다) : 금융실명제의 경제적 효과
④ (라) : 금융실명제의 도입과 의미
⑤ (마) : 금융실명제 도입에서 나타난 허점

Easy

02 다음 글을 통해 글쓴이가 말하고자 하는 주장으로 가장 적절한 것은?

> 프랜시스 베이컨은 사람을 거미와 같은 사람, 개미와 같은 사람, 꿀벌과 같은 사람 세 종류로 나누어 보았다.
> 첫째, '거미'와 같은 사람이 있다. 거미는 벌레들이 자주 날아다니는 장소에 거미줄을 쳐놓고 숨어있다가, 벌레가 거미줄에 걸리면 슬그머니 나타나 잡아먹는다. 거미와 같은 사람은 땀 흘려 노력하지 않으며, 누군가 실수하기를 기다렸다가 그것을 약점으로 삼아 그 사람의 모든 것을 빼앗는다.
> 둘째, '개미'와 같은 사람이 있다. 개미는 부지런함의 상징이 되는 곤충이다. 더운 여름에도 쉬지 않고 땀을 흘리며 먹이를 물어다 굴속에 차곡차곡 저장한다. 그러나 그 개미는 먹이를 남에게 나누어 주지는 않는다. 개미와 같은 사람은 열심히 일하고 노력하여 돈과 재산을 많이 모으지만, 남을 돕는 일에는 아주 인색하여 주변 이웃의 불행을 모른 체하며 살아간다.
> 셋째, '꿀벌'과 같은 사람이 있다. 꿀벌은 꽃의 꿀을 따면서도 꽃에 상처를 남기지 않고 이 꽃 저 꽃으로 날아다니며 열매를 맺도록 도와준다. 만약 꿀벌이 없다면 많은 꽃은 열매를 맺지 못할 것이다. 꿀벌과 같은 사람은 책임감을 갖고 열심히 일하면서도 남에게 도움을 준다. 즉, 꿀벌과 같은 사람이야말로 우리 사회에 반드시 있어야 할 이타적 존재이다.

① 노력하지 않으면서 성공을 바라는 사람은 결코 성공할 수 없다.
② 다른 사람의 실수를 모른 체 넘어가 주는 배려를 해야 한다.
③ 자신의 일만 열심히 하다 보면 누군가는 반드시 알아본다.
④ 맡은 바 책임을 다하면서도 남을 돌볼 줄 아는 사람이 되어야 한다.
⑤ 자신의 삶보다 이웃의 삶을 소중하게 돌봐야 한다.

03 다음 글에 나타난 설명 방식으로 가장 적절한 것은?

> 도로신호는 교차로와 보행통로에서 도로 위를 달리는 자동차와 횡단보도를 건너는 사람의 안전을 위하여 최소한의 신호체계로만 구성되어 있다. 따라서 자동차와의 충돌이 예상될 경우 운전자나 보행자가 스스로 판단하여 멈추어야 한다. 그러나 철도신호의 경우 차량과 차량, 차량과 사람의 안전을 확보하기 위하여 신호설비(신호기, 선로전환기, 연동장치, 궤도회로, 건널목 장치, 안전설비)들이 상호 시스템으로 연결되어 있고, 이 모든 신호설비가 정상적으로 동작했을 때만 열차가 달릴 수 있도록 설계되어 있다. 만약, 여러 가지 신호설비 중에서 단 하나라도 고장이 나면 신호등은 정지신호를 현시하여 열차가 정지하도록 되어 있다.
> 안전 측면에서도 도로신호와 철도신호는 크게 다르다. 자동차의 경우는 운전자가 마음대로 속도를 높이거나 낮출 수 있기에 앞차와의 거리를 운전자 스스로 유지해야 한다. 만일 앞차와의 간격을 너무 좁게 하여 운전한다면 앞차가 급제동을 걸었을 경우 추돌을 피할 수 없게 된다. 그러나 철도신호체계는 기관사가 마음대로 정해진 속도 이상을 달리지 못하도록 되어 있다. 철도신호는 앞에 가는 열차와의 간격에 따라서 제한적인 속도를 현시하는데, 기관사가 이를 어겨서 과속한다면 자동으로 제동장치가 동작되어 안전을 확보하는 시스템으로 구성되어 있다.

① 비유
② 예시
③ 비교
④ 대조
⑤ 분석

04 다음 글의 빈칸에 들어갈 내용으로 가장 적절한 것은?

> 자연계는 무기적인 환경과 생물적인 환경이 상호 연관되어 있으며, 그것은 생태계로 불리는 한 시스템을 이루고 있음이 밝혀진 이래 이 이론은 자연을 이해하기 위한 가장 기본이 되는 것으로 받아들여지고 있다. 그동안 인류는 보다 윤택한 삶을 누리기 위하여 산업을 일으키고 도시를 건설하며 문명을 이룩해 왔다. 이로써 우리의 삶은 매우 윤택해졌으나 생활환경은 오히려 훼손되고 있으며 환경오염으로 인한 공해가 누적되고 있고, 우리 생활에 없어서는 안 될 각종 자원도 바닥이 날 위기에 놓이게 되었다. _____ 따라서 우리는 낭비되는 자원 그리고 날로 황폐해지는 자연에 대하여 우리가 해야 할 시급한 임무가 무엇인지를 깨닫고, 이를 실천하기 위해 우리 모두의 지혜와 노력을 모아야만 한다.

① 만약 우리가 이 위기를 슬기롭게 극복해내지 못한다면 인류는 머지않아 파멸에 이르게 될 것이다.
② 이러한 위기를 초래하게 된 인류의 무분별한 자연 이용과 자연 정복의 태도는 크게 비판받아 마땅하다.
③ 이처럼 인류가 환경 및 자원의 위기에 놓이게 된 것은 각국이 자국의 이익만을 앞세워 발전을 꾀했기 때문이다.
④ 그리고 과학 기술을 제아무리 고도로 발전시킨다 해도 이러한 위기가 근본적으로 해소되기를 기대할 수는 없는 노릇이다.
⑤ 때문에 과학기술을 이용하여 환경오염 방지 시스템을 신속히 개발해 더 이상의 자연훼손이 일어나지 않도록 막아야 한다.

| 02 | 언어추리

Easy

01 C사에 근무하고 있는 직원 A~E 중 1명이 오늘 지각하였고 이들은 다음과 같이 진술하였다. 이들 중 1명의 진술이 거짓일 때, 지각한 사람은?

- A : 지각한 사람은 E이다.
- B : 나는 지각하지 않았다.
- C : B는 지각하지 않았다.
- D : 내가 지각했다.
- E : A의 말은 거짓말이다.

① A
② B
③ C
④ D
⑤ E

02 C사의 기획팀에서 근무하고 있는 직원 A~D는 서로의 프로젝트 참여 여부에 대하여 다음과 같이 진술하였고, 이들 중 1명만이 진실을 말하였다. 이때 반드시 프로젝트에 참여하는 사람은?

- A : 나는 프로젝트에 참여하거나, B가 프로젝트에 참여하지 않는다.
- B : A와 C 중 적어도 1명은 프로젝트에 참여한다.
- C : 나와 B 중 적어도 1명은 프로젝트에 참여하지 않는다.
- D : B와 C 중 1명이라도 프로젝트에 참여한다면, 나도 프로젝트에 참여한다.

① A
② B
③ C
④ D
⑤ 없음

03 자료해석

01 금연프로그램을 신청한 흡연자 A씨는 국민건강보험공단에서 진료 및 상담비용과 금연보조제 비용의 일정 부분을 지원받고 있다. 의사와 상담을 6회 받았고 금연보조제로 니코틴패치 3묶음을 구입했다고 할 때, 다음 지원 현황에 따라 흡연자 A씨가 지불하는 부담금은?

⟨금연프로그램 지원 현황⟩

구분	진료 및 상담	금연보조제(니코틴패치)
가격	30,000원 / 회	12,000원 / 묶음
지원금 비율	90%	75%

※ 진료 및 상담료 지원금은 6회까지 제공됨

① 21,000원 ② 23,000원
③ 25,000원 ④ 26,000원
⑤ 27,000원

| 04 | 창의수리

※ 일정한 규칙으로 수를 나열할 때, 빈칸에 들어갈 알맞은 수를 고르시오. [1~2]

Easy
01

| 3 ( ) 1 2 −1 0 |

① 2
② 3
③ 4
④ 5
⑤ 6

02

| 1 ( ) −5 44 25 22 −125 11 |

① 64
② 66
③ 88
④ 122
⑤ 124

03 C빵집에서 크루아상 60개, 소보로 52개, 단팥빵 48개를 똑같이 나누어 가능한 많은 상자를 포장하려고 할 때, 상자의 최대 개수는?

① 1상자
② 2상자
③ 3상자
④ 4상자
⑤ 5상자

Hard

04 10명의 사원에게 4일 동안 휴가를 나눠주려 한다. 하루에 최대 4명에게 휴가를 줄 수 있다고 할 때, 가능한 경우의 수는?(단, 경우의 수는 하루에 휴가를 주는 사원 수만 고려한다)

① 22가지 ② 32가지
③ 38가지 ④ 44가지
⑤ 88가지

Easy

05 연속된 세 자연수의 합이 135일 때, 세 자연수 중 가장 작은 수와 가장 큰 수의 합은?

① 88 ② 89
③ 90 ④ 91
⑤ 92

06 C를 포함한 6명이 한국사 자격증 시험을 보았다. 시험 점수가 70점 이상인 2명이 고급 자격증을 획득하였고 1명이 60점 미만인 54점으로 과락을 하였다. 나머지는 중급을 획득하였는데, 평균이 62점이었다. 6명의 평균이 65점일 때, C가 얻을 수 있는 시험 점수의 최댓값은?

① 70점 ② 75점
③ 80점 ④ 85점
⑤ 90점

CHAPTER 10 2021년 상반기 기출복원문제

| 01 | 언어이해

01 다음 글의 내용으로 적절하지 않은 것은?

> 수소와 산소는 H_2와 O_2의 분자 상태로 존재한다. 수소와 산소가 화합해서 물 분자가 되려면 이 두 분자가 충돌해야 하는데, 충돌하는 횟수가 많으면 많을수록 물 분자가 생기는 확률은 높아진다. 또한 반응하기 위해서는 분자가 원자로 분해되어야 한다. 좀 더 정확히 말한다면, 각각의 분자가 산소 원자끼리 그리고 수소 원자끼리의 결합력이 약해져야 한다. 높은 온도는 분자 간의 충돌 횟수를 증가시킬 뿐 아니라 분자를 강하게 진동시켜 분자의 결합력을 약하게 한다. 그리하여 수소와 산소는 이전까지 결합하고 있던 자신과 동일한 원자와 떨어져, 산소 원자 하나에 수소 원자 두 개가 결합한 물(H_2O)이라는 새로운 화합물이 되는 것이다.

① 수소 분자와 산소 분자가 충돌해야 물 분자가 생긴다.
② 수소 분자와 산소 분자가 원자로 분해되어야 반응을 할 수 있다.
③ 높은 온도는 분자를 강하게 진동시켜 결합력을 약하게 한다.
④ 산소 분자와 수소 분자가 각각 물(H_2O)이라는 새로운 화합물이 된다.
⑤ 산소 분자와 수소 분자의 충돌 횟수가 많아지면 물 분자가 될 확률이 높다.

02 다음 글에 대한 평가로 가장 적절한 것은?

> 대중문화는 매스미디어의 급속한 발전과 더불어 급속히 대중 속에 파고든, 젊은 세대를 중심으로 이루어진 문화를 의미한다. 그들은 TV 속에서 우상을 찾아 이를 모방하는 것으로 대리 만족을 느끼고자 한다. 그러나 대중문화라고 해서 반드시 젊은 사람을 중심으로 이루어지는 것은 아니다. 넓은 의미에서의 대중문화는 사실 남녀노소 누구나 느낄 수 있는 우리 문화의 대부분을 의미할 수 있다. 따라서 대중문화가 우리 생활에서 차지하는 비중은 가히 상상을 초월하며 우리의 사고 하나하나가 대중문화와 떼어놓고 생각할 수 없는 것이다.

① 앞, 뒤에서 서로 모순되는 내용을 설명하고 있다.
② 충분한 사례를 들어 자신의 주장을 뒷받침하고 있다.
③ 사실과 다른 내용을 사실인 것처럼 논거로 삼고 있다.
④ 말하려는 내용 없이 지나치게 기교를 부리려고 한다.
⑤ 적절한 비유를 들어 중심 생각을 효과적으로 전달한다.

Easy
03 다음 글을 통해 알 수 있는 내용으로 적절하지 않은 것은?

> 사물인터넷이 산업 현장에 적용되고, 디지털 관련 도구가 통합됨에 따라 일관된 전력 시스템의 필요성이 높아지고 있다. 다양한 산업시설 및 업무 현장에서의 예기치 못한 정전이나 낙뢰 등 급격한 전원 환경의 변화는 큰 손실과 피해로 이어질 수 있다. 이제 전원 보호는 데이터센터뿐만 아니라 반도체, 석유, 화학 및 기계 등 모든 분야에서 필수적인 존재가 되었다.
> UPS(Uninterruptible Power Supply; 무정전 전원 장치)는 일종의 전원 저장소로, 갑작스럽게 정전이 발생하더라도 전원이 끊기지 않고 계속해서 공급되도록 하는 장치이다. 갑작스러운 전원 환경의 변화로부터 기업의 핵심 인프라인 서버를 보호함으로써 기업의 연속성 유지에 도움을 준다.
> UPS를 구매할 때는 용량을 우선적으로 고려해야 한다. 너무 적은 용량의 UPS를 구입하면 용량이 초과되어 제대로 작동조차 하지 않는 상황이 나타날 수 있다. 따라서 설비에 필요한 용량의 1.5배 정도인 UPS를 구입해야 한다.
> 또한 UPS 사용 시에는 주기적인 점검이 필요하다. 특히 실질적으로 에너지를 저장하고 있는 배터리는 일정 시점마다 교체가 필요하다. 일반적으로 UPS에 사용되는 MF배터리의 수명은 1년 정도로, 납산배터리 특성상 방전 사이클을 돌 때마다 용량이 급감하기 때문이다.

① UPS의 필요성
② UPS의 역할
③ UPS 구매 시 고려사항
④ UPS 배터리 교체 주기
⑤ UPS 배터리 교체 방법

04 다음 글을 읽고 해외여행 전 감염병 예방을 위한 행동으로 가장 적절한 것은?

> 최근 5년간 해외여행객은 꾸준히 증가하여 지난해 약 4,900만 명이 입국하였다. 이 중 발열 및 설사 등 감염병 증상을 동반하여 입국한 사람은 약 26만 명에 달했다. 따라서 해외 감염병 예방에 대한 국민들의 각별한 주의가 필요하다.
> 건강한 해외여행을 위해서는 여행 전 반드시 질병관리본부 홈페이지를 방문하여 해외 감염병 발생 상황을 확인한 후 필요한 예방접종, 예방약, 예방물품 등을 준비해야 한다. 해외여행 중에는 스스로 위생을 지키기 위해 30초 이상 손 씻기, 안전한 음식 섭취하기 등 해외 감염병 예방수칙을 준수해야 한다. 이 밖에도 해외여행지에서 만난 동물과의 접촉을 피해야 한다. 입국 시에는 건강상태 질문서를 작성해 검역관에게 제출하고, 귀가 후 발열, 설사 등 감염병 증상이 의심되면 의료기관을 방문하기 전에 질병관리본부의 콜센터 1339로 신고하여 안내를 받아야 한다.

① 손을 씻을 때 30초 이상 씻는다.
② 건강상태 질문서를 작성하여 검역관에게 제출한다.
③ 되도록 깨끗한 곳에서 안전한 음식을 먹는다.
④ 질병관리본부 홈페이지에서 해외 감염병 발생 상황을 확인한다.
⑤ 질병관리본부 콜센터로 전화하여 여행 지역을 미리 신고한다.

05 다음 문장을 논리적 순서대로 바르게 나열한 것은?

> (가) 여름에는 찬 음식을 많이 먹거나 냉방기를 과도하게 사용하는 경우가 많은데, 그렇게 되면 체온이 떨어져 면역력이 약해지기 때문이다.
> (나) 만약 감기에 걸렸다면 탈수로 인한 탈진을 방지하기 위해 수분을 충분히 섭취해야 한다.
> (다) 특히 감기로 인해 열이 나거나 기침을 할 때에는 따뜻한 물을 여러 번 나누어 먹는 것이 좋다.
> (라) 여름철 감기를 예방하기 위해서는 찬 음식은 적당히 먹어야 하고 냉방기에 장시간 노출되는 것을 피해야 하며, 충분한 휴식을 취하고, 집에 돌아온 후에는 손발을 꼭 씻어야 한다.
> (마) 일반적으로 감기는 겨울에 걸린다고 생각하지만 의외로 여름에도 감기에 걸린다.

① (가) - (다) - (나) - (라) - (마)
② (가) - (라) - (나) - (다) - (마)
③ (가) - (라) - (다) - (마) - (나)
④ (마) - (가) - (라) - (나) - (다)
⑤ (마) - (다) - (라) - (나) - (가)

| 02 | 언어추리

01 A~E 5명 중 2명만 진실을 말하고 있다. 다음 중 진실을 말하는 2명은?

- A : B는 거짓말을 하지 않아.
- B : C의 말은 거짓이야.
- C : D의 말은 진실이야.
- D : C는 진실을 말하고 있어.
- E : D는 거짓말을 하지 않아.

① A, B ② A, C
③ B, D ④ C, E
⑤ D, E

02 다음 명제가 모두 참일 때, 빈칸에 들어갈 명제로 가장 적절한 것은?

- 어떤 사람은 신의 존재와 운명론을 믿는다.
- 모든 무신론자가 운명론을 거부하는 것은 아니다.
- 그러므로 _____

① 어떤 무신론자는 신의 존재와 운명론을 믿는다.
② 운명론을 받아들이는 무신론자는 있을 수 없다.
③ 모든 사람은 신의 존재와 운명론을 믿는다.
④ 무신론자 중에는 운명론을 믿는 사람이 있다.
⑤ 모든 무신론자가 신의 존재를 거부하는 것은 아니다.

03 자료해석

01 C공장에서 습도를 일정하게 유지하기 위해 공장 안에서의 포화수증기량을 기준으로 상대습도를 알아보고자 한다. 공장은 기온을 23°C로 유지하고, 공기 1kg에 수증기 12g이 포함되어 있다고 할 때, 공장 안에서의 상대습도는?(단, 상대습도는 소수점 둘째 자리에서 반올림한다)

〈공장 내부 기온에 따른 포화수증기량〉

기온(°C)	포화수증기량(g/kg)	기온(°C)	포화수증기량(g/kg)
0	4.0	16	12.8
1	4.5	17	14.0
2	4.9	18	15.2
3	5.4	19	15.9
4	5.9	20	16.7
5	6.3	21	17.5
6	6.7	22	18.6
7	7.1	23	20.8
8	7.6	24	22.4
9	8.1	25	23.9
10	8.5	26	25.1
11	8.9	27	26.7
12	9.6	28	28.4
13	10.0	29	30.2
14	11.2	30	31.6
15	12.1	31	32.9

※ $[상대습도(\%)] = \dfrac{(현재\ 공기\ 1kg\ 중\ 수증기량)}{(현재\ 기온\ 포화수증기량)} \times 100$

① 57.7% ② 56.4%
③ 55.1% ④ 54.8%
⑤ 53.5%

|04| 창의수리

※ 일정한 규칙으로 수를 나열할 때, 빈칸에 들어갈 알맞은 수를 고르시오. [1~2]

Easy
01

( ) 18 35 52 69 86

① 0   ② 1
③ 2   ④ 3
⑤ 4

02

3 7 16 −1 3 −8 ( ) −4 3

① −2   ② 0
③ 2   ④ 4
⑤ 7

03 A씨는 산딸기의 무게를 재기 위해 대저울을 꺼내고 추를 찾아보니 2kg, 3kg, 7kg짜리가 1개씩 있었다. 이때, A씨가 추를 사용하여 무게를 재는 경우의 수는?

① 11가지   ② 10가지
③ 9가지   ④ 8가지
⑤ 7가지

04 A~C 세 사람이 가위바위보를 한 번 할 때, A만 이길 확률은?

① $\frac{1}{5}$ ② $\frac{1}{6}$

③ $\frac{1}{7}$ ④ $\frac{1}{8}$

⑤ $\frac{1}{9}$

05 학교에서 도서관까지 40km/h로 갈 때와 45km/h로 갈 때 걸리는 시간이 10분 차이가 난다면 학교에서 도서관까지의 거리는?

① 50km   ② 60km

③ 70km   ④ 80km

⑤ 90km

06 A기차와 B기차가 36m/s의 일정한 속력으로 달리고 있다. 600m 길이의 터널을 완전히 지나는데 A기차가 25초, B기차가 20초 걸렸다면 각 기차의 길이가 바르게 짝지어진 것은?

	A기차	B기차
①	200m	150m
②	300m	100m
③	150m	120m
④	200m	130m
⑤	300m	120m

Easy

07 반지름이 5cm, 높이가 10cm인 원기둥의 부피는?(단, $\pi=3.14$이다)

① 685cm³   ② 785cm³

③ 885cm³   ④ 985cm³

⑤ 1,085cm³

CHAPTER 11 | 2020년 기출복원문제

정답 및 해설 p.052

| 01 | 언어이해

01 다음 글의 내용으로 적절하지 않은 것은?

> 흔히 우리 춤을 손으로 추는 선(線)의 예술이라 한다. 서양 춤은 몸의 선이 잘 드러나는 옷을 입고 추는 데 반해 우리 춤은 옷으로 몸을 가린 채 손만 드러내놓고 추는 경우가 많기 때문이다. 한마디로 말해서 손이 춤을 구성하는 중심축이 되고, 손 이외의 얼굴과 목과 발 등은 손을 보조하며 춤을 완성하는 역할을 한다.
> 손이 중심이 되어 만들어 내는 우리 춤의 선은 내내 곡선을 유지한다. 예컨대 승무에서 장삼을 휘저으며 그에 맞추어 발을 내딛는 역동적인 움직임도 곡선이요, 살풀이춤에서 수건의 간드러진 선이 만들어 내는 것도 곡선이다. 해서 지방의 탈춤과 처용무에서도 S자형의 곡선이 연속적으로 이어지면서 춤을 완성해 낸다.
> 호흡의 조절을 통해 다양하게 구현되는 곡선들 사이에는 우리 춤의 빼놓을 수 없는 구성요소인 '정지'가 숨어있다. 정지는 곡선의 흐름과 어울리며 우리 춤을 더욱 아름답고 의미 있게 만들어주는 역할을 한다. 그러나 이때의 정지는 말 그대로의 정지라기보다 '움직임의 없음'이며, 그런 점에서 동작의 연장선상에서 이해해야 한다.
> 우리 춤에서 정지를 동작의 연장으로 보는 것, 이것은 바로 우리 춤에 담겨 있는 '마음의 몰입'이 발현된 결과이다. 춤추는 이가 호흡을 가다듬며 다양한 곡선들을 연출하는 과정을 보면 한 순간 움직임을 통해 선을 만들어 내지 않고 멈춰 있는 듯한 장면이 있다. 이런 동작의 정지 상태에서도 멈춤 그 자체로 머무는 것이 아니며, 여백의 그 순간에도 상상의 선을 만들어 춤을 이어가는 것이 몰입 현상이다. 이것이 바로 우리 춤을 가장 우리 춤답게 만들어 주는 특성이라고 할 수 있다.

① 우리 춤의 복장 중 대다수는 몸의 선을 가리는 구조로 되어 있다.
② 우리 춤의 동작은 처음부터 끝까지 쉬지 않고 곡선을 만들어 낸다.
③ 승무, 살풀이춤, 탈춤, 처용무 등은 손동작을 중심으로 한 춤의 대표적인 예이다.
④ 우리 춤에서 정지는 하나의 동작과 동등한 것으로 볼 수 있다.
⑤ 몰입 현상이란 춤을 멈추고 상상을 통해 춤을 이어가는 과정을 말한다.

02 다음 글을 읽고 한 추론으로 가장 적절한 것은?

> 지식의 본성을 다루는 학문인 인식론은 흔히 지식의 유형을 나누는 데에서 이야기를 시작한다. 지식의 유형은 '안다'라는 말의 다양한 용례들이 보여주는 의미 차이를 통해서 드러나기도 한다. 예컨대 '그는 자전거를 탈 줄 안다.'와 '그는 이 사과가 둥글다는 것을 안다.'에서 '안다'가 바로 그런 경우이다. 전자의 '안다'는 능력의 소유를 의미하는 것으로 '절차적 지식'이라 부르고, 후자의 '안다'는 정보의 소유를 의미하는 것으로 '표상적 지식'이라고 부른다.
>
> 어떤 사람이 자전거에 대해서 많은 정보를 갖고 있다고 해서 자전거를 탈 수 있게 되는 것은 아니며, 자전거를 타기 위해서 반드시 자전거에 대해 많은 정보를 갖고 있어야 하는 것도 아니다. 아무 정보 없이 그저 넘어지거나 다치거나 하는 과정을 거쳐 자전거를 탈 줄 알게 될 수도 있다. 자전거 타기와 같은 절차적 지식을 갖기 위해서는 훈련을 통하여 몸과 마음을 특정한 방식으로 조직화해야 한다. 그러나 정보를 마음에 떠올릴 필요는 없다.
>
> 반면, '이 사과는 둥글다.'는 것을 알기 위해서는 둥근 사과의 이미지가 되었건 '이 사과는 둥글다.'는 명제가 되었건 어떤 정보를 마음속에 떠올려야 한다. '마음속에 떠올린 정보'를 표상이라고 할 수 있으므로, 이러한 지식을 표상적 지식이라고 부른다. 그런데 어떤 표상적 지식을 새로 얻게 됨으로써 이전에 할 수 없었던 어떤 것을 하게 될지는 분명하지 않다. 이런 점에서 표상적 지식은 절차적 지식과 달리 특정한 일을 수행하는 능력과 직접 연결되어 있지 않다.

① 표상적 지식은 특정 능력의 습득에 전혀 도움을 주지 못한다.
② '이 사과는 둥글다.'라는 지식은 이미지 정보에만 해당한다.
③ 절차적 지식은 정보가 없이도 습득할 수 있다.
④ 인식론은 머릿속에서 처리되는 정보의 유형만을 다루는 학문이다.
⑤ 절차적 지식을 통해 표상적 지식을 얻는 것이 가능하다.

02 | 언어추리

Hard

01 C사의 마케팅 부서 직원 A~H 8명이 원탁에 앉아서 회의를 하려고 한다. 다음 〈조건〉에 따라 앉을 때, 항상 참인 것은?(단, 서로 이웃해 있는 직원 간의 사이는 모두 동일하다)

조건
- A와 C는 가장 멀리 떨어져 있다.
- A 옆에는 G가 앉는다.
- B와 F는 서로 마주보고 있다.
- D는 E 옆에 앉는다.
- H는 B 옆에 앉지 않는다.

① 총 경우의 수는 4가지이다.
② A와 B 사이에는 항상 누군가 앉아 있다.
③ C 옆에는 항상 E가 있다.
④ E와 G는 항상 마주 본다.
⑤ G의 오른쪽 옆에는 항상 H가 있다.

02 C사 영업 부서 사원들은 사장님의 지시에 따라 금일 건강검진을 받으러 병원에 갔다. 영업 부서는 A사원, B사원, C대리, D과장, E부장 총 5명으로 이루어져 있다. 다음 〈조건〉에 따라 이들의 건강 검진 순서를 정하려고 할 때, C대리가 검진을 받을 수 있는 순서를 모두 고르면?

조건
- A사원과 B사원은 이웃하여 있다.
- B사원은 E부장보다 뒤에 있다.
- D과장은 A사원보다 앞에 있다.
- E부장과 B사원 사이에는 2명이 있다.
- C대리와 A사원 사이에는 2명이 있다.

① 첫 번째, 두 번째
② 두 번째, 세 번째
③ 세 번째, 네 번째
④ 네 번째, 다섯 번째
⑤ 첫 번째, 세 번째

03 | 자료해석

01 K씨는 영유아용품 판매직영점을 추가로 개장하기 위하여 팀장에게 다음과 같은 자료를 받았다. 팀장은 직영점을 정할 때에는 영유아 인구가 많은 곳이어야 하며, 향후 5년간 영유아 비중이 지속적으로 증가하는 지역으로 선정해야 한다고 하였다. 이를 토대로 유아용품 판매직영점이 설치될 최적의 지역을 선정하라는 요청에 옳은 답변은?

〈지역별 영유아 비중 현황〉

구분	총인구수(명)	영유아 비중(%)	향후 5년간 영유아 비중 변동률(%)				
			1년 차	2년 차	3년 차	4년 차	5년 차
A지역	3,460,000	3	−0.5	1.0	−2.2	2.0	4.0
B지역	2,470,000	5	0.5	0.1	−2.0	−3.0	−5.0
C지역	2,710,000	4	0.5	0.7	1.0	1.3	1.5
D지역	1,090,000	11	1.0	1.2	1.0	1.5	1.7

① 현재 각 지역에서 영유아 수가 가장 많은 B지역을 우선적으로 개장하는 것이 좋을 것 같습니다.
② 향후 5년간 영유아 변동률을 참고하였을 때, 영유아 인구 증가율이 가장 높은 A지역이 유력합니다.
③ 현재 시점에서 영유아 비율이 가장 높은 D-B-C-A지역 순으로 직영점을 설치하는 것이 적합할 것 같습니다.
④ 총인구수가 많은 A-C-B-D지역 순으로 직영점을 개장하면 충분한 수요로 인하여 영업이 원활할 것 같습니다.
⑤ D지역은 현재 영유아 인구수가 두 번째이나, 향후 5년간 지속적인 인구 성장이 기대되는 지역으로 예상되므로 D지역이 가장 적합하다고 판단합니다.

Hard

02 甲조선소는 6척(A ~ F)의 선박 건조를 수주하였다. 오늘을 포함하여 30일 이내에 선박을 건조할 계획이며, 甲조선소의 하루 최대투입가능 근로자 수는 100명이다. 다음 자료에 근거할 때, 〈보기〉의 설명 중 옳은 것을 모두 고르면?(단, 작업은 오늘부터 개시되며 각 근로자는 투입된 선박의 건조가 끝나야만 다른 선박의 건조에 투입할 수 있다)

〈공정표〉

상품(선박)	소요기간	1일 필요 근로자 수	수익
A	5일	20명	15억 원
B	10일	30명	20억 원
C	10일	50명	40억 원
D	15일	40명	35억 원
E	15일	60명	45억 원
F	20일	70명	85억 원

※ 1일 필요 근로자 수 이상의 근로자가 투입되더라도 선박당 건조 소요기간은 변하지 않음

보기

ㄱ. 甲조선소가 건조할 수 있는 선박의 수는 최대 4척이다.
ㄴ. 甲조선소가 벌어들일 수 있는 수익은 최대 160억 원이다.
ㄷ. 계획한 기간이 15일 연장된다면 수주한 모든 선박을 건조할 수 있다.
ㄹ. 최대투입가능 근로자 수를 120명/일로 증가시킨다면 계획한 기간 내에 모든 선박을 건조할 수 있다.

① ㄱ, ㄷ ② ㄱ, ㄹ
③ ㄴ, ㄷ ④ ㄴ, ㄹ
⑤ ㄷ, ㄹ

| 04 | 창의수리

01 A가 혼자 컴퓨터 조립을 하면 2시간이 걸리고, B가 혼자 컴퓨터 조립을 하면 3시간이 걸린다. A가 혼자 컴퓨터를 조립하다가 중간에 일이 생겨 나머지를 B가 완성하였고, 걸린 시간은 총 2시간 15분이었다. 이때, A 혼자 일한 시간은?

① 1시간 25분 ② 1시간 30분
③ 1시간 35분 ④ 1시간 40분
⑤ 1시간 45분

02 C사의 영화 동아리에는 남직원과 여직원을 합해서 총 16명이 가입되어 있다. 이 중 회장과 총무를 선출하려고 할 때, 둘 다 여직원이 뽑힐 확률이 $\frac{3}{8}$ 이다. 이때, 영화 동아리에 가입되어 있는 여직원의 수는?

① 8명 ② 9명
③ 10명 ④ 11명
⑤ 12명

CHAPTER 12 2019년 하반기 기출복원문제

정답 및 해설 p.056

| 01 | 언어이해

01 다음 글을 읽고 〈보기〉 중 적절한 것을 모두 고르면?

> 유럽 최대의 무역항이자 건축 수도인 로테르담에서는 거대한 말발굽, 혹은 연필깎이를 연상시키는 형상의 건축물이 새로운 랜드마크로 각광받고 있다. 길이 120m, 높이 40m에 10만여 m^2 규모로 10년의 건축 기간을 거쳐 2014년 준공된 주상복합 전통시장 '마켓홀(Market Hall)'이 바로 그것이다.
> 네덜란드의 건축 그룹 엔베에르데베(MVRDV)가 건물의 전체 설계를 맡은 마켓홀은 터널처럼 파낸 건물 중앙부에 100여 개의 지역 업체가 들어서 있으며, 시장 위를 둘러싸고 있는 건물에는 228가구의 아파트가 자리 잡고 있다. 양쪽 끝은 대형 유리벽을 설치해 자연광을 받을 수 있도록 하였고, 강한 외풍을 막아내기 위해 테니스 라켓 모양으로 디자인한 뒤 유리를 짜 넣어 건물 내외에서 서로를 감상할 수 있도록 하였다.
> 마켓홀의 내부에 들어서면 거대하고 화려한 외관 못지않은 거대한 실내 벽화가 손님들을 맞이한다. 1만 1,000m^2에 달하는 천장벽화 '풍요의 뿔'은 곡식과 과일, 물고기 등 화려한 이미지로 가득한데, 이 벽화를 그린 네덜란드의 예술가 아르노 코넨과 이리스 호스캄은 시장에서 판매되는 먹을거리가 하늘에서 떨어지는 모습을 표현하기 위해 4,500개의 알루미늄 패널을 사용했다. 특히 이 패널은 작은 구멍이 뚫려있어 실내의 소리를 흡수, 소음을 줄여주는 기능적인 면 또한 갖추었다.
> 이처럼 현대의 건축기술과 미술이 접목되어 탄생한 마켓홀이 지닌 가장 큰 강점은 전통시장의 활성화와 인근 주민과의 상생에 성공했다는 점이다. 마켓홀은 전통시장의 상설화는 물론 1,200대 이상의 차량을 주차할 수 있는 규모의 주차장을 구비해 이용객의 접근을 용이하게 하고, 마켓홀을 찾은 이들이 자연스레 주변 5일장이나 인근 쇼핑거리로 향하게 하여 로테르담의 지역경제를 활성화하는데 성공했다는 평가를 받고 있다.

보기

ㄱ. 엔베에르데베는 건물 내부에 설치한 4,500개의 알루미늄 패널을 통해 실내의 소리를 흡수하여 소음을 줄일 수 있도록 했다.
ㄴ. 마켓홀은 새로운 랜드마크로 로테르담의 무역 활성화에 크게 기여했다.
ㄷ. 마켓홀의 거대한 천장벽화는 화려한 이미지를 표현한 것은 물론 기능미 또한 갖추었다.
ㄹ. 마켓홀은 이용객들을 유치할 수 있도록 해 로테르담 주민들과의 상생에 성공할 수 있었다.

① ㄱ, ㄴ ② ㄱ, ㄷ
③ ㄴ, ㄷ ④ ㄴ, ㄹ
⑤ ㄷ, ㄹ

※ 다음 글을 읽고 추론한 내용으로 적절하지 않은 것을 고르시오. [2~3]

02

> 인간의 삶과 행위를 하나의 질서로 파악하고 개념과 논리를 통해 이해하고자 하는 시도는 소크라테스와 플라톤을 기점으로 시작된 가장 전통적인 방법론이라고 할 수 있다. 이는 결국 경험적이고 우연적인 요소를 배제하여 논리적 필연으로 인간을 규정하고자 한 것이다. 이에 반해 경험과 감각을 중시하고 욕구하는 실체로서의 인간을 파악하고자 한 이들이 소피스트들이다. 이 두 관점은 두 개의 큰 축으로 서구 지성사에 작용해 온 것이 사실이다.
>
> 하지만 이는 곧 소크라테스와 플라톤의 관점에서는 삶과 행위의 구체적이고 실제적인 일상이 무시된 채 본질적이고 이념적인 영역을 추구하였다는 것이며, 소피스트들의 관점에서는 고정적 실체로서의 도덕이나 정당화의 문제보다는 변화하는 실제적 행위만이 인정되었다는 이야기로 환원되어왔다. 그리고 이와 같은 문제를 제대로 파악한 것이 바로 고대 그리스의 웅변가이자 소피스트인 '이소크라테스'이다.
>
> 이소크라테스는 소피스트들에 대해서는 그들의 교육이 도덕이나 시민적 덕성의 함양과는 무관하게 탐욕과 사리사욕을 위한 교육에 그치고 있다고 비판했으며, 동시에 영원불변하는 보편적 지식의 무용성을 주장했다. 그는 시의적절한 의견들을 통해 더 좋은 결과에 이를 수 있는 능력을 얻으려는 자가 바로 철학자라고 주장했다. 그렇기에 이소크라테스의 수사학은 플라톤의 이데아론은 물론 소피스트들의 무분별한 실용성을 지양하면서도, 동시에 삶과 행위의 문제를 이론적이고도 실제적으로 해석하는 것으로 평가할 수 있다.

① 소피스트들의 주장과 관점은 현대사회의 물질만능주의를 이해하기에 적절한 사례가 된다.
② 훌륭한 말과 미덕을 갖춘 지성인은 이소크라테스가 추구한 목표에 가장 가까운 존재라고 할 수 있다.
③ 소피스트와 이소크라테스는 영원불변하는 보편적 지식의 존재를 부정하며 구체적이고 실제적인 일상을 중요하게 여겼다.
④ 이소크라테스를 통해 절대적인 진리를 추구하지 않는 것이 반드시 비도덕적인 일로 환원된다고는 볼 수 없음을 확인할 수 있다.
⑤ 이소크라테스의 주장에 따르면 플라톤의 이데아론은 과연 그것이 현실을 살아가는 이들에게 무슨 의미가 있는가에 대한 필연적인 물음에 맞닥뜨리게 된다.

03

일상에서 타인의 특성과 성향을 구분 지을 때 흔히 좌뇌형 인간과 우뇌형 인간이라는 개념이 쓰이곤 한다. 이 개념에 따르면 좌뇌형 인간은 추상적인 언어나 사고, 수학적 계산 등 논리적인 능력이 뛰어나며 우뇌형 인간은 전체를 보는 통찰력과 협동성, 예술적인 직관이 뛰어난데, 이를 성별에 빗대 좌뇌형 인간을 남성적이고 우뇌형 인간을 여성적이라고 평가하는 일 또한 흔하다.

하지만 성별이나 성향에 따른 좌뇌와 우뇌의 활용도 차이는 결과에 따른 사후 해석에 가깝다. 물론 말하기를 담당하는 브로카 영역과 듣기를 담당하는 베르니케 영역이 대부분 좌반구에 존재하기 때문에 좌측 뇌에 손상을 받으면 언어 장애가 생기는 것은 사실이다. 하지만 그렇기 때문에 좌뇌형 인간은 언어능력이 뛰어나며, 각자의 성격이나 장점에 직접적으로 관여한다고 결론짓는 것은 근거가 없는 개념인 것이다. 또한 이 개념대로라면 실제로 좌반구는 우측 신체를 담당하고, 우반구는 좌측 신체를 담당하기 때문에 오른손잡이가 대부분 좌뇌형 인간이 되는 불상사가 일어난다.

다만 성별에 따른 뇌기능 차이에 대해서는 어느 정도 유의미한 실험 결과들이 존재하기도 한다. 1998년 미국 듀크대학 연구팀은 실험을 통해 남성은 공간 정보를 담은 표지물의 절대적 위치를 주로 활용하고, 여성은 '의미화'될 수 있는 공간 정보의 상대적 위치를 가늠하여 기억한다는 사실을 발견했다. 2014년 미국 펜실베이니아대학 연구팀은 여성 뇌에서는 좌뇌와 우뇌의 상호 연결이 발달한 데 반해 남성 뇌에서는 좌뇌와 우뇌 각각의 내부 연결이 발달하는 특징이 나타난다고 보고했다.

① 사람은 특정 행동을 할 때 특정 부위의 뇌를 더 사용한다.
② 좌뇌형 인간과 우뇌형 인간을 판단하는 기준은 실제로는 성별과 크게 관련이 없다.
③ 특정한 작업을 할 때, 여성의 경우 남성에 비해 상대적으로 양쪽의 뇌가 골고루 활성화될 것이다.
④ 남성에게 길을 물을 때 여성에게 길을 묻는 것보다 수치화된 답변이 나올 가능성이 상대적으로 높을 것이다.
⑤ 단순히 베르니케 영역에 문제가 생겼다고 해서 언어를 이해하는 능력에 문제가 발생할 것이라고 단정 짓기는 어렵다.

04 다음 글의 논지 전개상 특징으로 가장 적절한 것은?

> 영화는 특정한 인물이나 집단, 나라 등을 주제로 하는 대중문화로, 작품 내적으로 시대상이나 당시의 유행을 반영한다는 사실은 굳이 평론가의 말을 빌리지 않더라도 모두가 공감하는 사실일 것이다. 하지만 영화가 유행에 따라 작품의 외적인 부분, 그중에서도 제목의 글자 수가 변화한다는 사실을 언급하면 고개를 갸웃하는 이들이 대부분일 것이다.
>
> 2000년대에는 한국 최초의 블록버스터 영화로 꼽히는 '쉬리'와 '친구'를 비롯해 두 글자의 간결한 영화 제목이 주류를 이뤘지만 그로부터 5년이 지난 2005년에는 두 글자의 짧은 제목의 영화들이 7%로 급격히 감소하고 평균 제목의 글자 수가 5개에 달하게 되었다. 이는 영화를 한두 줄의 짧은 스토리로 요약할 수 있는 코미디 작품들이 늘어났기 때문이었는데 '나의 결혼 원정기', '미스터 주부 퀴즈왕', '내 생애 가장 아름다운 일주일' 등이 대표적이다.
>
> 이후 2010년대 영화계에서는 오랜 기간 세 글자 영화 제목이 대세였다고 해도 과언이 아니다. '추격자'를 비롯해 '우리 생애 최고의 순간'과 '좋은 놈, 나쁜 놈, 이상한 놈'을 각각 '우생순', '놈놈놈'으로 줄여 부르기도 했으며 '아저씨', '전우치'나 '해운대', '신세계'를 비롯해 '베테랑', '부산행', '강철비', '곤지암'은 물론 최근 '기생충'에 이르기까지 세 글자 영화의 대박행진은 계속되고 있다. 이에 반해 2018년에는 제작비 100억을 넘은 두 글자 제목의 한국 영화 네 편이 모두 손익분기점을 넘기지 못하는 초라한 성적표를 받기도 했다.
>
> 그렇다면 역대 박스오피스에 등재된 한국영화들의 평균 글자 수는 어떻게 될까? 부제와 시리즈 숫자, 줄임 단어로 주로 불린 영화의 원 음절 등을 제외한 2019년까지의 역대 박스오피스 100위까지의 한국 영화 제목 글자 수는 평균 4.12글자였다. 다만 두 글자 영화는 21편, 세 글자 영화는 29편, 네 글자 영화는 21편으로 세 글자 제목의 영화가 역대 박스오피스 TOP 100에 가장 많이 등재된 것으로 나타났다.

① 특정한 이론을 제시한 뒤 그에 반박하는 의견을 제시하여 대비를 이루고 있다.
② 현상을 언급한 뒤 그에 대한 사례를 순서대로 나열하고 있다.
③ 특정한 현상을 분석하여 추려낸 뒤 해결 방안을 이끌어 내고 있다.
④ 대상을 하위 항목으로 구분하여 논의의 범주를 명시하고 있다.
⑤ 현상의 변천 과정을 고찰한 뒤 앞으로의 발전 방향을 제시하고 있다.

| 02 | 언어추리

01 다음 명제가 모두 참일 때, 빈칸에 들어갈 명제로 가장 적절한 것은?

- 술을 많이 마시면 간에 무리가 간다.
- _____
- 스트레스를 많이 받으면 술을 많이 마신다.
- 그러므로 운동을 꾸준히 하지 않으면 간에 무리가 간다.

① 간이 건강하다면 술을 마실 수 있다.
② 운동을 꾸준히 하지 않아도 술을 끊을 수 있다.
③ 술을 마시지 않는다는 것은 스트레스를 주지 않는다는 것이다.
④ 스트레스를 많이 받지 않는다는 것은 운동을 꾸준히 했다는 것이다.
⑤ 운동을 꾸준히 한다고 해도 스트레스를 많이 받지 않는다는 것은 아니다.

Hard

02 운동선수인 A ~ D는 각자 하는 운동이 모두 다르다. 농구를 하는 선수는 항상 진실을 말하고, 축구를 하는 선수는 항상 거짓을 말하며, 야구와 배구를 하는 선수는 진실과 거짓을 1개씩 말한다. 이들이 다음과 같이 진술했을 때 선수와 운동이 바르게 연결된 것은?

- A : C는 농구를 하고, B는 야구를 한다.
- B : C는 야구, D는 배구를 한다.
- C : A는 농구, D는 배구를 한다.
- D : B는 야구, A는 축구를 한다.

① A – 야구　　　　　　　　② A – 배구
③ B – 축구　　　　　　　　④ C – 농구
⑤ D – 배구

| 03 | 자료해석

01 다음은 서울시의 지역별 학생 수 현황을 나타낸 자료이다. 이에 대한 설명으로 옳은 것은?

〈2018년 서울시 지역별 학생 수 현황〉

(단위 : 명, 개)

구분	초등학교			중학교			고등학교			합계
	학생 수	학급 현황		학생 수	학급 현황		학생 수	학급 현황		
		학급 수	학급당 학생 수		학급 수	학급당 학생 수		학급 수	학급당 학생 수	
합계	424,800	18,585	22.9	216,330	8,855	24.4	259,554	9,685	26.8	900,684
종로구	5,507	277	19.9	2,945	136	21.7	10,016	373	26.9	18,468
중구	5,226	246	21.2	1,986	115	17.3	7,539	291	25.9	14,751
용산구	7,460	357	20.9	3,753	169	22.2	6,642	267	24.9	17,855
성동구	11,922	585	20.4	5,225	230	22.7	5,939	251	23.7	23,086
광진구	15,016	656	22.9	7,564	304	24.9	8,504	296	28.7	31,084
동대문구	13,721	621	22.1	6,768	296	22.9	8,266	312	26.5	28,755
중랑구	15,336	701	21.9	7,216	309	23.4	7,202	286	25.2	29,754
성북구	21,564	908	23.7	10,036	405	24.8	9,439	360	26.2	41,039
강북구	10,654	468	22.8	6,568	252	26.1	5,952	219	27.2	23,174
도봉구	15,962	721	22.1	7,197	307	23.4	7,548	305	24.7	30,707
노원구	27,558	1,239	22.2	16,701	669	25	23,674	869	27.2	67,933
은평구	22,028	933	23.6	10,807	440	24.6	14,157	522	27.1	46,992
서대문구	13,027	579	22.5	6,502	289	22.5	5,874	210	28	25,403
마포구	15,432	685	22.5	7,705	312	24.7	6,511	228	28.6	29,648
양천구	24,481	1,029	23.8	16,319	631	25.9	14,458	508	28.5	55,258
강서구	26,949	1,184	22.8	11,311	461	24.5	17,443	668	26.1	55,703
구로구	18,820	827	22.8	8,084	337	24	10,382	380	27.3	37,286
금천구	8,883	445	20	4,400	194	22.7	4,704	187	25.2	17,987
영등포구	13,881	664	20.9	6,228	265	23.5	6,713	263	25.5	26,822
동작구	16,366	687	23.8	8,098	325	24.9	6,743	244	27.6	31,207
관악구	15,768	715	22.1	7,734	323	23.9	10,441	421	24.8	33,943
서초구	23,182	881	26.3	11,430	435	26.3	11,478	397	28.9	46,090
강남구	24,858	985	25.2	15,245	560	27.2	20,505	730	28.1	60,608
송파구	31,368	1,337	23.5	16,697	665	25.1	17,196	635	27.1	65,261
강동구	19,831	855	23.2	9,811	426	23	12,228	463	26.4	41,870

① 중학교의 학급당 학생 수가 가장 많은 지역은 서초구이다.
② 중학교와 고등학교 전체 학생 수는 초등학교 학생 수보다 적다.
③ 영등포구의 고등학생 수는 영등포구 전체 학생 수의 30% 미만이다.
④ 초등학교, 중학교, 고등학교 순서로 학생 수가 많은 지역은 5곳 이하이다.
⑤ 고등학교의 학급 수가 가장 많은 3개 지역의 합은 고등학교 전체 학급 수의 25% 이상이다.

02 다음은 C대학교 학생 2,500명을 대상으로 인터넷 쇼핑 이용 현황을 조사한 자료이다. 이에 대한 설명으로 옳지 않은 것은?(단, 매년 조사 인원수는 동일하다)

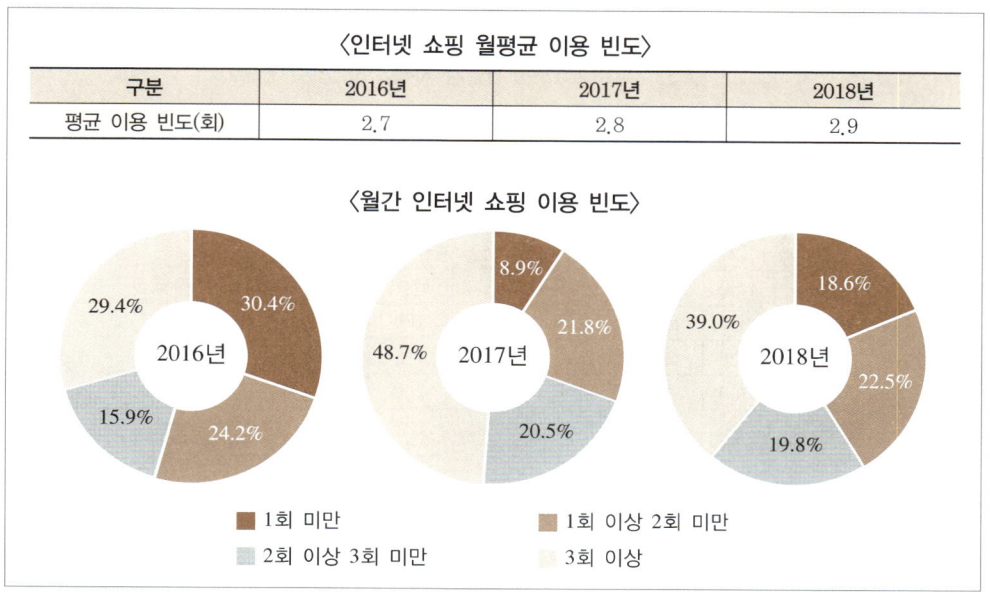

① 인터넷 쇼핑 월평균 이용 빈도는 지속적으로 증가했다.
② 2017년 월간 인터넷 쇼핑을 3회 이상 이용했다고 응답한 사람은 1,210명 이상이다.
③ 1회 이상 2회 미만 쇼핑했다고 응답한 사람은 2017년 대비 2018년에 3% 이상 증가했다.
④ 3년간의 인터넷 쇼핑 이용 빈도수를 누적했을 때, 두 번째로 많이 응답한 인터넷 쇼핑 이용 빈도수는 1회 미만이다.
⑤ 2018년 월간 인터넷 쇼핑을 2회 이상 3회 미만 이용했다고 응답한 사람은 2017년 1회 미만으로 이용했다고 응답한 사람의 2배 이상이다.

| 04 | 창의수리

01 C사원은 회사 근처 카페에서 거래처와 미팅을 갖기로 했다. 처음에는 4km/h로 걸어가다가 약속 시간에 늦을 것 같아서 10km/h로 뛰어서 24분 만에 미팅 장소에 도착했다. 회사에서 카페까지의 거리가 2.5km일 때, C사원이 뛴 거리는?

① 0.6km
② 0.9km
③ 1.2km
④ 1.5km
⑤ 1.8km

02 김대리는 거래처에서 C제품을 구입하기로 했다. 제품 1개당 가격은 20만 원이고, 200개 미만을 구입할 때의 할인율은 10%, 200개 이상을 구입할 때의 할인율은 15%이다. 최소 몇 개 이상을 구입할 때부터 200개를 구입하는 쪽이 더 이익인가?

① 149개
② 159개
③ 169개
④ 179개
⑤ 189개

CHAPTER 13 2019년 상반기 기출복원문제

정답 및 해설 p.059

| 01 | 언어이해

01 다음 글의 빈칸에 들어갈 내용으로 가장 적절한 것은?

> 최근 경제・시사분야에서 빈번하게 등장하는 단어인 탄소배출권(CER; Certified Emission Reduction)에 대한 개념을 이해하기 위해서는 먼저 교토메커니즘(Kyoto Mechanism)과 탄소배출권거래제(Emission Trading)를 알아둘 필요가 있다.
> 교토메커니즘은 지구 온난화의 규제 및 방지를 위한 국제 협약인 기후변화협약의 수정안인 교토의정서에서, 온실가스를 보다 효과적이고 경제적으로 줄이기 위해 도입한 세 유연성체제인 '공동이행제도', '청정개발체제', '탄소배출권거래제'를 묶어 부르는 것이다.
> 이 중 탄소배출권거래제는 교토의정서 6대 온실가스인 이산화탄소, 메테인, 아산화질소, 과불화탄소, 수소불화탄소, 육불화황의 배출량을 줄여야 하는 감축의무국가가 의무감축량을 초과 달성하였을 경우에 그 초과분을 다른 국가와 거래할 수 있는 제도로, _____
> 결국 탄소배출권이란 현금화가 가능한 일종의 자산이자 가시적인 자연보호 성과인 셈이며, 이에 따라 많은 국가 및 기업에서 탄소배출을 줄임과 동시에 탄소감축활동을 통해 탄소배출권을 획득하기 위해 동분서주하고 있다. 특히 기업들은 탄소배출권을 확보하는 주요 수단인 청정개발체제 사업을 확대하는 추세인데, 청정개발체제 사업은 개발도상국에 기술과 자본을 투자해 탄소배출량을 줄였을 경우에 이를 탄소배출량 감축목표 달성에 활용할 수 있도록 한 제도이다.

① 6대 온실가스 중에서도 특히 이산화탄소를 줄이기 위해 만들어진 제도이다.
② 교토메커니즘의 세 유연성체제 중에서도 가장 핵심이 되는 제도라고 할 수 있다.
③ 다른 감축의무국가를 도움으로써 획득한 탄소배출권이 사용되는 배경이 되는 제도이다.
④ 의무감축량을 준수하지 못한 경우에도 다른 국가로부터 감축량을 구입할 수 있는 것이 특징이다.
⑤ 다른 국가를 도왔을 때, 그로 인해 줄어든 탄소배출량을 감축목표량에 더할 수 있는 것이 특징이다.

02 다음 글의 내용으로 가장 적절한 것은?

> 미국의 사회이론가이자 정치학자인 로버트 엑셀로드의 저서 『협력의 진화』에서 언급된 팃포탯(Tit for Tat) 전략은 '죄수의 딜레마'를 해결할 가장 유력한 전략으로 잘 알려져 있다.
>
> 죄수의 딜레마는 게임 이론에서 가장 유명한 사례 중 하나로, 두 명의 실험자가 참여하는 비제로섬 게임(Non Zero-sum Game)의 일종이다. 두 명의 실험자는 각각 다른 방에 들어가 심문을 받는데, 둘 중 하나가 배신하여 죄를 자백한다면 자백한 사람은 즉시 석방되는 대신 나머지 한 사람이 10년을 복역하게 된다. 다만 두 사람 모두가 배신하여 죄를 자백할 경우는 5년을 복역하며, 두 사람 모두 죄를 자백하지 않는다면 각각 6개월을 복역하게 된다.
>
> 죄수의 딜레마에서 실험자들은 개인에게 이익이 최대화된다는 가정 아래 움직이기 때문에 결과적으로는 모든 참가자가 배신을 선택하는 결과가 된다. 즉, 자신의 최대 이익을 노리려던 선택이 오히려 둘 모두에게 배신하지 않는 선택보다 나쁜 결과를 불러오는 것이다.
>
> 팃포탯 전략은 1979년 엑셀로드가 죄수의 딜레마를 해결하기 위해 개최한 1·2차 리그 대회에서 우승한 프로그램의 짧고 간단한 핵심 전략이다. 캐나다 토론토 대학의 심리학자인 아나톨 라포트 교수가 만든 팃포탯은 상대가 배신한다면 배신으로 상대가 의리를 지킨다면 의리로 대응한다는 내용을 담고 있다. 이 단순한 전략을 통해 팃포탯은 총 200회의 거래에서 유수의 컴퓨터 프로그램을 제치고 우승을 차지할 수 있었다.
>
> 대회가 끝난 후 엑셀로드는 참가한 모든 프로그램들의 전략을 '친절한 전략'과 '비열한 전략'으로 나누었는데, 친절한 전략으로 분류된 팃포탯을 포함해 대체적으로 친절한 전략을 사용한 프로그램들이 좋은 성적을 냈다는 사실을 확인할 수 있었다. 그리고 그중에서도 팃포탯이 두 차례 모두 우승할 수 있었던 것은 비열한 전략을 사용하는 프로그램에는 마찬가지로 비열한 전략으로 대응했기 때문임을 알게 되었다.

① 대회에서 우승한 팃포탯 전략은 비열한 전략을 친절한 전략보다 많이 사용했다.
② 팃포탯 전략이 우승한 것은 비열한 전략에 마찬가지로 비열하게 대응했기 때문이다.
③ 엑셀로드가 만든 팃포탯은 죄수의 딜레마에서 우승할 수 있는 가장 유력한 전략이다.
④ 죄수의 딜레마에서 자신의 이득이 최대로 나타나는 경우는 죄를 자백하지 않는 것이다.
⑤ 엑셀로드는 리그 대회를 통해 팃포탯과 같이 대체로 비열한 전략을 사용하는 프로그램이 좋은 성적을 냈다는 사실을 알아냈다.

Hard

03 다음 글에 나타난 '자본주의 정신'에 대한 내용으로 적절하지 않은 것은?

> 『프로테스탄트 윤리와 자본주의 정신(The Protestant Ethic and the Spirit of Capitalism)』은 독일의 경제학자이자 사회학자인 막스 베버의 저서로, 베버의 사망 직후인 1920년 책으로 간행된 이래 현재까지도 자본주의의 발생과 발전을 연구하는 학자들에게 귀한 고전으로 평가받고 있다.
> 당시 베버는 영국이나 미국, 네덜란드 등 개신교의 영향이 강한 나라에서는 자본주의가 발달하는 반면 이탈리아, 스페인 등 가톨릭의 영향이 강한 나라나 이슬람교, 힌두교, 유교 등의 영향이 강한 나라에서는 자본주의의 발달이 늦은 것을 발견하고 모종의 인과관계를 느꼈다. 『프로테스탄트 윤리와 자본주의 정신』은 바로 그러한 의문에 대한 베버 나름의 해답을 담고 있다.
> 책에서 베버는 근대 자본주의의 근본이 당시의 통념과는 전혀 다른 것이라고 기술한다. 즉, 끝없이 자신의 이윤만을 추구하는 것은 자본주의는 물론 자본주의의 정신과는 더더욱 관계가 없으며, 오히려 비합리적인 충동의 억제나 합리적 조절과 동일시할 수 있다는 것이다. 일견 이해가 가지 않는 이 주장은 그러나 개신교, 그중에서도 당시 개인의 생활을 극도로 엄격하고 진지하게 통제하던 칼뱅주의가 득세한 지역에서 특히 근대 자본주의가 발달했다는 사실을 통해 설득력을 지니게 되었다.
> 그렇다면 근대 자본주의 정신을 움직이는 원동력은 무엇인가? 이에 대해 베버는 자본의 증식을 개인의 의무로 여기는 사고방식, 보다 정확하게는 자신의 직업에 엄격한 의무감과 소명의식을 갖고 근면하고 성실하며 정직하게 자본을 늘리고자 하는 정신이라고 대답한다. 현실의 근면한 삶에 종교적 의미를 강하게 부여한 칼뱅주의는 근대 자본주의를 움직이는 근본적인 정신이 된 셈이다.
> 다만 서구의 근대 자본주의 정신이 꾸준하게 이어질 수 있는가에 대하여는 베버 또한 부정적인 전망을 내놓기도 했다. 그는 자본주의가 직업적 소명의식과 종교적 청빈함과 근면함과 같은 가치합리적 행위 없이 재화만을 탐하는 목적합리적 행위만으로 굴러가는 것을 경고한 것이다. 직업적 소명의식이나 청렴함과 같은 내용물이 없이 비윤리적이며 불법적인 행위를 해서라도 이윤이라는 겉껍데기를 탐하는 현대 자본주의를 과연 베버는 어떻게 생각할까?

① 베버는 목적합리적 행위가 가치합리적 행위보다 높게 평가받으며 합리성을 작동하게 하는 것을 경계했다.
② 베버는 당시 자본주의 정신의 근본은 일반적인 사회의 편견과는 다른 것으로, 지나친 탐욕이나 이기주의와는 거리가 멀다고 생각했다.
③ 베버는 자본주의 정신에서 자본의 증식은 일종의 의무이며, 종교적인 직업 소명의식에 의한 일종의 결과물이자 성실함의 증거라고 생각했다.
④ 개신교 종파 중에서도 칼뱅주의가 득세한 지역에서 근대 자본주의가 발달한 경향을 보였다는 점에서 자본주의 정신과 칼뱅주의는 밀접하게 연관되어 있다.
⑤ 베버는 비록 개신교의 정신이 자본주의 정신과 밀접하게 연관이 있을지라도 노력 여하에 따라 다른 종교관을 지닌 지역 또한 근대 자본주의가 발달할 수 있을 것이라고 생각했다.

04 다음 글을 통해 추론할 수 있는 내용으로 적절하지 않은 것은?

> '리플리 증후군(Ripley Syndrome)'은 미국의 소설가인 패트리샤 하이스미스의 1955년 작 소설 『재능 있는 리플리 씨(The Talented Mr. Ripley)』에서 처음으로 사용된 용어로, 리플리 병이나 리플리 효과로 불리기도 한다. 실제로 자신이 처한 현실을 부정하면서 허구의 세계를 진실이라 믿고 상습적으로 거짓된 말과 행동을 반복하는 반사회적 인격장애를 뜻하는 리플리 증후군은, 소설 속 주인공인 톰 리플리와 같이 행동하는 실제 사례가 나타나면서 20세기 후반부터 정신병리학자들의 본격적인 연구 대상이 되었다.
> 리플리 증후군은 얼핏 듣기에는 재미있고 신기한 증후군의 사례로 넘어가기 쉽지만, 최근 들어 학력 위조 사건이나 특정 인물을 사칭하는 사건이 발생하는 등 현실적인 피해사례가 증가하면서 재조명되기도 했다. 다만 리플리 증후군 환자들은 일반적인 사기꾼이나 신분사칭범과 달리 스스로가 거짓말을 한다는 자각이 없어, 그로 인한 불안감이 없다는 차이가 있다.
> 정확한 원인은 아직까지 밝혀지지 않고 있지만, 리플리 증후군이 발생하는 이유를 설명하려는 몇 가지 가설은 존재한다. 성취욕구가 높은 사람들이 현실적인 문제로 욕구를 실현할 수 없을 때 열등감과 피해의식을 충족하기 위한 행위라는 가설, 모종의 이유로 현실을 부정하는 욕구가 극에 달했을 때 발생한다는 가설, 주변 사람들의 과도한 기대와 압박 때문에 스스로가 창조한 새로운 세계에 개인이 갇힌 것이라는 가설, 어린 시절 육체나 성욕과 관련해 학대 피해나 문제 가정에서 자랐기 때문이라는 가설 등이다.
> 그중 리플리 증후군을 작화증의 일종으로 생각하며 뇌 손상이 원인이라고 예측하는 가설 또한 존재한다. 작화증은 자신이 기억하지 못하는 부분을 메우기 위해 가상의 상황을 만들어내는 증상으로, 뇌 질환을 앓은 환자들에게서 자주 나타나고 있다. 작화증은 광의에서 베르니케 코르사코프 증후군으로 불리는데, 미국 국립노화연구소 연구진은 연구를 통해 베르니케 코르사코프 증후군 환자들의 해마 부위가 정상인보다 작다는 사실을 밝혀낸 바 있다. 이 가설이 옳을 경우 리플리 증후군의 원인은 뇌의 해마 부분의 손상 때문이라는 사실이 증명되는 셈이다.

① 현재 단계에서 리플리 증후군이 발생하는 원인을 단순히 하나일 것이라고 단정 짓기는 어렵다고 할 수 있다.
② 리플리 증후군이 작화증의 일종이라는 가설이 사실로 나타날 경우, 리플리 증후군은 치료가 가능해질 수 있다.
③ 경찰이 사기 범죄자를 체포했을 때, 해당 범죄자가 리플리 증후군인지 아닌지를 근본적으로 구분하기는 어려울 것이다.
④ 소설에서 어원이 유래된 것을 볼 때, 리플리 증후군은 소설이 출간되기 이전에는 학자들에게 그다지 연구되지 않은 증상이었을 것이다.
⑤ 리플리 증후군이 발생하는 가설은 여럿 존재하지만 정신적·육체적 문제가 근본적인 발생 원인이라는 점에서는 의견이 일치할 것이다.

05 다음 글에서 〈보기〉의 내용이 들어갈 위치로 가장 적절한 곳은?

> 사물인터넷(IoT; Internet of Things)은 각종 사물에 센서와 통신 기능을 내장하여 인터넷에 연결하는 기술, 즉 무선 통신을 통해 각종 사물을 연결하는 기술을 의미한다. (가) 우리들은 이 같은 사물인터넷의 발전을 상상할 때 더 똑똑해진 가전제품들을 구비한 가정집 혹은 더 똑똑해진 자동차들을 타고 도시로 향하는 모습 등 유선형의 인공미 넘치는 근미래 도시를 떠올리곤 한다. 하지만 발달한 과학의 혜택은 인간의 근본적인 삶의 조건인 의식주 또한 풍요롭고 아름답게 만든다. 아쿠아포닉스(Aquaponics)는 이러한 첨단기술이 1차 산업에 적용된 대표적인 사례이다. (나) 아쿠아포닉스는 물고기양식(Aquaculture)과 수경재배(Hydroponics)가 결합된 합성어로 양어장에서 물고기를 키우며 발생한 유기물을 이용하여 식물을 수경재배하는 순환형 친환경 농법이다. (다) 물고기를 키우는 양어조, 물고기 배설물로 오염된 물을 정화시켜 주는 여과 시스템, 정화된 물로 채소를 키워 생산할 수 있는 수경재배 시스템으로 구성되어 있으며, 농약이나 화학비료 없이 물고기와 채소를 동시에 키울 수 있어 환경과 실용 모두를 아우르는 농법으로 주목받고 있다. (라)
> 이러한 수고로움을 덜어주는 것이 바로 사물인터넷이다. 사물인터넷은 적절한 시기에 물고기 배설물을 미생물로 분해하여 농작물의 영양분으로 활용하고, 최적의 온도를 알아서 맞추는 등 실수 없이 매일매일 세심한 관리가 가능하다. 전기로 가동하여 별도의 환경오염 또한 발생하지 않으므로 가히 농업과 찰떡궁합이라고 할 수 있을 것이다. (마)

보기
> 물론 단점도 있다. 물고기와 식물이 사는 최적의 조건을 만족시켜야 하며 실수나 사고로 시스템에 큰 문제가 발생할 수도 있다. 물이 지나치게 오염되지 않도록 매일매일 철저한 관리는 필수이다. 아쿠아포닉스는 그만큼 신경 써야 할 부분이 많고 사람의 손이 많이 가기에 자칫 배보다 배꼽이 더 큰 상황이 발생할 수도 있다.

① (가)
② (나)
③ (다)
④ (라)
⑤ (마)

| 02 | 언어추리

01 민지, 아름, 진희, 희정, 세영은 15시에 상영하는 영화를 함께 예매하였고, 영화관에 도착하는 순서대로 각자 상영관에 입장하였다. 다음 대화에서 1명이 거짓말만을 하고 있을 때, 가장 마지막으로 영화관에 도착한 사람은?(단, 5명 모두 다른 시간에 도착하였다)

- 민지 : 나는 마지막에 도착하지 않았어. 다음에 분명 누군가가 왔어.
- 아름 : 내가 가장 먼저 영화관에 도착했어. 진희의 말은 진실이야.
- 진희 : 나는 두 번째로 영화관에 도착했어.
- 희정 : 나는 세 번째로 도착했고, 진희는 내가 도착한 다음에서야 왔어.
- 세영 : 나는 영화가 시작한 뒤에야 도착했어. 마지막으로 도착했거든.

① 민지 ② 아름
③ 진희 ④ 희정
⑤ 세영

02 다음 명제가 모두 참일 때, 빈칸에 들어갈 명제로 가장 적절한 것은?

- 전공 강의를 듣지 않는 대학생들은 교양 강의를 듣지 않는다.
- 모든 대학생들은 교양 강의를 듣는다.
- 전공 강의를 듣는 어떤 대학생들은 심화 강의를 듣는다.
- 그러므로 _____

① 모든 대학생들은 심화 강의를 듣는다.
② 모든 대학생들은 교양, 전공, 심화 강의를 듣는다.
③ 어떤 대학생들은 교양과 심화 강의만 듣는다.
④ 어떤 대학생들은 교양, 전공, 심화 강의를 듣는다.
⑤ 모든 대학생들은 교양 강의를 듣거나 전공 강의를 듣는다.

| 03 | 자료해석

※ 다음은 C사 직원 1,200명을 대상으로 통근현황을 조사한 자료이다. 이어지는 질문에 답하시오. [1~2]

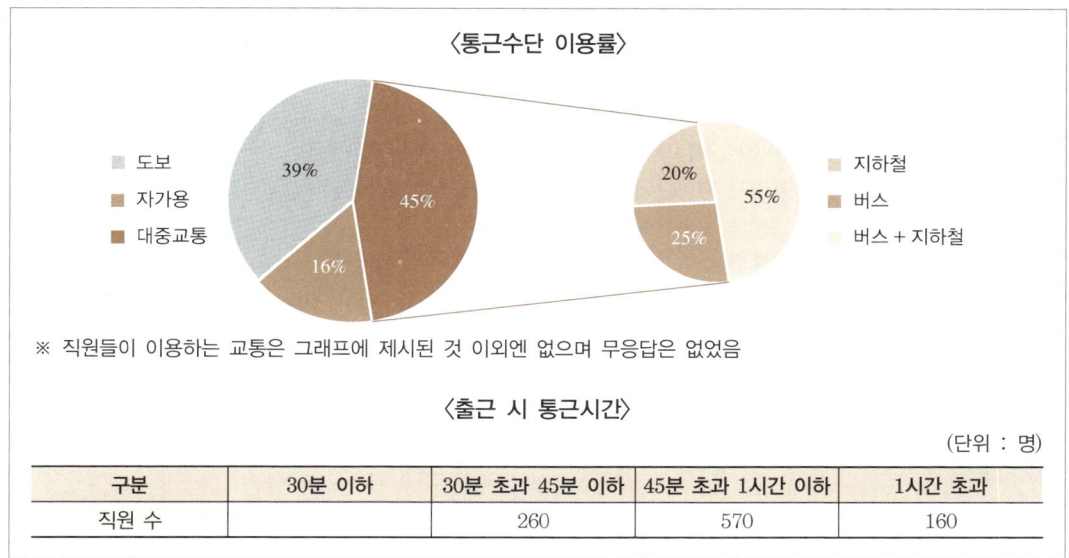

※ 직원들이 이용하는 교통은 그래프에 제시된 것 이외엔 없으며 무응답은 없었음

〈출근 시 통근시간〉
(단위 : 명)

구분	30분 이하	30분 초과 45분 이하	45분 초과 1시간 이하	1시간 초과
직원 수		260	570	160

01 다음 중 위 자료에 대한 설명으로 옳지 않은 것은?(단, 소수점 둘째 자리에서 반올림한다)

① 통근시간이 30분 이하인 직원은 전체의 17.5%이다.
② 통근시간이 45분 이하인 직원은 1시간 초과인 직원의 3.5배 미만이다.
③ 통근수단으로 버스와 지하철을 모두 이용하는 직원 수는 통근수단으로 도보를 이용하는 직원 수보다 174명 적다.
④ 조사에 응한 C사의 직원 중 A부서 직원이 900명이라고 할 때, 조사에 응한 A부서의 직원 중 통근수단으로 자가용을 이용하는 직원은 192명 이하이다.
⑤ 통근수단으로 대중교통을 이용하는 직원 모두 통근시간이 45분을 초과하고 그중 25%의 통근시간이 60분을 초과할 때, 통근수단으로 대중교통을 이용하면서 통근시간이 60분을 초과하는 직원 수는 통근시간이 60분을 초과하는 전체 직원 수의 80% 이상을 차지한다.

02 통근수단으로 도보 또는 버스만 이용하는 직원 중 $\frac{1}{3}$의 통근시간이 30분 초과 45분 이하이다. 통근시간이 30분 초과 45분 이하인 직원 중에서 통근수단으로 도보 또는 버스만 이용하는 직원 외에는 모두 자가용을 이용한다고 할 때, 이 수가 자가용으로 출근하는 전체 직원 중에서 차지하는 비율은?(단, 비율은 소수점 첫째 자리에서 반올림한다)

① 31%
② 67%
③ 74%
④ 80%
⑤ 92%

| 04 | 창의수리

01 C고등학교는 도서관에 컴퓨터를 설치하려고 한다. 컴퓨터 구입 가격을 알아보니 1대당 100만 원, 4대 이상 구매 시 3대까지는 1대당 100만 원, 4대 이상부터는 1대당 80만 원에 판매가 되고 있었다. 컴퓨터 구입에 배정된 예산이 2,750만 원일 때, 구입할 수 있는 컴퓨터의 최대 개수는?

① 33대 ② 34대
③ 35대 ④ 36대
⑤ 37대

02 [Hard] C음악회는 길이가 4분, 5분, 6분인 곡이 각각 x, y, z곡으로 구성되었다. 6분짜리 곡은 4분과 5분짜리 곡을 합한 것보다 1곡 더 많이 연주되었고 각 연주곡 사이의 준비시간은 항상 1분이다. 음악회의 전체 시간이 1시간 32분이 걸렸다고 할 때, 연주된 6분짜리 곡의 개수는?(단, 음악회에 연주와 준비 외에 사용한 시간은 없다)

① 6곡 ② 7곡
③ 8곡 ④ 9곡
⑤ 10곡

03 지원이는 집에서 4km 떨어진 학원까지 50m/min의 속력으로 걸어가다가 학교에 숙제한 것을 두고 온 것이 생각나서 학원 가는 길에 학교에 잠시 들렀다. 그랬더니 수업에 늦을 것 같아서 학교 자전거를 빌려 타고 150m/min의 속력으로 학원에 갔다. 집에서 학원까지 도착하는 데 총 30분이 걸렸을 때, 지원이가 자전거를 탄 시간은?(단, 학교에서 지체한 시간은 고려하지 않으며 집 – 학교 – 학원 순서로 일직선상에 위치한다)

① 5분 ② 10분
③ 15분 ④ 20분
⑤ 25분

CHAPTER 14 | 2018년 하반기 기출복원문제

정답 및 해설 p.063

| 01 | 언어이해

01 다음 글의 ㉠ ~ ㉤에서 사용된 전개 방식과 같은 방법을 사용하지 않은 것은?

> ㉠ 안전운전 교육은 총 7가지로 구성되는데 기초훈련, 자유훈련, 안전교육, 직선제동, 빗길제동, 곡선주행, 고속주행으로 구성된다.
> ㉡ 저희 회사의 신약은 99.7%의 실험 성공률을 보였기 때문에 상용화에 전혀 문제가 없습니다.
> ㉢ 토끼는 빨랐지만 게을렀고 거북이는 느렸지만 성실했기 때문에 토끼를 이길 수 있었습니다. 이처럼 느리더라도 성실한 것이 가장 중요합니다.
> ㉣ 셧다운제는 청소년의 게임중독을 막을 수 있다는 점에서 긍정적인 효과가 있지만 권리를 박탈한다는 점에서 문제가 있다는 주장이 제기되고 있다.
> ㉤ 사장님께서 임금을 인상해 주시지 않는다면 제 아들은 수술을 받지 못해서 평생 휠체어를 타야 합니다.

① ㉠ : 개미의 구조는 머리, 가슴, 배로 나눌 수 있다.
② ㉡ : 우주선 안에서의 시간보다 우주선 밖의 시간이 빨리 흘러가는 이유를 아인슈타인의 상대성 이론으로 설명할 수 있다.
③ ㉢ : 베토벤은 청각장애가 있었음에도, 음악에 전념하여 많은 걸작을 만들었습니다. 우리는 베토벤의 집념과 노력을 배워야 합니다.
④ ㉣ : 청소년에게 투표권을 주는 것은 자유로운 의사표현이 가능하다는 점에서 긍정적이지만 학교가 정치화될 수 있다는 점에서 우려의 목소리가 나오고 있다.
⑤ ㉤ : A씨의 죄질은 굉장히 나쁘지만 이 사람이 구속되면 노모와 어린 아들이 굶어 죽습니다. 제발 선처해 주십시오.

02 다음 글의 내용으로 적절하지 않은 것은?

> 청색기술은 자연의 원리를 차용하거나 자연에서 영감을 얻은 기술을 말한다. 그리고 청색기술을 경제 전반으로 확대한 것을 '청색경제'라고 한다. 벨기에의 환경운동가인 군터 파울리(Gunter Pauli)가 저탄소 성장을 표방하는 녹색기술의 한계를 지적하며 청색경제를 제안했다. 녹색경제가 환경오염에 대한 사후 대책으로, 환경보호를 위한 비용이 수반된다면 청색경제는 애초에 자연 친화적이면서도 경제적인 물질을 창조한다는 점에서 차이가 있다.
> 청색기술은 오랜 진화를 거듭해서 자연에 적응한 동식물 등을 모델로 삼아 새로운 제품을 만드는데, 특히 화학·재료과학 분야에서 연구가 활발히 진행되고 있다. 예를 들어 1955년 스위스에서 식물 도꼬마리의 가시를 모방해 작은 돌기를 가진 잠금장치 '벨크로(일명 찍찍이)'를 발명한 것이나 얼룩말의 줄무늬에서 피부 표면 온도를 낮추는 원리를 알아내는 것이다.
> 이미 미국·유럽·일본 등 선진국에서는 청색기술을 국가 전략사업으로 육성하고 있고 세계 청색기술 시장은 2030년에 1조 6,000억 달러 규모로 성장할 전망이다. 그러나 커다란 잠재력에 비해 사람들의 인식은 터무니없이 부족하다. 청색기술에 대해 많은 사람이 알고 있을수록 환경과 기술에 대한 가치관의 변화를 이끌어낼 수 있고 기술을 상용화시킬 수 있다. 따라서 청색기술의 발전을 위해서는 많은 홍보가 필요하다.

① 청색기술 시장은 커다란 잠재력을 지닌 시장이다.
② 청색기술의 모델은 자연에 포함되는 모든 동식물이다.
③ 청색기술을 홍보하는 것은 사람들의 가치관 변화와 기술 상용화에 도움이 된다.
④ 청색경제는 자연과 상생하는 것을 목적으로 하며 이를 바탕으로 경제성을 창조한다.
⑤ 흰개미집을 모델로 하여 냉난방 없이 공기를 신선하게 유지하게 설계된 건물은 청색기술을 활용한 것이다.

03 다음 글의 밑줄 친 ㉠ ~ ㉤에 대한 설명으로 적절하지 않은 것은?

> 사람의 혈액은 ㉠ 혈구와 ㉡ 혈장으로 구성되어 있는데, 혈구에는 적혈구와 백혈구 그리고 혈소판이 포함되고 혈액의 나머지 액성 물질은 혈장에 포함된다. 혈장의 90%는 물로 구성되어 있으며 상당량의 무기질 및 유기질 성분들이 함유되어 있다. 혈구를 구성하는 물질 중 99% 이상이 ㉢ 적혈구이며 백혈구와 혈소판은 1% 미만을 차지한다.
> 전체 혈액 중 적혈구가 차지하는 비율은 여성보다 남성이 약간 높다. 적혈구는 말초 조직에 있는 세포로 산소를 전달하고 말초 조직에 있는 세포가 만든 이산화탄소를 폐로 전달하는 역할을 한다. 이러한 역할을 수행하는 적혈구의 수를 혈액 내에서 일정하게 유지하는 것은 정상 상태의 인체를 유지하는 데 매우 중요하다.
> 하지만 혈액을 구성하는 물질의 조성(組成)은 질병이나 주변 환경 그리고 인체의 상태에 따라 달라질 수 있다. 예를 들면 ㉣ 빈혈은 말초 조직에 있는 세포에서 필요로 하는 산소를 공급하는 적혈구의 수가 충분하지 않을 때 나타난다. 골수계 종양의 하나인 ㉤ 진성적혈구증가증에 걸리면 다른 혈액 성분에 비해 적혈구가 많이 생산된다. 적혈구 총량에는 변동 없이 혈장이 감소하는 가성적혈구증가증도 혈액의 조성에 영향을 준다. 또한 과도한 운동이나 심각한 설사로 체내 혈장의 물이 체내로 유입되는 물보다 더 많이 외부로 유출되면 심한 탈수 현상이 일어난다.

① ㉠ : ㉢이 99% 이상을 차지한다.
② ㉡ : 90%는 물로 구성되어 있다.
③ ㉢ : 산소와 이산화탄소를 각각 전달한다.
④ ㉣ : ㉢의 수가 충분하지 않을 때 나타난다.
⑤ ㉤ : ㉢의 총량에는 변동이 없으나 ㉡이 감소한다.

| 02 | 언어추리

01 다음 내용을 참고하여 내린 A, B의 결론에 대한 판단으로 항상 옳은 것은?

- 고등학교 동창인 남자 2명, 여자 2명이 원탁에 앉아 있다.
- 4명의 직업은 각각 작가, 회계사, 학원강사, 공무원이다.
- 4명은 각각 파란색 셔츠, 검정색 티셔츠, 하얀색 자켓, 회색 원피스를 입고 있으며, 이 중에 원피스를 입은 사람은 공무원이고 셔츠는 남성용이다.
- 남자는 남자끼리, 여자는 여자끼리 이웃하여 앉아 있다.
- 작가는 남자이다.
- 회계사는 셔츠를 입었고, 바로 오른쪽 자리에 앉은 사람은 회색 원피스를 입고 있다.
- 공무원은 검정색 티셔츠를 입은 사람과 원탁을 사이에 두고 마주 보고 있다.

A : 학원강사는 회계사와 공무원 사이에 앉아 있다.
B : 회계사는 파란색 셔츠를 입고 있다.

① A만 옳다.
② B만 옳다.
③ A, B 모두 옳다.
④ A, B 모두 틀리다.
⑤ A, B 모두 옳은지 틀린지 판단할 수 없다.

02 C사의 인사부, 홍보부, 총무부, 기획부, 비서부는 위치 이동을 하려고 한다. 다음 〈조건〉을 참고할 때, 2층으로 이동하는 부서는?

조건
- 회사 건물은 5층짜리이고, 층마다 1개의 부서가 위치한다.
- 홍보부는 회의가 가장 많기 때문에 회의실이 있는 층으로 이동하고, 회의실은 건물의 중간에 위치해 있다.
- 총무부는 기획부와 비서부 사이로 이동한다.
- 기획부는 총무부와 인사부 사이로 이동한다.
- 비서부는 사장실과 같은 층으로 이동한다.
- 사장실은 5층이다.

① 인사부
② 홍보부
③ 총무부
④ 기획부
⑤ 비서부

| 03 | 창의수리

※ 일정한 규칙으로 수를 나열할 때, 빈칸에 들어갈 알맞은 수를 고르시오. **[1~4]**

01

| 2 | 512 | 20 | 512 | 200 | 256 | 2,000 | ( ) |

① 60　　　　　　　　　　　② 64
③ 128　　　　　　　　　　 ④ 164
⑤ 200

Easy

02

$\frac{5}{3}$　$\frac{15}{6}$　$\frac{45}{9}$　$\frac{135}{12}$　( )

① $\frac{140}{15}$　　　　　　　　　　② $\frac{425}{15}$
③ $\frac{405}{15}$　　　　　　　　　　④ $\frac{425}{25}$
⑤ $\frac{405}{25}$

03

| 11　21　10 | 10　36　8 | 8　( )　5 |

① 12　　　　　　　　　　　② 13
③ 36　　　　　　　　　　　④ 39
⑤ 43

04

| 6　4　4 | 21　5　32 | 19　( )　10 |

① 18　　　　　　　　　　　② 16
③ 14　　　　　　　　　　　④ 12
⑤ 10

05 일정한 규칙으로 수를 나열할 때, $B \div A$의 값은?

| (A) | 4 | 12 | 48 | 576 | (B) |

① 9,216
② 9,116
③ 9,016
④ 8,916
⑤ 8,816

06 물통을 채우는 데 A수도만 틀었을 때는 5시간, B수도만 틀었을 때는 2시간 소요된다면 A수도와 B수도를 모두 틀어서 물통을 채울 때 소요되는 시간은?(단, B수도의 고장으로 처음 1시간은 A수도만 작동했다)

① $\frac{5}{7}$ 시간
② $\frac{6}{7}$ 시간
③ 1시간
④ $\frac{8}{7}$ 시간
⑤ $\frac{9}{7}$ 시간

07 원가가 30만 원인 컴퓨터 10대 중 6대에 40%의 이익을 붙여서 판매하였다. 그리고 재고정리 세일로 남은 4대를 원가로 판매했다고 할 때, 컴퓨터를 판매하여 얻은 총수익률은?

① 20%
② 21%
③ 22%
④ 23%
⑤ 24%

08 C사원은 집에서 자동차를 타고 60km/h로 출근한 지 15분이 지난 시점에서 중요한 서류를 집에 두고 나온 사실을 알았다. C사원은 처음 출근했을 때의 1.5배의 속력으로 다시 돌아가 서류를 챙긴 후 지각하지 않기 위해 서류를 가지러 갔을 때의 1.2배의 속력으로 다시 회사로 향했다. C사원이 출근하는 데 소비한 전체 시간이 50분이라고 할 때, C사원의 집에서 회사까지의 거리는?(단, 서류를 챙기는 데 걸린 시간은 고려하지 않는다)

① 40km ② 45km
③ 50km ④ 55km
⑤ 60km

09 IT부서에서는 중요한 프로젝트를 위해 24시간 동안 3교대근무를 하기로 하였다. IT부서에는 총 10명의 직원들이 근무하고 있는데, 인턴은 내규에 따라 교대근무를 시킬 수 없다. 교대근무 시간표를 짜려고 할 때, 가능한 경우의 수는?(단, 인턴은 1명이고, 한 조에 3명씩 편성된다)

① 210가지 ② 420가지
③ 840가지 ④ 1,680가지
⑤ 3,360가지

10 C사에서는 낡은 사무용 의자를 교체하기 위해 의자 100개를 주문했다. 그리고 8개의 부서에서 의자 교체를 신청했다. 부서당 최소 12개 이상의 의자가 필요하다고 할 때, 8개의 부서가 의자를 나눠 갖는 경우의 수는?(단, 의자는 모두 동일하다)

① 70가지 ② 256가지
③ 330가지 ④ 840가지
⑤ 1,680가지

CHAPTER 15 | 2018년 상반기 기출복원문제

| 01 | 언어이해

01 다음 글을 읽고 보인 반응으로 가장 적절한 것은?

> 타인의 위법행위에 의해 정신적·물질적 손해를 입은 경우, 손해의 정도가 같아도 해당 위법행위가 민사적으로 처리될 때와 형사적으로 처리될 때에 따라 결론이 달라지는 경우가 나타난다. 즉, 민사소송에서 민사책임을 물어 승소하더라도 형사소송에서 패소하거나, 형사소송에서 형사책임을 물어 승소하고 민사소송에 패소하는 경우가 얼마든지 존재할 수 있다는 것이다. 이러한 경우가 발생하는 것은 민사책임과 형사책임의 차이가 존재하기 때문이다. 민사책임은 고의와 과실의 구분이 없으며 실제로 손해가 발생한 경우에만 책임을 인정하는 손해배상에 중점을 두지만, 형사책임은 고의성과 위법성에 무게를 두며 피해자의 고소가 없더라도 국가가 형벌을 가할 수 있는 응보적 성격을 띠고 있다.

① 피해자가 원하지 않으면 가해자도 형벌을 쉽게 피할 수 있구나.
② 민사책임이라고 해도 고의가 인정되면 더 큰 책임을 물 수 있겠구나.
③ 아무리 의도가 좋았더라도 손해가 발생하면 형사책임을 물어야 하는구나.
④ 물건을 옮기다 나도 모르게 상대를 밀쳐 넘어뜨렸으니 형사책임을 물어야 하는구나.
⑤ 옆집 아저씨가 작정하고 나를 때려 크게 다쳤으니 민사소송과 형사소송 둘 다 승소할 수 있겠구나.

02 다음 글의 내용으로 가장 적절한 것은?

> 일반적으로 소비자들은 합리적인 경제 행위를 추구하기 때문에 최소 비용으로 최대 효과를 얻으려 한다는 것이 소비의 기본 원칙이다. 그들은 '보이지 않는 손'이라고 일컬어지는 시장 원리 아래에서 생산자와 만난다. 그러나 이러한 일차적 의미의 합리적 소비가 언제나 유효한 것은 아니다. 생산보다는 소비가 화두가 된 소비 자본주의 시대에 소비는 단순히 필요한 재화 그리고 경제학적으로 유리한 재화를 구매하는 행위에 머물지 않는다. 최대 효과 자체에 정서적이고 사회 심리학적인 요인이 개입하면서 이제 소비는 개인이 세계와 만나는 다분히 심리적인 방법이 되어버린 것이다. 곧 인간의 기본적인 생존 욕구를 충족시켜 주는 합리적 소비 수준에 머물지 않고, 소비는 자신을 표현하는 상징적 행위가 된 것이다. 이처럼 오늘날의 소비 문화는 물질적 소비 차원이 아닌 심리적 소비 형태를 띠게 된다.
>
> 소비 자본주의의 화두는 이제 과소비가 아니라 과시 소비로 넘어간 것이다. 과시 소비의 중심에는 신분의 논리가 있다. 신분의 논리는 유용성의 논리, 나아가 시장의 논리로 설명되지 않는 것들을 설명해 준다. 혈통으로 이어지던 폐쇄적 계층 사회는 소비 행위에 대해 계급에 근거한 제한을 부여했다. 먼 옛날 부족 사회에서 수장들만이 걸칠 수 있었던 장신구에서부터, 제아무리 권문세가의 정승이라도 아흔아홉 칸을 넘을 수 없던 집이 좋은 예이다. 권력을 가진 자는 힘을 통해 자기의 취향을 주위 사람들과 분리시킴으로써 경외감을 강요하고 그렇게 자기 취향을 과시함으로써 잠재적 경쟁자들을 통제한 것이다.
>
> 가시적 신분 제도가 사라진 현대 사회에서도 이러한 신분의 논리는 여전히 유효하다. 이제 개인은 소비를 통해 자신의 물질적 부를 표현함으로써 신분을 과시하려 한다.

① 유용성의 논리로 과시 소비 현상을 설명할 수 있다.
② 현대 사회의 소비 행위는 개인을 드러내는 과시 행위를 포함한다.
③ 현대 사회에서 소비자의 행위는 더 이상 생존 욕구와는 상관이 없다.
④ 폐쇄적 계층 사회에서는 소비를 통제하여 과시적 소비가 발생하지 않았다.
⑤ 보이지 않는 손에 의한 소비 이론은 오늘날에 와서 치명적 모순이 있음이 발견되었다.

03 다음 글의 내용으로 적절하지 않은 것은?

> 1930년대 우리나라 탐정소설에는 과학적 수사의 강조, 감정적 혹은 육감적 사건 전개라는 두 가지 특성이 나타난다. 이러한 것들은 1930년대 우리나라 탐정소설에 서구 번역 탐정소설이 미친 영향력 못지않게 국내에서 유행하던 환상소설, 공포소설, 모험소설, 연애소설 등의 대중소설 장르가 영향력을 미친 데서 비롯된 것이다. 2000년대 이후 오늘날의 탐정소설은 과학적 수사, 증명, 논리적 추론 과정에 초점이 맞추어지는 데 반해, 1930년대 탐정소설은 감정적, 심리적, 우연적 요소의 개입 같은 것들이 사건 해결의 열쇠를 쥐고 있었다. 감정적 혹은 육감적 사건 전개는 탐정소설의 범위를 넓히는 동시에 다양한 세부 장르를 형성하였다. 그러나 현재로 오면서 두 번째 특성은 사라지고 첫 번째 특성만 강하게 남아, 그것이 탐정소설의 전부인 것처럼 인식되는 경향이 지배적이다.
>
> 다양한 의미와 유형을 내포했던 1930년대의 '탐정'과 '탐정소설'은 현재로 오면서 오히려 그 범위가 협소해진 것으로 보인다. 탐정이라는 용어는 서술어적 의미가 사라지고 인물의 의미로 국한되어 사용되며, 탐정소설은 감정적 혹은 육감적 사건 전개나 기괴한 이야기가 지니는 환상적인 매력이 사라지고 논리적 추론 과정에 초점이 맞추어지는 서구의 고전적 탐정소설 유형만이 남게 되었다. 1930년대의 탐정소설이 서구 고전적 탐정소설로 귀착되면서, 탐정소설과 다른 대중소설 장르가 결합한 양식들은 사라졌다. 그런 면에서 1930년대 탐정소설의 고유한 특성을 밝히는 것은 서구의 것과는 다른 한국식 탐정소설의 양식들이 발전할 수 있는 가능성을 제기하는 것이기도 하다.

① 1930년대 우리나라에서 탐정이라는 말은 현재보다 더 넓은 의미를 가졌다.
② 서구의 고전적 탐정소설은 과학적 수사와 논리적 추론 과정에 초점을 맞춘다.
③ 오늘날 우리나라 탐정소설에서는 기괴한 이야기가 가진 환상적 매력을 발견하기 어렵다.
④ 과학적, 논리적 추론 과정의 정립은 한국식 탐정소설의 다양한 형식을 발전시키는 데 기여했다.
⑤ 1930년대 우리나라 탐정소설은 서구 번역 탐정소설과 국내 대중소설 장르의 영향을 받았다.

| 02 | 언어추리

01 다음 내용을 참고하여 내린 A, B의 결론에 대한 판단으로 항상 옳은 것은?

- 사자는 호랑이의 말을 믿지 않는다.
- 호랑이는 여우의 말을 믿지 않는다.
- 사자는 여우의 말을 믿지 않는다.
- 여우는 사자의 말을 믿는다.
- 호랑이는 사자의 말을 믿는다.
- 토끼는 여우의 말만 믿지 않는다.

A : 사자, 호랑이, 토끼 중 여우의 말을 믿는 동물은 아무도 없다.
B : 호랑이, 여우, 토끼 중 사자의 말을 믿지 않는 동물은 없다.

① A만 옳다.
② B만 옳다.
③ A, B 모두 옳다.
④ A, B 모두 틀리다.
⑤ A, B 모두 옳은지 틀린지 판단할 수 없다.

Hard

02 다음 내용을 참고하여 내린 결론으로 옳은 것은?

- A~D가 각각 운영하는 4개의 가게가 일렬로 늘어서 있다.
- 떡볶이 가게는 가장 앞쪽에 위치한다.
- B는 가장 뒤쪽에 위치한 가게의 사장이다.
- C는 만두 가게의 사장이다.
- 순대 가게는 만두 가게의 바로 뒤에 위치한다.
- A의 가게는 앞에서 두 번째에 위치한다.
- 라면 가게는 떡볶이 가게와 순대 가게 사이에 위치한다.

① 순대 가게는 앞에서 두 번째에 위치한다.
② 만두 가게는 앞에서 세 번째에 위치한다.
③ A는 순대 가게의 사장이다.
④ D는 라면 가게의 사장이다.
⑤ B는 만두 가게의 사장이다.

| 03 | 창의수리

※ 일정한 규칙으로 수를 나열할 때, 빈칸에 들어갈 알맞은 수를 고르시오. [1~2]

01

| 1 | 3 | 7 | 15 | 31 | ( ) | 127 |

① 42
② 48
③ 56
④ 63
⑤ 87

02

| −3 | −1 | −5 | 3 | −13 | ( ) |

① 12
② −15
③ 19
④ −21
⑤ 25

03 일정한 규칙으로 수를 나열할 때, $A \times B$의 값은?

| (A) | 1 | 6 | 2 | (B) | 4 | 24 | 8 |

① 18
② 24
③ 32
④ 36
⑤ 40

04 일정한 규칙으로 수를 나열할 때, $B - A$의 값은?

| 5 | (A) | 4 | 12 | 16 | 11 | 66 | (B) | 65 | 585 |

① 58
② 63
③ 67
④ 71
⑤ 77

05 둘레가 9.8km인 호수를 A, B 두 사람이 같은 지점에서 동시에 출발한다. 호수를 일정한 속력으로 돌아 두 사람이 다시 만날 때까지 같은 방향으로 걸어가면 1시간, 다른 방향으로 걸어가면 30분이 걸린다면 A와 B의 속력은?(단, A가 B보다 더 빠르다)

	A	B
①	12.9km/h	5.8km/h
②	13.3km/h	5.1km/h
③	14.7km/h	4.9km/h
④	15.3km/h	5.2km/h
⑤	16.9km/h	3.7km/h

06 A제품과 B제품을 제조하는 합판제조업체와 거래를 하려고 한다. A제품은 계약금으로 8,000만 원을 받으며 제품 단가는 개당 20만 원이고, B제품은 계약금으로 3,000만 원을 받으며 제품 단가는 개당 50만 원이다. A제품으로 거래했을 경우 B제품과 비교했을 때 최소 몇 개 이상의 제품을 계약해야 이득이 되는가?

① 164개　　　　　　　　　　　② 165개
③ 166개　　　　　　　　　　　④ 167개
⑤ 168개

07 농도 8%의 소금물 500g에 소금을 더 넣어 농도 12%의 소금물을 만들려고 할 때, 더 넣은 소금은 몇 g인가?

① $\dfrac{250}{11}$g　　　　　　　　② $\dfrac{260}{11}$g

③ $\dfrac{270}{11}$g　　　　　　　　④ $\dfrac{280}{11}$g

⑤ $\dfrac{290}{11}$g

08 광수와 재우는 새로 산 무전기의 성능을 시험하기 위해 같은 곳에서부터 출발하여 광수는 북쪽으로 20m/s, 재우는 동쪽으로 50m/s의 일정한 속력으로 이동했다. 재우가 광수보다 20초 늦게 출발했고, 재우가 이동한 지 1분이 되자 더는 통신이 불가능했다. 무전 통신이 끊겼을 때, 광수와 재우 사이의 직선거리는?

① 3.2km　　　　　　　　② 3.3km
③ 3.4km　　　　　　　　④ 3.5km
⑤ 3.6km

Hard

09 어떤 강의 상류 선착장에서 하류 선착장까지 왕복으로 운행하는 배가 있다. 두 선착장 사이의 거리는 27km이고, 하류에서 상류로 올라가는 데 걸리는 시간은 상류에서 하류로 내려가는 데 걸리는 시간의 $\frac{3}{2}$ 배이며, 두 지점을 왕복하는 데에는 2시간 15분이 걸렸다면 배의 속력은?

① 25km/h　　　　　　　② 30km/h
③ 35km/h　　　　　　　④ 40km/h
⑤ 45km/h

CHAPTER 16 | 2017년 하반기 기출복원문제

| 01 | 언어이해

01 다음 글의 주장으로 적절하지 않은 것은?

> 기술은 산업혁명 이후 매우 빠른 속도로 발전을 거듭해왔다. 그에 따라 기술의 영향력은 날로 증대되어 오늘날 우리는 그 누구도 기술의 영향에서 벗어날 수 없게 되었다.
>
> 그렇다면 기술의 발전은 삶의 질을 높이고 사회가 진보하는 데 긍정적인 영향만을 끼치는가? 그렇지는 않다. 이러한 이유로 기술에 대한 사회적 통제의 필요성이 제기되었다. 이에 부응하여 등장한 국가 기술 정책의 수단이 기술 영향 평가(Technology Assessment)이다. 기술 영향 평가는 전문가와 이해 당사자 및 일반 시민들이 특정한 기술의 사회적 영향을 평가한 다음, 긍정적 영향은 극대화하고 부정적 영향은 최소화할 수 있도록 기술 변화의 방향과 속도를 통제하는 것을 목표로 한다.
>
> 초창기의 기술 영향 평가는 이미 개발된 기술이 사회에 끼치는 영향을 사후에 평가하고 처방하는 데 주력하는 경향이 있었다. 그러나 이러한 사후적 평가와 처방은 기술에 대한 '통제의 딜레마' 문제에 부딪히게 되었다. 통제의 딜레마란, 비록 기술 영향 평가를 통해 어떤 기술이 문제가 많다고 판단할지라도, 그 기술의 개발이 이미 상당히 진행되어 있는 상태라면 그것을 중단시키는 일이 거의 불가능한 상황을 말한다. 이 딜레마는 기술에 대한 사회적 통제를 어렵게 만든다. 결국 통제의 딜레마로 인해 사후적 기술 영향 평가는 기술을 통제하고자 했던 원래의 목적을 달성하는 데 한계를 드러내게 되었다.
>
> 이 딜레마를 극복하고자 기술 개발의 전 과정에 대한 지속적인 평가를 통해 기술 변화가 사회적으로 바람직한 방향으로 이루어지도록 적극적으로 유도하는 사전적이고 과정적인 기술 영향 평가가 새롭게 등장하였다. 기술이 일방적으로 사회에 영향을 끼치기만 하는 것이 아니라, 사회도 기술 변화의 내용이나 속도에 영향을 끼칠 수 있다는 기술 사회학적 인식이 그 배경이 되었다. 이 새로운 기술 영향 평가는 기술 개발의 과정에 초점을 둠으로써 기술 통제의 측면에서 전통적인 기술 영향 평가에 비해 좀 더 성공적이라고 평가받고 있다.
>
> 이 새로운 기술 영향 평가도 통제의 딜레마를 완전히 해결하지는 못했다. 무엇보다 기술 발전의 방향은 불확실성이 많아 사전적이고 과정적인 평가조차도 기술의 영향을 정확하게 예측하기 힘들기 때문이다. 설혹 잘 예측하여 기술 통제를 위해 적절한 기술 정책을 시행한다고 하더라도 그 정책이 의도하지 않은 결과를 낳을 수도 있다. 그럼에도 불구하고 사회적 영향이 점점 더 커지고 있는 기술들에 대한 평가와 통제의 필요성을 고려한다면 이 기술 영향 평가는 현재로서 우리가 취할 수 있는 최선의 기술 정책 수단이라고 할 수 있다.

① 기술과 사회는 상호 작용하는 관계이다.
② 기술 발전의 방향을 시장 원리에만 맡겨서는 안 된다.
③ 과학적 기술 예측은 기술 통제의 성공으로 이어진다.
④ 기술은 문제 해결이 아니라 문제 발생의 원인이 되기도 한다.
⑤ 직접적인 이해관계에 있는 사람도 기술 영향 평가에 참여할 수 있다.

※ 다음 글의 내용으로 적절하지 않은 것을 고르시오. [2~3]

02

오늘날 여성들은 체중에 상관없이 자신을 뚱뚱하다고 생각하는 경우가 많다. 빈부, 노소를 떠나서 하나같이 날씬해지기를 원하고 그러한 욕망은 다이어트 열풍으로 이어진다. 몸이 우리의 다양한 욕구나 자기표현과 관련된다는 점에서 다이어트 열풍은 우리 사회를 읽어내는 하나의 거울이 될 수 있다.

몸에 대한 관심은 어제오늘의 일이 아니다. 한 사회학 보고서에 따르면, 미국에서 1930년대에는 바싹 마른 몸매의 여성이, 1950년대에는 마릴린 먼로와 같이 풍만한 몸매의 여성이 인기를 끌었다고 한다. 대공황으로 경제 사정이 좋지 않았던 1930년대에는 일하는 여성이 필요했기에 민첩해 보이는 마른 여성이 매력의 상징이 되었다. 하지만 경제 사정이 좋아지기 시작한 1950년대에는 여성이 행복한 가정을 꾸리기를 바라는 풍조로 바뀌면서 사람들은 풍만한 곡선미를 지닌 여배우의 이미지를 선호하였다.

소비 사회에서 몸은 자연스럽게 자기표현의 중심이 된다. 산업의 발달로 물질이 풍요해지자 인간은 다양한 소비를 통해 자신의 욕구를 충족할 수 있게 되었고 소비를 통해 자신을 표현한다고 믿게 되었다. 오늘날 소비는 대중 매체에 의해 조정되고 조절되는 경향이 짙다. 또한 인간은 영상 매체에서 본 이미지를 모방하여 자신을 표현하고자 한다. 이러한 점에서 소비를 통한 자기표현은 타인의 시선에 의해 규정된다고 할 수 있으며, 주체적이고 능동적인 자기 이미지를 만드는 과정으로 보기 어렵다. 결국 소비를 통해 자신의 이미지를 형성하려는 행위는 자신의 상품 가치를 높이는 것에 불과할 뿐이다.

날씬한 여성의 이미지를 선호하는 것도 이와 밀접하게 닿아 있다. 모든 유형의 다이어트가 오늘날과 같은 이유로 행해진 것은 아니다. 중세의 다이어트는 종교적 생활양식에서 영혼을 통제하려는 훈육의 한 방법이었고, 18세기에는 특정 집단에 속한 사람들이 음식의 양과 유형을 조절하는 방식이었다. 이와 달리 오늘날의 다이어트는 대부분 날씬한 몸매를 만들어서 자신의 상품 가치를 높이려는 목적에서 이루어진다. 외모에 대한 그릇된 인식은 다이어트 열풍을 부추겼으며, 대중 매체를 통해 점점 더 확대되고 재생산되고 있다.

자기를 표현하는 수단으로서의 몸에 대한 관심은 자본주의의 상품화 논리에 지배되면서 오히려 자기 몸을 소외시키고 있다. 대중 매체를 통해 확산되는 상품으로서의 몸 이미지와 외모 지향적 가치관은 매력적인 몸에 대한 강박 관념을 강화하고, 사람들을 다이어트를 통한 날씬한 몸매 만들기 대열에 합류시킨다. 이처럼 대중 매체 속에서 만들어진 획일화된 몸 이미지는 우리에게 더 이상 몸은 없고 몸 이미지만 남게 한다.

① 18세기의 여성들은 날씬한 몸매로 자신의 상품 가치를 높이고자 하였다.
② 소비 사회에서 사람들은 영상 매체에서 얻은 몸의 이미지를 모방한다.
③ 경제 상황이 사람들의 몸 이미지를 형성하는 데 영향을 미친다.
④ 사람들이 선호하는 몸의 이미지는 시대에 따라 변화해 왔다.
⑤ 1950년대 미국에서는 풍만한 몸매의 여성이 인기를 끌었다.

03

쇼윈도는 소비 사회의 대표적인 문화적 표상 중의 하나이다. 책을 읽기 전에 표지나 목차를 먼저 읽듯이 우리는 쇼윈도를 통해 소비 사회의 공간 텍스트에 입문할 수 있다. '텍스트'는 특정한 의도를 가지고 소통할 목적으로 생산한 모든 인공물을 이르는 용어이다. 쇼윈도는 '소비 행위'를 목적으로 하는 일종의 공간 텍스트이다. 기호학 이론에 따르면 소비 행위는 이런 공간 텍스트를 매개로 하여 생산자와 소비자가 의사소통하는 과정으로 이해할 수 있다.

옷 가게의 쇼윈도에는 마네킹이 멋진 목걸이를 한 채 붉은색 스커트를 날씬한 허리에 감고 있다. 환한 조명 때문에 마네킹은 더욱 선명해 보인다. 길을 걷다가 환한 불빛에 이끌려 마네킹을 하나씩 살펴본다. 마네킹의 예쁜 모습을 보면서 나도 모르게 이야기를 시작한다. '참 날씬하고 예쁘기도 하네. 저 비싸 보이는 목걸이는 어디서 났을까. 짧은 스커트가 눈부시네……. 나도 저 마네킹처럼 되고 싶다.'라는 생각에 곧 옷 가게로 들어간다.

이와 같은 일련의 과정은 소비자가 쇼윈도라는 공간 텍스트를 읽는 행위로 이해할 수 있다. 공간 텍스트는 세 개의 층위(표층, 심층, 서사)로 존재한다. 표층 층위는 쇼윈도의 장식, 조명, 마네킹의 모습 등과 같은 감각적인 층위이다. 심층 층위는 쇼윈도의 가치와 의미가 내재되어 있는 층위이다. 서사 층위는 표층 층위와 심층 층위를 연결하는 층위로서 이야기 형태로 존재한다.

서사 층위에서 생산자와 소비자는 상호 작용을 한다. 생산자는 텍스트에 의미와 가치를 부여하고 이를 이야기 형태로 소비자에게 전달한다. 소비자는 이야기를 통해 텍스트의 의미와 가치를 해독한다. 이런 소비의 의사소통 과정은 소비자의 '서사 행로'로 설명할 수 있다. 이 서사 행로는 다음과 같은 네 가지 과정을 거쳐 진행된다.

첫 번째는 소비자가 제품에 관심을 갖기 시작하는 과정이다. 이때 소비자는 쇼윈도 앞에 멈추어 공간 텍스트를 읽을 준비를 한다. 두 번째는 소비자가 상품을 꼼꼼히 관찰하는 과정이다. 이 과정에서 소비자는 쇼윈도와 쇼윈도의 구성물들을 감상한다. 세 번째는 소비자가 상품에 부여된 가치를 해독하는 과정이다. 이 과정에서 소비자는 쇼윈도 텍스트에 내재된 가치들을 읽어내게 된다. 네 번째는 소비자가 상품에 대한 최종적인 평가를 내리는 과정이다.

이 네 과정을 거치면서 소비자는 구매 여부를 결정하게 된다. 서사 행로는 소비자의 측면에서 보면 이 상품이 꼭 필요한지, 자기가 그 상품을 살 능력을 갖고 있는지 등을 면밀히 검토하는 과정이라고 할 수 있다.

① 쇼윈도는 소비자를 소비 공간으로 유인한다.
② 책을 읽는 능력은 공간 텍스트 해독에 도움을 준다.
③ 마네킹을 통해서 소비자는 생산자와 의사소통한다.
④ 공간 텍스트에는 생산자가 부여한 의미가 담기게 된다.
⑤ 소비자는 서사 행로를 통해 구매 여부를 결정하게 된다.

04 다음은 역사 동아리 학생들이 영웅에 대해 토론한 내용을 정리한 글이다. 〈보기〉에서 토론의 내용으로 적절한 것을 모두 고르면?

영웅이 어떻게 만들어지는가, 어떻게 신비화되고 통속화되는가, 영웅에 대한 기억이 시대에 따라 어떤 변천을 겪는가를 탐구하는 것은 '더 사실에 가까운 영웅'의 모습에 다가서려는 이들에게 필수적이다. 영웅을 둘러싼 신화가 만들어지고 전승되는 과정과 그 메커니즘을 이해하고 특히 국민 정체성 형성에 그들이 간여한 바를 추적함으로써, 우리는 영웅을 만들고 그들의 초상을 새롭게 덧칠해 온 각 시대의 서로 다른 욕망을 읽어 내어 그 시대로부터 객관적인 거리를 획득한다.

무릇 영웅이란 죽고 나서 한층 더 길고 파란만장한 삶을 살아가며, 그런 사후 인생이 펼쳐지는 무대는 바로 후대인들의 변화무쌍한 기억이다. 잔 다르크는 계몽주의 시대에는 '신비와 경건을 가장한 바보 처녀'로 치부되었지만, 프랑스 혁명기와 나폴레옹 집권기에 와서는 애국의 화신으로 추앙받기 시작했다. 민족주의의 성장과 더불어 그 숭배의 열기가 더 달아올라, 19세기 공화주의적 민족주의자들은 잔을 '프랑스의 수호자'이자 '민중의 딸'로 재창조했다. 국경을 넘어 20세기 여성 참정권자들에게 잔은 '전투적 페미니즘'의 상징이었고 한국에서는 '프랑스의 유관순 열사'로 기억되었다.

'영웅에 대한 후대인들의 기억이 어떻게 만들어지는가'를 추구하는 문제의식의 배경에는 '기억의 관리'가 부와 권력의 분배 못지않게 중요한 사회적 과제라는 전제가 깔려 있다. 인간의 기억은 기본적으로 사회적 틀에서 형성되며, 시간적·공간적으로 제한된 특정한 사회 집단에 의해서 선택적으로 전해진다. 그래서 기억의 문제는 개인적이라기보다는 집단적이며 사회적인 권력의 문제이다. 동시에 이는 기억과 표리 관계인 망각의 문제이기도 하다.

근대 역사에서 기억이 구성되고 가공되는 데 가장 중요한 단위는 '민족'이었다. 근대 역사학 자체의 탄생과도 밀접하게 관련되는 '민족의 과거'에 대한 기억에서 영웅은 중요한 기억의 터전을 차지해 왔다. 이때 영웅은 그저 비범한 능력의 소유자에 그치지 않고 민족의 영광과 상처를 상징하는 육화된 기호로서 구성원에게 동일시할 대상으로 나타난다.

이때 영웅은 종종 '애국'의 덕목과 결부되었다. 한국에서도 봉건 시대에 충군의 이념에 충실했던 인물이 계몽 운동기에 들어서 구국의 영웅으로 재탄생하는 것을 종종 볼 수 있다. 박은식, 신채호 등 개화기 지식인들이 '민족정신'에 눈뜨면서 재발견한 이순신이나 을지문덕과 같은 영웅은 이제 '충군'이 아닌 애국을 지상 과제로 삼는다. 이 같은 근대의 영웅은 서로 모르는 사람들을 하나의 '국민'으로 묶어주는 상상의 원천이 되었다. 이렇게 영웅은 구성원 모두를 상하, 수평 관계 속에서 매개하고 연결한다는 의미에서 하나의 미디어라고 볼 수 있다.

보기

ㄱ. 영웅에 대한 각 시대의 평가는 곧 그 시대를 비추는 거울이다.
ㄴ. 영웅을 만들어 유포하는 체제는 결코 좋은 체제가 아니다.
ㄷ. 근대 국가의 집단 정체성 형성에 애국적 영웅은 중요한 역할을 했다.
ㄹ. 영웅의 고난과 승리는 대중에게 강력한 정서적 영향을 끼친다.

① ㄱ, ㄴ, ㄷ
② ㄱ, ㄴ, ㄹ
③ ㄱ, ㄷ, ㄹ
④ ㄴ, ㄷ, ㄹ
⑤ ㄱ, ㄴ, ㄷ, ㄹ

| 02 | 창의수리

※ 일정한 규칙으로 수를 나열할 때, 빈칸에 들어갈 알맞은 수를 고르시오. **[1~4]**

Easy
01

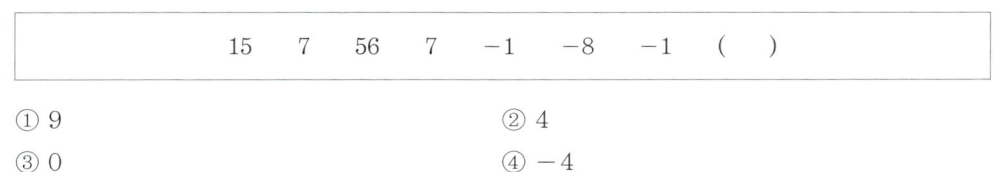
15　7　56　7　−1　−8　−1　(　)

① 9　　　　　　　　② 4
③ 0　　　　　　　　④ −4
⑤ −9

02

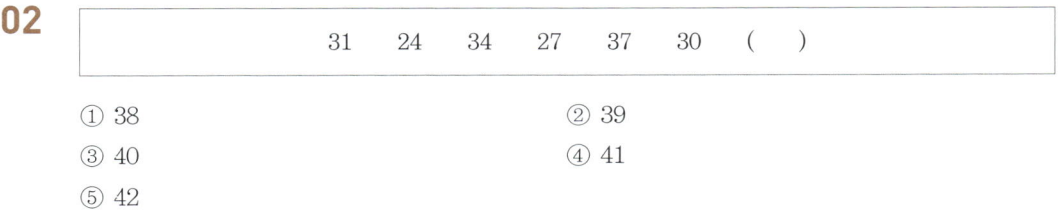
31　24　34　27　37　30　(　)

① 38　　　　　　　② 39
③ 40　　　　　　　④ 41
⑤ 42

03

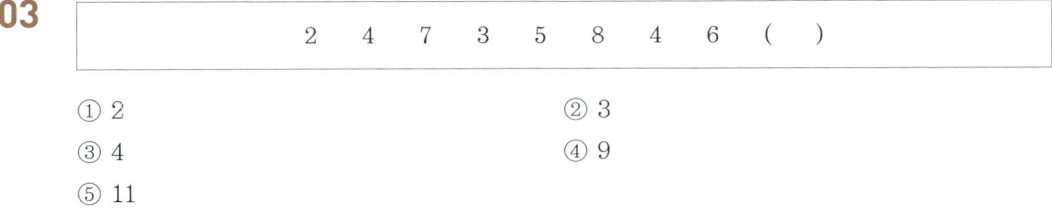
2　4　7　3　5　8　4　6　(　)

① 2　　　　　　　　② 3
③ 4　　　　　　　　④ 9
⑤ 11

04

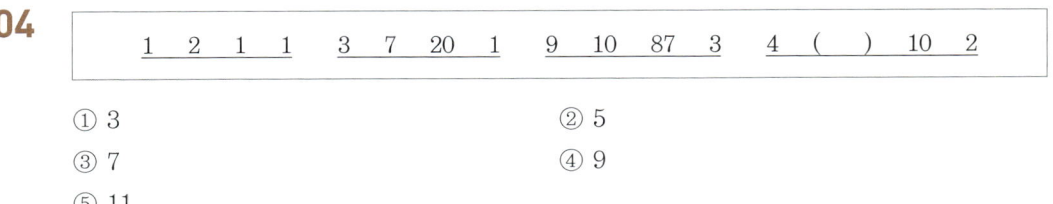
1　2　1　1　　3　7　20　1　　9　10　87　3　　4　(　)　10　2

① 3　　　　　　　　② 5
③ 7　　　　　　　　④ 9
⑤ 11

05 일정한 규칙으로 수를 나열할 때, $B-A$의 값은?

| (A) | 15 | 10 | 13 | 20 | 15 | 18 | 25 | (B) |

① 8 ② 10
③ 12 ④ 13
⑤ 14

Easy

06 C씨가 1,300원에 연필을 구매하고 나머지 금액의 절반으로 펜을 구매하였다. 펜을 구매하고 남은 금액에서 300원짜리 지우개를 사고 나니 300원이 남았다고 할 때, 처음 가지고 있던 금액은?

① 1,500원 ② 2,000원
③ 2,500원 ④ 3,000원
⑤ 3,500원

07 A회사 반죽 제품의 밀가루와 설탕의 비율은 5 : 4이고, B회사 반죽 제품의 밀가루와 설탕의 비율은 2 : 1이다. 이 두 회사의 제품을 섞었을 때 밀가루와 설탕의 비율은 3 : 2가 된다. 섞은 설탕의 무게가 120kg일 때, A회사 제품의 무게는?(단, 밀가루와 설탕 외에 다른 무게는 고려하지 않는다)

① 160kg ② 165kg
③ 170kg ④ 175kg
⑤ 180kg

08 본사에 근무하는 A씨는 오전에 B회사로 외근을 갔다. 일을 마치고 3km/h로 걸어서 본사 반대 방향으로 1km 떨어진 우체국에 들렀다가 본사로 복귀하는 데 1시간 40분이 걸렸다면, B회사부터 본사까지의 거리는?

① 1km ② 2km
③ 3km ④ 4km
⑤ 5km

CHAPTER 17 | 2017년 상반기 기출복원문제

정답 및 해설 p.074

| 01 | 언어이해

※ 다음 문장을 논리적 순서대로 바르게 나열한 것을 고르시오. [1~2]

01

(가) 사물을 볼 때 우리는 중립적으로 보지 않고 우리의 경험이나 관심, 흥미에 따라 사물의 상을 잡아당겨 보는 경향이 있다.
(나) 그래서 매우 낯설거나 순간적으로 명료하게 파악되지 않는 이미지를 보면 그것과 유사한, 자신이 잘 아는 어떤 사물의 이미지와 연결하여 보려는 심리적 경향을 보이게 된다.
(다) 이런 면에서 어떤 사물을 보든지 우리는 늘 '오류'의 가능성을 안고 있다.
(라) 그러나 이런 가능성이 항상 부정적인 것만은 아니다.
(마) 사실 화가가 보여주는 일루전(Illusion), 곧 환영(幻影)도 이런 오류의 가능성에서 나오는 것이다.

① (가) - (나) - (다) - (라) - (마)
② (가) - (다) - (라) - (마) - (나)
③ (나) - (마) - (가) - (다) - (라)
④ (다) - (라) - (가) - (나) - (마)
⑤ (다) - (마) - (가) - (라) - (나)

02

(가) 점차 우리의 생활에서 집단이 차지하는 비중이 커지고, 사회가 조직화되어 가는 현대 사회에서는 개인의 윤리 못지않게 집단의 윤리, 즉 사회 윤리의 중요성도 커지고 있다.
(나) 따라서 우리는 현대 사회의 특성에 맞는 사회 윤리의 정립을 통해 올바른 사회를 지향하는 노력을 계속해야 할 것이다.
(다) 그러나 이러한 사회 윤리가 단순히 개개인의 도덕성이나 윤리의식의 강화에 의해서만 이루어지는 것은 아니다.
(라) 물론 그것은 인격을 지니고 있는 개인과는 달리 전체의 이익을 합리적으로 추구하는 사회의 본질적 특성에서 연유하는 것이기도 하다.
(마) 개개인이 도덕적이라는 것과 그들로 이루어진 사회가 도덕적이라는 것은 별개의 문제이기 때문이다.

① (가) - (나) - (다) - (라) - (마)
② (가) - (나) - (라) - (다) - (마)
③ (가) - (나) - (마) - (라) - (다)
④ (가) - (다) - (나) - (라) - (마)
⑤ (가) - (다) - (마) - (라) - (나)

03 다음 글의 중심 내용으로 가장 적절한 것은?

> 우리는 선인들이 남긴 훌륭한 문화유산이나 정신 자산을 언어, 특히 문자언어를 통해 얻는다. 언어가 시대를 넘어 문명을 전수하는 역할을 하는 것이다. 언어를 통해 전해진 선인들의 훌륭한 문화유산이나 정신 자산은 당대의 문화나 정신을 살찌우는 밑거름이 된다. 만약 언어가 없다면 선인들과 대화하는 일은 불가능할 것이다. 그렇게 되면 인류 사회는 앞선 시대와 단절되어 더 이상의 발전을 기대할 수 없게 된다. 인류가 지금과 같은 고도의 문명사회를 이룩할 수 있었던 것도 언어를 통해 선인들과 끊임없이 대화하며 그들에게서 지혜를 얻고 그들의 훌륭한 정신을 이어받았기 때문이다.

① 언어는 인간에게 유일한 의사소통의 도구이다.
② 과거의 문화유산은 남김없이 계승되어야 한다.
③ 문자언어는 음성언어보다 우월한 가치를 가진다.
④ 문명의 발달은 언어와 더불어 이루어져 왔다.
⑤ 언어는 시간에 구애받지 않고 정보를 전달할 수 있다.

| 02 | 언어추리

01 다음 명제가 모두 참일 때, 항상 참인 명제는?

> - 마라톤을 좋아하는 사람은 체력이 좋고, 인내심도 있다.
> - 몸무게가 무거운 사람은 체력이 좋다.
> - 명랑한 사람은 마라톤을 좋아한다.

① 체력이 좋은 사람은 인내심이 없다.
② 인내심이 없는 사람은 명랑하지 않다.
③ 마라톤을 좋아하는 사람은 몸무게가 가볍다.
④ 몸무게가 무겁지 않은 사람은 인내심이 있다.
⑤ 명랑하지 않은 사람은 몸무게가 무겁다.

02 다음 내용을 참고하여 내린 A, B의 결론에 대한 판단으로 항상 옳은 것은?

> - 1교시부터 4교시까지 국어, 수학, 영어, 사회 네 과목의 수업이 1시간씩 있다.
> - 국어는 1교시가 아니다.
> - 영어는 2교시가 아니다.
> - 영어는 국어와 수학 시간 사이에 있다.

> A : 2교시가 수학일 때, 1교시는 사회이다.
> B : 3교시는 영어이다.

① A만 옳다.
② B만 옳다.
③ A, B 모두 옳다.
④ A, B 모두 틀리다.
⑤ A, B 모두 옳은지 틀린지 판단할 수 없다.

| 03 | **창의수리**

※ 일정한 규칙으로 수를 나열할 때, 빈칸에 들어갈 알맞은 수를 고르시오. [1~2]

Hard
01

| 0.5 1.4 1.2 4.1 2.8 12.2 6.2 ( ) |

① 36.5 ② 36.6
③ 37.5 ④ 37.6
⑤ 38.5

02

| 32 22 16 6 66 60 33 27 72 67 31 26 25 16 ( ) 9 |

① 12 ② 14
③ 16 ④ 18
⑤ 20

03 일정한 규칙으로 수를 나열할 때, $A-B$의 값은?

| 1 3 (A) 10 111 17 1,111 (B) |

① -19 ② -18
③ -13 ④ 18
⑤ 32

04 일정한 규칙으로 수를 나열할 때, $A+B$의 값은?

| 77 (A) 70 56 (B) 68 56 80 |

① 105 ② 106
③ 107 ④ 108
⑤ 109

05 C사의 A, B부서는 각각 4명, 6명으로 구성되어 있다. A, B부서는 업무 관련 자격증 시험에 단체로 응시하였고 이들의 전체 평균점수는 84점이었다. A부서의 평균점수가 81점이라고 할 때, B부서의 평균점수는?

① 89점 ② 88점
③ 87점 ④ 86점
⑤ 85점

Easy

06 C회사는 야유회 준비를 위해 물과 음료수를 합쳐 총 330개를 구입하였다. 야유회에 참가한 직원을 대상으로 물은 1인당 1개씩, 음료수는 5인당 1개씩 분배했더니 남거나 모자라지 않았다면, C회사의 야유회에 참가한 직원은 모두 몇 명인가?

① 260명 ② 265명
③ 270명 ④ 275명
⑤ 280명

07 C는 지난 주말 집에서 128km 떨어진 거리에 있는 할머니 댁을 방문했다. 차량을 타고 중간에 있는 휴게소까지는 40km/h의 속도로 이동하였고 휴게소부터 할머니 댁까지는 60km/h의 속도로 이동하여 총 3시간 만에 도착하였다면, 집에서 휴게소까지의 거리는?(단, 휴게소에서 머문 시간은 포함하지 않는다)

① 24km ② 48km
③ 72km ④ 96km
⑤ 104km

08 C그룹의 올해 입사자는 작년 입사자 대비 남자는 8% 증가하였고 여자는 10% 감소하였다. 작년 전체 입사자 수는 820명이고 올해는 작년에 비해 10명이 감소했다고 할 때, 올해 여자 입사자는 몇 명인가?

① 348명
② 352명
③ 363명
④ 378명
⑤ 384명

09 지름이 15cm인 톱니바퀴와 지름이 27cm인 톱니바퀴가 서로 맞물려 돌아가고 있다. 큰 톱니바퀴가 10바퀴를 돌았다면 작은 톱니바퀴는 몇 바퀴를 돌았겠는가?

① 16바퀴
② 17바퀴
③ 18바퀴
④ 19바퀴
⑤ 20바퀴

10 집에서 학교까지 갈 때 동생은 뛰어서 50m/min의 속력으로, 형은 걸어서 30m/min의 속력으로 동시에 출발하였더니 동생이 5분 먼저 도착하였다. 집에서 학교까지의 거리는?

① 355m
② 360m
③ 365m
④ 370m
⑤ 375m

PART 3

3개년 주요기업 기출복원문제

PART 3 | 3개년 주요기업 기출복원문제

|01| 언어

2025년 하반기 SK그룹

01 다음 글에 제시된 오리엔탈리즘의 작동방식과 거리가 먼 것은?

> 19세기 이후 서구 지식인들은 동양을 주제로 한 방대한 기록과 예술작품을 생산해 왔다. 이때의 '동양'은 실제 지역·민족·전통의 복합적 현실이라기보다는, 서구가 스스로를 합리·진보·세련의 주체로 정의하기 위해 설정한 '타자(他者)'로서의 동양이었다. 이러한 구성 행위는 단순한 오해나 왜곡을 넘어, 동양에 대한 담론을 장악함으로써 서구의 정치·경제적 지배를 정당화하는 기능을 했다.
> 특히 오리엔탈리즘은 '객관적 지식의 생산'이라는 학문적 외양을 띠면서도, 사실상 권력관계의 비대칭 속에서 구축된 담론이었다. 예를 들어, 서구 학자들은 특정 동양 문화의 일부 관습을 예외적 사례임에도 보편적 특성으로 일반화하거나, 동양 사회 내부의 복잡한 권력구조를 단순화해 '정체된 사회'라는 표상으로 고착했다. 그러나 이러한 서술은 동양 사회를 스스로 파악할 능력이 부족하다는 전제를 포함하기 때문에, 동양의 자기 정의(Self-representation)를 원천적으로 제약하는 효과를 갖는다.
> 한편, 현대에 들어 오리엔탈리즘의 영향력은 노골적 지배 이데올로기 차원을 넘어 더욱 미묘하게 작동한다. 정보·미디어·관광 산업 등에서 재생산되는 동양 이미지는 '이국적 매력'이나 '신비성'과 같은 긍정적 정서를 담고 있다 하더라도, 여전히 동양을 단일하고 정형화된 대상으로 인식하게 만든다. 이런 점에서 표면상 긍정적인 표현이라 하더라도 오리엔탈리즘적 시각을 강화할 수 있다는 비판이 제기된다. 즉, 오늘날 오리엔탈리즘은 노골적 차별보다 훨씬 은폐된 방식으로 문화 간 권력 관계에 개입하고 있다.

① 동양의 자기 정의 능력을 제한하는 방식
② 동양 내부의 권력 구조를 단순화하여 '정체된 사회'로 묘사하는 방식
③ 동양의 일부 문화적 특성을 확대 해석하여 전체적 본질로 규정하는 방식
④ 관광 산업에서 특정 지역을 낭만적·신비롭게만 묘사해 이미지 소비를 유도하는 방식
⑤ 경제·정치 권력을 전혀 사용하지 않고 동양 자체가 스스로 오리엔탈리즘 이미지를 생산하는 방식

※ 다음 글의 주제로 가장 적절한 것을 고르시오. [2~4]

02 | 2024년 하반기 SK그룹

인간의 존엄성, 자유, 평등과 같은 가치는 문화, 사회, 시대를 넘어 대부분의 사람이 공유하고 동의하는 가치관인 보편적 가치로 알려져 있다. 그러나 보편적 가치는 사회에서 규정된 법과 서로 상충하는 경우가 생긴다. 예를 들어 난민 문제에서는 인도주의적 가치와 국가 안보를 위한 필요성이 서로 충돌할 수 있다. 이와 같이 보편적 가치와 법이 충돌하는 것은 기원전 고대 그리스의 소포클레스의 희곡 「안티고네」에서도 나타나고 있다.

오이디푸스의 딸인 안티고네는 두 명의 오빠 에테오클레스, 폴리네이케스가 있었는데, 이 두 명은 고대 폴리스인 테베의 왕권을 두고 전쟁을 하던 중 죽게 된다. 에테오클레스와 폴리네이케스가 죽고 난 뒤 왕위에 오른 안티고네의 외숙부 크레온은 에테오클레스는 성대하게 장례를 치러 주었지만, 외세의 군대를 끌고 온 폴리네이케스는 들판에 버려두어 누구든지 장례를 치르거나 애도를 한다면 사형에 처할 것이라고 공표한다. 그러나 안티고네는 자신의 양심에 따라 오빠인 폴리네이케스가 들판에 버려져 있는 것을 볼 수 없어 그의 시신을 묻어주었다가 붙잡힌다. 크레온은 자신의 명령을 어긴 안티고네에게 분노하여 그녀가 굶어 죽도록 산 채로 무덤에 가둔다. 이때 테베의 유명한 장님 예언가인 테이레시아스가 크레온을 찾아와 신의 법도에 따라 행동한 안티고네를 가두었으니 곧 큰 불행이 올 것이라고 예언하게 된다. 이에 크레온은 자신의 결정을 후회하고 안티고네를 풀어주려고 하였으나, 이미 안티고네는 무덤 속에서 목을 매달아 스스로 목숨을 끊은 상태였다. 이 사건으로 인해 크레온의 아들이자 안티고네의 약혼자인 하이몬은 아버지를 죽이려다 실패하여 스스로 목숨을 끊었고, 하이몬의 어머니이자 크레온의 아내인 에우리디케도 남편을 저주하며 목숨을 끊는 연속적인 비극이 일어나게 된다.

안티고네의 비극적 죽음은 개인의 신념과 사회적 법 사이의 충돌을 보여주고 있다. 이는 앞서 말한 것과 같이 고대 그리스에 한정된 것이 아니라 시대를 초월하여 현재에도 발생하는 문제로서 인간이 도덕적이기 위해서는 신념과 법이 충돌할 때 어떤 선택을 해야 하는지 의문점을 던지고 있는 작품이다.

① 테베 내전의 정치적 갈등과 권력 다툼
② 개인의 양심과 사회적 질서의 차이 분석
③ 고대 그리스 시기 신의 법도가 가지는 의미
④ 개인의 의무와 국가의 권위 사이의 갈등과 결과
⑤ 자연법과 실정법 사이의 상충과 도덕적인 인간의 선택

03

정부는 탈원전·탈석탄 공약에 발맞춰 2030년까지 전체 국가발전량의 20%를 신재생에너지로 채운다는 정책목표를 수립하였다. 목표를 달성하기 위해 신재생에너지에 대한 송·변전 계획을 제8차 전력수급기본계획에 처음으로 수립하겠다는 게 정부의 방침이다.

정부는 기존의 수급계획이 수급 안정과 경제성을 중점적으로 수립된 것에 반해, 8차 계획은 환경성과 안전성을 중점으로 하였다고 밝혔으며 신규 발전설비는 원전, 석탄화력발전에서 친환경, 분산형 재생에너지와 LNG 발전을 우선시하는 방향으로 수요관리를 통합하여 합리적 목표 수용 결정에 주안점을 두었다고 밝혔다.

그동안 많은 NGO 단체에서 에너지분산에 관한 다양한 제안을 해왔지만, 정부 차원에서 고려하거나 논의가 활발히 진행된 적은 거의 없었으며 명목상으로 포함하는 수준이었다. 그러나 이번 정부에서는 탈원전·탈석탄 공약을 제시하는 등 중앙집중형 에너지 생산시스템에서 분산형 에너지 생산시스템으로 정책의 방향을 전환하고자 한다.

중앙집중형 에너지 생산시스템은 환경오염, 송전선 문제, 지역에너지 불균형 문제 등 다양한 사회적인 문제를 초래했다. 하지만 그동안은 값싼 전기인 기저 전력을 편리하게 사용할 수 있는 환경을 조성하고자 하는 기존 에너지계획과 전력수급계획에 밀려 중앙집중형 발전원 확대가 꾸준히 진행되었다. 그러나 현재 중앙집중형 에너지정책에서 분산형 에너지정책으로 전환을 모색하기 위한 다각도의 노력을 하고 있다. 이러한 정부의 정책변화와 아울러 석탄화력발전소가 국내 미세먼지에 주는 영향과 일본 후쿠시마 원자력 발전소 문제, 국내 경주 대지진 및 포항 지진 문제 등으로 인한 원자력에 대한 의구심 또한 커지고 있다.

제8차 전력수급계획(안)에 의하면 우리나라의 에너지정책은 격변기를 맞고 있다. 우리나라는 현재 중앙집중형 에너지 생산시스템이 대부분이며 분산형 전원 시스템은 그 설비용량이 극히 적은 상태이다. 또한 우리나라의 발전설비는 105GW이며, 지난해 최대 전력치를 보면 80GW 수준이므로 25GW 정도의 여유가 있는 상태이다. 25GW라는 여유는 원자력발전소 약 25기 정도의 전력 생산설비가 여유 있는 상황이라고 볼 수 있다. 또한 제7차 전력수급기본계획에서 전기수요 증가율을 4.3~4.7%라고 예상하였으나 실제 증가율은 1.3~2.8% 수준에 그쳤다는 점은 우리나라의 전력 소비량 증가량이 둔화하고 있는 상태라는 것을 나타내고 있다.

① 에너지 분권의 필요성과 방향
② 중앙집중형 에너지정책의 한계점
③ 전력 소비량과 에너지 공급량의 문제점
④ 중앙집중형 에너지 생산시스템의 발전 과정

Easy 04

동양 사상이라 해서 언어와 개념을 무조건 무시하는 것은 절대 아니다. 만약 그렇다면 동양 사상은 경전이나 저술을 통해 언어화되지 않고 순전히 침묵 속에서 전수되어 왔을 것이다. 물론 이것은 사실이 아니다. 동양 사상도 끊임없이 언어적으로 다듬어져 왔으며 논리적으로 전개되어 왔다. 흔히 동양 사상은 신비주의적이라고 말하지만, 이것은 동양 사상의 한 면만을 특정 지우는 것이지 결코 동양의 철인(哲人)들이 사상을 전개함에 있어 논리를 무시했다거나 항시 어떤 신비적인 체험에 호소해서 자신의 주장들을 폈다는 것을 뜻하지는 않는다. 그러나 역시 동양 사상은 신비주의적임에 틀림없다. 거기서는 지고(至高)의 진리란 언제나 언어화될 수 없는 어떤 신비한 체험의 경지임이 늘 강조되어 왔기 때문이다. 최고의 진리는 언어 이전, 혹은 언어 이후의 무언(無言)의 진리이다. 엉뚱하게 들리겠지만, 동양 사상의 정수(精髓)는 말로써 말이 필요 없는 경지를 가리키려는 데에 있다고 해도 과언이 아니다. 말이 스스로 부정하고 초월하는 경지를 나타내도록 사용된 것이다. 언어로써 언어를 초월하는 경지를 나타내고자 하는 것이야말로 동양 철학이 지닌 가장 특징적인 정신이다. 동양에서는 인식의 주체를 심(心)이라는 매우 애매하면서도 포괄적인 말로 이해해 왔다. 심(心)은 물(物)과 항시 자연스러운 교류를 하고 있으며, 이성은 단지 심(心)의 일면일 뿐인 것이다. 동양은 이성의 오만이라는 것을 모른다. 지고의 진리, 인간을 살리고 자유롭게 하는 생동적 진리는 언어적 지성을 넘어선다는 의식이 있었기 때문일 것이다. 언어는 언제나 마음을 못 따르며 둘 사이에는 항시 괴리가 있다는 생각이 동양인들의 의식 저변에 깔려 있는 것이다.

① 동양 사상은 신비주의적인 요소가 많다.
② 언어와 개념을 무시하면 동양 사상을 이해할 수 없다.
③ 동양 사상은 언어적 지식을 초월하는 진리를 추구한다.
④ 인식의 주체를 심(心)으로 표현하는 동양 사상은 이성적이라 할 수 없다.
⑤ 동양 사상에서는 언어는 마음을 따르므로 진리는 마음속에 있다고 주장한다.

※ 다음 글의 중심 내용으로 가장 적절한 것을 고르시오. [5~6]

05

서점에 들러 책을 꾸준히 사거나 도서관에서 지속적으로 빌리는 사람들이 있다. 그들이 지금까지 사들이거나 빌린 책의 양만 본다면 겉보기에는 더할 나위 없이 훌륭한 습관처럼 보인다. 그러나 과연 그 모든 사람이 처음부터 끝까지 책을 다 읽었고, 그 내용을 온전히 이해하고 있는지를 묻는다면 이야기는 달라진다. 한 권의 책을 사거나 빌리기 위해 우리는 돈을 내고, 틈틈이 도서관을 들르는 수고로움을 감수하지만, 우리가 단순히 책을 손에 쥐고 있다는 사실만으로는 그 안에 담긴 지혜를 배우는 필요조건을 만족시키지 못하기 때문이다. 그러므로 책을 진정으로 소유하기 위해서는 책의 '소유 방식'이 바뀌어야 하고, 더 정확히 말하자면 책을 대하는 방법이 바뀌어야 한다.

책을 읽는 데 가장 기본이 되는 것은 천천히 그리고 집중해서 읽는 것이다. 보통의 사람들은 책의 내용이 쉽게 읽히지 않을수록 빠르게 책장을 넘겨 버리려고 하는 경향이 있다. 지겨움을 견디기 힘들기 때문이다. 그러나 속도가 빨라지면 이해하지 못하고 넘어가는 부분은 점점 더 많아지고, 급기야 중도에 포기하는 경우가 생기고 만다. 그러므로 지루하고 이해가 가지 않을수록 천천히 읽어야 한다. 천천히 읽으면 이해되지 않던 것들이 이해되기 시작하고, 비로소 없던 흥미도 생기는 법이다.

또한, 어떤 책을 읽더라도 그것을 자신의 이야기로 읽어야 한다. 책을 남의 이야기처럼 읽어서는 절대 자신의 것으로 만들 수 없다. 다른 사람이 쓴 남의 이야기라고 할지라도, 자신과 글쓴이의 입장을 일치시키며 읽어 나가야 한다. 그리하여 책을 다 읽은 후 그 내용을 자신만의 말로 설명할 수 있다면, 그것은 성공한 책 읽기라고 할 수 있을 것이다. 남의 이야기처럼 읽는 글은 어떤 흥미도, 그 글을 통해 얻어가는 지식도 있을 수 없다.

그러나 아무 책이나 이러한 방식으로 읽으라는 것은 아니다. 어떤 책을 선택하느냐 역시 책 읽는 이의 몫이기 때문이다. 좋은 책은 쉽게 읽히고, 누구나 이해할 수 있을 만큼 쉽게 설명되어 있다. 그런 책을 분별하기 어렵다면 주변으로부터 책을 추천받거나 온라인 검색을 해보는 것도 좋다. 하지만 책이 쉽게 읽히지 않는다고 해도 쉽게 좌절하거나 포기해서는 안 된다.

현대사회에서는 더 이상 독서의 양에 따라 지식의 양을 판단할 수 없다. 지금 이 시대에 중요한 것은 얼마나 많은 지식이 나의 눈과 귀를 거쳐 가느냐가 아니라, 우리에게 필요한 것들을 얼마나 잘 찾아내어 효율적으로 습득하며, 이를 통해 나의 지식을 확장할 수 있느냐인 것이다.

① 책은 쉽게 읽혀야 한다.
② 글쓴이의 입장을 생각하며 책을 읽어야 한다.
③ 독서의 목적은 책의 내용을 온전히 소유하는 것이다.
④ 독서 이외의 다양한 정보 습득 경로를 확보해야 한다.
⑤ 같은 책을 반복적으로 읽어 내용을 완전히 이해해야 한다.

06

쇼펜하우어에 따르면 우리가 살고 있는 세계의 진정한 본질은 의지이며 그 속에 있는 모든 존재는 맹목적인 삶에의 의지에 의해서 지배당하고 있다. 쇼펜하우어는 우리가 일상적으로 또는 학문적으로 접근하는 세계는 단지 표상의 세계일 뿐이라고 주장하는데, 인간의 이성은 단지 이러한 표상의 세계만을 파악할 수 있을 뿐이다. 그에 따르면 존재하는 세계의 모든 사물은 우선 표상으로서 드러나게 된다. 시간과 공간 그리고 인과율에 의해서 파악되는 세계가 나의 표상인데, 이러한 표상의 세계는 오직 나에 의해서, 즉 인식하는 주관에 의해서만 파악되는 세계이다. 쇼펜하우어에 따르면 이러한 주관은 모든 현상의 세계, 즉 표상의 세계에서 주인의 역할을 하는 '나'이다.

이러한 주관을 이성이라고 부를 수도 있는데, 이성은 표상의 세계를 이끌어가는 주인공의 역할을 하는 것이다. 그러나 쇼펜하우어는 여기서 한발 더 나아가 표상의 세계에서 주인의 역할을 하는 주관 또는 이성은 의지의 지배를 받는다고 주장한다. 즉, 쇼펜하우어는 이성에 의해서 파악되는 세계의 뒤편에는 참된 본질적 세계인 의지의 세계가 있으므로 표상의 세계는 제한적이며 표면적인 세계일 뿐, 결코 이성에 의해서 또는 주관에 의해서 결코 파악될 수 없다고 주장한다. 오히려 그는 그동안 인간이 진리를 파악하는 데 최고의 도구로 칭송받던 이성이나 주관을 의지에 끌려 다니는 피지배자일 뿐이라고 비판한다.

① 세계의 본질로서 의지의 세계
② 표상 세계의 극복과 그 해결 방안
③ 의지의 세계와 표상의 세계 간의 차이
④ 표상 세계 안에서의 이성의 역할과 한계

07 다음 글의 제목으로 가장 적절한 것은?

> 평균연령이 증가하는 요즘은 무병장수로 오래 사는 것이 아닌 유병장수로 오래 사는 시대이다. 그러기 위해서는 내 몸의 어느 부분이 약하고 강한지 알아야 수월하게 건강을 관리할 수 있다.
>
> 타고난 체형과 체질에 따라 우리 몸은 평생을 살아간다. 따라서 타고난 게 무엇인지 아는 것이 건강관리에 있어 가장 중요한 첫걸음이다.
>
> 타고난 게 무엇인지에 대해 알 수 있는 방법의 하나는 사주팔자에 대한 분석이다. 이 사주팔자는 각 사람이 타고난 자연의 섭리에 대해 말해주기 때문이다. 이러한 분석을 통해서 우리는 우리 몸의 어느 부분이 강하고 또 약한지 그리고 어느 질병에 특히 주의해야 하는지에 대해서도 알 수 있다. 질병은 음양과 오행으로 알 수 있다. 사주와 대운 그리고 세운의 음양오행을 배합하면 우리 몸이 어느 부분에 약하고 강한지를 알 수 있게 된다. 예를 들어 오행 중 목 기운은 간, 담, 쓸개와 연관이 있으므로 만일 목이 약하다면 간과 담을 주의해 건강관리를 해야 할 것이다. 하지만 목이 강하다고 무조건 간과 담이 건강하다는 것은 아니다. 타고난 간과 담, 쓸개가 비록 강하더라도 지나친 자만으로 인해 술을 많이 마시는 등 건강관리를 소홀히 한다면 간 관련 질병은 언제든 생길 수 있다.
>
> 즉, 중요한 것은 사주를 통해 우리 몸을 파악하는 데서 그치는 것이 아닌, 약한 부분은 더 관리하고 강한 부분은 조절하여 관리해 질병을 미리 예방해야 한다는 것이다.

① 사주로 건강 관리하기
② 사주로 길흉화복 예측하기
③ 사주로 음양오행 배합하기
④ 사주 분석으로 질병 치료하기
⑤ 사주 분석으로 체형 및 체질 개선하기

※ 다음 글을 논리적 순서대로 바르게 나열한 것을 고르시오. [8~10]

08

(가) 고전주의 예술관에 따르면 진리는 예술 작품 속에 이미 완성된 형태로 존재한다. 독자는 작가가 담아 놓은 진리를 '원형 그대로' 밝혀내야 하고 작품에 대한 독자의 감상은 언제나 작가의 의도와 일치해야 한다. 결국 고전주의 예술관에서 독자는 작품의 의미를 수동적으로 받아들이는 존재일 뿐이다. 하지만 작품의 의미를 해석하고 작가의 의도를 파악하는 존재는 결국 독자이다. 특히 현대 예술에서는 독자에 따라 작품에 대한 다양한 해석이 가능하다고 여긴다. 바로 여기서 수용미학이 등장한다.

(나) 이저는 텍스트 속에 독자의 역할이 들어있다고 보았다. 그러나 독자가 어떠한 역할을 수행할지는 정해져 있지 않기 때문에 독자는 텍스트를 읽는 과정에서 텍스트의 내용과 형식에 끊임없이 반응한다. 이러한 상호작용 과정을 통해 독자는 작품을 재생산한다. 텍스트는 다양한 독자에 따라 다른 작품으로 태어날 수 있으며, 같은 독자라도 시간과 장소에 따라 다른 작품으로 생산될 수 있는 것이다. 이처럼 텍스트와 독자의 상호작용을 강조한 이저는 작품의 내재적 미학에서 탈피하여 작품에 대한 다양한 해석의 가능성을 열어주었다.

(다) 야우스에 의해 제기된 독자의 역할을 체계적으로 정리한 사람이 '이저'이다. 그는 독자의 능동적 역할을 밝히기 위해 '텍스트'와 '작품'을 구별했다. 텍스트는 독자와 만나기 전의 것을, 작품은 독자가 텍스트와의 상호작용을 통해 그 의미가 재생산된 것을 가리킨다. 그런데 이저는 텍스트에는 '빈틈'이 많다고 보았다. 이 빈틈으로 인해 텍스트는 '불명료성'을 가진다. 텍스트에 빈틈이 많다는 것은 부족하다는 의미가 아니라 독자의 개입에 의해 언제나 새롭게 해석될 수 있다는 것을 의미한다.

(라) 수용미학을 처음으로 제기한 사람은 야우스이다. 그는 "문학사는 작품과 독자 간의 대화의 역사로 쓰여야 한다."고 주장했다. 이것은 작품의 의미는 작품 속에 갇혀 있는 것이 아니라 독자에 의해 재생산되는 것임을 말한 것이다. 이로부터 문학을 감상할 때 작품과 독자의 관계에서 독자의 능동성이 강조되었다.

① (가) – (다) – (라) – (나)
② (가) – (라) – (다) – (나)
③ (나) – (가) – (다) – (라)
④ (다) – (가) – (나) – (라)
⑤ (라) – (가) – (나) – (다)

09

(가) 이처럼 사대부들의 시조는 심성 수양과 백성의 교화라는 두 가지 주제로 나타난다. 이는 사대부들이 재도지기(載道之器), 즉 문학을 도(道)를 싣는 수단으로 보는 효용론적 문학관에 바탕을 두었기 때문이다. 이때 도(道)란 수기의 도와 치인의 도라는 두 가지 의미를 지니는데, 강호가류의 시조는 수기의 도를, 오륜가류의 시조는 치인의 도를 표현한 것이라 할 수 있다.

(나) 한편, 오륜가류는 백성들에게 유교적 덕목인 오륜을 실생활 속에서 실천할 것을 권장하려는 목적으로 창작한 시조이다. 사대부들이 관직에 나아가면 남을 다스리는 치인(治人)을 위해 최선을 다했고, 그 방편으로 오륜가류를 즐겨 지었던 것이다. 오륜가류는 쉬운 일상어를 활용하여 백성들이 일상생활에서 마땅히 행하거나 행하지 말아야 할 것들을 명령이나 청유 등의 어조로 노래하였다. 이처럼 오륜가류는 유교적 덕목인 인륜을 실천함으로써 인간과 인간이 이상적 조화를 이루고, 이를 통해 천하가 평화로운 상태까지 나아가는 것을 주요 내용으로 하였다.

(다) 조선 시대 시조 문학의 주된 향유 계층은 사대부들이었다. 그들은 '사(士)'로서 심성을 수양하고 '대부(大夫)'로서 관직에 나아가 정치 현실에 참여하는 것을 이상으로 여겼다. 세속적 현실 속에서 나라와 백성을 위한 이념을 추구하면서 동시에 심성을 닦을 수 있는 자연을 동경했던 것이다. 이러한 의식의 양면성에 기반을 두고 시조 문학은 크게 강호가류(江湖歌類)와 오륜가류(五倫歌類)의 두 가지 경향으로 발전하게 되었다.

(라) 강호가류는 자연 속에서 한가롭게 지내는 삶을 노래한 것으로, 시조 가운데 작품 수가 가장 많다. 강호가류가 크게 성행한 시기는 사화와 당쟁이 끊이지 않았던 16~17세기였다. 세상이 어지러워지자 정치적 이상을 실천하기 어려웠던 사대부들은 정치 현실을 떠나 자연으로 회귀하였다. 이때 사대부들이 지향했던 자연은 세속적 이익과 동떨어진 검소하고 청빈한 삶의 공간이자 안빈낙도(安貧樂道)의 공간이었다. 그 속에서 사대부들은 강호가류를 통해 자연과 인간의 이상적 조화를 추구하며 자신의 심성을 닦는 수기(修己)에 힘썼다.

① (다) – (나) – (가) – (라)
② (다) – (라) – (나) – (가)
③ (라) – (나) – (가) – (다)
④ (라) – (다) – (가) – (나)
⑤ (라) – (다) – (나) – (가)

10
(가) 반도체 산업은 4차 산업혁명과 함께 더욱 중요한 위치를 차지하고 있다. 인공지능, 사물인터넷, 자율주행차, 5G 통신 등 첨단 기술의 발전에 따라 반도체의 수요와 역할이 지속적으로 확대되고 있다. 앞으로도 반도체는 고성능, 저전력, 소형화 등 다양한 기술적 진보를 이끌며 미래 산업의 핵심 동력으로 자리매김할 전망이다. 이에 따라 반도체 기술의 연구와 개발, 인재 양성의 중요성도 더욱 커지고 있다.

(나) 이러한 반도체는 그 기능에 따라 여러 종류로 나뉘는데, 가장 대표적인 것이 메모리 반도체이다. 메모리 반도체는 데이터를 저장하고 기억하는 역할을 하는 반도체로 컴퓨터, 스마트폰 등 다양한 전자기기에서 정보를 임시로 저장하거나 장기적으로 보관하는 데 사용된다. 대표적인 메모리 반도체는 DRAM, NAND Flash, ROM 등이 있으며 대량 생산에 적합하여 제조 공정이 비교적 단순하다.

(다) 반도체는 도체와 절연체의 중간 성질을 가진 물질로 주로 실리콘, 게르마늄 등이 널리 사용된다. 이러한 물질은 순수한 상태에서는 전기가 거의 흐르지 않지만, 불순물을 첨가하거나 열, 빛, 전압 등의 외부 자극을 가하면 전기 전도도가 크게 변하는데 이러한 성질 덕분에 반도체는 전자제품의 핵심 부품으로 활용되며, 현대 산업과 일상생활에서 필수적인 역할을 한다.

(라) 반면 시스템 반도체는 정보를 저장하는 것이 아니라 연산, 제어, 신호 변환 등 다양한 정보를 처리하는 기능을 담당한다. 시스템 반도체는 비메모리 반도체라고도 불리며, 대표적으로 중앙처리장치(CPU), 그래픽처리장치(GPU) 등이 있다. 이들 반도체는 컴퓨터, 스마트폰, 자동차, 가전제품 등에서 두뇌 역할을 하며, 복잡한 계산과 제어를 실시간으로 수행한다. 시스템 반도체는 메모리 반도체에 비해 설계가 복잡하고 다양한 기능이 집적되어 있어 제조 공정이 복잡하고 정밀도가 높은 특징이 있다.

① (가) - (다) - (나) - (라)
② (나) - (가) - (라) - (다)
③ (나) - (다) - (라) - (가)
④ (다) - (나) - (라) - (가)
⑤ (다) - (라) - (가) - (나)

※ 다음 글의 내용으로 가장 적절한 것을 고르시오. [11~13]

11

복사 냉난방 시스템은 실내 공간과 그 공간에 설치되어 있는 말단 기기 사이에 열교환이 있을 때 그 열교환량 중 50% 이상이 복사 열전달에 의해서 이루어지는 시스템을 말한다. 우리나라 주거 건물의 난방방식으로 100% 가까이 이용되고 있는 온수온돌은 복사 냉난방 시스템 중 하나이며, 창 아래에 주로 설치되어 복사 열교환으로 실내를 냉난방하는 라디에이터 역시 복사 냉난방 시스템이다.

다양한 복사 냉난방 시스템 중에서도 최근 친환경 냉난방 설비에 대한 관심이 급증하면서 복사 냉난방 패널 시스템이 주목받고 있다. 복사 냉난방 패널 시스템이란 열매체로서 특정 온도의 물을 순환시킬 수 있는 회로를 바닥, 벽, 천장에 매립하거나 부착하여 그 표면온도를 조절함으로써 실내를 냉난방하는 시스템으로 열원, 분배기, 패널, 제어기로 구성된다.

열원은 실내에 난방 시 열을 공급하고, 냉방 시 열을 제거하는 열매체를 생산해 내는 기기로, 보일러와 냉동기가 있다. 열원에서 생산되어 세대에 공급되는 냉온수는 냉난방에 필요한 적정 온도와 유량을 유지할 수 있어야 한다.

분배기는 열원에서 만들어진 냉온수를 압력 손실 없이 실별로 분배한 뒤 환수하는 장치로, 집중화된 온도와 유량을 조절하고 냉온수 공급 상태를 확인하며, 냉온수가 순환되는 성능을 개선하는 일을 수행할 수 있어야 한다. 우리나라의 경우는 난방용 온수 분배기가 주로 이용되어 왔으나, 냉방기에도 이용이 가능하다.

패널은 각 실의 바닥, 벽, 천장 표면에 설치되며, 열매체를 순환시킬 수 있는 배관 회로를 포함한다. 분배기를 통해 배관 회로로 냉온수가 공급되면 패널의 표면 온도가 조절되면서 냉난방 부하가 제어되어 실내 공간을 쾌적한 상태로 유지할 수 있게 된다. 이처럼 패널은 거주자가 머무는 실내 공간과 직접적으로 열을 교환하는 냉난방의 핵심 역할을 담당하고 있으므로 열교환이 필요한 시점에 효율적으로 이루어질 수 있도록 설계, 시공되는 것이 중요하다.

제어기는 냉난방 필요 여부를 판단하여 해당 실의 온도 조절 밸브를 구동하고, 열원의 동작을 제어함으로써 냉난방이 이루어지게 된다.

복사 냉난방 패널 시스템은 다른 냉난방 설비에 비하여 낮은 온도의 열매체로 난방이 가능하여 에너지 절약 성능이 우수할 뿐만 아니라 쾌적한 실내 온열 환경 조성에도 탁월한 기능을 발휘한다.

※ 복사 : 물체로부터 열이나 전자기파가 사방으로 방출됨
※ 열매체 : '열(따뜻한 기운)'과 '냉(차가운 기운)'을 전달하는 물질

① 분배기는 냉방기에도 이용이 가능하다.
② 열원은 냉온수를 압력 손실 없이 실별로 분배한 뒤 환수한다.
③ 패널은 난방 시 열을 공급하고 냉방 시 열을 제거하는 열매체를 생산한다.
④ 제어기는 각 실의 바닥, 벽, 천장 표면에 설치되어 열매체를 순환시킨다.
⑤ 복사 냉난방 패널 시스템은 열매체의 온도가 높아 난방 시 에너지 절약 성능이 뛰어나다.

12

2차 전지는 충전과 방전을 반복해 사용할 수 있는 배터리로, 최근 전기차, 스마트폰, 태블릿, 에너지저장장치(ESS) 등 다양한 분야에서 필수적인 역할을 하고 있다. 2차 전지는 양극, 음극, 분리막, 전해질이라는 네 가지 핵심 소재로 구성된다. 대표적인 2차 전지인 리튬이온 배터리의 경우 양극에 있는 리튬이 충전 시 리튬이온이 전해질을 통해 분리막을 지나 음극으로 이동하며, 방전 시는 반대로 리튬이온이 음극에서 양극으로 이동하여 충전과 방전을 반복하게 된다. 따라서 2차 전지를 포함한 배터리의 용량은 주로 양극의 소재(양극재)에 따라 결정되지만, 충전이 가능한 2차 전지의 경우 충전 시 리튬이온을 받아 저장할 수 있는 음극의 소재(음극재)에 따라 배터리의 수명과 충전 효율이 결정되므로 최근 음극재가 2차 전지의 핵심 요소로 더욱 주목받고 있다.

2차 전지에서 음극재는 양극의 리튬이온을 받아 저장하고 방출하는 역할을 담당한다. 음극재를 구조적으로 살펴보면, 집전판 위에 음극활물질, 도전재, 바인더가 함께 쌓여 있는 형태이다. 집전판은 외부 회로와 활물질 사이에서 전자를 전달하는 역할을 하며, 음극활물질은 리튬이온을 저장하는 주체로 작용한다. 도전재는 전기가 잘 흐르도록 돕고, 바인더는 각 재료를 단단하게 고정하는 역할을 한다.

현재 가장 널리 사용되는 음극활물질은 흑연으로, 층상 구조 덕분에 리튬이온이 쉽게 출입할 수 있다. 게다가 가격이 저렴하고 안정적이며, 장기간 사용해도 성능 저하가 크지 않다는 장점이 있다. 반면, 에너지 밀도가 높지 않아 충전 속도를 높이는 데에는 한계가 존재한다.

이러한 한계를 극복하기 위해 최근에는 실리콘 음극재가 주목받고 있다. 흑연은 원자 6개에 1개의 리튬이온을 저장할 수 있지만, 실리콘은 리튬이온과 결합해 원자 5개로 22개의 리튬이온을 저장할 수 있어 흑연에 비해 실질적으로 저장할 수 있는 에너지 밀도가 약 10배가량 높다. 따라서 실리콘 음극재를 사용할수록 더 빠른 충전 속도를 가질 수 있다. 그러나 실리콘은 충전과 방전을 반복할 때 최대 300%까지 부피 팽창이 일어나므로 소재 및 배터리가 쉽게 손상되는 단점이 있어 실리콘 음극재의 상용화에는 아직 기술적 한계가 남아 있다. 이러한 단점을 극복하기 위하여 최근에는 흑연과 실리콘을 혼합해 사용하는 등 다양한 연구가 활발히 이루어지고 있다.

미래 산업의 주요 동력원으로서 2차 전지의 중요성은 더욱 커지고 있으며, 2차 전지의 성능을 좌우하는 핵심 소재인 음극재 기술의 중요성 또한 더욱 부각되고 있다. 배터리의 충전 속도, 수명 등 다양한 성능을 한 단계 끌어올릴 수 있는 음극재 기술의 발전은 앞으로 실리콘 등 신소재의 상용화가 가속화될 것으로 전망된다.

① 2차 전지의 음극에서 리튬이온은 집전판에 저장된다.
② 2차 전지의 용량은 주로 음극재의 종류에 따라 달라진다.
③ 같은 면적이라면 흑연이 실리콘보다 더 많은 리튬이온을 저장한다.
④ 음극재로 실리콘을 주로 사용할 경우 배터리의 변형이 일어날 수 있다.
⑤ 충전과 방전을 빠르게 하기 위해서는 리튬 외에 다른 소재를 사용해야 한다.

13

난자는 두 개의 반구로 구분할 수 있다. 하나는 영양소가 다량 함유된 난황이 있어 주로 저장의 역할을 하는 식물 반구, 다른 하나는 세포의 소기관들이 많이 분포해 주로 대사활동을 하는 부분인 동물 반구이다. 이 난자가 정자와 만나면 수정란이 되며 생명체는 이 하나의 단순한 수정란에서 세포의 증식, 분화, 형태형성의 단계를 거치면서 점차 복잡한 상태로 발전한다. 이런 과정을 '발생'이라 한다.

정자가 동물 반구로 진입해 난자와 만나면 색소들이 정자 진입 지점 주변으로 모여 검은 점을 이룬다. 이때, 동물 반구의 피질이 진입 지점 방향으로 약간 회전하지만, 수정란 안쪽의 세포질은 피질과 함께 회전하지 않기 때문에 정자 진입 지점 반대쪽에 있는 동물 반구 경계 부위의 세포질 부위가 회색 초승달처럼 보이게 된다. 이 회색 초승달을 '회색신월환'이라고 한다.

개구리와 같은 양서류의 경우, 다른 생명체와 비교할 수 있는 독특한 특징을 가지고 있다. 식물 반구의 피질에는 색소가 없고, 동물 반구의 피질에는 색소가 많으며 내부 세포질에는 색소가 적게 분포되어 있다는 점이다. 이런 특징으로 양서류의 수정란과 발생과정을 쉽게 관찰할 수 있었으며 많은 학자는 이러한 관찰을 통해 다양한 생물학적 이론을 발표할 수 있었다.

1920년대 독일의 생물학자 한스 슈페만은 도롱뇽을 통해 양서류의 발생을 연구하였다. 슈페만은 도롱뇽의 수정란을 하나는 회색신월환이 양쪽으로 나뉘도록 한 것과 다른 하나는 이것이 한쪽에만 있도록 한 것 두 가지로 분류하여 관찰하였다. 관찰 결과 회색신월환이 둘로 나뉘어 포함된 수정란은 나뉜 두 세포 모두가 정상적인 발생 과정을 보여주었으나 회색신월환이 없이 묶인 다른 하나는 정상적인 발생 과정을 보이지 않았다.

이 실험을 통해 회색신월환은 정상적인 발생에 결정적인 역할을 하는 요소가 있다는 것을 알 수 있었으며, 1928년에 슈페만은 생명체 발달에 핵이 결정적인 역할을 한다는 사실을 발표하여 1935년 노벨 생리의학상을 받았다.

① 정자가 동물 반구로 진입해 난자와 융합되면 색소들이 정자 진입 지점 주변으로 모여 회색 점을 이룬다.
② 생명체는 복잡한 수정란으로부터 시작되어 세포의 증식, 분화, 형성을 통해 발전한다.
③ 한스 슈페만은 개구리의 수정란을 통해 회색신월환의 중요성을 밝혀냈다.
④ 한스 슈페만은 노벨 생리의학상 수상자이다.

※ 다음 글의 내용으로 적절하지 않은 것을 고르시오. [14~19]

14

> 일상에서 전지는 없어서는 안 될 중요한 역할을 한다. 스마트폰, 리모컨, 시계 등 다양한 기기들이 전지를 통해 작동하며, 덕분에 우리는 언제 어디서나 편리하게 전자기기를 사용할 수 있다. 전지는 화학 에너지를 전기 에너지로 변환하는 장치로, 크게 1차 전지와 2차 전지로 나눌 수 있다.
> 1차 전지는 한 번 사용하면 더 이상 충전하거나 재사용할 수 없는 전지로 알카라인 전지, 망간 전지, 리튬 1차 전지 등이 대표적인 예시다. 주로 저전력으로 오랜 시간 작동해야 하는 리모컨, 벽시계, 손전등 등에 많이 사용된다. 1차 전지는 에너지 밀도가 높고 장기간 보관해도 성능이 잘 유지된다는 장점이 있지만, 한 번 사용 후 폐기해야 하므로 재사용이 불가능하고, 대량 폐기로 인한 환경오염 문제도 발생할 수 있다.
> 반면 2차 전지는 충전과 방전을 반복할 수 있는 전지다. 리튬 이온 전지, 납축전지, 니켈-수소 전지 등이 대표적이며 주로 스마트폰, 노트북, 전기차 등 반복해서 충전이 필요한 기기에 주로 사용된다. 2차 전지는 여러 번 사용할 수 있어 장기적으로 경제적이고, 자원 낭비를 줄일 수 있다는 장점이 있지만 초기 구입비용이 높고, 일부 소재는 독성이나 폭발 위험 등 안전성 문제가 제기되기도 한다.
> 1차 전지와 2차 전지의 가장 큰 차이는 재사용 여부다. 1차 전지는 한 번 쓰고 버려야 하지만, 2차 전지는 여러 번 충전해 쓸 수 있다. 화학 반응 면에서도 1차 전지는 비가역적이지만, 2차 전지는 가역적인 반응을 이용한다. 그러므로 용도와 예시, 장단점도 서로 다르다. 하지만 두 전지 모두 화학 에너지를 전기 에너지로 바꾸는 기본 원리는 같으며 모두 양극, 음극, 전해질로 구성되어 있고, 내부에서 일어나는 화학 반응을 통해 전류가 흐른다.
> 최근에는 2차 전지 기술이 빠르게 발전하고 있다. 특히 전기차와 재생에너지 저장장치 등 다양한 첨단 산업에서 2차 전지의 중요성이 크게 부각되고 있으며, 친환경 소재 개발과 효율 향상도 활발히 이루어지고 있다. 이러한 흐름에 맞춰 전 세계적으로 2차 전지 기술을 선점하기 위한 경쟁이 치열하게 전개되고 있으며, 각국은 미래 시장을 주도하기 위해 연구개발과 투자를 아끼지 않고 있다.

① 일반적으로 1차 전지보다 2차 전지의 비용이 높다.
② 1차 전지와 2차 전지의 가장 큰 차이점은 재사용의 가능 여부이다.
③ 미래 산업에서는 1차 전지보다 2차 전지의 가치가 더욱 높을 것이다.
④ 1차 전지는 주로 간단한 장비에 쓰이며, 2차 전지는 주로 첨단 장비에 쓰인다.
⑤ 1차 전지는 전지 내부의 물리적 반응으로 전류가 흐르고, 2차 전지는 화학적 반응을 통해 전류가 흐른다.

15

대상포진은 일상에서 흔히 접할 수 있는 질환 중 하나로, 특히 면역력이 약해진 사람들에게서 자주 발생한다. 대상포진에 걸리게 되면 평소 건강하다고 느끼던 사람도 어느 날 갑자기 극심한 통증과 함께 피부에 띠 모양의 발진이 나타나면서 일상생활에 큰 불편을 겪게 된다. 대상포진은 한 번쯤 들어봤을 법한 이름이지만, 실제로 어떤 질환인지, 왜 생기는지 그리고 어떻게 치료할 수 있는지에 대해 제대로 아는 경우는 많지 않다.

대상포진은 수두 – 대상포진 바이러스에 의해 발생한다. 과거에 수두에 걸린 적이 있다면 대상포진 바이러스가 몸속 신경절에 잠복해 있다가 면역력이 약해지는 시기에 다시 활성화되는데, 이때 신경을 따라 피부로 퍼지면서 띠 모양의 발진과 수포, 심한 통증을 유발한다. 주로 몸통이나 얼굴 한쪽에 국한되어 나타나는 것이 특징이며, 통증이 매우 심해 잠을 이루기 힘들 정도로 일상생활에 악영향을 준다. 대상포진은 60세 이상의 고령자, 만성 질환자, 과로 또는 스트레스로 인해 면역력이 저하된 사람들에게서 더 흔하게 발생한다.

대상포진이 생기면 가능한 한 빨리 항바이러스제 투여 등의 치료를 시작해야 한다. 항바이러스제를 발진이 생긴 뒤 3일 이내에 복용한다면 바이러스가 더 퍼지는 것을 막고, 증상을 빨리 가라앉히는 데 큰 도움이 된다. 대상포진의 치료가 어려운 것은 특유의 신경통 때문인데, 적절하고 빠른 조치는 이러한 신경통도 줄여주는 효과가 있다. 그러나 통증이 심한 경우에는 진통제를 함께 써야하며, 필요한 경우 마취와 같은 신경 차단술을 병행하기도 한다. 특히 치료를 받는 동안에는 충분한 휴식과 영양 섭취, 감염된 부위의 청결 유지가 필수적이다.

대상포진은 예방이 무엇보다 중요하다. 50세 이상 성인이나 면역력이 약한 사람은 대상포진 예방접종을 통해 발병 위험을 크게 줄일 수 있다. 한 번의 접종으로 상당 기간 대상포진에 대한 면역력을 유지할 수 있기 때문에 예방접종은 고령층이나 만성질환자에게 적극 권장된다. 또한 평소 규칙적인 운동과 균형 잡힌 식사, 충분한 휴식 등 생활습관 개선을 통해 면역력을 강화하는 것도 대상포진 예방에 도움이 된다. 이처럼 대상포진은 누구에게나 찾아올 수 있지만, 예방과 관리로 충분히 극복할 수 있는 질환이다.

① 60세 이하인 사람도 대상포진에 쉽게 감염될 수 있다.
② 이전에 수두에 걸리지 않으면 대상포진에 걸리지 않는다.
③ 생활습관 개선을 통해 면역력을 강화하는 것은 대상포진 예방에 큰 도움이 된다.
④ 당뇨 등의 만성질환으로 인해 면역력이 저하된 사람일 경우 대상포진 예방접종이 필요하다.
⑤ 대상포진은 눈에 띄지 않지만 오랜 기간 진행될 경우 통증을 유발하므로 사전에 검진이 필요하다.

16

영화 「인터스텔라」에 이런 장면이 나온다. 블랙홀 근처를 여행한 주인공이 다시 집으로 돌아왔을 때 자신의 아이는 이미 노인이 되어있는 것 말이다. 이러한 이유는 무엇일까? 이는 시간이 가지고 있는 상대성 때문이다.

1915년 아인슈타인이 발표한 '일반상대성이론'에 따르면 중력은 시간을 왜곡한다. 즉, 질량이 있는 물체가 시공간을 휘게 만든다는 것이다. 이는 당시 과학계에서는 받아들이기 어려운 주장이었으나, 과학자 에딩턴이 일식에 태양 뒤에 숨은 별을 촬영하면서 입증되었다.

또한 과학자 슈바르츠실트는 아인슈타인의 일반상대성이론을 수학적으로 계산했는데 이를 통해 특정한 질량을 가진 물체가 시공간을 극도로 휘게 만들면 그 중력은 빛조차도 새어 나올 수 없는 강한 힘을 가지게 될 것임을 예측했다. 이후 2019년 실제로 과학자들이 M87 은하의 블랙홀을 관찰하면서 이는 다시 한번 증명되었다.

이러한 주장을 펼쳤던 아인슈타인도 처음에는 우주는 불변한다는 정적 우주론을 주장했다. 하지만 우주에 일반상대성이론을 대입하자 예상치 못한 결과가 도출되었는데, 이는 큰 질량을 가진 은하들이 서로를 당기면서 마침내 우주가 붕괴한다는 것이었다. 아인슈타인은 이를 해결하기 위해 '우주상수 람다'를 사용하려 했으나 실수였다며 다시 지우게 된다. 하지만 1998년 NASA에 의해 우주가 가속 팽창하고 있다는 사실이 드러나면서 오히려 우주상수 람다를 지운 것이 잘못된 선택이었다는 것이 드러났다.

① 시간에 상대성이 없었다면, 블랙홀 근처를 여행한 주인공이 다시 집으로 돌아왔을 때 자신의 아이와 동일하게 나이를 먹었을 것이다.
② 특정한 질량을 가진 물체에 의해 시공간이 왜곡되면서 발생하는 힘은 빛조차도 통과할 수 없다.
③ 아인슈타인은 일반상대성이론을 통해 우주가 변한다는 것을 깨달았다.
④ 아인슈타인이 사용한 '우주상수 람다'는 잘못된 이론임이 밝혀졌다.
⑤ 질량이 없는 물체는 시공간을 왜곡할 수 없을 것이다.

17

스톡홀름 증후군은 납치나 인질 상황에서 피해자가 가해자에게 동정심이나 애정을 느끼는 심리적 현상으로, 1973년 8월 스웨덴 스톡홀름의 신용은행(Kreditbanken) 인질극 사건에서 유래하였다. 범인인 얀 에릭 올슨(Jan-Erik Olsson)은 은행에 침입하여 4명을 인질로 잡고 교도소에 복역 중인 친구의 석방, 300만 스웨덴 크로나, 권총 2정, 방탄 헬멧과 조끼, 탈출을 위한 차량을 요구하며 6일 동안 인질극을 벌였는데 이 과정에서 인질에게 공포감을 주면서도 친절과 호의를 베풀어 그들을 정신적으로 사로잡게 된다. 납치범의 작은 호의에 당시 인질들은 6일간의 감금 동안 경찰들을 적대적으로 대하며 납치범을 경찰로부터 보호하거나 심지어 납치범이 검거된 후 납치범들을 변호하는 모습을 보였고, 이 사건을 계기로 스톡홀름 증후군이라는 용어가 널리 사용되기 시작하였다.

스톡홀름 증후군은 학술적으로 검증된 현상은 아니지만, 정신과 의사 등 관련 전문가들은 스톡홀름 증후군이 생존 본능에서 비롯된다고 주장한다. 인질극과 같이 극도로 위협적인 상황에서 피해자는 자신의 생명을 지키기 위해 가해자와 감정적 유대를 형성하려고 하며, 특히 위협적인 가해자가 피해자에게 친절을 베풀거나 폭력을 행사하지 않을 때 더욱 두드러지게 나타난다. 피해자는 극한의 상황에서 가해자의 친절을 실제보다 크게 받아들이게 되고, 나아가 가해자를 긍정적으로 인식하게 된다. 이는 피해자가 자신이 현재 상황을 통제할 수 없다는 무력감을 덜기 위한 일종의 심리적 방어기제이다.

피해자가 가해자에게 동조하거나 연대하는 모습은 외부인의 입장에서 봤을 때는 역설적이고 비합리적으로 보인다. 그러나 스톡홀름 증후군은 심리적으로 궁지에 몰려 극단적인 스트레스를 받아 발생하는 복잡한 감정의 결과이다. 피해자의 입장에서는 자신이 처한 현실을 부정하지 않고 받아들이기 위해, 또는 생존을 위해 가해자에게 동조할 수밖에 없는 것이다.

이러한 스톡홀름 증후군은 인질극과 같은 범죄 현장에서만 발생하는 것이 아니다. 가정 폭력이나 학대 상황에서도 유사한 심리적 현상이 나타날 수 있다. 피해자는 자신보다 더 큰 힘을 가진 사람의 학대에서 벗어나기 어려운 경우, 학대가 덜 고통스럽게 느껴지도록 하기 위해 가해자와 감정적 유대를 형성하려 한다. 이는 피해자가 가해자의 학대로부터 벗어나지 못하게 하는 심각한 문제로 이어지게 된다.

스톡홀름 증후군은 복잡하고 다층적인 심리적 현상이므로 이를 정확히 이해하고 접근하는 것이 중요하다. 특히 피해자들은 자신의 감정이 왜곡되었음을 인식하지 못하는 경우가 많기 때문에 반드시 외부의 도움이 필요하다. 피해자의 입장을 이해하고 심리 상담과 치료를 통해 피해자가 자신의 감정을 객관적으로 바라보고 건강한 인간관계를 회복할 수 있도록 도와주어야 한다.

① 피해자가 무기력한 상황일수록 스톡홀름 증후군 현상이 나타나기 쉽다.
② 스톡홀름 증후군은 위협적인 가해자로부터의 생존을 위한 심리적 현상이다.
③ 스톡홀름 증후군은 극한의 상황에서 일시적으로 발생하는 심리적 현상이다.
④ 스톡홀름 증후군은 피해자의 심리적 방어기제로 인한 감정 왜곡이 원인이다.
⑤ 스톡홀름 증후군을 치료하기 위해서는 피해자의 심리·환경적 상황을 면밀히 살펴보아야 한다.

18

인체의 면역 시스템은 면역 효과를 보이는 특별한 세포와 물질로 구성되어 있다. 면역 세포와 면역 물질들은 체내로 침입하는 이물질이나 세균 등의 반응으로 발생하는 염증 및 암세포를 억제한다. 대표적인 면역 세포로 항원을 직접 공격할 수 있는 항체를 분비하는 B세포와 이 B세포를 돕거나 종류에 따라 항원을 직접 공격하는 T세포가 있다.

하지만 암세포는 이런 몸의 면역 시스템을 회피할 수 있다. 면역 시스템은 암세포를 인지하고 직접 공격하여 암세포의 확산을 억제하지만, 몇몇 암세포는 이 면역 시스템을 피하여 성장하고 다른 부분으로 전이 및 확산하여 암 발병의 원인이 된다. 면역 항암제는 이러한 암세포의 면역 시스템 회피 작용을 억제하고 면역 세포가 암세포를 효과적으로 공격할 수 있도록 보조한다.

면역 항암제는 면역관문억제제, 치료용 항체, 항암백신 등이 있다. 면역관문억제제는 체내 과도한 면역반응을 억제하기 위한 T세포의 면역관문을 억제하고 T세포의 공격 기능을 활성화하여 암세포를 공격하도록 하는 방식이다. 치료용 항체는 암세포가 스스로 사멸하도록 암세포에 항체를 투여하는 방식이다. 항암백신은 암세포의 특이적인 항원이나 체내 면역반응을 향상하게 시킬 수 있는 항원을 투입하여 체내 면역 시스템을 활성화하는 방법이다.

현재 대표적인 면역 항암제로 CAR(Chimeric Antigen Receptors)-T세포 치료제가 있으며, 림프종 백혈병 치료의 한 방법으로 이용하고 있다. CAR-T 세포 치료제는 먼저 환자의 T세포를 추출하여 CAR을 발현하도록 설계된 RNA 바이러스를 주입하여 증식시킨 후 재조합한다. 이후에 증식시킨 T세포를 환자에게 주입하여 환자에게 주입한 T세포가 환자의 체내 암세포를 제거하도록 하는 방법이다. 다시 말하면, 환자의 T세포를 추출하여 T세포의 암세포를 공격하는 기능을 강화 후 재투여하여 환자의 체내 암세포를 더욱 효과적으로 제거할 수 있는 치료제이다. 이는 체내 면역기능을 활용한 새로운 암 치료 방법으로 주목받고 있다.

하지만 CAR-T 세포 치료제 투여 시 부작용에 큰 주의를 기울여야 한다. CAR-T 세포 치료제를 투여하면 T세포가 면역 활성물질을 과도하게 분비하여 신체 이상 증상이 발현될 가능성이 높으며, 심한 경우 환자에게 치명적인 사이토카인 폭풍을 일으키기도 한다.

① 면역세포는 T세포와 B세포가 있다.
② 과다한 면역 활성 물질은 도리어 신체에 해를 가할 수 있다.
③ 면역 시스템이 암세포를 억제하기 힘들 때, 암이 발병할 수 있다.
④ CAR-T 치료제는 T세포의 암세포 공격 기능을 적극 활용한 항암제이다.
⑤ 치료용 항체는 면역 세포가 암세포를 직접 공격할 수 있도록 돕는 항암제이다.

19

과거에는 공공 서비스가 경합성과 배제성이 모두 약한 사회 기반 시설 공급을 중심으로 제공되었다. 이런 경우 서비스 제공에 드는 비용은 주로 세금을 비롯한 공적 재원으로 충당한다. 하지만 복지와 같은 개인 단위 공공 서비스에 대한 사회적 요구가 증가함에 따라 관련 공공 서비스의 다양화와 양적 확대가 이루어지고 있다. 이에 따라 정부의 관련 조직이 늘어나고 행정 업무의 전문성 및 효율성이 떨어지는 문제점이 나타나기도 한다. 이 경우 정부는 정부 조직의 규모를 확대하지 않으면서 서비스의 전문성을 강화할 수 있는 민간 위탁 제도를 도입할 수 있다. 민간 위탁이란 공익성을 유지하기 위해 서비스의 대상이나 범위에 대한 결정권과 서비스 관리의 책임을 정부가 갖되, 서비스 생산은 민간 업체에 맡기는 것이다.

민간 위탁은 주로 다음과 같은 몇 가지 방식으로 운용되고 있다. 가장 일반적인 것은 '경쟁 입찰 방식'이다. 이는 일정한 기준을 충족하는 민간 업체 간 경쟁 입찰을 거쳐 서비스 생산자를 선정, 계약하는 방식이다. 공원과 같은 공공 시설물 관리 서비스가 이에 해당한다. 이 경우 정부가 직접 공공 서비스를 제공할 때보다 서비스의 생산 비용이 절감될 수 있고 정부의 재정 부담도 경감될 수 있다. 다음으로는 '면허 발급 방식'이 있다. 이는 서비스 제공을 위한 기술과 시설이 기준을 충족하는 민간 업체에 정부가 면허를 발급하는 방식이다. 자동차 운전면허 시험, 산업 폐기물 처리 서비스 등이 이에 해당한다. 이 경우 공공 서비스가 갖춰야 할 최소한의 수준은 유지하면서도 공급을 민간의 자율에 맡겨 공공 서비스의 수요와 공급이 탄력적으로 조절되는 효과를 얻을 수 있다. 또한 '보조금 지급 방식'이 있는데, 이는 민간이 운영하는 종합 복지관과 같이 안정적인 공공 서비스 제공이 필요한 기관에 보조금을 주어 재정적으로 지원하는 것이다.

① 경쟁 입찰 방식은 정부의 재정 부담을 줄여준다.
② 과거 공공 서비스는 주로 공적 재원에 의해 운영됐다.
③ 정부로부터 면허를 받은 민간 업체는 보조금을 지급받을 수 있다.
④ 공공 서비스의 양적 확대에 따라 행정 업무 전문성이 떨어지는 부작용이 나타난다.
⑤ 서비스 생산을 민간 업체에 맡김으로써 공공 서비스의 전문성을 강화할 수 있다.

20 다음 글에서 ㉠~㉤의 수정 방안으로 가장 적절한 것은?

> 우울증을 잘 초래하는 성향은 창조성과 결부되어 있기 때문에 생존에 유리한 측면이 있었다. 따라서 우울증과 관련이 있는 유전자는 오랜 역사를 거쳐 오면서도 사멸하지 않고 살아남아 오늘날 현대인에게도 그 유전자가 상당수 존재할 가능성이 있다. 베토벤, 뉴턴, 헤밍웨이 등 위대한 음악가, 과학자, 작가들의 상당수가 우울한 성향을 갖고 있었다. ㉠ 천재와 우울증은 어찌 보면 동전의 양면으로, 인류 문명의 진보를 이끈 하나의 동력이자 그 부산물이라 할 수 있을지도 모른다.
>
> 우울증은 일반적으로 자기 파괴적인 질환으로 인식되어 왔지만 실은 자신을 보호하고 미래를 준비하기 위한 보호 기제일 수도 있다. 달성할 수 없거나 달성하기 매우 어려운 목표에 도달하기 위해 엄청난 에너지를 소모하는 것은 에너지와 자원을 낭비할 뿐만 아니라, 정신과 신체를 소진시킴으로써 사회적 기능을 수행할 수 없게 하고 주위의 도움이 없으면 생명을 유지하기 어려운 상태에 ㉡ 이르게도 할 수 있다. 이를 막기 위한 기제가 스스로의 자존감을 낮추고 그 목표를 포기하게 만드는 것이다. 이를 통해 고갈된 에너지를 보충하고 다시 도전할 수 있는 기회를 모색할 수 있다. ㉢ 또한 지금과 같은 경쟁 사회는 새로운 기술이나 생각에 대한 사회적 요구가 커지기 때문에 정신적 소진 상태를 초래하기 쉬운 환경이 되고 있다.
>
> 오늘날 우울증은 왜 이렇게 급격하게 늘어나는 것일까? 창조성이란 그 사회에 존재하고 있는 기술이나 생각에 대한 도전이자 대안 제시이며, 기존의 기술이나 생각을 엮어서 새로운 조합을 만들어 내는 것이다. 과거에 비해 현대 사회는 경쟁이 심화되고 혁신들이 더 가치를 인정받기 때문에 창조성이 있는 사람은 상당히 큰 선택적 이익을 갖게 된다. ㉣ 그렇지만 현대 사회처럼 기존에 존재하는 기술이나 생각이 엄청나게 많아 우리의 뇌가 그것을 담기에도 벅찬 경우에는 새로운 조합을 만들어 내는 일은 무척이나 많은 에너지를 요한다. 결국 경쟁은 창조성을 ㉤ 발휘하게 하지만 지나친 경쟁은 정신적 소진을 초래하기 때문에 우울증이 많이 발생할 수 있다.

① ㉠ : 문단과 관련 없는 내용이므로 삭제한다.
② ㉡ : 문장의 주어와 호응하지 않으므로 '이른다'로 수정한다.
③ ㉢ : 두 번째 문단의 내용과 어울리지 않으므로 마지막 문단으로 옮긴다.
④ ㉣ : 뒤 문장이 앞 문장의 결과이므로 '그리하여'로 수정한다.
⑤ ㉤ : 문맥상의 내용과 반대되는 내용이므로 '억제하지만'으로 수정한다.

21 다음 글에 대한 반박으로 가장 적절한 것은?

> 보통의 질병은 병균이나 바이러스를 통해 감염되며, 병에 걸리는 원인으로는 개인적 요인의 영향이 가장 크다. 어떤 사람이 바이러스에 노출되었다면 그 사람이 평소에 위생 관리를 철저히 하지 않았기 때문이다. 또한 꾸준히 건강을 관리하지 않은 사람은 더 쉽게 병균에 노출될 것이다.

① 규칙적인 식사와 운동을 통해 건강을 관리하는 사람들의 발병률은 그렇지 않은 사람들에 비해 상대적으로 낮다.
② 병균이나 바이러스의 감염 경로를 자세하게 추적함으로써 질병의 감염원을 명확하게 파악할 수 있다.
③ 바이러스에 노출되지 않기 위해서는 사람이 많은 곳을 피하고, 개인위생을 철저히 해야 한다.
④ 발병한 사람들 전체를 고려하면 성별, 계층, 직업 등의 요인에 따라 질병 종류나 정도가 다르게 나타난다.
⑤ 불특정 다수에게 발병할 수 있는 감염병은 개인적 차원에서 벗어나 사회적 차원에서 국가가 관리하여야 한다.

22 다음 중 '브레히트'가 〈보기〉의 입장을 가진 '아리스토텔레스'에게 제기할 만한 의문으로 가장 적절한 것은?

> 오페라는 이른바 수준 있는 사람들이 즐기는 고상한 예술이라고 생각하는 사람들이 많다. 그런데 오페라 앞에 '거지'라든가 '서푼짜리' 같은 단어를 붙인 「거지 오페라」, 「서 푼짜리 오페라」라는 것이 있다. 이렇게 어울리지 않는 단어들로 제목을 억지로 조합해 놓은 의도는 무엇일까?
> 영국 작가 존 게이는 당시 런던 오페라 무대를 점령했던 이탈리아 오페라에 반기를 들고, 1782년에 이와는 완전히 대조적인 성격의 거지 오페라를 만들었다. 그는 이탈리아 오페라가 일반인의 삶과 거리가 먼 신화나 왕, 귀족들의 이야기를 소재로 한데다가 영국 관객들이 이해하지 못하는 이탈리아어로 불린다는 점에 불만을 품었다. 그는 등장인물의 신분을 과감히 낮추고 음악 형식도 당시의 민요와 유행가를 곁들여 사회의 부패상을 통렬하게 풍자하였다. 이렇게 만들어진 거지 오페라는 이탈리아 오페라에 대항하는 서민 오페라로 런던에서 선풍적인 인기를 끌었다.
> 1928년에 독일의 극작가 브레히트는 작곡가 쿠르트 바일과 손잡고 거지 오페라를 번안한 서푼짜리 오페라를 만들었다. 그는 형식과 내용 면에서 훨씬 적극적이고 노골적으로 당시 사회를 비판한다. 이 극은 밑바닥 사람들의 삶을 통해 위정자들의 부패와 위선을 그려 계급적 갈등과 사회적 모순을 드러내고 있다. 브레히트는 감정이입과 동일시에 근거를 둔 종래의 연극에 반기를 들고 낯선 기법의 서사극을 만들었다. 등장인물이 극에서 빠져나와 갑자기 해설자의 역할을 하게 함으로써 관객들이 극에 몰입하지 않고 지금 연극을 보고 있다는 사실을 자각하도록 한 것이다.
> 이처럼 존 게이와 브레히트는 종전의 극과는 다른 형식과 내용의 극을 지향했다. 제목을 서로 어울리지 않는 단어들로 조합하고 새로운 형식을 도입한 이유는 기존의 관점을 뒤집어 보게 하려는 의도였다. 그 이면에는 사회의 부조리를 풍자하고자 하는 의도가 깔려 있었다.

> **보기**
> 아리스토텔레스는 예술을 통한 관객과 극중 인물과의 감정 교류와 공감을 강조했다. 그는 관객들이 연극을 통해 타인의 경험과 감정, 상황을 받아들이고 나아가 극에 이입하고 몰두함으로써 쌓여있던 감정을 분출하며 느끼는, 이른바 카타르시스를 경험하게 된다고 주장하였다.

① 극과 거리를 두고 보아야 오히려 카타르시스를 경험할 수 있지 않나요?
② 관객이 몰입하게 되면 사건을 객관적으로 바라보기 어려운 것 아닌가요?
③ 해설자 역할을 하는 인물이 있어야 관객의 몰입을 유도할 수 있지 않나요?
④ 낯선 기법을 쓰면 관객들이 극중 인물과 더 쉽게 공감할 수 있지 않을까요?
⑤ 동일시를 통해야만 풍자하고 있는 사회의 모습을 더 잘 알 수 있지 않을까요?

23 다음 글의 주장에 대한 비판으로 적절하지 않은 것은?

> 동물실험이란 교육, 시험, 연구 및 생물학적 제제의 생산 등 과학적 목적을 위해 동물을 대상으로 실시하는 실험 또는 그 과학적 절차를 말한다. 전 세계적으로 매년 약 6억 마리의 동물들이 실험에 쓰이고 있다고 추정되며, 대부분의 동물들은 실험이 끝난 뒤 안락사를 시킨다.
> 동물실험은 대개 인체실험의 전 단계로 이루어지는데, 검증되지 않은 물질을 바로 사람에게 주입하여 발생하는 위험을 줄일 수 있다는 점에서 필수적인 실험이라고 말할 수 있다. 물론 살아있는 생물을 대상으로 하는 실험이기 때문에 대체(Replacement), 감소(Reduction), 개선(Refinement)으로 요약되는 3R 원칙에 입각하여 실험하는 것이 당연하다. 굳이 다른 방법이 있다면 그 방법을 채택할 것이며, 희생이 되는 동물의 수를 최대한 줄이고 필수적인 실험 조건 외에는 자극을 주지 않아야 한다.
> 하지만 그럼에도 보다 안전한 결과를 도출해 내기 위한 동물실험은 필요악이며, 이러한 필수적인 의약실험조차 금지하려 한다는 것은 기술 발전 속도를 늦춰 약이 필요한 누군가의 고통을 감수하자는 이기적인 주장과 같다고 할 수 있다.

① 3R 원칙과 같은 윤리적 강령이 법적인 통제력을 지니지 않은 이상 실제로 얼마나 엄격하게 지켜질 것인지는 알 수 없다.
② 화장품 업체들의 동물실험과 같은 사례를 통해, 생명과 큰 연관이 없는 실험은 필요악이라고 주장할 수 없다.
③ 아무리 엄격하게 통제된 실험이라고 해도 동물 입장에서 바라본 실험이 비윤리적이며 생명체의 존엄성을 훼손하는 행위라는 사실을 벗어날 수는 없다.
④ 과거와 달리 현대에서는 인공 조직을 배양하여 실험의 대상으로 삼을 수 있으므로 동물실험 자체를 대체하는 것이 가능하다.
⑤ 동물실험에서 안전성을 검증받은 이후 인체에 피해를 준 약물의 사례가 존재한다.

※ 다음 글을 읽고 추론한 내용으로 적절하지 않은 것을 고르시오. [24~26]

24

> 소비자가 어떤 상품을 구매하기 위하여 지불할 용의가 있는 금액보다 실제로 지불한 가격이 낮아 얻는 이득을 소비자 잉여라고 하고, 생산자가 어떤 상품을 판매하여 얻은 실제 수입이 그 상품을 판매하여 꼭 얻어야겠다고 생각한 금액보다 많아서 얻는 이득을 생산자 잉여라고 한다. 그리고 소비자 잉여와 생산자 잉여의 합을 총잉여라고 한다. 상품이 거래되지 않을 때에 비해 어떤 상품이 시장에서 거래될 때에 소비자 잉여는 소비자에게, 생산자 잉여는 생산자에게 혜택이 될 수 있다. 그런데 시장 가격을 임의의 수준으로 결정할 수 있는 독점적 지위를 가진 생산자는 소비자 잉여를 생산자의 이윤으로 흡수하기 위해 이부가격을 설정하기도 한다.
>
> '이부가격 설정'이란 어떤 상품에 대하여 두 차례 가격을 치르도록 하는 방식이다. 즉 소비자로 하여금 특정한 상품을 이용할 수 있는 권리를 구입하게 한 다음, 상품을 이용하는 양에 비례하여 가격을 부담시키는 방식이다. 놀이공원 입장료와 놀이 기구 이용료를 생각해 보자. 독점적 지위에 있는 생산자는 놀이 기구 이용료와 별도로 놀이공원 입장료를 받아 두 차례 가격을 치르도록 할 수 있다.
>
> 이때 생산자는 놀이공원을 이용할 수 있는 권리인 입장료를 적절한 수준으로 결정해야 자신의 이익을 극대화할 수 있다. 입장료를 지나치게 높은 수준으로 매기면 다수의 소비자들이 이용을 포기할 것이고, 너무 낮은 수준으로 매기면 수입이 줄어들기 때문이다.
>
> 놀이공원 입장료를 결정하기 위해 먼저 생산자는 자신의 이익을 극대화하는 수준에서 놀이 기구 이용료를 결정한다. 놀이 기구를 이용할 소비자가 있다면 이들은 생산자가 정해 놓은 가격 이상을 지불할 용의를 가지고 있는 것이다. 놀이 기구를 이용할 소비자의 소비자 잉여는 지불할 용의가 있는 금액에서 실제로 지불하는 가격을 뺀 차이만큼 발생하게 되는데, 생산자는 소비자 잉여의 일부를 놀이공원의 입장료로 결정하여 소비자 잉여를 자신의 이윤으로 흡수할 수 있게 된다.

① 실제 금액보다 소비자가 지불할 용의가 있는 금액이 크면 소비자 잉여가 발생한다.
② 총잉여에서 소비자 잉여를 제외하면 생산자 잉여를 구할 수 있다.
③ 독점 시장의 생산자는 시장 가격을 마음대로 정할 수 있다.
④ 놀이공원은 시장에서 독점적 지위를 형성하고 있다.
⑤ 이부가격 설정 시 놀이공원 입장료를 높게 책정할수록 수입이 늘어난다.

25

최근 자동차 회사에서는 친환경 에너지 시대에 맞춰 내연기관 대신 전기를 이용하는 전기 자동차를 생산하기 위해 많은 노력을 기울이고 있다. 전기 자동차에서 가장 중요한 기술을 꼽는다면 단연 2차 전지 기술일 것이다. 2차 전지(Secondary Cell)는 일회용 건전지와 달리 충전을 통해 반복해서 사용할 수 있는 전지를 말한다. 기존의 내연기관 자동차에서 시동을 걸 때 사용하는 납축전지 또한 최초로 발명된 2차 전지이다. 2차 전지는 일반적으로 양극, 음극, 전해질, 분리막으로 구성되어 있다. 외부에서 전기를 2차 전지에 공급하면 2차 전지 내의 이온이 전해질을 통해 분리막을 넘어 한쪽 극으로 이동하게 되고, 2차 전지의 전기를 사용할 때는 다시 반대편 극으로 이온이 이동하면서 전기를 발생시키게 된다. 이와 같이 2차 전지는 이온이 극과 극으로 이동하면서 충전과 방전을 할 수 있는 전지이다.

현재 2차 전지에는 다양한 종류가 있다. 앞서 말했던 납축전지가 최초의 2차 전지이며 이 외에도 니켈 카드뮴 전지, 니켈 수소 전지가 있지만 가장 유명한 2차 전지는 스마트폰, 노트북, 전기 자동차 등 다양한 분야에서 사용되는 리튬 이온 전지이다. 리튬 이온 전지는 높은 에너지 밀도, 긴 수명, 빠른 충전 속도 등의 장점을 가져 미래 2차 전지 시장을 주도하고 있지만, 과방전 시의 전지 손상, 과충전 시의 폭발 사고 등 한계점을 가져 앞으로 더욱 많은 연구 및 개선이 필요한 전지이다.

그럼에도 불구하고 2차 전지는 친환경 에너지 시대를 실현하는 데 필수적인 역할을 한다. 전기 자동차의 장거리 주행, 신재생 에너지의 안정적인 공급, 스마트 그리드 구축 등 다양한 분야에서 활용되고 있으며, 탄소중립을 위한 필수 기술 중의 하나로 세계 곳곳에서는 더욱 높은 에너지 밀도, 빠른 충전 속도, 긴 수명, 안전한 사용 등 발전된 2차 전지를 개발하기 위해 많은 노력을 기울이고 있다. 대표적인 차세대 2차 전지로는 고체 전해질을 사용하는 전고체 전지, 황을 양극으로 사용하는 리튬 황 전지, 금속을 음극에, 공기를 양극에 사용하는 금속 공기 전지, 나트륨 이온 전지, 칼륨이나 마그네슘을 사용하는 다가이온 전지가 있으며, 이 외에도 소재 개발 및 제조 공정 연구도 활발하게 이루어지고 있다.

2차 전지는 우리의 삶을 편리하게 만들고 지속 가능한 미래를 위한 필수적인 기술이다. 차세대 2차 전지 기술은 다양한 산업 분야의 혁신을 이끌어낼 것이다. 안전성, 효율 등 해결해야 할 문제는 산적해 있지만 막대한 부가가치를 가지고 있으므로 새로운 시대를 열어갈 핵심 기술이 될 것이다.

① 2차 전지의 발전은 미래 산업의 혁신을 이끌어 낼 것이다.
② 과충전 및 과방전은 2차 전지의 성능 및 수명을 단축시킨다.
③ 지속 가능한 개발을 위해 앞으로 2차 전지의 중요성이 더욱 강조될 것이다.
④ 최초의 2차 전지인 납축전지는 현재까지도 전기 자동차의 시동을 걸 때 사용된다.
⑤ 2차 전지 내부의 이온은 전해질을 통해 양쪽의 극으로 이동하며 전기를 발생시킨다.

Easy 26

한국인의 대표적 만성질환인 당뇨병은 소변을 통해 포도당이 대량으로 유출되는 병이다. 대한당뇨병학회가 공개한 자료에 따르면 2020년 기준 30세 이상 한국인 중 당뇨 유병자는 약 600만 명으로, 6명 중 1명이 당뇨병을 앓는 것으로 나타났다.

우리 몸은 식사와 소화를 통해 생산한 포도당을 세포에 저장하기 위해 췌장에서 인슐린을 분비한다. 인슐린은 세포의 겉에 있는 인슐린 수용체와 결합하여 포도당을 글리코겐으로 변환하게 된다. 이 과정에서 문제가 생기면 혈액 속의 포도당을 처리하지 못해 당뇨병에 걸리게 되는데, 췌장에 문제가 생겨 인슐린이 분비되지 않으면 1형 당뇨, 인슐린 수용체가 부족하거나 인슐린 저항성이 생겨 인슐린 작용에 문제가 생기면 2형 당뇨로 구분한다. 특히 대부분의 당뇨병 환자는 2형 당뇨로, 전체 당뇨병 환자의 약 90%를 차지한다.

유전적 요인이 크게 작용하는 1형 당뇨는 평생 인슐린 주사에 의존해야 하며 비만, 운동부족 등 생활 습관적 요인이 크게 작용하는 2형 당뇨는 생활 습관 개선이나 경구 혈당강하제로 관리할 수 있지만 지속될 경우 인슐린 주사가 필요할 수 있다.

① 나쁜 생활 습관은 1형 당뇨를 유발할 수 있다.
② 2형 당뇨 초기에는 혈당강하제를 통해 혈당을 관리할 수 있다.
③ 당뇨병은 혈액 속에 남아있는 포도당이 소변을 통해 배출되는 병이다.
④ 2020년 당뇨 유병자 기준 2형 당뇨를 앓고 있는 사람은 약 540만 명이다.
⑤ 포도당이 글리코겐으로 세포에 저장되기 위해서는 인슐린과 인슐린 수용체가 결합해야 한다.

※ 다음 글을 읽고 추론한 내용으로 가장 적절한 것을 고르시오. [27~28]

27

한국의 고령화는 세계에서 가장 빠른 속도로 진행되고 있다. 2025년에는 65세 이상 인구 비중이 20%를 넘어서며 본격적인 초고령사회에 진입한다. 이에 따라 과거에는 노년층이 경제의 주변부로 여겨졌지만, 최근에는 '그레이 르네상스'라는 말이 나올 정도로 시니어층이 소비와 사회 변화를 이끄는 주체로 떠오르고 있다. 특히 경제력과 건강을 갖춘 '액티브 시니어', 디지털 환경에 익숙한 '디지털 시니어' 등 다양한 모습의 노년층이 등장하면서 시니어 산업이 새로운 성장 동력으로 주목받고 있다.

시니어 산업은 매우 다양한 분야로 세분화된다. 먼저, 시니어 하우징 분야에서는 전통적인 실버타운을 넘어, 자립 생활이 가능한 시니어 레지던스, 커뮤니티형 주거단지 등 다양한 주거형태가 등장하고 있다. 이들 주거공간은 단순히 거주 기능을 넘어 건강관리, 취미활동, 커뮤니티 형성 등 삶의 질을 높이는 서비스를 결합해 제공한다. 자산관리와 금융 분야도 빠르게 성장 중이다. 은퇴설계, 연금, 자산관리 서비스 등 시니어의 경제적 안정과 맞춤형 금융 상품에 대한 수요가 크게 늘고 있다. 건강관리와 요양·돌봄 분야 역시 시니어 산업의 핵심이다. 만성질환 관리, 건강식품, 의료기기, 원격진료 등 헬스케어 산업이 빠르게 발전하고 있으며, 방문요양, 돌봄 로봇, 스마트 모니터링 시스템 등 첨단 기술을 접목한 돌봄 서비스도 확산되고 있다. 특히 최근에는 웨어러블 기기를 통해 건강 데이터를 실시간으로 수집·분석하고, 이상 징후를 즉시 의료진이나 가족에게 알리는 시스템 등 인공지능과 사물인터넷을 활용한 스마트 헬스케어 서비스가 주목받고 있다.

여가와 문화, 교육 분야도 시니어 산업에서 빠질 수 없다. 여행, 평생교육, 취미활동, 문화예술 프로그램 등 시니어의 자기계발과 사회참여를 지원하는 다양한 서비스가 주목받고 있으며 최근에는 시니어 맞춤형 여행상품, 온라인 강좌, 문화예술 동아리 등이 인기를 끌고 있다. 마지막으로 고령층의 사회참여와 일자리 창출도 중요한 이슈다. 단순한 생계형 일자리에서 벗어나, 전문성과 경험을 살리는 것을 주요 목적으로 멘토링, 사회공헌 등의 활동이 각광받고 있다.

시니어 산업은 앞으로도 시장 규모가 지속적으로 성장할 것으로 전망된다. 고령화가 가져올 사회적 도전과 함께 기술 융합과 서비스 혁신을 통해 새로운 기회가 계속해서 창출될 것이다. 사회적 돌봄 인프라 강화, 디지털 격차 해소 등 해결해야 할 과제도 많지만, 시니어 산업은 결국 한국 사회의 미래를 이끌 중요한 산업이 될 것으로 전망된다.

① 요양원 운영은 대표적인 시니어 하우징 사업이다.
② 갈수록 심해지는 고령화는 시니어 산업의 성장을 이끌어 낼 것이다.
③ 시니어 사업은 디지털 격차로 인해 전통적인 기술이 선호되는 사업이다.
④ 그레이 르네상스는 첨단기기를 잘 다루는 노년층이 등장하면서 시작되었다.
⑤ 고령층 일자리 창출 사업의 목적은 노인의 자립을 위한 생계형 일자리 제공이다.

28

핀테크는 금융과 기술의 합성어로 은행, 카드사 등의 금융기관이 기존 금융서비스에 ICT를 결합한 것으로 금융 전반에 나타난 디지털 혁신이다. 은행은 직접 방문하지 않아도 스마트폰 등을 이용하여 은행 업무를 처리할 수 있는 것이 대표적이다.

테크핀은 ICT 기업이 자신들의 기술을 통해 특색 있는 금융서비스를 만드는 것으로 테크핀은 핀테크보다 기술을 금융보다 강조하는 점이 특징이다. ○○페이 등의 간편결제, 송금 서비스, 인터넷전문은행 등이 대표적이다.

한국은 주로 금융기관이 주축이 되어 금융서비스를 개선하고 있었지만, 최근에는 비금융회사의 금융업 진출이 확대되고 있다. 국내의 높은 IT 인프라와 전자상거래 확산으로 인해 소비자들이 현재보다 편한 서비스를 필요하다고 생각하는 것이 원인이다. 또한 공인인증서 의무사용 폐지와 같은 규제가 완화되는 것 또한 ICT 기업이 금융으로 진출할 수 있는 좋은 상황으로 평가된다.

테크핀의 발전은 핀테크의 발전 역시 일으켰다. 테크핀으로 인한 위기를 느낀 금융기관은 이와 경쟁하기 위해 서비스를 개선하고 있다. 금융기관도 공인인증서, 보안카드 등이 필요 없는 서비스 등을 개선하고 모바일 뱅킹도 더 편리하게 개선하고 있다.

핀테크와 테크핀이 긍정적인 영향만을 미치는 것은 아니다. 금융서비스 이용실태 조사에 따르면 금융혁신이 이루어지고 이에 대한 혜택을 받는 사람이 저연령층이나 고소득층이 높은 비율을 차지하고 있다. 따라서 핀테크와 테크핀을 발전시키는 동시에 모든 사람이 혜택을 누릴 수 있는 방안도 같이 찾아야 한다.

① 핀테크가 발전하면 저소득층부터 고소득층 모두 혜택을 누린다.
② 핀테크는 비금융기관이 주도한 금융혁신이다.
③ 테크핀은 기술보다 금융을 강조한다.
④ IT 인프라가 높으면 테크핀이 발전하기 쉬워진다.
⑤ 핀테크와 테크핀은 동시에 발전할 수 없다.

※ 다음 글을 읽고 〈보기〉를 바르게 해석한 것을 고르시오. [29~30]

29

반도체 및 디스플레이 제조공정에서 사용되는 방법인 포토리소그래피(Photolithography)는 그 이름처럼 사진 인쇄 기술과 비슷하게 빛을 이용하여 복잡한 회로 패턴을 제조하는 공정이다. 포토리소그래피는 디스플레이에서는 TFT(Thin Film Transistor, 박막 트랜지스터) 공정에 사용되는데 먼저 세정된 기판(Substrate) 위에 TFT 구성에 필요한 증착 물질과 이를 덮을 PR(Photo Resist, 감광액) 코팅을 올리고, 빛과 마스크 그리고 현상액과 식각 과정으로 PR 코팅과 증착 물질을 원하는 모양대로 깎아내린 다음 다시 그 위에 층을 쌓는 것을 반복하여 원하는 형태를 패터닝하는 것이다. 한편 포토리소그래피 공정에 사용되는 PR 물질은 빛의 반응에 따라 포지티브와 네거티브 두 가지 방식으로 분류되는데 포지티브 방식은 마스크에 의해 빛에 노출된 부분이 현상액에 녹기 쉽게 화학 구조가 변하는 것으로, 노광(Exposure) 과정에서 빛을 받은 부분을 제거한다. 반대로 네거티브 방식은 빛에 노출된 부분이 더욱 단단해지는 것으로 빛을 받지 못한 부분을 현상액으로 제거한다. 이후 원하는 패턴만 남은 PR층은 식각(Etching) 과정을 거쳐 PR이 덮여 있지 않은 부분의 증착 물질을 제거하고, 이후 남은 증착 물질이 원하는 모양으로 패터닝되면 그 위의 도포되어 있던 PR층을 마저 제거하여 증착 물질만 남도록 하는 것이다.

보기

창우와 광수는 각각 포토리소그래피 공정을 통해 디스플레이 회로 패턴을 완성시키기로 하였다. 창우는 포지티브 방식을, 광수는 네거티브 방식을 사용하기로 하였는데, 광수는 실수로 포지티브 방식의 PR 코팅을 사용해 공정을 진행했음을 깨달았다.

① 창우의 디스플레이 회로는 증착, PR 코팅, 노광, 현상, 식각까지의 과정을 반복하여 완성되었을 것이다.
② 광수가 포토리소그래피의 매 공정을 검토했을 경우 최소 식각 과정을 확인하면서 자신의 실수를 알아차렸을 것이다.
③ 포토리소그래피 공정 중 현상 과정에서 문제가 발생했다면 창우의 디스플레이 기판에는 PR층과 증착 물질이 남아있지 않을 것이다.
④ 원래 의도대로라면 노광 과정 이후 창우가 사용한 감광액은 용해도가 높아지고, 광수가 사용한 감광액은 용해도가 매우 낮아졌을 것이다.
⑤ 광수가 원래 의도대로 디스플레이 회로를 완성시키기 위해서는 최소한 노광 과정까지는 공정을 되돌릴 필요가 있다.

30

독립신문은 우리나라 최초의 민간 신문이다. 사장 겸 주필(신문의 최고 책임자)은 서재필 선생이, 국문판 편집과 교정은 최고의 국어학자로 유명한 주시경 선생이 그리고 영문판 편집은 선교사 호머 헐버트가 맡았다. 창간 당시 독립신문은 이들 세 명에 기자 두 명과 몇몇 인쇄공들이 합쳐 단출하게 시작했다.

신문은 우리가 흔히 사용하는 'A4 용지'보다 약간 큰 '국배판(218×304mm)' 크기로 제작됐고, 총 4면 중 3면은 순 한글판으로, 나머지 1면은 영문판으로 발행했다. 제1호는 '독닙신문'이고 영문판은 'Independent(독립)'로 조판했다. 내용을 살펴보면 제1면에는 대체로 논설과 광고가, 제2면에는 관보・외국통신・잡보가, 제3면에는 물가・우체시간표・제물포 기선 출입항 시간표와 광고가 게재됐다.

독립신문은 민중을 개화시키고 교육하기 위해 발간된 것이지만, 그 이름에서부터 알 수 있듯 스스로 우뚝 서는 독립국을 만들고자 자주적 근대화 사상을 강조했다. 창간호 표지에는 '데일권 데일호. 조선 서울 건양 원년 사월 초칠일 금요일'이라고 표기했는데, '건양(建陽)'은 조선의 연호이고, 한성 대신 서울을 표기한 점과 음력 대신 양력을 쓴 점 모두 중국 사대주의에서 벗어난 자주독립을 꾀한 것으로 볼 수 있다.

독립신문이 발행되자 사람들은 모두 깜짝 놀랄 수밖에 없었다. 순 한글로 만들어진 것은 물론 유려한 편집 솜씨에 조판과 내용까지 완벽했기 때문이다. 무엇보다 제4면을 영어로 발행해 국내 사정을 외국에 알린다는 점은 호시탐탐 한반도를 노리던 일본 당국에 큰 부담을 안겨주었고, 더는 자기네들 마음대로 조선의 사정을 왜곡 보도할 수 없게 된 것이다.

날이 갈수록 독립신문을 구독하려는 사람은 늘어났고, 처음 300부씩 인쇄되던 신문이 곧 500부로, 나중에는 3,000부까지 확대된다. 오늘날에는 한 사람이 신문 한 부를 읽으면 폐지로 처리하지만 과거에는 돌려가며 읽는 경우가 많았고 시장이나 광장에서 글을 아는 사람이 낭독해 주는 일도 빈번했기에 한 부의 독자 수는 50명에서 100명에 달했다. 이런 점을 감안하면 실제 독립신문의 독자 수는 10만 명을 넘어섰다고 가늠해 볼 수 있다.

보기

우리 신문이 한문은 아니 쓰고 다만 국문으로만 쓰는 것은 상하귀천이 다 보게 함이라. 또 국문을 이렇게 구절을 떼어 쓴즉 아무라도 이 신문을 보기가 쉽고 신문 속에 있는 말을 자세히 알아보게 함이라.

① 교통수단도 발달하지 않던 과거에는 활자 매체인 신문이 소식 전달에 있어 절대적인 역할을 차지했다.
② 민중을 개화시키고 교육하기 위해 발간된 것으로 역사적・정치적으로 큰 의의를 가진다.
③ 한글을 사용해야 누구나 읽을 수 있다는 점을 인식해 한문우월주의에 영향을 받지 않고, 소신 있는 행보를 했다.
④ 일본이 한반도를 집어삼키려 하던 혼란기 우리만의 신문을 펴낼 수 있었다는 것에 큰 의의가 있다.
⑤ 중국의 지배에서 벗어나 자주독립을 꾀하고 스스로 우뚝 서는 독립국을 만들고자 자주적 사상을 강조했다.

※ 다음 글의 빈칸에 들어갈 내용으로 가장 적절한 것을 고르시오. [31~32]

2024년 하반기 LG그룹

31

우리는 도시의 세계에 살고 있다. 2010년에 인류 역사상 처음으로 세계 전체에서 도시 인구가 농촌 인구를 넘어섰다. 이제 우리는 도시가 없는 세계를 상상하기 힘들며 세계 최초의 도시들을 탄생시킨 근본적인 변화가 무엇이었는지를 상상하기도 쉽지 않다.

인류는 약 1만 년 전부터 5천 년 전까지 도시가 아닌 작은 농촌 마을에서 살았다. 이 시기 농촌 마을의 인구는 대부분 2천 명 정도였다. 약 5천 년 전부터 이라크 남부, 이집트, 파키스탄, 인도 북서부에서 1만 명 정도의 사람이 모여 사는 도시가 출현하였다. 이런 세계 최초의 도시들이 탄생한 원인은 무엇인가? 이 질문에 대해서 몇몇 사람들은 약 1만 년 전부터 5천 년 전 사이에 일어난 농업의 발전에 따라 농촌의 인구가 점차 증가해 도시가 되었다고 말한다. 과연 농촌의 인구는 점차 증가했는가? 고고학적 연구는 그렇지 않다고 말해준다. 농업 기술의 발전으로 마을이 점차 거대해졌다면, 거주 인구가 2천 명과 1만 명 사이인 마을들이 빈번하게 발견되어야 한다. 그러나 2천 명이 넘는 인구를 수용한 마을은 거의 발견되지 않았다. 이 점은 약 5천 년 전쯤 마을의 거주 인구가 비약적으로 증가했다는 것을 보여준다.

무엇 때문에 이런 거주 인구의 비약적인 변화가 가능했는가? 이 질문에 대한 답은 사회적 제도의 발명에서 찾을 수 있다. _____

따라서 거주 인구가 비약적으로 증가하기 위해서는 사람들을 조직하고, 이웃 간의 분쟁을 해소하는 것과 같은 문제들을 해결하는 사회적 제도의 발명이 필수적이다. 이런 이유에서 도시의 발생은 사회적 제도의 발명에 영향을 받았다고 생각할 수 있다. 그리고 이런 사회적 제도의 출현은 이후 인류 역사의 모습을 형성하는 데 결정적인 역할을 한 사건이었다.

① 거주 인구가 2천 명이 넘지 않는 마을은 도시라고 할 수 없다.
② 2천 명 정도의 인구가 사는 농촌 마을도 행정조직과 같은 사회적 제도를 두고 있었다.
③ 도시인의 삶이 사회적 제도에 의해 제한되었다는 사실은 수많은 역사적 자료에 의해 검증된다.
④ 사회적 제도 없이 사람들이 함께 모여 살 수 있는 인구 규모의 최대치는 2천 명 정도밖에 되지 않는다.
⑤ 농업 기술의 발전에 의해서 마을이 점차 거대해졌다면, 약 1만 년 전 농촌 마을의 거주 인구는 2천 명 정도여야 한다.

32

흔히들 과학적 이론이나 가설을 표현하는 엄밀한 물리학적 언어만을 과학의 언어라고 생각한다. 그러나 과학적 이론이나 가설을 검사하는 과정에는 이러한 물리학적 언어 외에 우리의 감각적 경험을 표현하는 일상적 언어도 사용될 수밖에 없다. 그런데 우리의 감각적 경험을 표현하는 일상적 언어에는 과학적 이론이나 가설을 표현하는 물리학적 언어와는 달리 매우 불명료하고 엄밀하게 정의될 수 없는 용어들이 포함되어 있다. 어떤 학자는 이러한 용어들을 '발룽엔'이라고 부른다.

이제 과학적 이론이나 가설을 검사하는 과정에 발룽엔이 개입된다고 해보자. 이 경우 우리는 증거와 가설 사이의 논리적 관계가 무엇인지 결정할 수 없게 될 것이다. 즉, 증거가 가설을 논리적으로 뒷받침하고 있는지 아니면 논리적으로 반박하고 있는지에 대해 미결정적일 수밖에 없다는 것이다. 그 이유는 증거를 표현할 때 포함될 수밖에 없는 발룽엔을 어떻게 해석할 것인지에 따라 증거와 가설 사이의 논리적 관계에 대한 다양한 해석이 나오게 될 것이기 때문이다. 발룽엔의 의미는 본질적으로 불명료할 수밖에 없다. 즉, 발룽엔을 아무리 상세하게 정의하더라도 그것의 의미를 정확하고 엄밀하게 규정할 수는 없다는 것이다.

논리실증주의자들이나 포퍼는 증거와 가설 사이의 관계를 논리적으로 정확하게 판단할 수 있고, 이를 통해 가설을 정확히 검사할 수 있다고 생각했다. 그러나 증거와 가설이 상충하면 가설이 퇴출된다는 식의 생각은 너무 단순한 것이다. 증거와 가설의 논리적 관계에 대한 판단을 위해서는 증거가 의미하는 것이 무엇인지 파악하는 것이 선행되어야 하기 때문이다. 따라서 우리가 발룽엔의 존재를 염두에 둔다면, '_____'라고 결론지을 수 있다.

① 증거가 의미하는 것이 무엇인지 정확히 파악해야 한다.
② 과학적 가설을 표현하는 데에도 발룽엔이 포함될 수밖에 없다.
③ 과학적 가설을 검사하기 위한 증거를 표현할 때 발룽엔을 사용해서는 안 된다.
④ 과학적 가설을 정확하게 검사하기 위해서는 우리의 감각적 경험을 배제해야 한다.
⑤ 과학적 가설과 증거의 논리적 관계를 정확하게 판단할 수 있다는 생각은 잘못된 것이다.

※ 다음 글을 읽고 이어지는 질문에 답하시오. [33~34]

디지털 시대에 접어들면서 우리의 일상 곳곳에는 데이터가 스며들어있다. 은행 거래, 쇼핑 내역, 의료 기록 등 우리의 모든 활동이 데이터로 기록되고 있다. 그런데 이렇게 쌓인 개인정보를 우리가 얼마나 알고 활용하고 있을까? 여기서 등장한 개념이 바로 '마이데이터'이다. 마이데이터는 개인이 자신의 정보를 직접 관리하고 활용할 수 있게 하는 혁신적인 패러다임이다.

마이데이터의 핵심은 개인정보 주권이다. 즉, 개인이 자신의 데이터에 대한 결정권을 가지고 원하는 대로 관리하고 이용할 수 있다는 것이다. 기존에는 기업이나 기관이 개인정보를 수집하고 활용했다면 마이데이터 체계에서는 정보의 주체인 개인이 중심이 된다. 개인은 자신의 데이터를 열람하고, 수정하며 제3자에게 제공할지 여부를 결정할 수 있다.

실생활에서 마이데이터는 이미 다양한 형태로 활용되고 있다. 금융 분야에서는 여러 은행 계좌의 거래 내역을 한 곳에서 관리하거나, 신용정보를 통합해 맞춤형 대출 상품을 추천받을 수 있다. 의료 분야에서는 환자가 자신의 진료기록을 쉽게 확인하고 다른 병원으로 이동할 때 활용할 수 있다. 또한 소비 패턴 분석을 통해 개인에게 맞는 상품이나 서비스를 추천받을 수도 있다.

마이데이터의 장점은 다양하다. 첫째, 개인의 정보 주권을 강화한다. 둘째, 맞춤형 서비스를 받을 수 있어 편의성이 높아진다. 셋째, 기업 간 데이터 공유로 혁신적인 서비스 개발이 가능해진다. 넷째, 정보의 투명성과 신뢰성이 높아져 금융사기 등의 위험을 줄일 수 있다. 마지막으로 개인이 자신의 데이터를 활용해 새로운 가치를 창출할 수 있다.

하지만 마이데이터 이용 시 주의해야 할 점도 있다. 개인정보 유출 위험에 항상 경계해야 하며 데이터 제공 시 그 목적과 범위를 명확히 확인해야 한다. 또한 과도한 데이터 공유로 인한 프라이버시 침해 가능성도 고려해야 한다. 마이데이터 서비스 이용 약관을 꼼꼼히 살펴보고, 필요 이상의 정보를 제공하지 않도록 주의해야 한다.

마이데이터는 개인정보 활용의 새로운 지평을 열고 있다. 이는 단순히 기술의 변화가 아닌 개인의 권리와 책임에 대한 인식 변화를 의미한다. 앞으로 마이데이터가 더욱 확산하면서 우리의 일상은 더욱 편리해지고, 개인화된 서비스를 누릴 수 있을 것이다. 그러나 이와 동시에 개인정보 보호에 대한 인식과 주의도 함께 높아져야 한다. 따라서 마이데이터 시대에는 _____.

| 2024년 하반기 포스코그룹

33 다음 중 윗글의 주제로 가장 적절한 것은?

① 디지털 시대의 데이터 활용과 개인정보 보호의 균형
② 마이데이터 패러다임의 등장 배경과 그 사회적 영향
③ 개인정보 주권 강화를 통한 데이터 경제의 패러다임
④ 개인정보 주권을 위한 마이데이터의 활용 및 유의점

| 2024년 하반기 포스코그룹

Easy
34 다음 중 윗글의 빈칸에 들어갈 내용으로 가장 적절한 것은?

① 자신에 대한 정보가 외부로 새어나가지 않도록 주의해야 한다.
② 신뢰할 수 있는 마이데이터 기관에 자신의 정보를 위탁해야 한다.
③ 내 정보의 주인으로서 권리와 주권을 행사하고 책임을 다해야 한다.
④ 다양한 곳에서 자신의 정보를 활용할 수 있도록 적극적으로 공개해야 한다.

| 02 | 수리

| 2025년 하반기 SK그룹

01 다음 〈조건〉에 따른 태풍 영향권의 넓이로 옳은 것은?(단, 태풍의 영향권은 원의 형태이며, 제시된 조건 외에 다른 사항은 고려하지 않고, 원주율은 3.14로 계산한다)

> **조건**
> - 해상에서 영향권의 반지름이 200km인 태풍이 발생하였다.
> - 발생한 태풍은 직선 방향으로 1,000km 이동하였다.
> - 이동 중 태풍의 영향은 줄어들어 영향권의 반지름이 150km로 줄어들고, 이내 소멸하였다.

① $402,624km^2$
② $424,655km^2$
③ $446,580km^2$
④ $448,125km^2$
⑤ $501,165km^2$

| 2025년 하반기 SK그룹

02 A인터넷카페의 11월 회원 수는 260명 미만이었고, 남녀의 비는 2 : 3이었다. 12월에는 남자보다 여자가 2배 더 가입하여 남녀의 비는 5 : 8이 되었고, 전체 회원 수는 320명을 넘었다. 12월 현재 전체 회원의 수는?

① 322명
② 323명
③ 324명
④ 325명
⑤ 326명

| 2025년 상반기 LG그룹

03 일직선 통로의 양쪽 끝에서 두 개의 구슬이 일정한 속력으로 서로 마주보며 굴러가고 있다. 각 구슬의 속력은 60km/h, 90km/h이고, 통로 길이는 1,800m이다. 통로에 모기가 70km/h의 속력으로 날아다니고 있다면, 두 구슬이 만날 때까지 모기가 이동한 거리는?

① 0.5km
② 0.64km
③ 0.84km
④ 0.9km
⑤ 0.92km

Hard

| 2025년 상반기 LG그룹

04 세탁기는 세제 용액의 농도를 0.9%로 유지해야 가장 세탁이 잘된다. 농도가 0.5%인 세제 용액 2kg에 세제를 4스푼 넣었더니, 농도가 0.9%인 세제 용액이 됐다. 이때, 물 3kg에 세제를 몇 스푼 넣으면 농도가 0.9%인 세제 용액이 되겠는가?

① 12스푼 ② 12.5스푼
③ 13스푼 ④ 13.5스푼
⑤ 14스푼

| 2025년 상반기 SK그룹

05 A씨는 S산 입구에서 정상으로 향하는 등산로를 이용해 1.8km/h의 속력으로 등산하였고, 정상에서 30분 휴식한 뒤, 올라왔던 등산로를 통해 2.4km/h의 속력으로 하산하였다. 등산에 총 4시간이 소요되었을 때, A씨가 이용한 등산로의 거리는?(단, A씨의 등산 및 하산 속력은 각각 일정하게 유지되었다고 가정한다)

① 3.0km ② 3.2km
③ 3.4km ④ 3.6km
⑤ 3.8km

| 2025년 상반기 SK그룹

06 S사의 작년 직원 수는 모두 100명이었다. 올해 신입사원 선발 결과, 남직원은 전년 대비 10%, 여직원은 전년 대비 20% 증가하여 전체 직원 수는 총 114명이 되었다. 올해 증가한 남직원의 수는?

① 2명 ② 4명
③ 6명 ④ 8명
⑤ 10명

| 2025년 상반기 삼성그룹

07 S사는 작년에 A제품과 B제품을 합쳐 총 3,200개를 생산하였다. 올해는 작년 대비 A제품의 생산량을 25%, B제품의 생산량을 35% 증가시켜 총 4,200개를 생산한다고 할 때, 올해 A, B제품의 생산량 차이는?

① 900개 ② 1,000개
③ 1,100개 ④ 1,200개
⑤ 1,300개

| 2025년 상반기 삼성그룹

Easy
08 S전자에서는 냉장고 3대, 세탁기 4대, 청소기 2대 중 3대를 신제품 행사에 전시하려고 한다. 이때, 적어도 1대는 냉장고를 전시할 확률은?(단, 모든 가전제품은 서로 다른 모델이다)

① $\dfrac{12}{21}$ ② $\dfrac{13}{21}$
③ $\dfrac{14}{21}$ ④ $\dfrac{5}{7}$
⑤ $\dfrac{16}{21}$

| 2024년 하반기 KT그룹

09 농도 20%의 묽은 염산 300g이 있다. 농도 5%의 묽은 염산을 섞어 실험에 쓸 수 있는 묽은 염산으로 희석하려고 한다. 농도가 10%보다 진하면 실험용 염산으로 사용할 수 없다고 할 때, 농도 5%의 묽은 염산의 최소 필요량은?

① 600g ② 650g
③ 700g ④ 750g
⑤ 800g

2024년 하반기 KT그룹

10 용민이와 효린이가 같은 방향으로 호수를 도는데 용민이는 7km/h, 효린이는 3km/h의 속력으로 걷는다고 한다. 두 사람이 처음으로 다시 만났을 때 7시간이 지나있었다면, 호수의 둘레는?

① 24km
② 26km
③ 28km
④ 30km
⑤ 32km

2024년 하반기 SK그룹

11 S사 구내식당에서 판매하는 A햄버거와 B햄버거는 1,800원을 더 지불하면 세트메뉴로 변경할 수 있다. 또한 B햄버거 단품 가격이 A햄버거 단품 가격보다 400원 더 저렴하다고 한다. A햄버거 세트 2개와 B햄버거 세트 2개를 구매할 때 29,200원을 지불해야 한다면, B햄버거 단품의 가격은?

① 5,100원
② 5,300원
③ 5,500원
④ 5,700원
⑤ 5,900원

2024년 하반기 SK그룹

Easy

12 S호수에 40m의 간격으로 나무를 심었더니 50그루를 심을 수 있었다. 이 호수에 25m 간격으로 나무를 심는다면 모두 몇 그루를 심을 수 있겠는가?

① 80그루
② 85그루
③ 90그루
④ 95그루
⑤ 100그루

2024년 하반기 SK그룹

13 15t 물탱크에 초당 20L를 채울 수 있는 A호스와 초당 90L를 채울 수 B호스를 이용하여 물을 채우고 있다. 하지만 실수로 초당 50L를 빼내는 C호스를 열면서 물을 채웠다고 한다. 이때, 물탱크에 물을 가득 채우는 데 걸리는 시간은?(단, 물 1L는 1kg으로 환산한다)

① 4분 10초
② 4분 20초
③ 4분 30초
④ 4분 40초
⑤ 4분 50초

14 L사 문화재단의 갑부서, 을부서, 병부서에서 대표로 2명씩 미디어 사업 확장을 위한 회의에 참석하였다. 원탁에 같은 부서 사람끼리 옆자리에 앉는 방식으로 자리를 배치한다고 할 때, 6명이 앉을 수 있는 경우의 수는?

① 15가지 ② 16가지
③ 17가지 ④ 18가지
⑤ 19가지

15 L동아리에서는 테니스 경기를 토너먼트 방식으로 진행한다. 총 16명이 참여했을 때, 최종 우승자가 나올 때까지 진행되는 경기의 수는?(단, 동점자는 없다)

① 11번 ② 12번
③ 13번 ④ 14번
⑤ 15번

16 L공장에서 제조하는 휴대폰 액세서리는 원가가 700원이고 표시된 정가는 a원이다. 서울의 A매장에서 이 액세서리를 표시된 정가에서 14% 할인하여 50개 팔았을 때의 이익과 B매장에서 20% 할인하여 80개 팔았을 때의 이익이 같다고 한다. 이때, a의 각 자리의 수를 모두 더한 값은?

① 1 ② 2
③ 3 ④ 4
⑤ 5

17 작년 S초등학교의 전교생 수는 480명이었다. 올해 남학생 수는 20% 증가하였고, 여학생 수는 10% 감소하여 올해 남학생 수와 여학생 수의 비율이 20 : 21이 되었다. 올해 전교생 수는?

① 488명 ② 492명
③ 496명 ④ 500명
⑤ 504명

2024년 상반기 SK그룹

18 S사는 3월 6일에 1차 전체회의를 진행하였다. 100일 후 2차 전체회의를 진행하고자 할 때, 2차 전체회의는 언제 진행되는가?

① 5월 31일　　　　② 6월 7일
③ 6월 14일　　　　④ 6월 21일
⑤ 6월 28일

2023년 하반기 KT그룹

19 등산을 하는데 올라갈 때에는 4km/h의 속력으로 걷고, 내려올 때에는 올라갈 때보다 2km 더 먼 거리를 6km/h의 속력으로 걸어 내려왔다. 올라갈 때와 내려올 때 걸린 시간이 같았다면 내려올 때 걸린 시간은?

① 1시간　　　　② 1.5시간
③ 2시간　　　　④ 2.5시간
⑤ 3시간

2023년 하반기 삼성그룹

20 A ~ H 8명의 후보 선수 중 4명을 뽑을 때, A, B, C를 포함하여 뽑을 확률은?

① $\dfrac{1}{14}$　　　　② $\dfrac{1}{5}$
③ $\dfrac{3}{8}$　　　　④ $\dfrac{1}{2}$
⑤ $\dfrac{3}{5}$

2023년 하반기 LG그룹

21 서로 다른 2개의 주사위를 동시에 던질 때, 나오는 눈의 수의 곱이 4의 배수일 확률은?

① $\dfrac{1}{6}$　　　　② $\dfrac{2}{9}$
③ $\dfrac{5}{18}$　　　　④ $\dfrac{1}{3}$
⑤ $\dfrac{5}{12}$

| 2023년 하반기 SK그룹

22 하이킹을 하는데 올라갈 때는 10km/h의 속력으로 달리고, 내려올 때는 올라갈 때보다 10km 더 먼 길을 20km/h의 속력으로 달렸다. 올라갔다가 내려오는 데 총 5시간이 걸렸다면 올라갈 때 달린 거리는?

① 15km ② 20km
③ 25km ④ 30km
⑤ 35km

| 2023년 상반기 LG그룹

23 A와 B가 같이 일을 하면 12일, B와 C가 같이 일을 하면 6일, C와 A가 같이 일을 하면 18일이 걸리는 일이 있다. 만약 A ~ C 모두 함께 72일 동안 일을 하면 기존에 했던 일의 몇 배의 일을 할 수 있는가?

① 9배 ② 10배
③ 11배 ④ 12배
⑤ 13배

| 2023년 상반기 KT그룹

Easy
24 1개당 15g인 사과와 20g인 자두를 합하여 14개를 사는데 총무게가 235g 이상 250g 이하가 되도록 하려고 할 때, 최대로 살 수 있는 사과의 개수는?

① 7개 ② 8개
③ 9개 ④ 10개
⑤ 11개

※ 일정한 규칙으로 수를 나열할 때, 빈칸에 들어갈 알맞은 수를 고르시오. [25~40]

2025년 하반기 SK그룹

25   27   81   9   243   3   729   (   )

① 1   ② 2
③ 4   ④ 6
⑤ 8

2025년 하반기 SK그룹

26   14   22 $\frac{43}{2}$ 43   51 $\frac{101}{2}$ 101   (   )

① 105   ② 109
③ 116   ④ 125
⑤ 168

Easy

2024년 하반기 포스코그룹

27   345   307   269   231   193   (   )

① 151   ② 153
③ 155   ④ 157

2024년 하반기 LG그룹

28   3.98   8.95   15.9   24.83   35.74   48.63   (   )   80.35   99.18

① 67.2   ② 66.9
③ 65.8   ④ 64.3
⑤ 63.5

29 | 2024년 하반기 SK그룹

$$3 \quad -6 \quad -12 \quad 24 \quad 18 \quad -36 \quad -42 \quad (\ \ ) \quad 78$$

① -84 ② -72
③ 72 ④ 84
⑤ 96

30 | 2024년 하반기 SK그룹

$$4 \quad 5 \quad 9 \quad 14 \quad 23 \quad 37 \quad (\ \ ) \quad 97 \quad 157 \quad 254$$

① 50 ② 52
③ 55 ④ 58
⑤ 60

31 | 2024년 상반기 LG그룹

$$1 \quad -2 \quad 1 \quad -2 \quad 4 \quad -8 \quad 1 \quad -2 \quad (\ \ )$$

① 8 ② 9
③ 10 ④ 11
⑤ 12

32 | 2024년 상반기 LG그룹

$$100 \quad 80 \quad 61 \quad 43 \quad (\ \ ) \quad 10 \quad -5$$

① 28 ② 27
③ 26 ④ 25
⑤ 24

Hard 33 | 2023년 하반기 SK그룹

0.8   0.9   2.7   0.7   6.6   0.3   14.5   (   )

① −0.5
② −0.6
③ −0.7
④ −0.8
⑤ −0.9

34 | 2023년 하반기 LG그룹

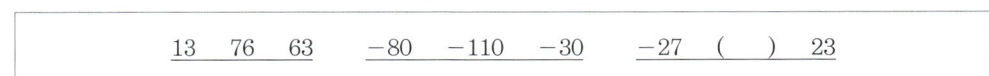
13   76   63   −80   −110   −30   −27   (   )   23

① −14
② −4
③ 4
④ 14
⑤ 22

35 | 2023년 하반기 SK그룹

6   4   4   21   5   32   19   (   )   10

① 18
② 16
③ 14
④ 12
⑤ 10

Easy 36 | 2023년 하반기 KT그룹

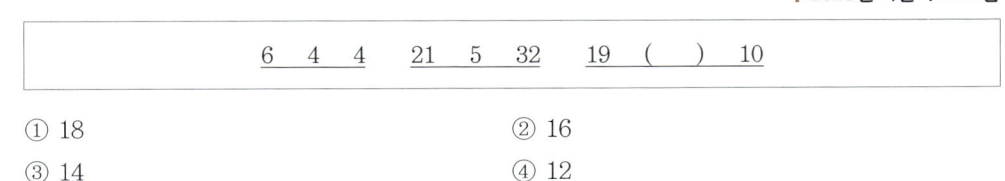
1   2   2   2   4   2   3   12   (   )

① 4
② 5
③ 6
④ 7
⑤ 8

37. 2023년 하반기 SK그룹

| 4 5 10 11 22 23 ( ) |

① 43
② 44
③ 45
④ 46
⑤ 47

38. 2023년 상반기 포스코그룹

| 216 ( ) 324 432 486 576 729 768 |

① 324
② 340
③ 384
④ 410

39. 2023년 상반기 KT그룹

| 5 1 2 3 9 4 8 ( ) 6 |

① 2
② 7
③ 10
④ 11
⑤ 12

40

| 1 | 8 | 15 | 22 | 29 | 36 | 36 | 43 | ( ) | 57 | 64 | 71 |

① 42　　　② 43
③ 45　　　④ 50

41 일정한 규칙으로 수를 나열할 때, $A+B$의 값은?

| 3 | 6 | 2 | 12 | 4 | (A) | 28 | 392 | (B) | 6,768 |

① 412
② 414
③ 416
④ 418
⑤ 420

42 다음 수열의 11번째 항의 값은?

| −10 | −11 | −6 | 5 | 22 | 45 | 74 |

① 247
② 250
③ 253
④ 256
⑤ 259

43 다음은 A ~ D사의 연간 매출액에 대한 자료이다. 연간 매출액이 일정한 증감률을 보인다고 할 때, 빈칸에 들어갈 알맞은 수는?

〈A ~ D사의 연간 매출액〉

(단위 : 백억 원)

구분		2019년	2020년	2021년	2022년	2023년	2024년
A사	매출액	300	350	400	450	500	550
	순이익	9	10.5	12	13.5	15	16.5
B사	매출액	200	250	200	250	200	250
	순이익	4	7.5	4	7.5	4	7.5
C사	매출액	250	350	300	400	350	450
	순이익	5	10.5	12	20		31.5
D사	매출액	350	300	250	200	150	100
	순이익	7	6	5	4	3	2

※ (순이익)=(매출액)×(이익률)

① 21
② 23
③ 25
④ 27
⑤ 29

Hard

44 다음은 S인터넷쇼핑몰의 1 ~ 4월 판매내역에 대한 자료이다. 이의 일부는 잉크가 번져 보이지 않는 상황이다. 이때 1 ~ 4월까지의 총반품금액에 대한 4월 반품금액의 비율에서 1 ~ 4월까지의 총배송비에 대한 1월 배송비의 비율을 뺀 값은?

〈S인터넷쇼핑몰 판매내역〉

(단위 : 원)

구분	판매금액	반품금액	취소금액	배송비	매출
1월	2,400,000	300,000			1,870,000
2월	1,700,000		160,000	30,000	1,360,000
3월	2,200,000	180,000	140,000		1,840,000
4월			180,000	60,000	1,990,000
합계	8,800,000	900,000		160,000	7,040,000

※ (매출)=(판매금액)-(반품금액)-(취소금액)-(배송비)

① 11.25%p
② 11.5%p
③ 11.75%p
④ 12%p
⑤ 12.25%p

45 다음은 로봇산업현황 중 국내시장 규모를 나타낸 자료이다. 제조업용 로봇 생산액의 2021년 대비 2023년의 성장률은?(단, 소수점 둘째 자리에서 반올림한다)

〈국내시장(생산기준) 규모〉

(단위 : 억 원, %)

구분		2021년		2022년			2023년		
		생산액	구성비	생산액	구성비	전년 대비	생산액	구성비	전년 대비
제조업용 로봇		6,272	87.2	6,410	85.0	2.2	7,016	84.9	9.5
서비스용 로봇		447	6.2	441	5.9	-1.1	483	5.9	9.4
	전문 서비스용	124	1.7	88	1.2	-29.1	122	1.5	38.4
	개인 서비스용	323	4.5	353	4.7	9.7	361	4.4	2.2
로봇부품 및 부분품		478	6.6	691	9.1	44.5	769	9.2	11.4
계		7,197	100	7,542	100	4.8	8,268	100	9.6

① 7.3%
② 8.9%
③ 10.2%
④ 11.9%
⑤ 13.4%

46 다음은 S사의 2023년 1분기 ~ 2024년 2분기의 영업이익, 영업수익, 영업비용에 대한 자료이다. 빈칸에 들어갈 수로 옳은 것은?

〈2023년 1분기 ~ 2024년 2분기 영업이익, 영업수익, 영업비용〉

(단위 : 억 원)

구분	2023년 1분기	2023년 2분기	2023년 3분기	2023년 4분기	2024년 1분기	2024년 2분기
영업이익	200,000	185,000	176,000	193,000	186,000	220,000
영업수익	637,000	658,000	676,000	676,000	662,000	750,000
영업비용	437,000	473,000	500,000		476,000	530,000

① 453,000
② 463,000
③ 473,000
④ 483,000
⑤ 493,000

Easy

47 S시에서 운영하는 시립도서관에서 보관하고 있는 책의 수가 매월 다음과 같은 규칙을 보일 때, 2023년 5월에 보관하고 있는 책의 수는?

〈S시 시립도서관 보관 책 현황〉

(단위 : 권)

구분	2022년 6월	2022년 7월	2022년 8월	2022년 9월	2022년 10월
보관 중인 책의 수	500	525	550	575	600

① 700권 ② 725권
③ 750권 ④ 775권
⑤ 800권

48 S베이커리에서 제조되는 초콜릿의 개수가 다음과 같은 규칙을 보일 때, 2023년 11월에 제조되는 초콜릿의 개수는?

〈S베이커리 제조되는 초콜릿 수 변화〉

(단위 : 개)

구분	2023년 1월	2023년 2월	2023년 3월	2023년 4월	2023년 5월	2023년 6월
초콜릿의 개수	10	20	30	50	80	130

① 210개 ② 340개
③ 550개 ④ 890개
⑤ 1,440개

49 다음은 연도별 뺑소니 교통사고 통계현황에 대한 자료이다. 이에 대한 〈보기〉의 설명 중 옳은 것을 모두 고르면?

〈연도별 뺑소니 교통사고 통계현황〉

(단위 : 건, 명)

구분	2020년	2021년	2022년	2023년	2024년
사고건수	15,500	15,280	14,800	15,800	16,400
검거 수	12,493	12,606	12,728	13,667	14,350
사망자 수	1,240	1,528	1,850	1,817	1,558
부상자 수	9,920	9,932	11,840	12,956	13,940

- $[검거율(\%)] = \dfrac{(검거\ 수)}{(사고건수)} \times 100$

- $[사망률(\%)] = \dfrac{(사망자\ 수)}{(사고건수)} \times 100$

- $[부상률(\%)] = \dfrac{(부상자\ 수)}{(사고건수)} \times 100$

보기

㉠ 사고건수는 매년 감소하지만 검거 수는 매년 증가한다.
㉡ 2022년의 사망률과 부상률이 2023년의 사망률과 부상률보다 모두 높다.
㉢ 2022 ~ 2024년의 사망자 수와 부상자 수의 증감 추이는 반대이다.
㉣ 2021 ~ 2024년 검거율은 매년 높아지고 있다.

① ㉠, ㉡
② ㉠, ㉣
③ ㉡, ㉣
④ ㉢, ㉣
⑤ ㉠, ㉢, ㉣

50 다음은 연도별 축산물 수입 추이를 나타낸 자료이다. 이에 대한 설명으로 옳지 않은 것은?

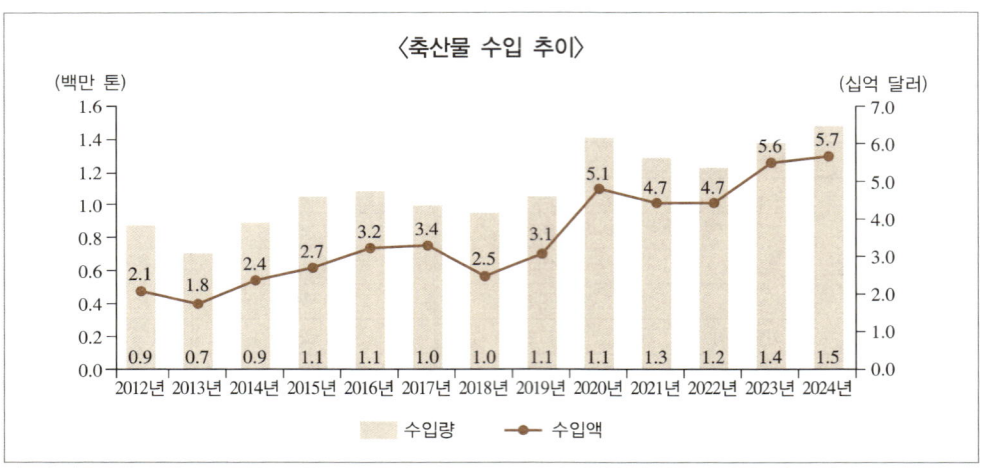

① 2024년 축산물 수입량은 2014년 대비 약 67% 증가하였다.
② 처음으로 2012년 축산물 수입액의 두 배 이상 수입한 해는 2020년이다.
③ 전년 대비 축산물 수입액의 증가율이 가장 높았던 해는 2020년이다.
④ 축산물 수입량과 수입액의 변화 추이는 동일하다.
⑤ 2014 ~ 2017년까지 축산물 수입액은 전년 대비 증가했다.

51 다음은 국가별 자동차 보유 대수에 대한 자료이다. 이에 대한 설명으로 옳은 것은?(단, 모든 비율은 소수점 둘째 자리에서 반올림한다)

〈국가별 자동차 보유 대수〉

(단위 : 천 대)

구분		전체	승용차	트럭·버스
유럽	네덜란드	3,585	3,230	355
	독일	18,481	17,356	1,125
	프랑스	17,434	15,100	2,334
	영국	15,864	13,948	1,916
	이탈리아	15,673	14,259	1,414
캐나다		10,029	7,823	2,206
호주		5,577	4,506	1,071
미국		129,943	104,898	25,045

① 자동차 보유 대수에서 승용차가 차지하는 비율이 가장 높은 국가는 프랑스이다.
② 자동차 보유 대수에서 트럭·버스가 차지하는 비율이 가장 높은 국가는 미국이다.
③ 자동차 보유 대수에서 승용차가 차지하는 비율이 가장 낮은 국가는 호주이며, 90%를 넘는다.
④ 캐나다와 프랑스는 승용차와 트럭·버스의 비율이 3 : 1로 거의 비슷하다.
⑤ 유럽 국가는 미국, 캐나다, 호주와 비교했을 때, 자동차 보유 대수에서 승용차가 차지하는 비율이 높다.

52 다음은 5가지 커피 A ~ E에 대한 소비자 선호도 조사를 정리한 자료이다. 조사는 541명의 동일한 소비자를 대상으로 1차와 2차 구매를 통해 이루어졌다. 이에 대한 〈보기〉의 설명 중 옳은 것을 모두 고르면?

〈커피별 소비자 선호도 조사〉

(단위 : 명)

1차 구매	2차 구매					합계
	A	B	C	D	E	
A	93	17	44	7	10	171
B	9	46	11	0	9	75
C	17	11	155	9	12	204
D	6	4	9	15	2	36
E	10	4	12	2	27	55
합계	135	82	231	33	60	541

보기

ㄱ. D, E를 제외하고 대부분의 소비자들이 취향에 맞는 커피를 꾸준히 선택하고 있다.
ㄴ. 1차에서 A를 구매한 소비자가 2차 구매에서 C를 구입하는 경우가 그 반대의 경우보다 더 적다.
ㄷ. 1차, 2차 모두 C를 구입하는 소비자가 제일 많다.

① ㄱ
② ㄷ
③ ㄱ, ㄷ
④ ㄴ, ㄷ
⑤ ㄱ, ㄴ, ㄷ

53 다음은 보건복지부에서 집계한 연도별 주요 암 조발생률 추이이다. 이에 대한 설명으로 옳지 않은 것은?

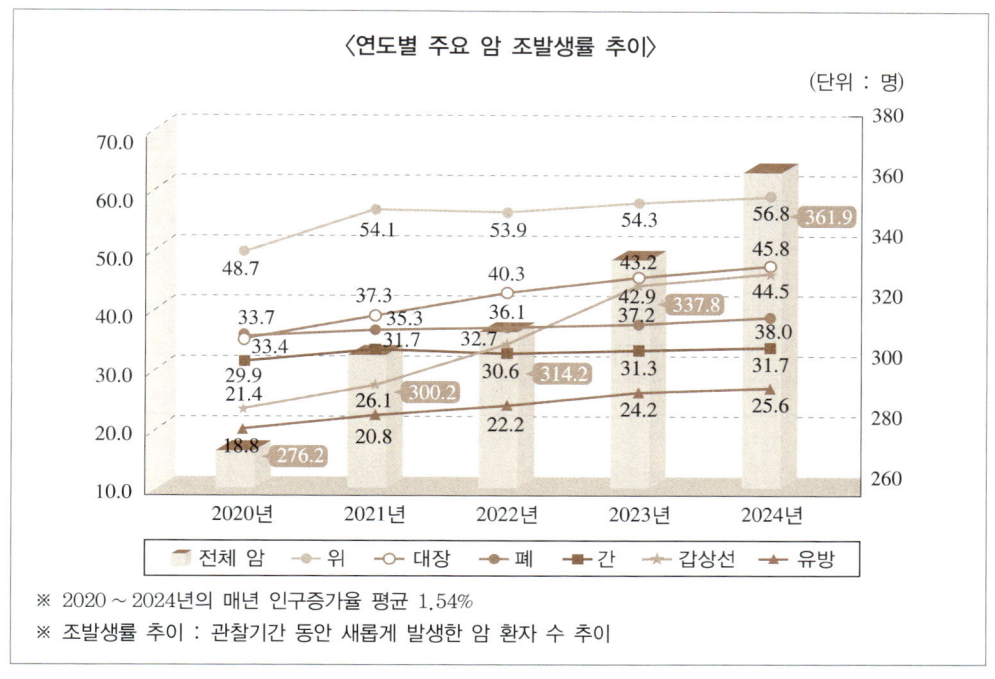

① 매년 가장 많이 증가하고 있는 암은 갑상선암이다.
② 전체 암의 증가율은 매년 인구증가율 평균보다 높다.
③ 전년 대비 증가율이 낮아진 암도 있다.
④ 2020년 대비 2024년의 암 조발생 증가율이 가장 낮은 암은 간암이다.
⑤ 조발생률이 가장 낮은 암과 가장 높은 암의 차이가 가장 큰 해는 2021년이다.

54 다음은 A ~ C사의 2024년 1분기 매출액 및 전분기 대비 변동률을 나타낸 자료이다. 이에 대한 설명으로 옳은 것은?(단, 모든 계산은 소수점 셋째 자리에서 반올림하고, 단위는 억 원으로 한다)

〈2024년 1분기 매출액 및 전분기 대비 매출액 변동률〉

구분	1분기 매출액	2분기 변동률	3분기 변동률	4분기 변동률
A사	16억 원	+12%	−11%	−20%
B사	11억 원	−8%	+9%	+8%
C사	9억 원	+6%	−5%	+30%

① 3사의 분기별 매출액 순위는 4분기에 변한다.
② A사의 2분기 매출액은 같은 분기 C사의 1.5배 이상이다.
③ B사의 4분기 매출액은 같은 분기 A사의 매출액을 초과하였다.
④ B사의 4분기 매출액은 1분기 매출액보다 10% 이상 증가하였다.
⑤ 4분기에 감소한 A사 매출액의 절댓값은 4분기에 증가한 C사 매출액의 절댓값보다 작다.

55 L씨는 2020년 말 미국, 중국, 일본 세 기업에서 스카우트 제의를 받았다. 각 기업에서 제시한 연봉은 각각 3만 달러, 20만 위안, 290만 엔으로, 2021년 말부터 3년간 고정적으로 지급한다고 한다. 다음 예상환율을 참고할 때, L씨가 이해한 내용으로 옳은 것은?

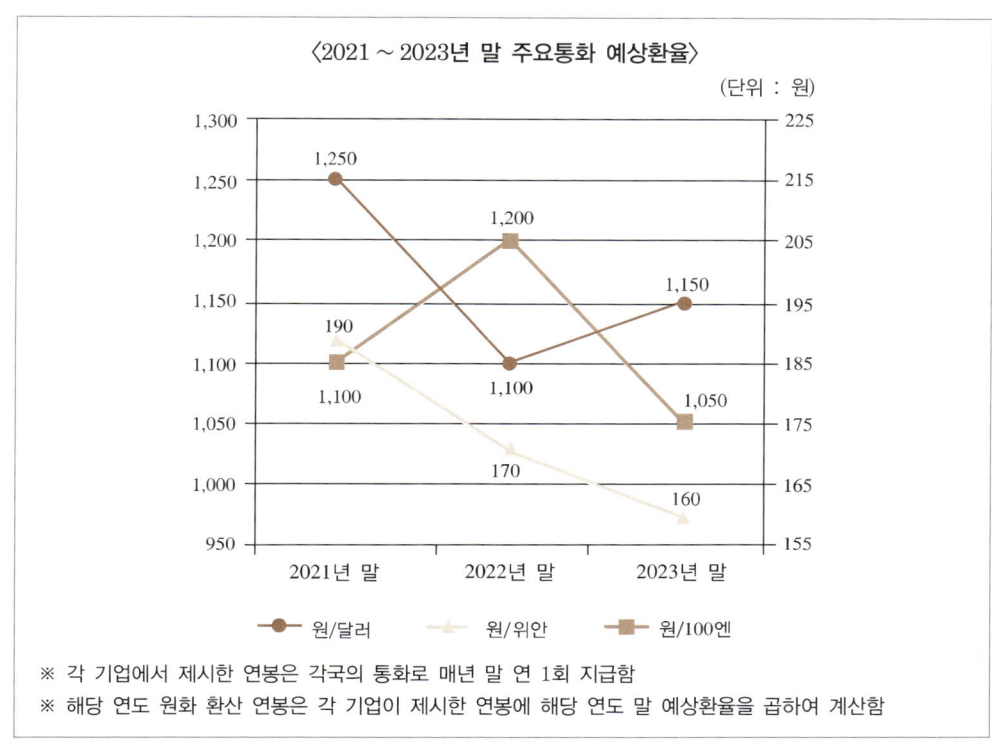

① 2021년 말 원화 환산 연봉은 미국기업이 가장 많다.
② 2022년 말 원화 환산 연봉은 중국기업이 가장 많다.
③ 2023년 말 원화 환산 연봉은 일본기업이 중국기업보다 많다.
④ 향후 3년간 가장 많은 원화 환산 연봉을 주는 곳은 중국기업이다.
⑤ 2022년 말 대비 2023년 말 중국기업의 원화 환산 연봉의 감소율은 2021년 말 대비 2023년 말 일본기업의 원화 환산 연봉의 감소율보다 크다.

56 다음은 2023년 S국의 쌀, 보리, 콩, 수수, 귀리의 수입 및 수출량에 대한 자료이다. 이에 대한 설명으로 옳은 것은?

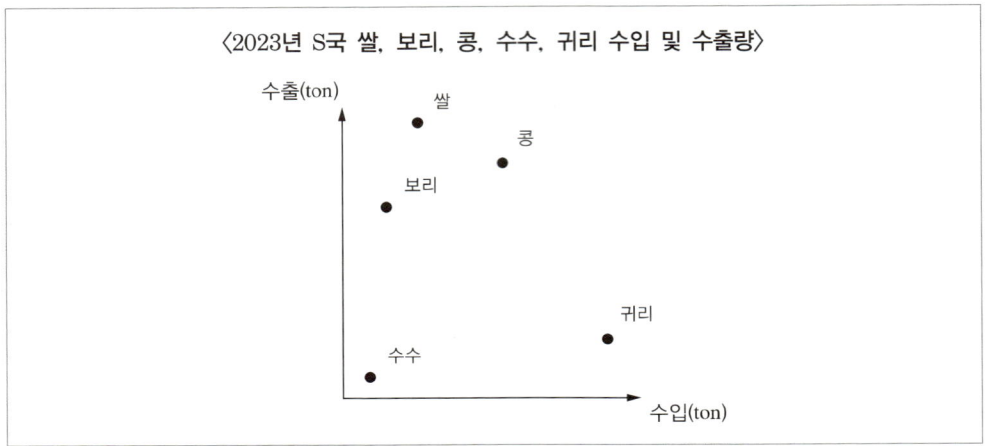

① 수입량이 가장 많은 곡식은 쌀이다.
② 수출량이 가장 많은 곡식은 귀리이다.
③ 보리는 수입량 대비 수출량이 가장 크다.
④ 수수는 수입량과 수출량 모두 가장 적다.
⑤ 콩은 수입량과 수출량 모두 세 번째로 많다.

57 다음은 2001 ~ 2023년 국제학업성취도평가 중 읽기 항목의 점수에 대한 자료이다. 이에 대한 〈보기〉의 설명 중 옳지 않은 것을 모두 고르면?

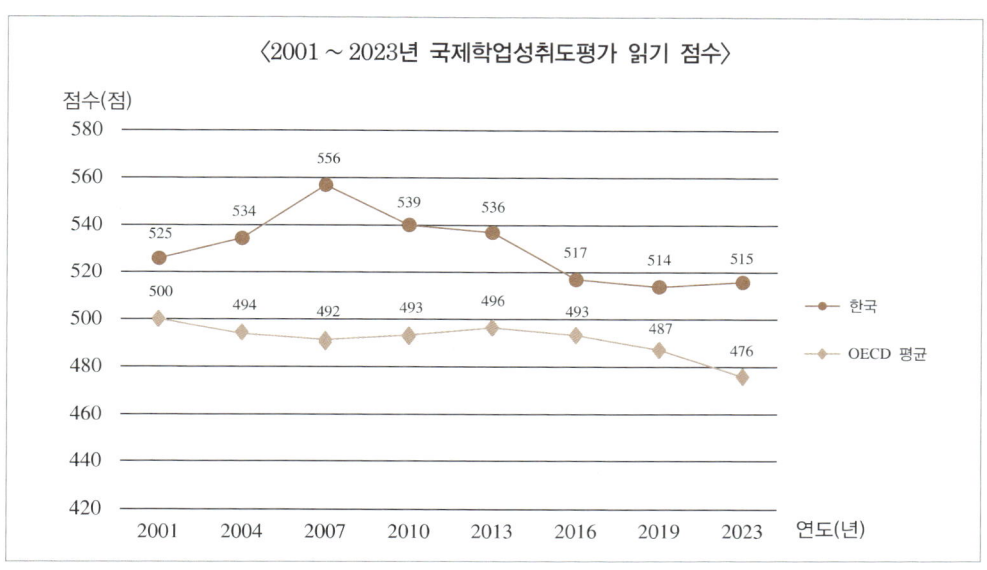

보기

경제협력개발기구(OECD)의 주관하에 3년 주기로 시행하고 있는 국제학업성취도평가는 크게 수학, 읽기, 과학을 평가하고 있다. 위의 자료는 읽기 항목 점수에 대한 자료이며, ㉠ 한국은 항상 OECD 평균보다 높은 성적을 기록하고 있다. 특히 2007년의 읽기 점수는 2001 ~ 2023년 중 가장 높은 점수를 기록하였으며, ㉡ OECD 평균 점수와의 차이는 2023년이 가장 큰 것으로 기록되었다. 하지만 이후로 점수가 하락세를 보였으며, 비록 2023년에는 점수가 소폭 상승하였으나 전체적으로는 하락세를 보였다. 한편, ㉢ OECD 평균 읽기 점수는 2013년 이후 하락하였다. 이는 스마트폰 등 전자기기의 영향이 큰 것으로 전문가들은 추측하고 있다.

① ㉡
② ㉢
③ ㉠, ㉡
④ ㉡, ㉢
⑤ ㉠, ㉡, ㉢

58 다음은 1인 1일 이메일과 휴대전화 스팸 수신량을 나타낸 그래프이다. 이에 대한 설명으로 옳은 것은?

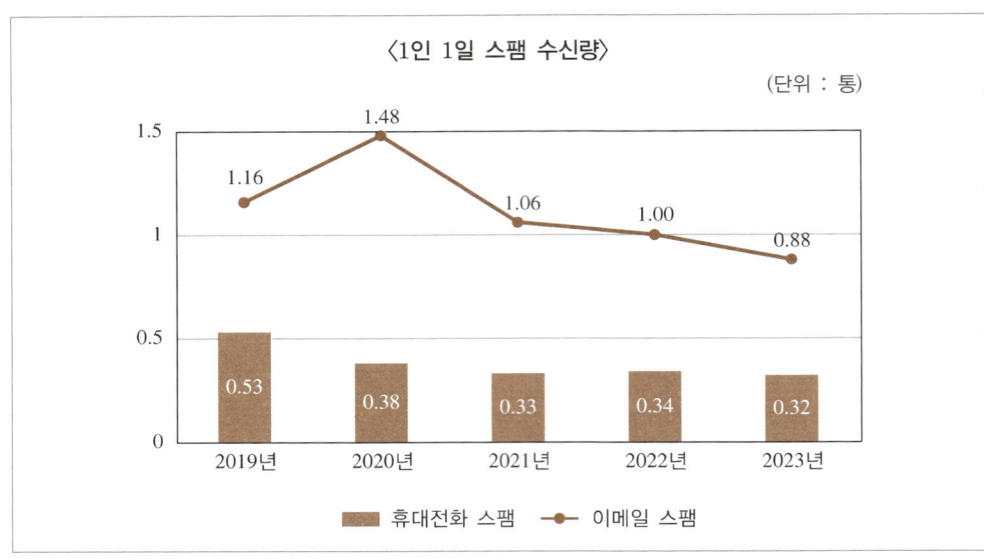

① 이메일 스팸 수신량은 같은 해의 휴대전화 스팸 수신량보다 항상 2.5배 이상이다.
② 전년 대비 2021년 이메일 스팸 감소율은 전년 대비 2022년 감소율의 4배 이하이다.
③ 전년 대비 2022년도 휴대전화 스팸 증가량과 2021년 대비 2023년도 휴대전화 스팸 감소량은 같다.
④ 2021년부터 2023년까지 휴대전화 스팸 수신량과 이메일 스팸 수신량 증감 추이는 같다.
⑤ 이메일 스팸 수신량이 가장 많은 해는 2020년이고, 휴대전화 스팸 수신량이 가장 적은 해는 2022년이다.

Easy

59 다음은 주요 온실가스의 연평균 농도 변화 추이를 나타낸 자료이다. 이에 대한 설명으로 옳지 않은 것은?

〈주요 온실가스의 연평균 농도 변화 추이〉

구분	2016년	2017년	2018년	2019년	2020년	2021년	2022년
이산화탄소(CO_2, ppm)	387.2	388.7	389.9	391.4	392.5	394.5	395.7
오존전량(O_3, DU)	331	330	328	325	329	343	335

① 이산화탄소의 농도는 계속해서 증가하고 있다.
② 오존전량은 계속해서 증가하고 있다.
③ 2022년 오존전량은 2016년의 오존전량보다 4DU 증가했다.
④ 2022년 이산화탄소의 농도는 2017년보다 7ppm 증가했다.
⑤ 오존전량이 가장 크게 감소한 해는 2022년이다.

60 다음은 A ~ E 5개국의 경제 및 사회 지표 자료이다. 이에 대한 설명으로 옳지 않은 것은?

〈주요 5개국의 경제 및 사회 지표〉

구분	1인당 GDP(달러)	경제성장률(%)	수출(백만 달러)	수입(백만 달러)	총인구(백만 명)
A	27,214	2.6	526,757	436,499	50.6
B	32,477	0.5	624,787	648,315	126.6
C	55,837	2.4	1,504,580	2,315,300	321.8
D	25,832	3.2	277,423	304,315	46.1
E	56,328	2.3	188,445	208,414	24.0

※ (총 GDP)=(1인당 GDP)×(총인구)

① 경제성장률이 가장 큰 나라가 총 GDP는 가장 작다.
② 총 GDP가 가장 큰 나라의 GDP는 가장 작은 나라의 GDP보다 10배 이상 더 크다.
③ 5개국 중 수출과 수입에 있어서 규모에 따라 나열한 순위는 서로 일치한다.
④ A국이 E국보다 총 GDP가 더 크다.
⑤ 1인당 GDP에 따른 순위와 총 GDP에 따른 순위는 서로 일치한다.

| 03 | 추리

※ 다음 명제가 모두 참일 때, 빈칸에 들어갈 명제로 가장 적절한 것을 고르시오. [1~6]

| 2025년 상반기 LG그룹

01

- 영양소는 체내에서 에너지원 역할을 한다.
- 탄수화물은 영양소이다.
- 그러므로 _____

① 탄수화물은 체내에 필요하다.
② 에너지원 역할을 하는 것은 영양소이다.
③ 에너지원 역할을 하는 것은 탄수화물이다.
④ 탄수화물은 체내에서 에너지원 역할을 한다.
⑤ 탄수화물을 제외한 영양소는 에너지원 역할을 하지 않는다.

Easy

| 2025년 상반기 삼성그룹

02

전제1. S사의 메신저는 모두 보안 네트워크를 사용한다.
전제2. S사의 신입은 모두 S사의 메신저만 사용한다.
결론. _____

① S사의 신입이 아니면 보안 네트워크를 사용하지 않는다.
② 메신저가 보안 네트워크를 사용하면 모두 S사의 메신저이다.
③ S사의 신입이 사용하는 메신저는 모두 보안 네트워크를 사용한다.
④ 메신저가 보안 네트워크를 사용하지 않으면 모두 S사의 메신저이다.
⑤ S사의 메신저를 사용하지 않는 직원은 모두 보안 네트워크를 사용한다.

Easy

| 2025년 상반기 삼성그룹

03

전제1. S대학의 어떤 신입생은 기숙사에 거주한다.
전제2. 기숙사에 거주하는 사람은 모두 도보로 등교한다.
결론. _____

① S대학의 어떤 신입생은 도보로 등교한다.
② 도보로 등교하는 사람은 모두 신입생이다.
③ S대학의 신입생이 아니면 도보로 등교하지 않는다.
④ S대학의 기숙사에 거주하는 사람은 모두 신입생이다.
⑤ 어떤 사람이 도보로 등교하면 기숙사에 거주하는 것이다.

04

전제1. 회의에 참석하려면 명함이 필요하다.
전제2. _____
결론. 출장을 나가면 회의에 반드시 참석할 수 있다.

① 명함이 없어도 회의에 참석할 수 있다.
② 회의에 참석하려면 출장을 나가야 한다.
③ 출장을 나가면 반드시 명함을 지참한다.
④ 명함이 있는 사람은 모두 회의에 참석한다.
⑤ 출장을 나가면 회의에 참석하지 못할 수도 있다.

05

- 광물은 매우 규칙적인 원자 배열을 가지고 있다.
- 다이아몬드는 광물이다.
- _____

① 광물은 다이아몬드이다.
② 광물이 아니면 다이아몬드이다.
③ 다이아몬드가 아니면 광물이 아니다.
④ 다이아몬드는 매우 규칙적인 원자 배열을 가지고 있다.
⑤ 광물이 아니면 규칙적인 원자 배열을 가지고 있지 않다.

06

전제1. 밤에 잠을 잘 못자면 낮에 피곤하다.
전제2. _____
전제3. 업무 효율이 떨어지면 성과급을 받지 못한다.
결론. 밤에 잠을 잘 못자면 성과급을 받지 못한다.

① 업무 효율이 떨어지면 밤에 잠을 잘 못 잔다.
② 낮에 피곤하면 업무 효율이 떨어진다.
③ 성과급을 받으면 밤에 잠을 잘 못 잔다.
④ 밤에 잠을 잘 자면 성과급을 받는다.
⑤ 성과급을 받지 못하면 낮에 피곤하다.

※ 다음 명제가 모두 참일 때, 항상 참인 명제를 고르시오. [7~9]

| 2025년 상반기 LG그룹

07
- 달리기를 못하면 건강하지 않다.
- 홍삼을 먹으면 건강하다.
- 달리기를 잘하면 다리가 길다.

① 다리가 길면 홍삼을 먹는다.
② 건강하지 않으면 다리가 길다.
③ 달리기를 잘하면 홍삼을 먹는다.
④ 다리가 길지 않으면 홍삼을 먹지 않는다.
⑤ 다리가 길지 않으면 홍삼을 먹지 않는다.

| 2024년 하반기 KT그룹

Easy
08
- 진달래를 좋아하는 사람은 감성적이다.
- 백합을 좋아하는 사람은 보라색을 좋아하지 않는다.
- 감성적인 사람은 보라색을 좋아한다.

① 감성적인 사람은 백합을 좋아한다.
② 백합을 좋아하는 사람은 감성적이다.
③ 진달래를 좋아하는 사람은 보라색을 좋아한다.
④ 보라색을 좋아하는 사람은 감성적이다.
⑤ 백합을 좋아하는 사람은 진달래를 좋아한다.

| 2024년 상반기 SK그룹

09
- 마포역 부근의 어떤 정형외과는 토요일이 휴진이다.
- 공덕역 부근의 어떤 치과는 토요일이 휴진이다.
- 공덕역 부근의 모든 치과는 화요일이 휴진이다.

① 마포역 부근의 어떤 정형외과는 화요일이 휴진이다.
② 모든 공덕역 부근의 치과는 토요일이 휴진이 아니다.
③ 마포역 부근의 모든 정형외과는 화요일이 휴진이 아니다.
④ 공덕역 부근의 어떤 치과는 토요일과 화요일이 모두 휴진이다.
⑤ 마포역 부근의 어떤 정형외과는 토요일과 화요일이 모두 휴진이다.

10 다음은 해외출장이 잦은 해외사업팀 4명의 사원 갑 ~ 정의 항공 마일리지 현황이다. 항상 참이 아닌 것은?

- 갑사원의 항공 마일리지는 8,500점이다.
- 갑사원의 항공 마일리지는 을사원보다 1,500점 많다.
- 병사원의 항공 마일리지는 을사원보다 많고 갑사원보다 적다.
- 정사원의 항공 마일리지는 7,200점이다.

① 갑사원의 항공 마일리지가 가장 많다.
② 정사원의 항공 마일리지가 4명 중 가장 적지는 않다.
③ 을사원의 항공 마일리지는 4명 중 가장 적다.
④ 병사원의 정확한 항공 마일리지는 알 수 없다.
⑤ 항공 마일리지가 많은 순서는 '갑 – 정 – 병 – 을'이다.

11 원형 테이블에 번호 순서대로 앉아 있는 다섯 명의 여자 1 ~ 5 사이에 다섯 명의 남자 A ~ E가 한 명씩 앉아야 한다. 다음 〈조건〉을 따르면서 자리를 배치할 때, 참이 아닌 것은?

조건
- A는 짝수번호의 여자 옆에 앉아야 하고, 5 옆에는 앉을 수 없다.
- B는 짝수번호의 여자 옆에 앉을 수 없다.
- C가 3 옆에 앉으면 D는 1 옆에 앉는다.
- E는 3 옆에 앉을 수 없다.

① A는 1과 2 사이에 앉을 수 없다.
② D는 4와 5 사이에 앉을 수 없다.
③ C가 2와 3 사이에 앉으면 A는 반드시 3과 4 사이에 앉는다.
④ E가 1과 2 사이에 앉으면 C는 반드시 4와 5 사이에 앉는다.
⑤ E가 4와 5 사이에 앉으면 A는 반드시 2와 3 사이에 앉는다.

※ 다음 내용을 바탕으로 내린 A, B의 결론에 대한 판단으로 항상 옳은 것을 고르시오. **[12~14]**

Easy

| 2024년 하반기 KT그룹

12

- 중국어를 잘하면 프랑스어를 잘하지 않는다.
- 스페인어를 잘하면 중국어를 잘한다.
- 일본어를 잘하면 스페인어를 잘한다.

A : 일본어를 잘하면 프랑스어를 잘하지 않는다.
B : 스페인어를 잘하면 프랑스어를 잘한다.

① A만 옳다.
② B만 옳다.
③ A, B 모두 옳다.
④ A, B 모두 틀리다.
⑤ A, B 모두 옳은지 틀린지 판단할 수 없다.

| 2024년 상반기 KT그룹

13

- 원숭이를 좋아하면 코끼리를 좋아한다.
- 낙타를 좋아하면 코끼리를 좋아하지 않는다.
- 토끼를 좋아하면 원숭이를 좋아하지 않는다.

A : 코끼리를 좋아하면 토끼를 좋아한다.
B : 낙타를 좋아하면 원숭이를 좋아하지 않는다.

① A만 옳다.
② B만 옳다.
③ A, B 모두 옳다.
④ A, B 모두 틀리다.
⑤ A, B 모두 옳은지 틀린지 판단할 수 없다.

14
- 휴가는 2박 3일이다.
- 혜진이는 수연이보다 하루 일찍 휴가를 간다.
- 지연이는 수연이보다 이틀 늦게 휴가를 간다.
- 태현이는 지연이보다 하루 일찍 휴가를 간다.
- 수연이는 화요일에 휴가를 간다.

A : 수요일에 휴가 중인 사람의 수와 목요일의 휴가 중인 사람의 수는 같다.
B : 태현이는 금요일까지 휴가이다.

① A만 옳다.
② B만 옳다.
③ A, B 모두 옳다.
④ A, B 모두 틀리다.
⑤ A, B 모두 옳은지 틀린지 판단할 수 없다.

15 S병원에는 현재 5명의 심리상담사가 근무 중이다. 얼마 전 시행한 감사에서 이들 중 1명이 근무시간에 자리를 비운 것이 확인되었다. 5명의 심리상담사 중 3명이 진실을 말하고 2명이 거짓을 말한다고 할 때, 거짓을 말하고 있는 심리상담사 2명을 바르게 짝지은 것은?

조건
- A : B는 진실을 말하고 있어요.
- B : 제가 근무시간에 C를 찾아갔을 때, C는 자리에 없었어요.
- C : 근무시간에 자리를 비운 사람은 A입니다.
- D : 저는 C가 근무시간에 밖으로 나가는 것을 봤어요.
- E : D는 어제도 근무시간에 자리를 비웠어요.

① A, B
② A, D
③ B, C
④ B, D
⑤ C, E

16 갑~병 세 사람은 축구, 야구, 농구 중 각자 한 종목을 잘한다. 야구를 잘하는 사람은 항상 진실을, 농구를 잘하는 사람은 항상 거짓을 말한다. 이들의 진술이 다음과 같을 때, 잘하는 종목과 사람이 바르게 연결된 것은?

- 갑 : 병이 야구를 잘한다.
- 을 : 아니다. 병은 축구를 잘한다.
- 병 : 둘 다 틀렸다. 나는 야구도 축구도 잘하지 못한다.

① 갑 – 축구
② 갑 – 농구
③ 을 – 축구
④ 을 – 농구
⑤ 병 – 야구

17 L사의 인사부, 미디어홍보부, 기획재정부, 경영전략부에 지원한 5명은 선발 결과에 대해 다음과 같이 진술하였다. 이 중 1명의 진술만 거짓일 때, 항상 참인 것은?(단, 부서별로 1명이 합격한다)

- 지원자 1 : 지원자 2가 인사부에 선발되었다.
- 지원자 2 : 지원자 3은 인사부 또는 경영전략부에 선발되었다.
- 지원자 3 : 지원자 4는 기획재정부가 아닌 다른 부서에 선발되었다.
- 지원자 4 : 지원자 5는 경영전략부에 선발되었다.
- 지원자 5 : 나는 경영전략부에 선발되었는데, 지원자 1은 선발되지 않았다.

① 지원자 1은 미디어홍보부에 선발되었다.
② 지원자 2는 인사부에 선발되었다.
③ 지원자 3은 경영전략부에 선발되었다.
④ 지원자 4는 미디어홍보부에 선발되었다.
⑤ 지원자 5는 기획재정부에 선발되었다.

18 L사 문화재단에서 근무하는 A ~ E사원 5명 중 1명은 이번 주 금요일에 열리는 미디어 세미나에 참석해야 한다. 다음 A ~ E사원의 대화에서 2명이 거짓말을 한다고 할 때, 이번 주 금요일 세미나에 참석하는 사람은?

- A사원 : 나는 금요일 세미나에 참석하지 않아.
- B사원 : 나는 금요일에 중요한 미팅이 있어. D사원이 세미나에 참석할 예정이야.
- C사원 : 나와 D사원은 금요일에 부서 회의에 참석해야 하므로 세미나는 참석할 수 없어.
- D사원 : C와 E사원 중 1명이 참석할 예정이야.
- E사원 : 나는 목요일부터 금요일까지 휴가라 참석할 수 없어. 그리고 C사원의 말은 모두 사실이야.

① A사원　　　　　　　　　　② B사원
③ C사원　　　　　　　　　　④ D사원
⑤ E사원

19 준수, 민정, 영재, 세희, 성은 5명은 항상 진실만 말하거나 거짓만 말한다. 다음 진술을 바탕으로 추론할 때 거짓을 말하는 사람을 모두 고르면?

- 준수 : 성은이는 거짓만 말한다.
- 민정 : 영재는 거짓만 말한다.
- 영재 : 세희는 거짓만 말한다.
- 세희 : 준수는 거짓만 말한다.
- 성은 : 민정이와 영재 중 1명만 진실만 말한다.

① 민정, 세희　　　　　　　　② 영재, 준수
③ 영재, 성은　　　　　　　　④ 영재, 세희
⑤ 민정, 영재, 성은

20 L기업의 직원 A~E 5명 중 1명이 어제 출근하지 않았다. 이들 중 2명이 항상 거짓말을 한다고 할 때, 출근하지 않은 직원은?(단, 출근을 하였어도 결근 사유를 듣지 못할 수도 있다)

- A대리 : 나는 출근했고, E대리도 출근했다. 누가 출근하지 않았는지는 알지 못한다.
- B사원 : C사원은 출근하였다. A대리님의 말은 모두 사실이다.
- C사원 : D사원은 출근하지 않았다.
- D사원 : B사원의 말은 모두 사실이다.
- E대리 : 출근하지 않은 사람은 D사원이다. D사원이 개인 사정으로 인해 출근하지 못한다고 A대리님에게 전했다.

① A대리 ② B사원
③ C사원 ④ D사원
⑤ E대리

21 S회사에서 보관 중인 중요 문서가 도난당했다. 회사는 A~D 4명을 용의자로 지목했으며, 범인은 이 중 1명이다. 다음은 용의자들의 진술이며 문서를 훔친 범인은 항상 거짓을, 범인이 아닌 사람은 항상 참을 말한다고 할 때, 중요 문서를 훔친 사람은?

- A : D가 범인이야.
- B : C가 말한 것이 사실이라면 범인은 A나 D 중 1명이야.
- C : 나와 D는 범인이 아니야.
- D : B와 C는 범인이 아니야.

① A ② B
③ C ④ D
⑤ 알 수 없음

22 A ~ E 5명은 지난주에 개최된 세미나의 참석 여부에 대해 다음과 같이 진술했다. 세미나에 참석하지 않은 2명은 항상 거짓을, 세미나에 참석한 3명은 항상 참을 말한다고 할 때, 거짓을 말한 사람을 모두 고르면?

> - A : B는 세미나에 참석하지 않았어.
> - B : 아니야, 나는 참석했어. A가 참석하지 않았어.
> - C : 나는 세미나실에서 D와 만나서 같이 참석했어.
> - D : 맞아. C는 나랑 같이 세미나에 참석했어.
> - E : A는 세미나에 참석하지 않았어.

① A, B
② A, E
③ B, E
④ C, D
⑤ D, E

23 TV광고 모델에 지원한 A ~ G 7명 중에서 2명이 선발되었다. 선발 내용은 다음 〈조건〉과 같다. 이 중 3가지 진술만 참일 때, 항상 선발되는 사람은?

> **조건**
> - A, B, G는 모두 탈락하였다.
> - E, F, G는 모두 탈락하였다.
> - C와 G 중에서 1명만 선발되었다.
> - A, B, C, D 중에서 1명만 선발되었다.
> - B, C, D 중에서 1명만 선발되었고, D, E, F 중에서 1명만 선발되었다.

① A
② C
③ D
④ E
⑤ G

24 어느 사무실에 도둑이 들어서 갑 ~ 무 5명의 용의자를 대상으로 조사를 했다. 이들 중 1명만 진실을 말하고 나머지는 거짓을 말한다고 할 때, 범인은?

- 갑 : 을이 범인이에요.
- 을 : 정이 범인이 확실해요.
- 병 : 저는 확실히 도둑이 아닙니다.
- 정 : 을은 거짓말쟁이에요.
- 무 : 제가 도둑입니다.

① 갑 ② 을
③ 병 ④ 정
⑤ 무

25 A ~ E 5명이 기말고사를 봤는데, 이들 중 2명은 부정행위를 하였다. 부정행위를 한 2명은 거짓을 말하고 부정행위를 하지 않은 3명은 진실을 말할 때, 다음 진술을 보고 부정행위를 한 사람끼리 바르게 짝지은 것은?

- A : D는 거짓말을 하고 있어.
- B : A는 부정행위를 하지 않았어.
- C : B가 부정행위를 했어.
- D : 나는 부정행위를 하지 않았어.
- E : C가 거짓말을 하고 있어.

① A, B ② B, C
③ C, D ④ C, E
⑤ D, E

26 A~E 5명이 다음 〈조건〉과 같이 일렬로 나란히 자리에 앉는다고 할 때, 바르게 추론한 것은?(단, 자리의 순서는 왼쪽을 기준으로 첫 번째 자리로 한다)

> **조건**
> - D는 A의 바로 왼쪽에 앉는다.
> - B와 D 사이에 C가 있다.
> - A는 마지막 자리가 아니다.
> - A와 B 사이에 C가 있다.
> - B는 E의 바로 오른쪽에 앉는다.

① D는 두 번째 자리에 앉을 수 있다.
② E는 네 번째 자리에 앉을 수 있다.
③ C는 두 번째 자리에 앉을 수 있다.
④ C는 A의 왼쪽에 앉을 수 있다.
⑤ C는 E의 오른쪽에 앉을 수 있다.

27 다음 〈조건〉에 따라 5층 건물에 A~E 5명이 살고 있을 때, 반드시 참이 아닌 것은?(단, 지하에는 사람이 살지 않는다)

> **조건**
> - 각 층에는 최대 2명이 살 수 있다.
> - 어느 한 층에는 사람이 살고 있지 않다.
> - 짝수 층에는 1명씩만 살고 있다.
> - A는 짝수 층에 살고, B는 홀수 층에 살고 있다.
> - D는 C 바로 위층에 살고 있다.
> - E는 1층에 살고 있다.
> - D는 5층에 살지 않는다.

① A가 2층에 산다면 B와 같은 층에 사는 사람이 있다.
② B가 5층에 산다면 C는 어떤 층에 혼자 살고 있다.
③ C가 2층에 산다면 B와 E는 같은 층에 살 수 있다.
④ D가 4층에 산다면 B와 C는 같은 층에 살 수 있다.
⑤ E가 1층에 혼자 산다면 B와 D는 같은 층에 살 수 있다.

28 L사 영업부 직원들은 사무실 자리 배치를 〈조건〉에 따라 바꾸기로 했다. 변경한 사무실 자리 배치에 대한 설명으로 옳지 않은 것은?(단, 성대리, 김사원, 이사원의 자리는 고정되어 있다)

〈사무실 자리 배치표〉

부장	A	B	성대리	C	D
	E	김사원	F	이사원	G

조건
- 같은 직급은 옆자리에 배정하지 않는다.
- 사원 옆자리와 앞자리는 비어있을 수 없다.
- 부장은 동쪽을 바라보며 앉고 부장의 앞자리에는 상무 또는 차장이 앉는다.
- 부장을 제외한 직원들은 마주보고 앉는다.
- L사 영업부 직원은 부장, 사원 2명(김사원, 이사원), 대리 2명(성대리, 한대리), 상무 1명(오상무), 차장 1명(최차장), 과장 2명(김과장, 박과장)이다.

① 최차장 앞자리에 빈자리가 있다.
② A와 D는 빈자리이다.
③ F와 G에 김과장과 박과장이 앉는다.
④ C에 최차장이 앉으면 E에는 오상무가 앉는다.
⑤ B와 C에 오상무와 박과장이 앉으면 F에는 한대리가 앉을 수 있다.

29 다음 〈조건〉과 같이 A~E 5명은 일렬로 줄을 설 것이다. D는 왼쪽에서 몇 번째에 위치하는가?

조건
- A~E 5명은 왼쪽부터 오른쪽까지 일렬로 줄을 선다.
- A와 D 사이에는 1명이 있다.
- E는 B보다 왼쪽에 위치하며 둘 사이에는 2명이 있다.
- C의 오른쪽에는 D가 있다.

① 첫 번째
② 두 번째
③ 세 번째
④ 네 번째
⑤ 다섯 번째

30 8개의 좌석이 있는 원탁에 수민, 성찬, 진모, 성표, 영래, 현석 6명이 다음 〈조건〉에 따라 앉아 있을 때, 항상 참인 것은?

> **조건**
> - 수민이와 현석이는 서로 옆자리이다.
> - 성표의 맞은편에는 진모가, 현석이의 맞은편에는 영래가 앉아 있다.
> - 영래와 수민이는 둘 다 한쪽 옆자리만 비어 있다.
> - 진모의 양 옆자리에는 항상 누군가가 앉아 있다.

① 성표는 어떤 경우에도 빈자리 옆이 아니다.
② 성찬이는 어떤 경우에도 빈자리 옆이 아니다.
③ 영래의 오른쪽에는 성표가 앉는다.
④ 현석이의 왼쪽에는 항상 진모가 앉는다.
⑤ 진모와 수민이는 1명을 사이에 두고 앉는다.

앞선 정보 제공! 도서 업데이트

언제, 왜 업데이트될까?

도서의 학습 효율을 높이기 위해 자료를 추가로 제공할 때!
공기업 · 대기업 필기시험에 변동사항 발생 시 정보 공유를 위해!
공기업 · 대기업 채용 및 시험 관련 중요 이슈가 생겼을 때!

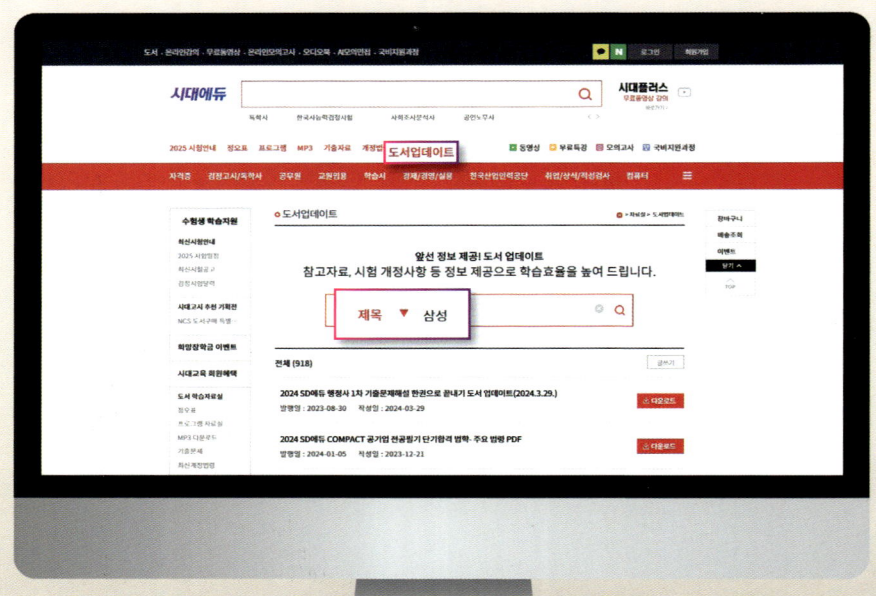

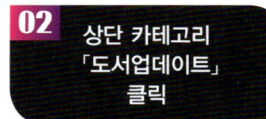

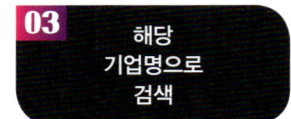

참고자료, 시험 개정사항 등 정보 제공으로 학습효율을 높여 드립니다.

시대에듀
대기업 인적성검사 시리즈

신뢰와 책임의 마음으로 수험생 여러분에게 다가갑니다.

대기업 인적성 "기본서" 시리즈

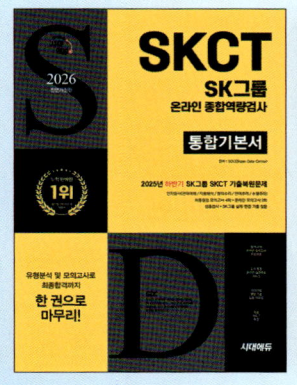   

대기업 취업 기초부터 합격까지! 취업의 문을 여는
Master Key!

※도서의 이미지 및 구성은 변동될 수 있습니다.

CAT
CJ그룹 온라인 적성검사

기출이 답이다

편저 | SDC(Sidae Data Center)

SDC
SDC는 시대에듀 데이터 센터의 약자로 약 30만 개의 NCS·적성 문제 데이터를
바탕으로 최신 출제경향을 반영하여 문제를 출제합니다.

판매량 **1위**
YES24 CJ그룹 부문

2026 상반기 대비

9개년 기출복원문제 +
기출유형 완전 분석 + 무료CJ특강

[합격시대]
온라인 모의고사
무료쿠폰

10대기업
면접 기출
질문 자료집

영역별
공략비법
강의

정답 및 해설

시대에듀

PART 2

기출복원문제

정답 및 해설

CHAPTER 01 | 2025년 하반기 기출복원문제

| 01 | 언어이해

01	02	03	04	05
④	①	②	③	③

01 정답 ④

제시문은 '쓰기(Writing)'의 문화사적 의의를 기술한 글이다. 복잡한 구조나 지시 체계는 이미 소리 속에서 발전해 왔는데 그러한 복잡한 개념들을 시각적인 코드 체계인 쓰기를 통해 기록할 수 있게 되었다. 또한 그러한 쓰기를 통해 인간의 문명과 사고가 더욱 발전하게 되었다. 따라서 ④는 쓰기가 복잡한 구조나 지시 체계를 이루는 시초가 되었다고 보고 있으므로 적절하지 않다.

02 정답 ①

'미국 사회에서 동양계 ~ 구성된다.'에 따르면 '모범적 소수 인종'의 인종적 정체성은 백인의 특성이 장점이라고 생각하는 것과 동양인의 특성이 단점이라고 생각하는 것 사이에서 구성된다. 따라서 '모범적 소수 인종'은 특유의 인종적 정체성을 내면화하고 있음을 추론할 수 있다.

오답분석

② 제시문의 논점은 '동양계 미국인 학생들(모범적 소수 인종)'이 성공적인 학교 생활을 통해 주류 사회에 동화되고 있는 것이 사실인지 여부이다. 그에 따라 사회적 삶에서 인종주의의 영향이 약화될 수 있는지에 대한 문제이다. 따라서 '모범적 소수 인종'의 성공이 일시적·허구적인지에 대한 논점은 확인할 수 없다.
③ 동양계 미국인 학생들은 인종적인 차별을 의식하고 있다고 말할 수 있지만 소수 인종 모두가 의식하고 있는지는 제시문을 통해서 추론할 수 없다.
④ 인종 차별을 의식하는 것은 알 수 있지만 한정된 자원의 배분을 놓고 갈등하는지는 알 수 없다.
⑤ 인종 차별을 은폐된 형태로 지속시킨다는 것은 알 수 없다.

03 정답 ②

제목은 주제와 관련 있다. 제시문의 주제는 '미래 사회에서는 산업 구조의 변화에 따라 전반적인 사회조직의 원리도 바뀔 것이다.'이므로 ②가 제목으로 가장 적절하다. 이때 반복되는 어휘인 '사회조직의 원리'를 떠올리면 제목을 도출하기 쉽다.

오답분석

③ 제시문의 초점은 '미래 사회의 산업 구조' 자체가 아니라 '산업 구조의 변화에 따른 사회조직 원리의 변화'이다.

04 정답 ③

빈칸 앞 문장의 '정상적인 기능을 할 수 없는 상태'와 대조를 이루는 표현이면서, 마지막 문장의 '자기 조절과 방어 시스템이 작동하는 과정인 것'이라는 내용에 어울리는 표현인 ③이 빈칸에 들어갈 내용으로 가장 적절하다.

05 정답 ③

제시문은 종교 해방을 위해 나타난 계몽주의의 발현 배경과 계몽주의가 추구한 방향에 대해 설명하고 그 결과 나타난 긍정적 요소와 부정적 요소를 설명하는 글이다. 따라서 (라) 인간의 종교와 이를 극복하게 한 계몽주의 - (가) 계몽주의의 추구 방향 - (다) 계몽주의의 결과로 나타난 효과 - (나) 계몽주의의 결과로 나타난 역효과 순으로 나열하는 것이 적절하다.

| 02 | 언어추리

01	02	03	04	05
②	⑤	①	⑤	⑤

01 정답 ②

창조적인 기업은 융통성이 있고, 융통성이 있는 기업 중 일부는 오래 간다. 즉, 창조적인 기업이 오래 갈지 아닐지 알 수 없다.

02 정답 ⑤

모든 1과 사원은 가장 실적이 많은 2과 사원보다 실적이 많고, 3과 사원 중 일부는 가장 실적이 많은 2과 사원보다 실적이 적다. 따라서 3과 사원 중 일부는 모든 1과 사원보다 실적이 적으므로 빈칸에는 ⑤가 가장 적절하다.

03 정답 ①

체내에 수분이 많으면 술에 잘 취하지 않지만, 역의 성립 여부는 알 수 없다. 따라서 술에 잘 취하지 않는다고 해서 체내에 수분이 많은 것은 아니다.

[오답분석]
② 첫 번째 명제, 두 번째 명제를 통해 추론할 수 있다.
③ 두 번째 명제의 대우와 첫 번째 명제의 대우를 통해 추론할 수 있다.
④ 첫 번째 명제의 대우를 통해 추론할 수 있다.
⑤ 마지막 명제의 대우를 통해 추론할 수 있다.

04 정답 ⑤

측정 결과를 토대로 정리하면 A별의 밝기 등급은 3등급 이하이며, C별의 경우 A, B, E별보다 어둡고 D별보다는 밝으므로 C별의 밝기 등급은 4등급이다. 그러므로 A별의 밝기 등급은 3등급이며, D별은 5등급, 나머지 E별과 B별은 각각 1등급, 2등급이 된다. 따라서 별의 밝기 등급에 따라 순서대로 나열하면 'E - B - A - C - D' 순서가 된다.

05 정답 ⑤

제시문에서는 탑을 복원할 경우 탑에 담긴 역사적 의미와 함께 탑과 주변 공간의 조화가 사라지고, 정확한 자료 없이 탑을 복원한다면 탑을 온전하게 되살릴 수 없다는 점을 들어 탑을 복원하기보다는 보존해야 한다고 주장한다. 따라서 이러한 근거들과 관련이 없는 ⑤는 제시문에 대한 반박으로 적절하지 않다.

| 03 | 자료해석

01	02	03	04	05					
③	④	②	②	①					

01　정답　③

ㄴ. 경징계 총건수는 3+174+170+160+6=513건이고, 중징계 총건수는 25+48+53+40+5=171건으로 전체 징계 건수는 513+171=684건이다. 따라서 전체 징계 건수 중 경징계 총건수의 비율은 $\frac{513}{684}\times100=75\%$로 70% 이상이다.

ㄷ. 징계 사유 D로 인한 징계 건수 중 중징계 건수의 비율은 $\frac{40}{160+40}\times100=20\%$이다.

오답분석

ㄱ. 경징계 총건수는 3+174+170+160+6=513건이고, 중징계 총건수는 25+48+53+40+5=171건으로 경징계 총건수는 중징계 총건수의 $\frac{513}{171}=3$배이다.

ㄹ. 전체 징계 사유 중 C가 총 170+53=223건으로 가장 많다.

02　정답　④

A, B, C기계 전부를 하루 동안 가동시켰을 때 전체 불량률은 $\frac{(전체\ 불량품\ 수)}{(전체\ 생산량)}\times100$이다.

기계별 하루 생산량과 불량품 수를 계산하면 다음과 같다.

(단위 : 개)

구분	하루 생산량	불량품 수
A기계	500	500×0.05=25
B기계	500×1.1=550	550×0.02=11
C기계	550+50=600	600×0.05=30
합계	1,650	66

따라서 전체 불량률은 $\frac{66}{1,650}\times100=4\%$이다.

03　정답　②

ㄱ. 주화 공급량이 주화 종류별로 각각 20십만 개씩 증가한다면, 이 지역의 평균 주화 공급량은 $\frac{1,000+20\times4}{4}=\frac{1,080}{4}=270$십만 개이다.

ㄷ. • 평균 주화 공급량 : $\frac{1,000}{4}=250$십만 개

　• 주화 공급량 증가량 : 340×0.1+215×0.2+265×0.2+180×0.1=148십만 개

　• 증가한 평균 주화 공급량 : $\frac{1,000+148}{4}=287$십만 개

따라서 250×1.15>287이므로, 증가율은 15% 이하이다.

오답분석

ㄴ. • 10원 주화의 공급기관당 공급량 : $\frac{340}{170}=2$십만 개

　• 500원 주화의 공급기관당 공급량 : $\frac{180}{120}=1.5$십만 개

따라서 주화 종류별 공급기관당 공급량은 10원 주화가 500원 주화보다 많다.
ㄹ. 총 주화 공급액 규모가 변하면 주화 종류별 공급량 비율도 당연히 변한다.

04 정답 ②

월간 용돈을 5만 원 미만으로 받는 비율은 중학생 90%, 고등학생 60%로, 중학생이 고등학생보다 높다.

오답분석
① 용돈을 받는 남학생과 여학생의 비율은 각각 83%, 86%로, 여학생의 비율이 남학생의 비율보다 높다.
③ 고등학생 전체 인원을 100명이라고 한다면, 그중 용돈을 받는 학생은 80명이다. 80명 중 월간 용돈을 5만 원 이상 받는 학생의 비율은 40%이므로 80×0.4=32명이다.
④ 전체에서 금전출납부의 기록, 미기록 비율은 각각 30%, 70%로, 기록 안 하는 비율이 기록하는 비율보다 높다.
⑤ 용돈을 받지 않는 중학생과 고등학생의 비율은 각각 12%와 20%로, 고등학생의 비율이 중학생의 비율보다 높다.

05 정답 ①

범죄유형별 남성 범죄자 비율을 계산하면 다음과 같다.
• 살인죄 : $193 \div 247 \times 100 \fallingdotseq 78.14\%$
• 폭행죄 : $171 \div 221 \times 100 \fallingdotseq 77.38\%$
• 강간죄 : $146 \div 195 \times 100 \fallingdotseq 74.87\%$
• 절도죄 : $144 \div 188 \times 100 \fallingdotseq 76.60\%$
• 사기죄 : $156 \div 202 \times 100 \fallingdotseq 77.23\%$
따라서 남성 범죄자 비율이 가장 높은 범죄는 살인죄이다.

| 04 | 창의수리

01	02	03	04	05	06
③	④	④	④	③	⑤

01 정답 ③

$1.5 \times x \div 2 = 4 - 1$
→ $1.5 \times x \div 2 = 3$
→ $1.5 \times x = 3 \times 2 = 6$
→ $x = 6 \div 1.5$
∴ $x = 4$

02 정답 ④

아이들을 x명이라고 하면 다음 식이 성립한다.
$6(x-3) + 2 = 4x + 6$
∴ $x = 11$
즉, 아이들은 11명이므로, 초콜릿의 개수는 50개이다.
따라서 11명의 아이들에게 50개의 초콜릿을 5개씩 나눠주면 5개가 부족하게 된다.

03 정답 ④

회사에서 출장지까지의 거리를 x km라고 하면 다음 식이 성립한다.

$\dfrac{20}{80} + \dfrac{x-20}{100} = 2$

→ $\dfrac{1}{4} + \dfrac{x-20}{100} = 2$

→ $25 + x - 20 = 200$

→ $5 + x = 200$

∴ $x = 195$

따라서 A사원의 회사에서 출장지까지의 거리는 195km이다.

04 정답 ④

처음 농도 9%의 소금물의 양을 xg이라고 하면 다음 식이 성립한다.

$x \times \dfrac{9}{100} = (x+200) \times \dfrac{6}{100}$

→ $9x = 6x + 1,200$

→ $3x = 1,200$

∴ $x = 400$

따라서 처음 농도 9%의 소금물의 양은 400g이다.

05 정답 ③

- A, B주사위 2개를 동시에 던질 때 나오는 모든 경우의 수 : 6×6=36가지
- A주사위에서 나오는 눈이 짝수인 경우의 수 : 2, 4, 6 → 3가지
- B주사위에서 나오는 눈이 5 이상인 경우의 수 : 5, 6 → 2가지

그러므로 A주사위에서 짝수의 눈이 나오고, B주사위에서 5 이상의 눈이 나오는 경우의 수는 3×2=6가지이다.

따라서 구하고자 하는 확률은 $\dfrac{6}{36} = \dfrac{1}{6}$ 이다.

06 정답 ⑤

적어도 주사위 1개가 홀수의 눈이 나오는 경우의 수는 전체 경우의 수에서 모두 짝수의 눈이 나오는 경우의 수를 뺀 것과 같다.

- 서로 다른 주사위 3개를 동시에 던질 때 나오는 모든 경우의 수 : 6×6×6=216가지
- 3개의 주사위 모두 짝수의 눈이 나오는 경우의 수 : 3×3×3=27가지

따라서 구하고자 하는 경우의 수는 216−27=189가지이다.

CHAPTER 02 | 2025년 상반기 기출복원문제

| 01 | 언어이해

01	02	03	04	05
②	④	⑤	②	④

01 정답 ②

후추나 천초는 고추가 전래되지 않았던 조선 전기까지 주요 향신료였으며, 19세기 이후 고추가 향신료로서 절대적인 우위를 차지하면서 후추나 천초의 지위가 달라졌다고 하였다. 그러나 후추나 천초가 김치에 쓰였다는 언급은 없다.

02 정답 ④

마지막 문단에서 정약용은 청렴을 지키는 것의 효과로 첫째, '다른 사람에게 긍정적 효과를 미친다.', 둘째, '목민관 자신에게도 좋은 결과를 가져다준다.'고 하였으므로 ④는 제시문의 내용으로 적절하다.

오답분석
① 두 번째 문단에서 '정약용은 청렴을 당위 차원에서 주장하는 기존의 학자들과 달리 행위자 자신에게 실질적 이익이 된다는 점을 들어 설득한다.'고 설명하고 있다.
② 두 번째 문단에서 '정약용은 "지자(知者)는 인(仁)을 이롭게 여긴다."라는 공자의 말을 빌려 지혜로운 자는 청렴함을 이롭게 여긴다.'라고 하였으므로 공자의 뜻을 계승한 것이 아니라 공자의 말을 빌려 청렴의 중요성을 강조한 것이다.
③ 두 번째 문단에서 '지혜롭고 욕심이 큰 사람은 청렴을 택하지만, 지혜롭지 않고 욕심이 작은 사람은 탐욕을 택한다.'라고 하였으므로 청렴한 사람은 욕심이 크기 때문에 탐욕에 빠지지 않는다는 설명이 적절하다.
⑤ 첫 번째 문단에서 '이황과 이이는 청렴을 사회 규율이자 개인 처세의 지침으로 강조하였다.'라고 하였으므로 이황과 이이는 청렴을 사회 규율로 보았다는 것을 알 수 있다.

03 정답 ⑤

제시문은 위성영상지도 서비스인 구글어스로 건조지대에도 숲이 존재한다는 사실을 발견했다는 글이다. 첫 문장에서 '구글어스가 세계 환경의 보안관 역할을 톡톡히 하고 있다.'고 하였으므로 ⑤가 제목으로 가장 적절하다.

04 정답 ②

빈칸의 전후 문장을 통해 내용을 파악해야 한다. 우선 '그러나'를 통해 빈칸에는 앞의 내용에 상반되는 내용이 오는 것임을 알 수 있다. 그러므로 수천 가지의 힐링 상품이나 고가의 상품들을 참고하는 것과는 상반된 내용을 찾으면 된다. 또한 빈칸 뒤는 주위에서 쉽게 할 수 있는 힐링 방법을 통해 자신감을 얻는 것부터 출발해야 한다는 내용이므로, 빈칸에는 많은 돈을 들이지 않고도 쉽게 할 수 있는 일부터 찾아야 한다는 내용인 ②가 오는 것이 가장 적절하다.

05 정답 ④

제시문은 현대 건축가 르 코르뷔지에의 업적에 대해 설명하고 있다. 먼저, 현대 건축의 거장으로 불리는 르 코르뷔지에를 소개하는 (라) 문단이 오고, 르 코르뷔지에가 만든 도미노 이론의 정의를 설명하는 (가) 문단이 와야 한다. 다음으로 도미노 이론을 설명하는 (다) 문단이 오고 마지막으로 도미노 이론의 연구와 적용되고 있는 다양한 건물을 설명하는 (나) 문단이 오는 것이 적절하다.

| 02 | 언어추리

01	02	03	04	05
③	②	④	①	③

01 정답 ③

나는 눈이 큰 여자는 모두 좋아한다. 서희는 눈이 큰 여자이다. 따라서 '나는 서희를 좋아한다.'는 항상 참이다.

02 정답 ②

'하루에 두 끼를 먹는 어떤 사람도 뚱뚱하지 않다.'를 다르게 표현하면 '하루에 두 끼를 먹는 모든 사람은 뚱뚱하지 않다.'이다. 이를 두 번째 명제와 연결하면 '아침을 먹는 모든 사람은 하루에 두 끼를 먹고, 하루에 두 끼를 먹는 사람은 뚱뚱하지 않다.'이다. 따라서 빈칸에 들어갈 명제로 가장 적절한 것은 '아침을 먹는 모든 사람은 뚱뚱하지 않다'이다.

03 정답 ④

'예술가'를 p, '조각상을 좋아한다.'를 q, '철학자'를 r, '귀족'을 s, '부유하다.'를 t라고 했을 때, 제시된 명제는 '$p \rightarrow q$', '$r \rightarrow \sim q$', '$q \rightarrow s$', '$\sim p \rightarrow t$'이다. 이를 정리하면 '$p \rightarrow q \rightarrow \sim r$', '$p \rightarrow q \rightarrow s$'이고, '$r \rightarrow \sim q \rightarrow \sim p \rightarrow t$'임을 알 수 있다. 따라서 부유하면 귀족인지는 알 수 없다.

[오답분석]
① 첫 번째 명제, 두 번째 명제의 대우를 통해 추론할 수 있다.
② 첫 번째 명제, 세 번째 명제를 통해 추론할 수 있다.
③ 두 번째 명제, 첫 번째 명제의 대우, 네 번째 명제를 통해 추론할 수 있다.
⑤ 네 번째 명제의 대우를 통해 추론할 수 있다.

04 정답 ①

철수가 민수보다, 영희가 민수보다, 철수가 영희보다 결승선에 먼저 들어왔다. 따라서 철수 – 영희 – 민수 순으로 결승선에 들어왔다.

05 정답 ③

제시문은 안전성과 사회적 불평등, 인간의 존엄성을 근거로 인간 배아의 유전자 편집 기술을 허용해서는 안 된다고 주장한다. 따라서 이러한 주장에 대한 반박으로는 유전자 편집 기술이 오히려 사회적 불평등을 해결할 수 있다는 내용의 ③이 가장 적절하다.

| 03 | 자료해석

01	02	03	04	05
③	①	③	③	④

01 정답 ③

2021 ~ 2024년 가계대출과 기업대출의 전년 대비 증가액을 계산하면 다음 표와 같다.

(단위 : 조 원)

구분	2021년	2022년	2023년	2024년
가계대출	583.6−535.7=47.9	620−583.6=36.4	647.6−620=27.6	655.7−647.6=8.1
기업대출	546.4−537.6=8.8	568.4−546.4=22	587.3−568.4=18.9	610.4−587.3=23.1

따라서 2024년 기업대출의 전년 대비 증가액은 가계대출 증가액보다 많다.

오답분석

① 2020년 대비 2024년 부동산담보대출 증가율은 $\frac{341.2-232.8}{232.8} \times 100 ≒ 46.6\%$이며, 가계대출 증가율은 $\frac{655.7-535.7}{535.7} \times 100 ≒ 22.4\%$이므로 부동산담보대출 증가율이 가계대출 증가율보다 높다.

② 주택담보대출이 세 번째로 높은 연도는 2022년이며, 이때 부동산담보대출(284.4조 원)이 기업대출의 50%인 $\frac{568.4}{2}=284.2$조 원보다 많다.

④ 2018년 은행대출은 459+462=921조 원이며, 2021년 은행대출은 583.6+546.4=1,130조 원이므로 2018년의 은행대출은 2021년 은행대출의 $\frac{921}{1,130} \times 100 ≒ 81.5\%$를 차지한다.

⑤ 2017 ~ 2024년 동안 전년 대비 주택담보대출 증가액을 계산하면 다음과 같으므로, 가장 많이 증가한 해는 2020년이다.

(단위 : 조 원)

구분	2017년	2018년	2019년	2020년
증가액	300.9−279.7=21.2	309.3−300.9=8.4	343.7−309.3=34.4	382.6−343.7=38.9
구분	2021년	2022년	2023년	2024년
증가액	411.5−382.6=28.9	437.2−411.5=25.7	448−437.2=10.8	460.1−448=12.1

02 정답 ①

- 2021년 직장가입자 및 지역가입자 건강보험금 징수율
  - 직장가입자 : $\frac{6,698,187}{6,706,712} \times 100 ≒ 99.87\%$
  - 지역가입자 : $\frac{886,396}{923,663} \times 100 ≒ 95.97\%$
- 2022년 직장가입자 및 지역가입자 건강보험금 징수율
  - 직장가입자 : $\frac{4,898,775}{5,087,163} \times 100 ≒ 96.3\%$
  - 지역가입자 : $\frac{973,681}{1,003,637} \times 100 ≒ 97.02\%$
- 2023년 직장가입자 및 지역가입자 건강보험금 징수율
  - 직장가입자 : $\frac{7,536,187}{7,763,135} \times 100 ≒ 97.08\%$
  - 지역가입자 : $\frac{1,138,763}{1,256,137} \times 100 ≒ 90.66\%$

- 2024년 직장가입자 및 지역가입자 건강보험금 징수율
  - 직장가입자 : $\frac{8,368,972}{8,376,138} \times 100 ≒ 99.91\%$
  - 지역가입자 : $\frac{1,058,943}{1,178,572} \times 100 ≒ 89.85\%$

따라서 직장가입자 건강보험금 징수율이 가장 높은 해는 2024년이고, 지역가입자 건강보험금 징수율이 가장 높은 해는 2022년이다.

03 정답 ③

자금 이체 서비스 이용 실적은 2023년 3/4분기에도 감소하였다.

오답분석

① 조회 서비스 이용 실적은 817 → 849 → 886 → 1,081 → 1,100으로 매 분기 계속 증가하였다.
② 2023년 2/4분기 조회 서비스 이용 실적은 849천 건이고, 전 분기의 이용 실적은 817천 건이므로 849-817=32, 즉 3만 2천 건 증가하였다.
④ 모바일 뱅킹 서비스 이용 실적의 전 분기 대비 증가율이 가장 높은 분기는 21.8%인 2023년 4/4분기이다.
⑤ 2024년 1/4분기의 조회 서비스 이용 실적은 자금 이체 서비스 이용 실적의 $\frac{1,100}{25} = 44$배로 40배 이상이다.

04 정답 ③

연령대별 조사대상자 중 개인컵 사용자 수를 구하면 다음과 같다.
- 20대 미만 : 4,200×0.17=714명
- 20대 : 5,800×0.29=1,682명
- 30대 : 6,400×0.26=1,664명
- 40대 : 3,600×0.24=864명

따라서 조사대상자 중 개인컵 사용자 수가 가장 많은 연령대는 20대이며, 개인컵 사용률이 가장 높은 연령대도 20대이다.

오답분석

① 조사대상자 중 남성과 여성의 개인컵 사용자 수를 구하면 다음과 같다.
  - 남성 : 11,000×0.1=1,100명
  - 여성 : 9,000×0.22=1,980명

  따라서 조사대상자 중 개인컵 사용자 수는 여성이 남성의 $\frac{1,980}{1,100} = 1.8$배에 해당한다.

② 조사대상자 중 20·30대는 각각 5,800명, 6,400명으로 총 12,200명이다. 이는 전체 조사대상자인 20,000명의 $\frac{12,200}{20,000} \times 100 = 61\%$이다.

④ 40대 조사대상자에서 개인컵 사용자 수는 3,600×0.24=864명으로 이 중 288명이 남성이라면, 여성은 864-288=576명이다. 따라서 여성의 수는 남성의 $\frac{576}{288} = 2$배에 해당한다.

⑤ 수도권 지역의 개인컵 사용률은 37%이고, 수도권 외 지역은 23%이므로 전자는 후자보다 14%가 아닌 14%p 더 높다.

05 정답 ④

13~18세가 가장 많이 고민하는 문제는 53.1%로 공부(성적, 적성)이다. 19~24세는 38.7%로 직업이 첫 번째이고, 16.2%로 공부(성적, 적성)가 두 번째이다. 따라서 바르게 나열한 것은 ④이다.

| 04 | 창의수리

01	02	03	04	05	06				
③	③	⑤	③	①	④				

01 정답 ③

$a>b$라고 할 때, $a-b=12 \to a=b+12$이다.
$ab=45$이므로 $a=b+12$를 대입하면 다음과 같다.
$(b+12) \times b = 45$
$\to b^2+12b=45$
$\to (b+15)(b-3)=45$
$\therefore b=-15$ 또는 3, $a=-3$ 또는 15
$b>a$인 경우, 같은 방법으로 계산하면 $a=-15$ 또는 3, $b=-3$ 또는 15이다.
따라서 $|a|+|b|=3+15$ 또는 $15+3=18$이다.

02 정답 ③

농도 4%의 소금물의 양을 xg이라고 하면 농도 10%의 소금물의 양은 $(600-x)$g이므로 식을 세우면 다음과 같다.
$\frac{4}{100}x+\frac{10}{100}(600-x)=\frac{8}{100}\times 600$
$\to 4x+10(600-x)=4,800$
$\to 6x=1,200$
$\therefore x=200$
따라서 처음 컵에 들어있던 농도 4%의 소금물의 양은 200g이다.

03 정답 ⑤

6, 8, 10 세 수의 최소공배수는 120이므로 세 벽돌의 쌓아 올린 높이는 120cm이다.
따라서 필요한 벽돌은 모두 $\frac{120}{6}+\frac{120}{8}+\frac{120}{10}=20+15+12=47$개이다.

04 정답 ③

작년 TV와 냉장고의 판매량을 $3k$, $2k$, 올해 TV와 냉장고의 판매량을 $13m$, $9m$이라고 하면 작년 TV와 냉장고의 총판매량은 $5k$, 올해 TV와 냉장고의 총판매량은 $22m$이다.
올해 총판매량이 작년보다 10% 증가했으므로 다음 식이 성립한다.
$5k\left(1+\frac{10}{100}\right)=22m$
$\to \frac{11}{2}k=22m$
$\therefore k=4m$
따라서 작년 냉장고 판매량은 $2\times 4m=8m$이고, 냉장고의 판매량은 작년보다 $\frac{9m-8m}{8m}\times 100=12.5\%$ 증가했다.

05 정답 ①

올해 직원 수를 x명이라고 하면, 작년 직원 수는 $1.05x$명, 내년 직원 수는 $1.04x$명이다.
올해 직원 수의 4%가 28명이므로 $0.04x=28 \rightarrow x=700$에 따라 올해 직원 수는 700명이다.
- 작년 직원 수 : $1.05 \times 700 = 735$명
- 내년 직원 수 : $1.04 \times 700 = 728$명

따라서 작년과 내년 직원 수는 $735-728=7$명 차이이다.

06 정답 ④

ⅰ) A회사하고만 계약할 확률 : $\dfrac{1}{4} \times \dfrac{2}{3} \times \dfrac{1}{2} = \dfrac{1}{12}$

ⅱ) B회사하고만 계약할 확률 : $\dfrac{3}{4} \times \dfrac{1}{3} \times \dfrac{1}{2} = \dfrac{1}{8}$

ⅲ) C회사하고만 계약할 확률 : $\dfrac{3}{4} \times \dfrac{2}{3} \times \dfrac{1}{2} = \dfrac{1}{4}$

따라서 A, B, C회사 중 한 회사하고만 계약할 확률은 $\dfrac{1}{12} + \dfrac{1}{8} + \dfrac{1}{4} = \dfrac{2+3+6}{24} = \dfrac{11}{24}$ 이다.

CHAPTER 03 | 2024년 하반기 기출복원문제

| 01 | 언어이해

01	02	03	04	05
③	①	②	②	③

01 정답 ③

제시문에서 학자는 순수한 태도로 진리를 탐구해야 한다고 하였다.

02 정답 ①

제시문에서는 '틱톡'을 예시로 들며, 1인 미디어의 유행으로 새로운 플랫폼이 등장하는 현상을 설명하고 있다.

오답분석
② 1인 미디어의 문제와 규제에 대해서는 제시문에서 확인할 수 없다.
③ 틱톡은 올해가 아닌 작년에 전 세계에서 4번째로 많이 다운로드된 비게임 어플이다.
④ 틱톡이 인기를 끄는 이유는 알 수 있지만, 1인 미디어가 인기를 끄는 이유가 양질의 정보를 전달해서라는 것은 알 수 없다.
⑤ 1인 크리에이터가 새로운 사회적 이슈가 된다고 나와 있지만, 돈을 벌고 있다는 내용은 제시문에서 확인할 수 없다.

03 정답 ②

제시문은 제4차 산업혁명으로 인한 노동 수요 감소로 인해 나타날 수 있는 문제점으로 대공황에 대한 위험을 설명하면서도, 긍정적인 시각으로 노동 수요 감소를 통해 인간적인 삶 향유가 이루어질 수 있다고 말한다. 따라서 제4차 산업혁명의 밝은 미래와 어두운 미래를 나타내는 ②가 제목으로 적절하다.

04 정답 ②

'그러나 인간의 이성으로 얻은 ~' 이하는 그 앞의 진술에 대한 반론으로, 이를 통해 인간에게 한계가 있는 이상 인간에 의해 얻어진 과학적 지식 역시 완벽하다고는 할 수 없음을 추론할 수 있다. 따라서 빈칸에 들어갈 내용으로 가장 적절한 것은 ②이다.

05 정답 ③

제시문은 성품과 인위를 정의하고 이것에 대한 구체적인 예를 통해 인간의 원래 성품과 선하게 되는 원리를 설명하는 글이다. 따라서 (가) 성품과 인위의 정의 – (다) 성품과 인위의 예 – (라) 성품과 인위의 결과 – (나) 이를 통해 알 수 있는 인간의 성질 순으로 나열하는 것이 적절하다.

| 02 | 언어추리

01	02	03	04	05					
③	③	④	②	⑤					

01 정답 ③

제시된 명제를 벤 다이어그램으로 나타내면 다음과 같다.

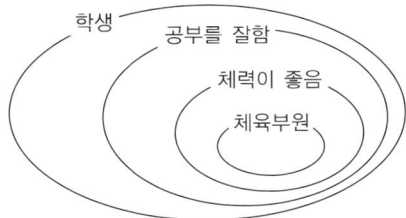

모든 체육부원은 체력이 좋고, 체력이 좋으면 공부를 잘하므로 어떤 체육부원이든 모든 체육부원은 공부를 잘한다.
따라서 '어떤 체육부원은 공부를 잘한다.'는 항상 참이 된다.

오답분석
① 체력이 좋은 학생 중 체육부원이 아닌 학생이 존재할 수 있다.
② 공부를 잘하는 사람 중 체력이 좋지 않은 학생이 존재할 수 있다.
④ 모든 학생이 체력이 좋지는 않다.
⑤ 어떤 학생은 공부를 잘하지만 모든 학생이 공부를 잘하는지 알 수 없다.

02 정답 ③

'생명체'를 A, '물'을 B, '동물'을 C라고 하면 다음과 같이 명제를 나타낼 수 있다.
- A → B
- C → A

그러므로 C → A → B가 성립한다.
따라서 빈칸에 들어갈 결론은 삼단논법에 의해 C → B, '동물들은 물이 있어야 살 수 있다.'이다.

오답분석
① A → C는 C → A의 역이므로 반드시 참이 되지 않는다.
② B → A는 A → B의 역이므로 반드시 참이 되지 않는다.
④ ~A → ~B는 A → B의 이이므로 반드시 참이 되지 않는다.
⑤ ~C → ~A는 C → A의 이이므로 반드시 참이 되지 않는다.

03 정답 ④

'커피를 좋아한다.'를 A, '홍차를 좋아한다.'를 B, '탄산수를 좋아한다.'를 C, '우유를 좋아한다.'를 D, '녹차를 좋아한다.'를 E라고 하면 다음과 같이 명제를 나타낼 수 있다.
- A → ~B
- ~C → D
- E → B
- ~E → C

따라서 탄산수를 좋아하는 사람은 홍차를 좋아하는지 알 수 없으므로 ④는 참이 되지 않는다.

04 정답 ②

민수가 철수보다, 영희가 철수보다, 영희가 민수보다 숨은 그림을 더 많이 찾았다. 따라서 영희 – 민수 – 철수 순으로 숨은 그림을 많이 찾았다.

05 정답 ⑤

간접 경험에서 연민을 갖기 어렵다고 치더라도 교통과 통신이 발달하면서 고통을 대면하는 경우가 많아진 만큼 연민의 필요성이 커지고 있다. 따라서 이러한 주장을 현대인들이 연민을 느끼지 못한다는 것에 대한 반박으로 들 수 있다.

오답분석

① · ② · ③ 제시문의 내용과 일치하는 주장이다.
④ 제시문이 주장하는 것은 '현대인은 주로 타인의 고통을 간접적으로 접해 연민을 느끼기 어렵다.'이다. 그러나 ④의 경우 단순히 연민에 대한 학자의 정의에 대해 반대하는 것이므로 제시문에 대한 반론으로 보기 어렵다.

03 자료해석

01	02	03	04	05					
②	①	②	④	②					

01 정답 ②

D사의 판매율이 가장 높은 연도는 2023년, G사의 판매율이 가장 높은 연도는 2021년으로 다르다.

오답분석

① D사와 G사는 2022년만 감소하여 판매율 증감 추이가 같다.
③ D사의 판매율이 가장 높은 연도는 2023년이고, U사의 판매율이 가장 낮은 연도도 2023년으로 동일하다.
④ G사의 판매율이 가장 낮은 연도는 2019년이고, U사의 판매율이 가장 높은 연도도 2019년으로 동일하다.
⑤ U사의 가장 높은 판매율은 34%, 가장 낮은 판매율은 11%로 그 차이는 23%p이다.

02 정답 ①

2024년 1분기 방문객 수는 전년 동분기 대비 2.8% 감소하였으므로 $1,810,000 \times (1-0.028) = 1,759,320 ≒ 1,760,000$명이다.
방문객 수 비율은 2022년이 100이므로 $\frac{1,760,000}{1,750,000} \times 100 ≒ 100$이다.

03 정답 ②

전년 대비 국 · 영 · 수의 월 최대 수강자 수가 증가한 해는 2019년과 2023년이고, 증가율은 다음과 같다.

• 2019년 : $\frac{385-350}{350} \times 100 = 10\%$

• 2023년 : $\frac{378-360}{360} \times 100 = 5\%$

따라서 증가율은 2019년에 가장 높으므로 ㄷ은 옳다.

오답분석
ㄱ. 2020년 국·영·수의 월 최대 수강자 수는 전년 대비 감소했지만, 월 평균 수강자 수는 전년 대비 증가하였다.
ㄴ. 2019 ~ 2023년 동안 전년 대비 국·영·수의 월 평균 수업료의 증감 추이는 '증가 – 증가 – 유지 – 유지 – 증가'이나, 월 최대 수강자 수의 증감 추이는 '증가 – 감소 – 감소 – 감소 – 증가'로 같지 않다.
ㄹ. 2018 ~ 2023년 동안 월 평균 수강자 수가 국·영·수 과목이 최대, 최소인 해는 각각 2020년, 2018년이고, 탐구 과목이 최대, 최소인 해는 2021년, 2019년이다.

04 정답 ④

곡물별 2021년과 2022년의 소비량 변화는 다음과 같다.
- 소맥 : $|680-697|=17$백만 톤
- 옥수수 : $|860-880|=20$백만 톤
- 대두 : $|240-237|=3$백만 톤

따라서 소비량의 변화가 가장 작은 곡물은 대두이다.

오답분석
① 제시된 자료를 통해 2023년에 모든 곡물의 생산량과 소비량이 다른 해에 비해 많았음을 알 수 있다.
② 2023년의 곡물별 생산량 대비 소비량의 비중을 구하면 다음과 같다.
- 소맥 : $\frac{735}{750} \times 100 = 98\%$
- 옥수수 : $\frac{912}{950} \times 100 = 96\%$
- 대두 : $\frac{247}{260} \times 100 = 95\%$

따라서 2023년에 생산량 대비 소비량의 비중이 가장 낮았던 곡물은 대두이다.
③ 제시된 자료를 통해 확인할 수 있다.
⑤ • 2021년 전체 곡물 생산량 : $695+885+240=1,820$백만 톤
  • 2023년 전체 곡물 생산량 : $750+950+260=1,960$백만 톤
따라서 2021년과 2023년의 전체 곡물 생산량의 차이는 $1,960-1,820=140$백만 톤이다.

05 정답 ②

미술과 수학을 신청한 학생의 비율 차이는 $16-14=2\%$p이고, 신청한 전체 학생은 200명이므로 수학을 선택한 학생 수는 미술을 선택한 학생 수보다 $200 \times 0.02 = 4$명 더 적다.

| 04 | 창의수리

01	02	03	04	05	06				
④	⑤	①	②	④	②				

01 정답 ④

$+1$, $\times(-2)$가 반복되는 수열이다.
따라서 ( ) $=3\times(-2)=-6$이다.

02 정답 ⑤

23은 소수로 1과 자기 자신만으로 나누어떨어지는 수이다. 그러므로 $a(a-b)=23$의 방정식에서 a가 1이면 $(a-b)$는 23, 또는 a가 23이면 $(a-b)$는 1이 가능하다. 하지만 a가 1일 경우 $(a-b)$가 23이 되어야 하므로 b는 자연수가 아닌 음수(-22)이다. 따라서 a는 23이고, b는 $a-b=1 \to 23-b=1 \to b=22$이므로 $a^2-b^2=(a+b)(a-b)=(23+22)\times(23-22)=45$임을 알 수 있다.

03 정답 ①

벤치의 개수를 x개라고 하자.
벤치 1개에 5명씩 앉으면 12명이 남으므로 사람 수는 $(5x+12)$명이다.
6명씩 앉으면 7개의 벤치가 남는다고 하였으므로 사람이 앉아 있는 마지막 벤치에는 최소 1명에서 최대 6명이 앉을 수 있다.
즉, $6(x-8)+1 \leq 5x+12 \leq 6(x-8)+6$이다.
- $6(x-8)+1 \leq 5x+12 \to 6x-47 \leq 5x+12$
  $\to x \leq 59$
- $5x+12 \leq 6(x-8)+6 \to 5x+12 \leq 6x-42$
  $\to x \geq 54$
$\therefore 54 \leq x \leq 59$
따라서 벤치의 개수가 될 수 없는 것은 53개이다.

04 정답 ②

x를 A가 이긴 횟수(=B가 진 횟수), y를 A가 진 횟수(=B가 이긴 횟수)라고 하자.
$2x-y=11 \cdots \bigcirc$
$2y-x=2 \to x=2y-2 \cdots \bigcirc$
$\bigcirc$, $\bigcirc$을 연립하면 $x=8$, $y=5$이다.
따라서 A가 이긴 횟수는 8번이다.

05 정답 ④

10명을 4명과 6명으로 나누는 경우의 수는 $_{10}C_4 \times _6C_6 = 210$가지이다.
이를 4명이 포함된 그룹을 2명씩 팀을 나누면 $_4C_2 \times _2C_2 \times \frac{1}{2!} = 3$가지이다.
6명이 속한 팀을 다시 4명과 2명으로 나누면 $_6C_4 \times _2C_2 = 15$가지이다.
이 중 4명을 2명씩 팀을 다시 나누면 $_4C_2 \times _2C_2 \times \frac{1}{2!} = 3$가지이다.
따라서 10명의 대진표를 구성하는 전체 경우의 수는 $210 \times 3 \times 15 \times 3 = 28,350$가지이다.

06 정답 ②

B만 합격한다는 것은 A와 C는 불합격한다는 뜻이다.
따라서 B만 합격할 확률은 $\left(1-\frac{1}{3}\right) \times \frac{1}{4} \times \left(1-\frac{1}{5}\right) = \frac{2}{15}$이다.

CHAPTER 04 | 2024년 상반기 기출복원문제

| 01 | 언어이해

01	02	03	04	05
①	①	④	②	②

01 정답 ①
빈칸의 뒷부분에서는 수면장애가 다양한 합병증을 유발할 수 있다는 점을 언급하며 낮은 수면의 질이 문제가 되고 있음을 설명하고 있다. 따라서 빈칸에 들어갈 내용으로 수면의 질과 관련 있는 ①이 가장 적절하다.

02 정답 ①
제시문은 아리스토텔레스의 목적론과 관련된 논쟁에 대한 설명이다. 따라서 (가) 근대에 등장한 아리스토텔레스의 목적론에 대한 비판 – (나) 근대 사상가들의 구체적인 비판 – (라) 근대 사상가들의 비판에 대한 반박 – (다) 근대 사상가들의 비판에 대한 현대 학자들의 비판 순으로 나열하는 것이 적절하다.

03 정답 ④
제시문에서는 변혁적 리더십과 거래적 리더십의 차이를 비교하여 변혁적 리더십의 특징을 효과적으로 설명하고 있다.

04 정답 ②
두 번째 문단에서 마이크로비드는 '면역체계 교란, 중추신경계 손상 등의 원인이 되는 잔류성유기오염물질을 흡착한다.'고 설명하고 있다.

05 정답 ②
마지막 문단에서 과거제 출신의 관리들이 공동체에 대한 소속감이 낮고 출세 지향적이었다는 내용을 확인할 수 있다.

오답분석
① 첫 번째 문단에서 황종희가 '벽소'와 같은 옛 제도를 되살리는 방법으로 과거제를 보완하자고 주장했다는 내용을 볼 수 있다. 따라서 벽소는 과거제를 없애고자 등장한 새로운 제도가 아니라 과거제를 보완하고자 되살린 옛 제도이므로 적절하지 않다.
③ 두 번째 문단에서 과거제는 학습 능력 이외의 인성이나 실무 능력을 평가할 수 없다는 이유로 시험의 익명성에 대한 회의도 있었다고 하였으므로 적절하지 않다.
④ 마지막 문단에서 과거제를 통해 임용된 관리들은 승진을 위해서 빨리 성과를 낼 필요가 있었기에, 지역 사회를 위해 장기적인 정책을 추진하기보다 가시적이고 단기적인 결과만을 중시하는 부작용을 가져왔다고 하였으므로 적절하지 않다.
⑤ 첫 번째 문단에서 고염무는 관료제의 상층에는 능력주의적 제도를 유지하되, 지방관인 지현들은 그 지위를 평생 유지시켜 주고 세습의 길까지 열어 놓는 방안을 제안했다고 했으므로 적절하지 않다.

| 02 | 언어추리

01	02	03	04	05	06				
③	①	②	①	⑤	③				

01 정답 ③

조건에 따르면 부피가 큰 상자 순서대로 초록상자>노란상자=빨간상자>파란상자이다. 따라서 항상 참인 것은 ③이다.

02 정답 ①

B는 피자 2조각을 먹은 A보다 적게 먹었으므로 피자 1조각을 먹었다. 또한 4명 중 B가 가장 적게 먹었으므로 D는 반드시 2조각 이상 먹어야 한다. 따라서 A는 2조각, B는 1조각, C는 3조각, D는 2조각의 피자를 먹었으므로 피자는 남지 않는다.

03 정답 ②

제시된 진료 현황을 각각 명제로 보고, 이를 논리 기호화하여 그 대우도 같이 나타내면 다음과 같다.
- ~B → A / ~A → B
- A → ~C / C → ~A
- B → ~D / D → ~B
- ~C → E / ~E → C

이를 정리하면 D → ~B → A → ~C → E이다.
명제가 참일 경우 그 대우도 참이므로 ~E → C → ~A → B → ~D도 참이다.
E병원은 공휴일에 진료를 하지 않으므로 위의 명제를 참고하면 C와 B병원만이 진료를 하게 된다.
따라서 공휴일에 진료를 하는 병원은 2곳이다.

04 정답 ①

가장 높은 등급을 1등급, 가장 낮은 등급을 5등급이라 하면 네 번째 조건에 의해 가는 3등급을 받는다. 또한 첫 번째 조건에 의해 마는 4등급 또는 5등급이다. 이때 두 번째 조건에 의해 마가 4등급, 다가 5등급을 받음을 알 수 있다.
따라서 다, 마에게 건강 관리 안내문을 발송하므로 A만 옳다.

05 정답 ⑤

A와 C의 성적 순위에 대한 B와 E의 진술이 서로 모순되므로, B의 진술이 참인 경우와 E의 진술이 참인 경우로 나누어 고려한다.
- B의 진술이 거짓이고 E의 진술이 참인 경우
  B가 거짓을 말한 것이 되어야 하므로 'B는 E보다 성적이 낮다.'도 거짓이 되어야 하는데, 만약 B가 E보다 성적이 높다면 A의 진술 중 'E는 1등이다.' 역시 거짓이므로 거짓이 2명 이상이 되어 모순이다. 따라서 B의 진술이 참이어야 한다.
- B의 진술이 참이고 E의 진술이 거짓인 경우
  1등은 E, 2등은 B, 3등은 D, 4등은 C, 5등은 A가 되므로 모든 조건이 성립한다.

06 정답 ③

제시문은 윤리적 상대주의가 참이라는 결론을 내리기 위한 논증이다. 어떤 행위에 대한 문화 간의 지속적인 시비 논란(윤리적 판단)은 사람들의 윤리적 기준 차이에 의하여 한 문화 안에서 시대마다 다르기도 하고, 동일한 문화와 시대 안에서도 다를 수 있다. 즉, 올바른 윤리적 기준은 그것을 적용하는 사람에 따라 상대적이고 이는 윤리적 상대주의가 참이라는 논증이다. 그러므로 이 논증의 반박은 '절대적 기준에 의한 보편적 윤리 판단은 존재한다.'가 되어야 한다. 그러나 ③은 '윤리적 판단이 항상 서로 다른 것은 아니다.'라는 내용이다. 첫 번째 문단을 보면 윤리적 판단이 '~다르기도 하다.', '다른 윤리적 판단을 하는 경우를 볼 수 있다.'고 했을 뿐 '항상 다르다.'고는 하지 않았다. 따라서 ③은 반박하는 내용으로 적절하지 않다.

| 03 | 자료해석

01	02	03	04	05	06				
④	①	①	⑤	④	③				

01 정답 ④

- A기업
  - 화물자동차 : $200,000+(1,000\times5\times100)+(100\times5\times100)=750,000$원
  - 철도 : $150,000+(900\times5\times100)+(300\times5\times100)=750,000$원
  - 연안해송 : $100,000+(800\times5\times100)+(500\times5\times100)=750,000$원
- B기업
  - 화물자동차 : $200,000+(1,000\times1\times200)+(100\times1\times200)=420,000$원
  - 철도 : $150,000+(900\times1\times200)+(300\times1\times200)=390,000$원
  - 연안해송 : $100,000+(800\times1\times200)+(500\times1\times200)=360,000$원

따라서 A는 모든 수단에서 운송비용이 동일하고, B는 연안해송이 가장 저렴하다.

02 정답 ①

직급별 사원 수를 알 수 없으므로 전 사원의 주 평균 야간근무 빈도는 구할 수 없다.

[오답분석]

② 자료를 통해 알 수 있다.
③ 0.2시간은 $60\times0.2=12$분이다. 따라서 4.2시간은 4시간 12분이다.
④ 대리급 사원은 주 평균 1.8일, 6.3시간을 야간근무를 하므로, 야간근무 1회 시 $6.3\div1.8=3.5$시간 근무로 가장 긴 시간 동안 일한다.
⑤ 0.8시간은 $60\times0.8=48$분이므로 조건에 따라 1시간으로 야간근무 수당을 계산한다. 따라서 과장급 사원의 주 평균 야간근무 시간은 5시간이므로 $5\times10,000=50,000$원을 받는다.

03 정답 ①

2020년부터 2022년까지 경기 수가 증가하는 스포츠는 배구와 축구 2종목이다.

[오답분석]

②・⑤ 2021년부터 2022년까지의 종목별 평균 경기 수는 다음과 같다.

- 농구 : $\frac{410+400}{2}=405$회
- 야구 : $\frac{478+474}{2}=476$회
- 배구 : $\frac{228+230}{2}=229$회
- 축구 : $\frac{236+240}{2}=238$회

2023년 경기 수가 2021년부터 2022년까지의 종목별 평균 경기 수보다 많은 스포츠는 야구 1종목이며, 야구 평균 경기 수는 축구 평균 경기 수의 $\frac{476}{238}=2$배이다.

③ 2019년 농구와 배구의 경기 수 차이는 $400-220=180$회이고, 야구와 축구의 경기 수 차이는 $470-230=240$회이다. 따라서 농구와 배구의 경기 수 차이는 야구와 축구 경기 수 차이의 $\frac{180}{240}\times100=75\%$이므로 70% 이상이다.

④ 농구의 2020년 전년 대비 경기 수 증가율은 $\frac{408-400}{400}\times100=2\%$이며, 2023년 전년 대비 경기 수 증가율은 $\frac{404-400}{400}\times100=1\%$이다. 따라서 2020년 전년 대비 경기 수 증가율이 더 높다.

04 정답 ⑤

투자한 100,000원에 대한 주가 등락률과 그에 따른 주식 가격을 계산하면 다음과 같다.

구분	1월 3일	1월 4일	1월 5일	1월 6일	1월 9일
등락률	×1.1	×1.2	×0.9	×0.8	×1.1
주식 가격(원)	100,000×1.1 =110,000	110,000×1.2 =132,000	132,000×0.9 =118,800	118,800×0.8 =95,040	95,040×1.1 =104,544

따라서 1월 9일에 매도할 경우 주식 가격은 104,544원이다.

오답분석

① 1월 5일 주식 가격은 118,800원이므로, 매도할 경우 118,800−100,000=18,800원 이익이다.
② · ④ 1월 6일 주식 가격은 95,040원이므로, 매도할 경우 100,000−95,040=4,960원 손실이며, 1월 2일 대비 주식 가격 감소율(이익률)은 $\frac{100,000-95,040}{100,000} \times 100 = 4.96\%$ 이다.
③ 1월 4일 주식 가격은 132,000원이므로, 매도할 경우 이익률은 $\frac{132,000-100,000}{100,000} \times 100 = 32\%$ 이다.

05 정답 ④

2022년과 2023년 총매출액에 대한 비율의 차이가 가장 적은 것은 음악 영역으로, 그 차이는 4.8−4.6=0.2%p이다.

오답분석

① 2023년 총매출액은 2,800억 원, 2022년 총매출액은 2,100억 원으로, 2023년 총매출액은 2022년 총매출액보다 700억 원 많다.
② 게임 영역은 2022년에 56.0%, 2023년에 51.5%로, 매출액 비중이 50% 이상이다.
③ 전체 매출액이 2022년보다 2023년에 증가했으므로, 매출액 비중이 증가한 분야는 당연히 매출액이 증가했다. 음악, 애니메이션, 게임은 매출액 비중이 감소했지만, 증가한 매출액으로 계산하면 매출액 자체는 증가했음을 알 수 있다. 따라서 기타 영역을 제외한 모든 영역에서 2022년보다 2023년 매출액이 더 많다.
⑤ 음악(4.8% → 4.6%), 애니메이션(12.6% → 9.7%), 게임(56.0% → 51.5%), 기타(0.9% → 0.6%) 영역은 모두 2022년 대비 2023년에 매출액 비율이 감소하였다.

06 정답 ③

- 2022년 12월 : $\frac{2,600}{3,400} ≒ 0.76$
- 2023년 1월 : $\frac{2,800}{3,800} ≒ 0.74$
- 2023년 2월 : $\frac{2,800}{4,000} = 0.7$

따라서 A국 이민자 수에 대한 B국 이민자 수의 비는 2022년 12월이 가장 크다.

오답분석

① 월별 두 국가의 이민자 수의 차이는 다음과 같다.
- 2022년 12월 : 3,400−2,600=800명
- 2023년 1월 : 3,800−2,800=1,000명
- 2023년 2월 : 4,000−2,800=1,200명

따라서 이민자 수 차이는 2023년 2월이 가장 크다.
② 3,400×0.75=2,550명이므로 2022년 12월 B국 이민자 수는 A국 이민자 수의 75% 이상이다.
④ 2023년 2월 두 국가의 이민자 수 평균은 $\frac{4,000+2,800}{2} = 3,400$명이므로 A국 이민자 수는 평균보다 600명 더 많다.
⑤ 3,800−2,800=1,000명이고 $\frac{1,000}{3,800} \times 100 ≒ 26.3\%$이므로 2023년 1월 A국과 B국 이민자 수의 차이는 A국 이민자 수의 33% 미만이다.

| 04 | 창의수리

01	02	03	04	05	06				
①	③	④	④	①	④				

01 정답 ①

n을 자연수라 하면 n항에 ×2를 하고 $(n+1)$항을 더한 값이 $(n+2)$항이 되는 수열이다.
따라서 ( )=21×2+43=85이다.

02 정답 ③

앞의 항에 +16, -15, +14, -13, +12, …인 수열이다.
따라서 ( )=18+10=28이다.

03 정답 ④

과자와 빵을 1g 섭취 시 얻는 열량은 각각 $\frac{120}{100}$ kcal, $\frac{320}{100}$ kcal이고 얻는 단백질은 각각 $\frac{8}{100}$ g, $\frac{5}{100}$ g이다.
섭취해야 하는 빵의 양을 xg이라 하면 과자는 $(200-x)$g 섭취해야 하므로 다음 식이 성립한다.
$\frac{120}{100}(200-x)+\frac{320}{100}x \geq 360$ … ㉠
$\frac{8}{100}(200-x)+\frac{5}{100}x \geq 13$ … ㉡
㉠, ㉡을 정리하면 다음과 같다.
$200x \geq 12,000$ … ㉠
$3x \leq 300$ … ㉡
따라서 x의 공통범위는 $60 \leq x \leq 100$이므로 섭취해야 하는 빵의 양은 60g 이상 100g 이하이다.

04 정답 ④

5곳의 배송지에 배달할 때, 첫 배송지와 마지막 배송지 사이에는 4번의 이동이 있다. 총 80분(=1시간 20분)이 걸렸으므로 1번 이동 시에 평균적으로 20분이 걸린다. 12곳에 배달을 하려면 11번의 이동을 해야 하므로 20×11=220분, 즉 3시간 40분이 걸릴 것이다.

05 정답 ①

	남		남		남		남	

- 여자끼리 이웃하지 않을 경우의 수 : $4! \times {}_5P_3$
- 여자끼리 이웃하지 않을 확률 : $\frac{4! \times {}_5P_3}{7!} = \frac{4! \times {}_5P_3}{7!} = \frac{4! \times 5 \times 4 \times 3}{7!} = \frac{2}{7}$

따라서 구하고자 하는 확률은 $\frac{2}{7}$이다.

06 정답 ④

10명의 학생 중에서 임의로 2명을 뽑는 경우의 수는 $_{10}C_2=45$가지이다.
ⅰ) 뽑힌 2명의 학생의 혈액형이 모두 A형인 경우의 수 : $_2C_2=1$가지
ⅱ) 뽑힌 2명의 학생의 혈액형이 모두 B형인 경우의 수 : $_3C_2=3$가지
ⅲ) 뽑힌 2명의 학생의 혈액형이 모두 O형인 경우의 수 : $_5C_2=10$가지
따라서 뽑은 2명의 학생의 혈액형이 다를 경우의 수는 $45-(1+3+10)=31$가지이다.

CHAPTER 05 | 2023년 하반기 기출복원문제

| 01 | 언어이해

01	02	03	04	05
④	①	④	③	④

01 정답 ④

보복운전만 특수범죄로 취급한다. 보복운전이 형법에 의해 특수범죄로 취급되는 이유는 자동차를 법률에 명시된 위험한 물건으로 보기 때문이다.

오답분석
① 안전운전을 위해서는 도로교통법상 위배됨 없이 운전을 함과 더불어, 다른 사람에게 위험과 장해를 초래하지 않도록 해야 한다.
② 흔히들 난폭운전과 보복운전을 비슷한 개념으로 혼동한다.
③ 속도위반은 난폭운전으로 처벌받을 수 있는 요소 중 하나이다.
⑤ 보복운전의 상황에서 자동차는 법률에 명시된 위험한 물건이 된다. 위험한 물건은 그 자체로 흉기에 속하지는 않으나, 보복운전과 같은 상황에서는 흉기로 취급된다.

02 정답 ①

먼 바다에서 지진해일의 파고는 수십 cm 이하이지만 얕은 바다에서는 급격하게 높아진다.

오답분석
② 해안의 경사 역시 암초, 항만 등과 마찬가지로 지진해일을 변형시키는 요인이 된다.
③ 화산폭발로 인해 발생하는 것은 맞지만, 파장이 긴 파도를 지진해일이라 한다.
④ 지진해일이 해안가에 가까워질수록 파도가 강해지는 것은 맞지만 속도는 시속 45~60km까지 느려진다.
⑤ 태평양에서 발생한 지진해일은 발생 하루 만에 발생지점에서 지구의 반대편까지 이동할 수 있다.

03 정답 ④

빈칸에 들어갈 내용을 판단하기 위해 빈칸 앞의 문단에서 제기한 질문의 형태에 유의해야 한다. 즉, '올바른 답을 추론해 내는 데 필요한 모든 정보와 정답 제시가 올바른 추론능력의 필요충분조건은 아니다.'라는 문장이 제시문의 중심 내용이다. 그렇다면 왓슨의 어리석음은 추론에 필요한 정보를 활용하지 못한 데에 있는 것이다. 따라서 빈칸에는 ④가 들어가는 것이 적절하다.

오답분석
① 왓슨의 문제는 정보를 올바르게 추론하지 못한 데 있다.
② 왓슨은 올바른 추론의 방법을 알고 있지 못했다.
③ 왓슨이 전문적인 추론 훈련을 받지 못했다는 정보는 없다.
⑤ 왓슨은 추론에 필요한 관련 정보를 가지고 있었다.

04 정답 ③

제시문의 서론에서 지방은 건강에 반드시 필요한 것이라고 서술하고 있으며, 결론에서는 현대인들의 지방이 풍부한 음식을 찾는 경향이 부작용으로 이어졌다고 한다. 따라서 (나) 비만과 다이어트의 문제는 찰스 다윈의 진화론과 관련 있음 – (라) 자연선택에서 생존한 종들이 번식하여 자손을 남기게 됨 – (다) 인류의 역사에서 인간이 끼니 걱정을 하지 않고 살게 된 것은 불과 수십 년 전의 일임 – (가) 생존에 필수적인 능력은 에너지를 몸에 축적하는 능력이었음 순으로 나열하는 것이 적절하다.

05 정답 ④

제시문은 서양의 자연관은 인간이 자연보다 우월하다는 관점인 자연지배관이며, 동양의 자연관은 인간과 자연을 동일 선상에 놓거나 조화를 중요시한다고 설명한다. 따라서 중심 내용으로 '서양의 자연관과 동양의 자연관 차이'가 가장 적절하다.

| 02 | 언어추리

01	02	03	04	05	06
④	③	⑤	②	④	①

01 정답 ④

'스포츠를 좋아하는 사람'을 p, '음악을 좋아하는 사람'을 q, '그림을 좋아하는 사람'을 r, '독서를 좋아하는 사람'을 s라고 하면 '$p \to q$', '$r \to s$', '$\sim q \to \sim s$'가 성립한다. '$\sim q \to \sim s$' 명제의 대우는 '$s \to q$'이므로 '$r \to s \to q$', 즉 '$r \to q$'이다. 따라서 '그림을 좋아하는 사람은 음악을 좋아한다.'는 항상 참이다.

02 정답 ③

주어진 명제가 모두 참이면 명제의 대우도 모두 참이 된다. 명제와 대우 명제를 정리하면 다음과 같다.
- 마케팅 팀 ○ → 기획 역량 ○ / 기획 역량 × → 마케팅 팀 ×
- 마케팅 팀 × → 영업 역량 × / 영업 역량 ○ → 마케팅 팀 ○
- 기획 역량 × → 소통 역량 × / 소통 역량 ○ → 기획 역량 ○
- 영업 역량 ○ → 마케팅 팀 ○ → 기획 역량 ○
- 기획 역량 × → 마케팅 팀 × → 영업 역량 ×

영업 역량을 가진 사원은 마케팅 팀이고, 마케팅 팀인 사원은 기획 역량이 있다. 따라서 '영업 역량을 가진 사원은 기획 역량이 있다.'라는 명제는 항상 참이다.

[오답분석]
① 마케팅 팀의 사원의 영업 역량 유무는 주어진 명제만으로는 알 수 없다.
② 소통 역량이 있는 사원이 마케팅 팀인지의 여부는 주어진 명제만으로는 알 수 없다.
④ 기획 역량이 있는 사원이 소통 역량을 가지고 있는지의 여부는 주어진 명제만으로는 알 수 없다.
⑤ 영업 역량이 없으면 소통 역량이 없는지의 여부는 주어진 명제만으로는 알 수 없다.

03 정답 ⑤

C동아리 회원들이 A지역 외부에서 한 번도 수영을 하지 않았다면, 그들은 A지역에서만 수영을 한 것이다. C동아리 회원들은 지난 2년간 수영한 경험이 있어야 하고, A지역에서는 지난 7년간 수영하는 것이 법적으로 금지되어 있었으므로 ⑤는 참이 된다.

04 정답 ②

재은이가 요일별로 달린 거리를 정리하면 다음과 같다.

월	화	수	목
200−50=150m	200m	200−30=170m	170+10=180m

따라서 재은이가 목요일에 화요일보다 20m 적게 달린 것을 알 수 있다.

05 정답 ④

- A가 진실일 경우 : A가 사원이라고 말한 C도 진실이 되어 진실을 말한 사람이 2명이 되므로 A, C 모두 거짓을 말한다.
- E가 진실일 경우 : B가 사원이 되어 A의 'D는 사원보다 직급이 높아.'도 진실이 되므로 진실을 말한 사람이 2명이 되기 때문에 E도 거짓이 된다. 그러므로 B, D 중 1명이 진실을 말한다.
- B가 진실일 경우 : E는 차장이고 B는 차장보다 낮은 3개 직급 중 하나인데, C가 거짓이므로 A는 과장, E가 거짓이므로 B는 사원이 아닌 대리, A가 거짓이므로 D는 사원이 된다. 그러면 남은 부장 직급은 C여야 하는데, E가 거짓이므로 모순이 된다. 그러므로 B는 거짓이고 D가 진실이 된다.
- D가 진실인 경우 : E는 부장, A는 과장, A는 거짓이므로 D는 사원이 된다. 또한 B가 거짓이므로 B는 차장보다 낮은 직급이 아니므로 차장, C는 대리가 된다.

따라서 진실을 말한 사람은 D이다.

06 정답 ①

제시문에서는 인간의 생각과 말은 깊은 관계가 있으며, 생각이 말보다 범위가 넓고 큰 것은 맞지만 그것을 말로 표현하지 않으면 그 생각이 다른 사람에게 전달되지 않는다고 주장한다. 즉, 생각은 말을 통해서만 다른 사람에게 전달될 수 있다는 것이다. 따라서 이러한 주장에 대한 반박으로 ①이 가장 적절하다.

|03| 자료해석

01	02	03	04	05					
④	④	③	③	①					

01 정답 ④

10대의 인터넷 공유활동을 참여율이 큰 순으로 나열하면 '커뮤니티 이용 – 퍼나르기 – 블로그 운영 – 동영상 게시 – 댓글 달기'이다. 반면 30대는 '커뮤니티 이용 – 퍼나르기 – 블로그 운영 – 댓글 달기 – 동영상 게시'이므로 활동 순위가 서로 같지 않다.

[오답분석]
① 20대가 다른 연령에 비해 참여율이 비교적 높은 편임을 자료에서 쉽게 확인할 수 있다.
② 남성이 여성보다 참여율이 대부분의 활동에서 높지만, 블로그 운영에서는 여성의 참여율이 높다.
③ 남녀 간의 참여율 격차가 가장 큰 영역은 13.8%p로 댓글 달기이며, 그 반대로는 2.7%p로 커뮤니티 이용이다.
⑤ 40대는 다른 영역과 달리 댓글 달기 활동에서는 다른 연령대보다 높은 참여율을 보이고 있다.

02 정답 ④

서울의 수박 가격은 5월 18일에 감소했다가 5월 21일부터 다시 증가하고 있으며, 수박 가격 증가의 원인이 높은 기온 때문인지는 제시된 자료만으로는 알 수 없다.

03 정답 ③

상품별 고객 만족도 1점당 비용을 구하면 다음과 같다.
- 차량용 방향제 : $7,000 \div 5 = 1,400$원
- 식용유 세트 : $10,000 \div 4 = 2,500$원
- 유리용기 세트 : $6,000 \div 6 = 1,000$원
- 32GB USB : $5,000 \div 4 = 1,250$원
- 머그컵 세트 : $10,000 \div 5 = 2,000$원
- 영화 관련 도서 : $8,800 \div 4 = 2,200$원
- 핸드폰 충전기 : $7,500 \div 3 = 2,500$원

할당받은 예산을 고려하여 고객 만족도 1점당 비용이 가장 낮은 상품부터 구매비용을 구하면 다음과 같다.
- 유리용기 세트 : $6,000 \times 200 = 1,200,000$원
  → 남은 예산 : $5,000,000 - 1,200,000 = 3,800,000$원
- 32GB USB : $5,000 \times 180 = 900,000$원
  → 남은 예산 : $3,800,000 - 900,000 = 2,900,000$원
- 차량용 방향제 : $7,000 \times 300 = 2,100,000$원
  → 남은 예산 : $2,900,000 - 2,100,000 = 800,000$원
- 머그컵 세트 : $10,000 \times 80 = 800,000$원
  → 남은 예산 : $800,000 - 800,000 = 0$원

즉, 확보 가능한 상품의 개수는 $200 + 180 + 300 + 80 = 760$개이다.
따라서 사은품을 나누어 줄 수 있는 고객의 수는 $760 \div 2 = 380$명이다.

04 정답 ③

- 2015・2016년의 평균 : $\frac{826.9 + 806.9}{2} = 816.9$만 명
- 2021・2022년의 평균 : $\frac{796.3 + 813.0}{2} = 804.65$만 명

따라서 $816.9 - 804.65 = 12.25$만 명이다.

05 정답 ①

구매 방식별 비용을 구하면 다음과 같다.
- 스마트폰앱 : $12,500 \times 0.75 = 9,375$원
- 전화 : $(12,500 - 1,000) \times 0.9 = 10,350$원
- 회원카드와 쿠폰 : $(12,500 \times 0.9) \times 0.85 ≒ 9,563$원
- 직접 방문 : $(12,500 \times 0.7) + 1,000 = 9,750$원
- 교환권 : $10,000$원

따라서 피자 1판을 가장 싸게 살 수 있는 구매 방식은 스마트폰앱이다.

| 04 | 창의수리

01	02	03	04	05	06				
②	⑤	④	⑤	③	④				

01 정답 ②

(앞의 항)−(뒤의 항)=(다음 항)인 수열이다.
따라서 (　)=−1−3=−4이다.

02 정답 ⑤

홀수 항은 −7, 짝수 항은 +3씩 더하는 수열이다.
따라서 (　)=6−7=−1이다.

03 정답 ④

수현이가 부모님과 통화한 시간을 x분, 동생과 통화한 시간을 y분이라고 하면 다음 식이 성립한다.
$x+y=60 \cdots$ ㉠
$40x=2 \times 60y \rightarrow x=3y \cdots$ ㉡
㉡을 ㉠에 대입하면 $x=45$, $y=15$이다.
따라서 수현이가 내야 하는 국제전화 요금 총액은 $40 \times 45+60 \times 15=2,700$원이다.

04 정답 ⑤

회사부터 식당까지의 거리를 $x$km라 하자.
은이가 이동한 시간은 $\dfrac{x}{3}$시간이고, 연경이가 이동한 시간은 $\dfrac{x}{3}-\dfrac{1}{6}=\dfrac{x}{4}$시간이므로 $x=2$이다.
효진이의 속력을 $y$km/h라 하면 다음과 같은 식이 성립한다.
$\dfrac{2}{y}+\dfrac{1}{12}=\dfrac{2}{3}$
$\rightarrow \dfrac{2}{y}=\dfrac{7}{12}$
$\therefore y=\dfrac{24}{7}$
따라서 효진이의 속력은 $\dfrac{24}{7}$km/h이다.

05 정답 ③

- 서로 다른 8개의 컵 중 4개를 선택하는 방법의 수 : $_8C_4=\dfrac{8 \times 7 \times 6 \times 5}{4 \times 3 \times 2 \times 1}=70$가지
- 4개의 컵을 식탁 위에 원형으로 놓는 방법의 수 : $(4-1)!=3!=6$가지

따라서 서로 다른 8개의 컵 중에서 4개만 원형으로 놓는 방법의 수는 $70 \times 6=420$가지이다.

06 정답 ④

C산악회 회원들을 12명씩 모았을 때 만들어지는 조의 수를 n개라 하면 C산악회 회원 수는 $(12n+4)$명이다.

- $n=1$인 경우 : $12 \times 1 + 4 = 16 = 10 \times 1 + 6 = 16$, 회원 수는 20명 이상이므로 조건에 맞지 않는다.
- $n=2$인 경우 : $12 \times 2 + 4 = 28 = 10 \times 2 + 8$
- $n=3$인 경우 : $12 \times 3 + 4 = 40 = 10 \times 4$
- $n=4$인 경우 : $12 \times 4 + 4 = 52 = 10 \times 5 + 2$
- $n=5$인 경우 : $12 \times 5 + 4 = 64 = 10 \times 6 + 4$
- $n=6$인 경우 : $12 \times 6 + 4 = 76 = 10 \times 7 + 6$

따라서 C산악회 회원의 최소 회원 수는 76명이다.

CHAPTER 06 | 2023년 상반기 기출복원문제

| 01 | 언어이해

01	02	03	04	05
②	④	⑤	④	④

01 정답 ②

최저임금제도로 인한 인건비 인상은 기업에게 경제적 부담으로 다가올 수 있다. 그러나 근로자의 소비 지출 증가로 기업의 생산과 판매를 촉진시키므로 기업 입장에서 최저임금제도가 아무런 이득이 없는 것은 아니다.

오답분석
① 근로자들이 안정된 임금을 받게 되면 소비력이 강화되고 소비 지출이 증가한다.
③ 인건비 인상으로 인한 기업의 비용 부담 증가는 일자리의 제약이나 물가 상승으로 이어질 수 있다.
④ 최저임금제도는 불공정한 임금구조를 해소하고 경제적인 격차를 완화하는 데 도움을 준다.
⑤ 일정 수준 이상으로 설정된 최저임금은 근로자들의 생계비를 보장하고 근로환경에서의 안정성을 확보할 수 있게 한다.

02 정답 ④

제시문은 중세 유럽에서 유래된 로열티 제도가 산업 혁명부터 현재까지 지식 재산권에 대한 보호와 가치 확보를 위해 발전되었음을 설명하고 있다. 따라서 제목으로 '로열티 제도의 유래와 발전'이 가장 적절하다.

03 정답 ⑤

제시문은 나무를 가꾸기 위해 고려해야 하는 사항에 대해 설명하는 글이다. 고려해야 할 사항들을 나열하고 그중 제일 먼저 생육조건에 대해 설명하는 (가)가 첫 부분으로 적절하다. 그다음으로 (라)는 나무를 양육할 때 주로 저지르는 실수로 나무 간격을 촘촘하게 심는 것을 언급하고 있다. 그러므로 그 이유를 설명하는 (다)가 그 뒤로 이어지는 것이 적절하다. 그리고 (나) 역시 또 다른 식재계획 시 주의점에 대해서 이야기하고 있으므로 (다) 뒤에 와야 한다. 따라서 (가) - (라) - (다) - (나) 순으로 나열하는 것이 적절하다.

04 정답 ④

미생물을 끓는 물에 노출하면 영양세포나 진핵포자는 죽일 수 있으나, 세균의 내생포자는 사멸시키지 못한다. 멸균은 포자, 박테리아, 바이러스 등을 완전히 파괴하거나 제거하는 것이므로 물을 끓여서 하는 열처리 방식으로는 멸균이 불가능함을 알 수 있다. 따라서 빈칸에 들어갈 내용으로 소독은 가능하지만, 멸균은 불가능하다는 ④가 가장 적절하다.

05 정답 ④

녹차와 홍차는 같은 식물의 찻잎으로 만들어지며 L-테아닌과 폴리페놀 성분을 함유하고 있다는 공통점이 있으나, 공정 과정과 함유된 폴리페놀 성분의 종류가 다르다는 차이점이 있다. 제시문은 이러한 녹차와 홍차의 공통점과 차이점을 중심으로 두 대상을 비교하여 내용을 전개하고 있다.

| 02 | 언어추리

01	02	03	04	05	06
④	④	①	③	⑤	①

01 정답 ④

- 이번 주 – 워크숍 : 지훈
- 다음 주 – 체육대회 : 지훈, 영훈 / 창립기념일 행사 : 영훈

따라서 다음 주 체육대회에 지훈이와 영훈이가 참가하는 것을 알 수 있으며, 제시된 사실만으로는 다음 주에 진행되는 체육대회와 창립기념일 행사의 순서는 알 수 없다.

02 정답 ④

네 번째와 다섯 번째 결과를 통해 실용성 영역과 효율성 영역에서는 모든 제품이 같은 등급을 받지 않았음을 알 수 있으므로 두 번째 결과에 나타난 영역은 내구성 영역이다.

구분	A	B	C	D	E
내구성	3	3	3	3	3
효율성			2	2	
실용성		3			

내구성과 효율성 영역에서 서로 다른 등급을 받은 C, D제품과 내구성 영역에서만 3등급을 받은 A제품, 1개의 영역에서만 2등급을 받은 E제품은 첫 번째 결과에 나타난 제품에 해당하지 않으므로 결국 모든 영역에서 3등급을 받은 제품은 B제품임을 알 수 있다. 다섯 번째 결과에 따르면 효율성 영역에서 2등급을 받은 제품은 C, D제품뿐이므로 E제품은 실용성 영역에서 2등급을 받았음을 알 수 있다. 또한 A제품은 효율성 영역에서 2등급과 3등급을 받을 수 없으므로 1등급을 받았음을 알 수 있다.

구분	A	B	C	D	E
내구성	3	3	3	3	3
효율성	1	3	2	2	
실용성		3			2

이때, A와 C제품이 받은 등급의 총합은 서로 같으므로 결국 A와 C제품은 실용성 영역에서 각각 2등급과 1등급을 받았음을 알 수 있다.

구분	A	B	C	D	E
내구성	3	3	3	3	3
효율성	1	3	2	2	1 또는 3
실용성	2	3	1	1 또는 2	2
총합	6	9	6	6 또는 7	6 또는 8

따라서 D제품은 실용성 영역에서 1등급 또는 2등급을 받을 수 있으므로, 반드시 참이 되지 않는 것은 ④이다.

03 정답 ①

주어진 조건을 정리하면 다음과 같다.
• 지영 : 보라색 공책, 다른 색 공책
• 미주 : 보라색 공책
• 수진 : 빨간색 공책, 다른 색 공책
따라서 '지영이의 공책은 책상 위에 있다.'가 항상 참이다.

04 정답 ③

다섯 번째, 여섯 번째 조건을 통해 생일이 빠른 순서로 정렬하면 '정 – 을 – 병 – 갑' 또는 '을 – 병 – 갑 – 정'이다. 그러나 네 번째 조건에 따라 '정 – 을 – 병 – 갑'은 될 수 없으므로 '을 – 병 – 갑 – 정' 순으로 생일이 빠르다. 세 번째, 네 번째 조건에 따라 을은 법학, 병은 의학, 갑은 수학, 정은 철학을 전공했다. 따라서 A, B 모두 옳다.

05 정답 ⑤

거짓 진술을 빠르게 찾기 위해서는 모순 관계에 있는 사람들을 찾는 것이 중요하다. 제시된 진술을 통해 C와 D가 모순되는 진술을 하고 있으므로 2명 중 1명이 거짓을, 나머지 1명이 참을 말하고 있는 것을 알 수 있다. 이때 A의 말은 참이므로 C의 말도 참이 되어 D의 말이 거짓이 된다. 따라서 A는 홍보, C는 섭외, E는 예산을 담당하고 있고, D의 말은 거짓이므로 구매 담당은 B가 되며, D는 기획을 맡게 된다.

06 정답 ①

E의 말이 진실인 경우와 거짓인 경우로 나누어 보면 다음과 같다.
• E가 진실을 말할 때 : E와 C가 범인이므로, B의 말은 진실, A의 말은 거짓이 되고 C, D의 말은 진실이 된다.
• E가 거짓을 말할 때 : E와 C는 범인이 아니므로 B의 말은 거짓, A의 말은 진실, C와 D의 말은 각각 거짓이 된다. 그러면 거짓을 말한 사람이 4명이 되므로 성립하지 않는다.
따라서 A만 거짓을 말하고 B, C, D, E는 진실을 말했다.

| 03 | 자료해석

01	02	03	04	05
⑤	④	②	③	④

01 정답 ⑤

ㄷ. (부모와 자녀의 직업이 모두 A일 확률)=$\frac{1}{10} \times \frac{45}{100} = 0.1 \times \frac{45}{100}$

ㄹ. (자녀의 직업이 A일 확률)=$\frac{1}{10} \times \frac{45}{100} + \frac{4}{10} \times \frac{5}{100} + \frac{5}{10} \times \frac{1}{100} = \frac{7}{100}$ 이므로 부모의 직업이 A일 확률인 $\frac{1}{10}$ 보다 낮다.

오답분석

ㄱ. (자녀의 직업이 C일 확률)=$\frac{1}{10} \times \frac{7}{100} + \frac{4}{10} \times \frac{25}{100} + \frac{5}{10} \times \frac{49}{100} = \frac{352}{1,000}$

ㄴ. 부모의 직업이 C일 때, 자녀의 직업이 B일 확률을 자녀의 직업이 B일 확률로 나누면 구할 수 있다.

02 정답 ④

2022년 이전 신문 선호에서 2022년 이후 인터넷 선호로 바꾼 구성원은 20명이다.

오답분석

① 2022년 전·후로 가장 인기 없는 매체는 신문이다.
② 2022년 이후에 가장 선호하는 언론매체는 TV이다.
③ 2022년 이후 인터넷을 선호하는 구성원 수는 145명이고, 2022년 이전은 100명이라고 하더라도 2022년 이후의 구성원 수가 2022년 이전의 구성원 수를 모두 포함한다고 보기는 어렵다.
⑤ TV에서 라디오를 선호하게 된 구성원 수는 15명으로, 인터넷에서 라디오를 선호하게 된 구성원 수인 10명보다 많다.

03 정답 ②

농·축·수산물별 각각의 부적합건수 비율은 다음과 같다.

- 농산물 : $\frac{1,725}{146,305} \times 100 ≒ 1.18\%$

- 축산물 : $\frac{1,909}{441,574} \times 100 ≒ 0.43\%$

- 수산물 : $\frac{284}{21,910} \times 100 ≒ 1.30\%$

따라서 부적합건수 비율이 가장 높은 것은 수산물이다.

오답분석

① 농·축·수산물의 부적합건수의 평균은 $(1,725+1,909+284) \div 3 = 1,306$건이다.
③ 농산물 유통단계의 부적합건수는 516건으로 49건인 수산물 부적합건수의 10배 이상이다.
④ 생산단계에서의 수산물 부적합건수 비율은 $\frac{235}{12,922} \times 100 ≒ 1.82\%$이고, 농산물 부적합건수 비율은 $\frac{1,209}{91,211} \times 100 ≒ 1.33\%$이다.
⑤ 부적합건수가 가장 많은 건수는 축산물의 생산단계에서의 부적합건수로 그 비율은 $\frac{1,803}{418,647} \times 100 ≒ 0.43\%$이다. 부적합건수가 가장 적은 건수는 수산물의 유통단계에서의 부적합건수이고 그 비율은 $\frac{49}{8,988} \times 100 ≒ 0.55\%$이다. 따라서 두 비율의 차이는 $0.55-0.43=0.12\%$p이다.

04 정답 ③

각 매장의 주중 평균 매출액을 계산하면 다음과 같다.

구분	주중 평균 매출액
K치킨	$\frac{423.4+459.4+381.0+445.5+493.2}{5}=440.5$만 원
H한식당	$\frac{502.1+495.2+501.1+526.6+578.9}{5}≒520.8$만 원
T카페	$\frac{448.0+458.7+425.6+434.4+500.6}{5}≒453.5$만 원

따라서 H한식당이 T카페의 평균 매출액 453.5만 원보다 많은 요일은 화·금요일 이틀이므로 옳지 않다.

[오답분석]
① 세 곳 중 K치킨·T카페의 주중 매출액 증감추이는 '증가 – 감소 – 증가 – 증가'로 같다.
② K치킨 주중 평균 매출액 440.5만 원은 470만 원보다 29.5만 원 적다.
④ H한식당의 화요일 매출액 495.2만 원은 T카페 목요일 매출액보다 $\frac{495.2-434.4}{434.4} \times 100 ≒ 14.0\%$ 많다.
⑤ 세 곳의 수요일 매출액 대비 목요일 매출액 증가율은 다음과 같다.
- K치킨 : $\frac{445.5-381.0}{381.0} \times 100 ≒ 16.9\%$
- H한식당 : $\frac{526.6-501.1}{501.1} \times 100 ≒ 5.1\%$
- T카페 : $\frac{434.4-425.6}{425.6} \times 100 ≒ 2.1\%$

따라서 K치킨이 16.9%로 가장 높음을 알 수 있다.

05 정답 ④

- 2020년 전체 기업집단 매출액 대비 상위 10대 민간 기업집단이 차지하고 있는 비율 : $\frac{680.5}{1,095.0} \times 100 ≒ 62.1\%$
- 2022년 전체 기업집단 매출액 대비 상위 10대 민간 기업집단이 차지하고 있는 비율 : $\frac{874.1}{1,348.3} \times 100 ≒ 64.8\%$

따라서 2022년 전체 기업집단 매출액 대비 상위 10대 민간 기업집단이 차지하고 있는 비율은 2020년에 비해 높아졌다.

[오답분석]
① 민간 기업집단의 총 수(40집단 → 45집단 → 47집단)와 매출액(984.7조 원 → 1,016.9조 원 → 1,231.8조 원)은 해마다 증가하고 있다.
② 2020년 공공 기업집단이 차지하고 있는 매출액은 전체 기업집단의 $\frac{1,095.0-984.7}{1,095.0} \times 100 ≒ 10.1\%$이다.
③ 2022년 상위 10대 민간 기업집단의 매출액은 상위 30대 민간 기업집단 매출의 $\frac{874.1}{1,134.0} \times 100 ≒ 77.1\%$를 차지하고 있다.
⑤ • 2020년 대비 2022년 상위 10대 민간 기업집단의 매출액 증가율 : $\frac{874.1-680.5}{680.5} \times 100 ≒ 28.4\%$
  • 2020년 대비 2022년 상위 30대 민간 기업집단의 매출액 증가율 : $\frac{1,134.0-939.6}{939.6} \times 100 ≒ 20.7\%$

따라서 상위 10대 민간 기업집단의 매출액 증가율이 더 높다.

| 04 | 창의수리

01	02	03	04	05	06				
②	②	④	④	⑤	②				

01 정답 ②

×2와 −2가 번갈아 가면서 적용되는 수열이다.
따라서 (　)=88−2=86이다.

02 정답 ②

각 항을 두 개씩 묶었을 때, 두 항의 합이 101인 수열이다.
따라서 (　)=101−72=29이다.

03 정답 ④

버스를 타고 간 거리를 $x$km, 기차를 타고 온 거리를 $y$km라고 하면 다음 식이 성립한다.
$\frac{x}{70}+\frac{y}{120}=5 \cdots \bigcirc$
$y=x+30 \cdots \bigcirc$
㉠, ㉡을 연립하면
$12x+7y=4,200 \cdots \bigcirc'$
$y=x+30 \cdots \bigcirc'$
㉡'을 ㉠'에 대입하면
$19x=3,990$
$\therefore x=210, \ y=240$
따라서 기차를 타고 온 거리는 240km이다.

04 정답 ④

A배가 3시간 동안 간 거리와 A배를 떠난 B배가 x시간 후에 A배를 향하여 출발하여 A배에 돌아왔을 때의 위치가 같다는 점을 이용한다.
A배가 3시간 동안 간 거리는 80×3=240km이고, 3시간 후 B배의 위치는 x시간 동안 앞으로 갔다가 $(3-x)$시간 동안 뒤로 이동하였으므로 $160x-160(3-x)$km이다. 그러므로 다음 식이 성립한다.
$240=160x-160(3-x)$
$\therefore x=\frac{9}{4}=2\frac{1}{4}=2\frac{15}{60}$
따라서 B배는 2시간 15분 후에 A배를 향하여 출발해야 한다.

05 정답 ⑤

12장의 카드에서 3장을 꺼낼 때, 3장이 모두 스페이드, 하트, 다이아몬드 무늬인 사건을 각각 A, B, C라 하면 확률은 다음과 같다.

- $P(A) = \dfrac{{}_4C_3}{{}_{12}C_3} = \dfrac{4}{220}$
- $P(B) = \dfrac{{}_3C_3}{{}_{12}C_3} = \dfrac{1}{220}$
- $P(C) = \dfrac{{}_5C_3}{{}_{12}C_3} = \dfrac{10}{220}$

A, B, C는 서로 배반사건이므로 $P(A \cup B \cup C) = P(A) + P(B) + P(C) = \dfrac{4}{220} + \dfrac{1}{220} + \dfrac{10}{220} = \dfrac{3}{44}$ 이다.

$P[(A \cup B \cup C)^c] = 1 - P(A \cup B \cup C) = 1 - \dfrac{3}{44} = \dfrac{41}{44}$

따라서 두 가지 이상의 무늬의 카드가 나올 확률은 $\dfrac{41}{44}$ 이다.

06 정답 ②

ㄱ. 중복조합을 구한다.
$${}_6H_{10} = {}_{6+10-1}C_{10} = {}_{15}C_5 = \dfrac{15 \times 14 \times 13 \times 12 \times 11}{5 \times 4 \times 3 \times 2 \times 1} = 3{,}003 \text{가지}$$

ㄴ. 같은 것을 포함한 순열을 구한다.
$$\dfrac{4!}{2!} = 12 \text{가지}$$

ㄷ. 중복을 포함한 경우의 수를 구한다.
$${}_5\Pi_4 = 5^4 = 625 \text{개}$$

따라서 경우의 수가 큰 것부터 순서대로 나열하면 ㄱ - ㄷ - ㄴ이다.

CHAPTER 07 | 2022년 하반기 기출복원문제

| 01 | 언어이해

01	02	03	04	05
④	③	⑤	①	②

01 정답 ④

제시문의 첫 번째 문단에서 '장애인 편의 시설에 대한 새로운 시각'이 필요하다고 밝히고, 두 번째 문단에서 장애인 편의 시설이 '우리 모두에게 유용함'을 강조했으며, 마지막 문단에서 보편적 디자인의 시각으로 바라볼 때 '장애인 편의 시설이 우리 모두에게 편리하고 안전한 시설로 인식될 것'이라고 하였다. 따라서 제시문의 주제로 ④가 가장 적절하다.

02 정답 ③

등대공장이란 등대가 어두운 밤하늘에 빛을 밝혀 배를 안내하듯 제조업의 미래를 이끄는 공장을 일컫는다. 즉, 공장의 역할을 등대에 비유하여 표현한 것일 뿐 등대공장이 등대와 동일한 역할을 하는 것은 아니다.

03 정답 ⑤

전통적인 경제학은 외부성의 비효율성을 줄이기 위해 정부의 개입을 해결책으로 제시하고 있다. 따라서 정부의 개입이 오히려 비효율성을 높일 수 있다는 주장을 반박으로 제시할 수 있다.

오답분석
① · ② 외부성에 대한 설명이다.
③ · ④ 전통적인 경제학의 주장이다.

04 정답 ①

제시문에 따르면 '이러한 오래된 충동은 수백만 년 동안 함께해 왔고, 새로운 충동은 기껏해야 수천 년 전에 획득했을 뿐이다.'고 하였으므로 ①은 적절하지 않다.

05 정답 ②

먼저 지식에 대한 논리실증주의자와 포퍼의 의견을 제시하는 (가) 문단이 오는 것이 적절하며, 그들의 가설을 판단하는 과학적 방법에 대한 (다) 문단이 그 뒤에 오는 것이 적절하다. 이어서 논리실증주의자 및 포퍼와 달리 가설만 가지고서 예측을 도출할 수 없다는 콰인의 의견인 (나) 문단이 오는 것이 적절하며, 마지막으로는 이를 통한 콰인의 총체주의적 입장을 설명하는 (라) 문단이 오는 것이 자연스럽다. 따라서 (가) - (다) - (나) - (라) 순으로 나열하는 것이 적절하다.

| 02 | 언어추리

01	02								
③	②								

01 정답 ③

K씨는 2020년 상반기에 입사하였으므로 K씨의 사원번호 중 앞의 두 자리는 20이다. 또한 K씨의 사원번호는 세 번째와 여섯 번째 자리의 수가 같다고 하였으므로 세 번째와 여섯 번째 자리의 수를 x, 나머지 네 번째, 다섯 번째 자리의 수는 차례로 y, z라고 하면 다음과 같다.

자리	첫 번째	두 번째	세 번째	네 번째	다섯 번째	여섯 번째
사원번호	2	0	x	y	z	x

사원번호 여섯 자리의 합은 9이므로 $2+0+x+y+z+x=9$이고, 이를 정리하면 $2x+y+z=7$이다. K씨의 사원번호 자리의 수는 세 번째와 여섯 번째 자리의 수를 제외하고 모두 다르다는 것에 주의하며 1부터 대입해 보면 다음과 같다.

구분	x	y	z
경우 1	1	2	3
경우 2	1	3	2
경우 3	2	0	3
경우 4	2	3	0
경우 5	3	0	1
경우 6	3	1	0

네 번째 조건에 따라 y와 z자리에는 0이 올 수 없으므로 경우 1, 경우 2만 성립하므로 K씨의 사원번호는 '201231'이거나 '201321'이다. 따라서 K씨의 사원번호 세 번째 자리 수는 항상 1이다.

오답분석
① '201321'은 가능한 사원번호이지만 '201231'도 가능하므로 항상 옳지는 않다.
② K씨의 사원번호는 '201231'이거나 '201321'이다.
④ 사원번호 여섯 자리의 합이 9가 되어야 하므로 K씨의 사원번호는 '211231'이 될 수 없다.
⑤ 사원번호 뒤 네 자리에는 0이 올 수 없기 때문에 성립하지 않는다. K씨의 사원번호 네 번째 자리의 수가 다섯 번째 자리의 수보다 작다면 '201231'과 '201321' 중 K씨의 사원번호로 옳은 것은 '201231'이다.

02 정답 ②

모든 공원은 분위기가 있고, 서울에 있는 어떤 공원은 사람이 많지 않다. 따라서 분위기가 있는 서울의 어떤 공원은 사람이 많지 않다.

| 03 | 자료해석

01	02								
⑤	③								

01 정답 ⑤

L씨는 휴일 오후 3시에 가족들과 택시를 타고 서울에서 경기도 맛집으로 이동했다.
- 경기도 진입 전
  기본요금은 3,800원이다.
  기본요금 거리를 뺀 경기도 진입 전까지 남은 거리는 $4.64-2=2.64$km이다.
  주간 거리요금으로 계산하면 $\frac{2,640}{132} \times 100 = 2,000$원이다.
- 경기도 진입 후
  맛집까지 남은 거리는 $12.56-4.64=7.92$km이다.
  시계외 할증이 적용되어 심야 거리요금으로 계산하면 $\frac{7,920}{132} \times 120 = 7,200$원이다.
  경기도 진입 후 8분의 시간요금은 $\frac{8 \times 60}{30} \times 120 = 1,920$원이다.

따라서 L씨가 지불하게 될 택시요금은 $3,800+2,000+7,200+1,920=14,920$원이다.

02 정답 ③

- 1인 1일 사용량에서 영업용 사용량이 차지하는 비중 : $\frac{80}{282} \times 100 ≒ 28.37\%$
- 1인 1일 가정용 사용량의 하위 두 항목이 차지하는 비중 : $\frac{20+13}{180} \times 100 ≒ 18.33\%$

| 04 | 창의수리

01	02	03	04	05					
①	③	④	③	②					

01 정답 ①

홀수 항은 $\times(-2)+2$, 짝수 항은 $+3$, $+6$, $+9$, $\cdots$인 수열이다.
따라서 ( )$=10\times(-2)+2=-18$이다.

02 정답 ③

n을 자연수라고 하면 n항과 $(n+1)$항을 더한 값이 $(n+2)$항인 수열이다.
따라서 ( )$=11+20=31$이다.

03 정답 ④

연속하는 세 자연수를 각각 $x-1$, x, $x+1$이라고 하면 다음 식이 성립한다.
$(x-1)+x+(x+1)=129$
→ $3x=129$
∴ $x=43$
따라서 가장 큰 자연수는 44이다.

04 정답 ③

총 6시간 30분 중 30분은 정상에서 휴식을 취했으므로, 오르막길과 내리막길의 실제 이동시간은 6시간이다. 총 14km의 길이 중 a는 오르막길에서 걸린 시간, b는 내리막길에서 걸린 시간이라 하면 다음과 같은 방정식이 성립한다.
a+b=6 … ㉠
1.5a+4b=14 … ㉡
두 식을 연립하면 a는 4시간, b는 2시간이 소요된다.
따라서 오르막길 A의 거리는 1.5×4=6km이다.

05 정답 ②

총 9장의 손수건을 구매했으므로 B손수건 3장을 제외한 나머지 A, C, D손수건은 각각 $\frac{9-3}{3}=2$장씩 구매하였다.

먼저 3명의 친구들에게 서로 다른 손수건을 3장씩 나눠줘야 하므로 B손수건을 1장씩 나눠준다. 나머지 A, C, D손수건을 서로 다른 손수건으로 2장씩 나누면 (A, C), (A, D), (C, D)로 묶을 수 있다. 이 세 묶음을 3명에게 나눠주는 경우의 수는 3!=3×2×1=6가지이다.
따라서 친구 3명에게 종류가 다른 손수건을 3장씩 나눠주는 경우의 수는 6가지이다.

CHAPTER 08 | 2022년 상반기 기출복원문제

| 01 | 언어이해

01	02	03	04	05
④	②	②	⑤	④

01 정답 ④

첫 번째 문단에 통각 수용기에는 감각 적응 현상이 거의 일어나지 않는다는 내용이 나와 있으므로 ④가 가장 적절하다.

오답분석
① 두 번째 문단에서 Aδ섬유는 직경이 크고 전도 속도가 빠르며, C섬유는 직경이 작고 전도 속도가 느리다고 했으므로 적절하지 않다.
② 첫 번째 문단에서 통각 수용기는 피부에 가장 많아 피부에서 발생한 통증은 위치를 확인하기 쉽다고 했으므로 적절하지 않다.
③ 두 번째 문단에서 Aδ섬유에는 기계적 자극이나 높은 온도 자극에 반응하는 통각 수용기가 분포되어 있고, C섬유에도 기계적 자극이나 높은 온도 자극에 반응하는 통각 수용기가 분포되어 있다고 했으므로 적절하지 않다.
⑤ 두 번째 문단에서 Aδ섬유를 따라 전도된 통증 신호가 대뇌 피질로 전달되면, 대뇌 피질에서는 날카롭고 쑤시는 듯한 짧은 초기 통증을 느끼고 통증이 일어난 위치를 파악한다고 하였으므로 적절하지 않다.

02 정답 ②

마지막 문단에서 이용후생 학파들이 제시한 주요 정책들의 바탕에는 '사농공상으로 서열화된 직업의 귀천을 최대한 배제하고 상공업의 중흥을 강조해야 한다는 생각이 자리 잡고 있었다.'고 하였다. 따라서 이용후생 학파들은 농업의 중요성이 아닌 상공업의 중흥을 강조했다.

03 정답 ②

제시문은 집단 소송제의 중요성과 필요성에 대하여 역설하는 글로, 집단 소송제를 통하여 기업 경영의 투명성을 높여 궁극적으로 기업의 가치 제고를 이루자는 것을 주장한다. 따라서 제시문의 주제로 가장 적절한 것은 ②이다.

04 정답 ⑤

제시문은 공포증의 정의와 공포증이 생기는 이유에 대한 심리학자 와이너의 설명이 담긴 글이다. 따라서 (라) 공포증의 정의 – (나) 공포증이 생기는 대상 – (가) 공포증이 생기는 이유를 밝힌 와이너 – (다) 와이너가 밝힌 공포증이 생기는 이유 순으로 나열하는 것이 적절하다.

05 정답 ④

제시문은 정의를 통해 집단사고와 집단지성의 개념을 설명하고, 위키피디아를 집단지성의 사례로 사용하는 예시를 들어 독자의 이해를 돕고 있다. 또한 위키피디아를 '살아 있는 백과사전'으로 표현하는 비유의 설명 방식을 사용하였으며, 집단사고와 집단지성의 차이를 밝히는 대조를 통해 집단지성의 특징을 효과적으로 설명하고 있다.

|02| 언어추리

01	02								
④	①								

01 정답 ④

A는 엘리베이터보다 계단이 더 가까운 곳에 살고 있으므로 1001호나 1002호에 살고 있다. C와 D는 계단보다 엘리베이터에 더 가까운 곳에 살고 있다고 하였으므로 1003호와 1004호에 살고 있다. D는 A 바로 옆에 살고 있으므로, D는 1003호에 살고 있고 A는 1002호에 살고 있음을 알 수 있다. 이를 정리하면 다음과 같다.

계단	1001호	1002호	1003호	1004호	엘리베이터
	B	A	D	C	

따라서 B가 살고 있는 곳에서 엘리베이터 쪽으로는 3명이 살고 있으므로 ④는 항상 거짓이다.

02 정답 ①

먼저 8호 태풍 바비의 이동 경로에 관한 A국과 D국의 예측이 서로 어긋나므로 둘 중 한 국가의 예측만 옳은 것을 알 수 있다.
 i) A국의 예측이 옳은 경우
    A국의 예측에 따라 8호 태풍 바비는 일본에 상륙하고, 9호 태풍 마이삭은 한국에 상륙한다. D국의 예측은 옳지 않으므로 10호 태풍 하이선이 중국에 상륙하지 않을 것이라는 C국의 예측 역시 옳지 않음을 알 수 있다. 따라서 B국의 예측에 따라 10호 태풍 하이선은 중국에 상륙하며, 태풍의 이동 경로를 바르게 예측한 나라는 A국과 B국이다.
 ii) D국의 예측이 옳은 경우
    D국의 예측에 따라 10호 태풍 하이선은 중국에 상륙하지 않으며, 8호 태풍 바비가 일본에 상륙한다는 A국의 예측이 옳지 않게 되므로 9호 태풍 마이삭은 한국에 상륙하지 않는다. 따라서 B국이 예측한 결과의 대우인 '태풍 하이선이 중국에 상륙하지 않으면, 9호 태풍 마이삭은 한국에 상륙하지 않는다.'가 성립하므로 B국의 예측 역시 옳은 것을 알 수 있다. 그런데 이때 10호 태풍 하이선은 중국에 상륙하지 않는다는 C국의 예측 역시 성립하므로 두 국가의 예측만이 실제 태풍의 이동 경로와 일치했다는 조건에 어긋난다.
따라서 태풍의 이동 경로를 바르게 예측한 나라는 A국과 B국이다.

| 03 | 자료해석

01									
⑤									

01 정답 ⑤

연도별 성인 참여율과 전년 대비 참여 증가율은 다음과 같다.

구분	2017년	2018년	2019년	2020년	2021년
참여율 (%)	6.4	6.8	5.2	4.9	3.2
참여 증가율 (%)	-	7.8	-21.7	-5.7	-34.8

ㄷ. 자원봉사 참여 인구는 2018년 증가 후 계속 감소하였으므로 참여 증가율이 가장 높은 해는 2018년이며, 참여 증가율이 가장 낮은 해는 2021년이다.
ㄹ. 2017년부터 2020년까지 자원봉사에 참여한 성인 인구수는 2,667,575+2,874,958+2,252,287+2,124,110=9,918,930명으로 천만 명 이하이다.

[오답분석]
ㄱ. 성인 참여율은 2018년이 6.8%로 가장 높다.
ㄴ. 2019년 참여율은 5.2%로 2020년 참여율 4.9%보다 높다.

| 04 | 창의수리

01	02	03	04	05	06				
④	②	④	②	③	②				

01 정답 ④

제시된 수열의 다음 항은 그 앞의 항에 $2^n-1(n=1, 2, 3, \cdots)$을 더한 값이며, n은 전항의 순서이다.
따라서 ( )=$121+2^7-1=248$이다.

02 정답 ②

n을 자연수라고 할 때, n항의 값은 $(n+1)\times(n+2)\times(n+3)$인 수열이다.
따라서 ( )=$(4+1)\times(4+2)\times(4+3)=5\times6\times7=2100$이다.

03 정답 ④

먼저 C, D, E가 줄을 서는 경우의 수는 $3!=6$가지이다.

	C		D		E	

A와 B가 이웃하지 않도록 C, D, E의 옆에 A와 B를 배치하는 경우의 수는 $_4P_2=12$가지이다.
따라서 5명의 학생 중 A와 B가 이웃하지 않게 서는 경우의 수는 $6\times12=72$가지이다.

04 정답 ②

A가 합격할 확률을 P_A라 하고, B가 합격할 확률을 P_B라 할 때, 두 사람의 합격 여부는 서로 영향을 미치지 않으므로 다음과 같은 식이 성립한다.

$P_A \cap P_B = P_A \times P_B = 0.3$

$P_A = 0.4 \rightarrow P_B = \dfrac{0.3}{0.4} = \dfrac{3}{4} = 0.75$

따라서 2명 모두 불합격할 확률은 $(1-0.4) \times (1-0.75) = 0.6 \times 0.25 = 0.15$이다.

05 정답 ③

기차역에서 서점까지의 거리를 xm라 하면 다음 식이 성립한다.

$\dfrac{2x}{30} + 10 = 30$

$\rightarrow x + 150 = 450$

$\therefore x = 300$

따라서 역에서 서점까지의 최대 거리는 0.3km이다.

06 정답 ②

B가 A보다 한 바퀴를 더 돌면 두 사람은 만나게 된다. 한 시간 동안 B가 A보다 1,000m를 더 걸으므로 1,000÷400=2.5이다. 따라서 두 사람은 2번 만나게 된다.

CHAPTER 09 | 2021년 하반기 기출복원문제

| 01 | 언어이해

01	02	03	04						
③	④	④	①						

01 정답 ③

(다) 문단은 비실명 금융거래의 폐해로 인한 금융실명제 도입의 필요성에 대해 설명하고 있다. 따라서 ③은 소제목으로 적절하지 않다.

02 정답 ④

제시문은 사람을 삶의 방식에 따라 거미와 같은 사람, 개미와 같은 사람, 꿀벌과 같은 사람의 세 종류로 나누어 설명하고 있다. 거미와 같은 사람은 노력하지 않으면서도 남의 실수를 바라는 사람이며, 개미와 같은 사람은 자신의 일은 열심히 하지만 주변을 돌보지 못하는 사람이다. 이와 반대로 꿀벌과 같은 사람은 자신의 일을 열심히 하면서 남도 돕는 이타적 존재이다. 이를 통해 글쓴이는 가장 이상적인 인간형은 거미나 개미와 같은 사람이 아닌 꿀벌과 같은 이타적인 존재라고 이야기한다. 따라서 글쓴이가 말하고자 하는 주장으로 가장 적절한 것은 ④이다.

03 정답 ④

제시문은 도로신호와 철도신호의 차이점을 드러내고 있으므로 둘 이상의 대상에서 차이점을 중심으로 설명하는 '대조'의 설명 방식이 가장 적절하다.

오답분석
① 비유 : 현상이나 사물을 다른 비슷한 현상이나 사물에 빗대어 설명하는 것
② 예시 : 사물이나 대상에 대하여 구체적인 예를 들어 설명하는 것
③ 비교 : 둘 이상의 대상에서 공통점을 중심으로 설명하는 것
⑤ 분석 : 큰 개념이나 대상을 작은 대상으로 나누어 자세하게 설명하는 것

04 정답 ①

빈칸의 앞부분에서 위기 상황을 제시해 놓았고, 뒷부분에서는 인류의 각성을 촉구하는 내용을 다루고 있다. 따라서 앞뒤의 내용을 논리적으로 자연스럽게 연결하기 위해서는 각성의 당위성을 이끌어내는 데 필요한 전제가 들어가야 하므로 빈칸에 들어갈 내용으로 ①이 가장 적절하다.

| 02 | 언어추리

01	02								
④	②								

01 정답 ④

A와 E의 진술이 상반되므로 2명 중 1명이 거짓을 말하고 있음을 알 수 있다.
ⅰ) E의 진술이 거짓인 경우 : 지각한 사람이 D와 E 2명이 되므로 성립하지 않는다.
ⅱ) A의 진술이 거짓인 경우 : B, C, D, E의 진술이 모두 참이 되며, 지각한 사람은 D이다.
따라서 거짓을 말하는 사람은 A이며, 지각한 사람은 D이다.

02 정답 ②

먼저 B의 진술이 거짓일 경우 A와 C는 모두 프로젝트에 참여하지 않으며, C의 진술이 거짓일 경우 B와 C는 모두 프로젝트에 참여한다. 그러므로 B와 C의 진술은 동시에 거짓이 될 수 없으므로 2명 중 1명의 진술은 반드시 참이 된다.
ⅰ) B의 진술이 참인 경우 : A는 프로젝트에 참여하지 않으며, B와 C는 모두 프로젝트에 참여한다. B와 C 모두 프로젝트에 참여하므로 D는 프로젝트에 참여하지 않는다.
ⅱ) C의 진술이 참인 경우 : A의 진술은 거짓이므로 A는 프로젝트에 참여하지 않으며, B는 프로젝트에 참여한다. C는 프로젝트에 참여하지 않으나, B가 프로젝트에 참여하므로 D는 프로젝트에 참여하지 않는다.
따라서 반드시 프로젝트에 참여하는 사람은 B이다.

| 03 | 자료해석

01									
⑤									

01 정답 ⑤

흡연자 A씨가 금연프로그램에 참여하면서 진료 및 상담 비용과 금연보조제(니코틴패치) 구매에 지불해야 하는 부담금은 지원금을 제외한 나머지이다.
따라서 A씨가 부담하는 금액은 총 $\{30{,}000 \times 0.1 \times 6\} + \{12{,}000 \times 0.25 \times 3\} = 18{,}000 + 9{,}000 = 27{,}000$원이다.

| 04 | 창의수리

01	02	03	04	05	06				
③	③	④	④	③	③				

01 정답 ③

+1과 −3이 반복되는 수열이다.
따라서 (   )=3+1=4이다.

02 정답 ③

홀수 항은 ×(−5), 짝수 항은 ÷2를 하는 수열이다.
따라서 (   )=44×2=88이다.

03 정답 ④

60, 52, 48의 최대공약수는 4이므로 크루아상 15개, 소보로 13개, 단팥빵 12개씩 1상자에 담을 수 있다.
따라서 최대 4상자 포장이 가능하다.

04 정답 ④

하루 최대 4명까지 휴가를 줄 수 있다고 했으므로 4일 동안 사원들에게 휴가를 줄 수 있는 방법은 (4, 4, 1, 1), (4, 3, 2, 1), (4, 2, 2, 2), (3, 3, 2, 2), (3, 3, 3, 1)로 5가지이다.
날짜 순서가 바뀌는 경우에 따라 각각의 경우의 수를 구하면 $_4C_2$=6가지, 4!=24가지, $_4C_1$=4가지, $_4C_2$=6가지, $_4C_1$=4가지이다.
따라서 가능한 경우의 수는 6+24+4+6+4=44가지이다.

05 정답 ③

연속된 세 자연수 중 가운데 수를 a라고 하면 다음과 같다.
$(a-1)+a+(a+1)=135$
→ $3a=135$
∴ $a=45$
따라서 가장 작은 수와 가장 큰 수의 합은 44+46=90이다.

06 정답 ③

총 평균이 65점이므로 6명의 점수의 합은 65×6=390점이다. 중급을 획득한 3명의 평균이 62점이므로 이들의 점수의 합은 62×3=186점이다.
C의 시험 점수 최댓값을 구하라고 하였으므로 C가 고급을 획득했다고 가정하면, C를 포함해 고급을 획득한 2명의 점수의 합은 390−186−54=150점이다.
따라서 고급을 획득한 C의 점수가 최댓값인 경우는 고급을 획득한 다른 1명의 점수가 합격 최저 점수인 70점을 받았을 때이므로 80점이 최대 점수이다.

CHAPTER 10 | 2021년 상반기 기출복원문제

| 01 | 언어이해

01	02	03	04	05
④	①	⑤	④	④

01 정답 ④

제시문은 분자 상태의 수소와 산소가 결합하여 물이 되는 과정을 설명한 것으로, 수소 분자와 산소 분자가 원자로 분해되고, 분해된 산소 원자 하나와 수소 원자 두 개가 결합하여 물이라는 화합물이 생성된다고 했다. 따라서 산소 분자와 수소 분자가 '각각' 물이 된다고 한 ④는 적절하지 않다.

02 정답 ①

대중문화가 주로 젊은 세대를 중심으로 한 문화라고 설명한 다음, 대중문화라고 해서 반드시 젊은 사람들을 중심으로 이루어지는 것은 아니라고 번복하고 있다. 따라서 제시문은 앞, 뒤에서 서로 모순되는 내용을 설명하고 있다.

03 정답 ⑤

마지막 문단에서 UPS 사용 시 배터리를 일정 주기에 따라 교체해 주어야 한다고 이야기하고 있을 뿐, 배터리 교체 방법에 대해서는 언급하지 않았으므로 교체 방법은 알 수 없다.

오답분석
① 첫 번째 문단에 따르면 일관된 전력 시스템의 필요성이 높아짐에 따라 큰 손실과 피해를 야기할 수 있는 급격한 전원 환경의 변화를 방지할 수 있는 UPS가 많은 산업 분야에서 필수적으로 요구되고 있다.
② 두 번째 문단에 따르면 UPS는 일종의 전원 저장소로, 갑작스러운 전원 환경의 변화로부터 기업의 서버를 보호한다.
③ 세 번째 문단에 따르면 UPS를 구매할 때는 용량을 고려하여 필요 용량의 1.5배 정도인 UPS를 구입하는 것이 적절하다.
④ 마지막 문단에 따르면 가정용 UPS에 사용되는 MF배터리의 수명은 1년 정도이므로 이에 맞춰 주기적인 교체가 필요하다.

04 정답 ④

해외여행 전에는 반드시 질병관리본부 홈페이지를 방문하여 해외 감염병 발생 상황을 확인하고, 필요한 예방접종과 예방약 등을 미리 준비한다.

오답분석
①·③ 해외여행 중 지켜야 할 감염병 예방 행동이다.
② 해외여행을 마치고 입국 시에 지켜야 할 감염병 예방 행동이다.
⑤ 질병관리본부의 콜센터로 여행 지역을 미리 신고하는 것이 아니라 입국 후 감염병 증상이 의심될 경우 이를 신고하여야 한다.

05 정답 ④

제시문은 여름에도 감기에 걸리는 이유와 예방 및 치료방법에 대해 설명하고 있다. 따라서 (마) 의외로 여름에도 감기에 걸림 – (가) 찬 음식과 과도한 냉방기 사용으로 체온이 떨어져 면역력이 약해짐 – (라) 감기 예방을 위해 찬 음식은 적당히 먹고 충분한 휴식을 취하고, 귀가 후 손발을 씻어야 함 – (나) 감기에 걸렸다면 수분을 충분히 섭취해야 함 – (다) 열이나 기침이 날 때에는 따뜻한 물을 여러 번 나눠 먹는 것이 좋음 순으로 나열하는 것이 적절하다.

| 02 | 언어추리

01	02								
①	④								

01 정답 ①

C, D, E의 진술이 연관되어 있고 2명만 진실을 말하고 있다고 하였으므로 C, D, E의 진술은 거짓이고 A, B의 진술이 참이다.

오답분석

② · ③ · ④ · ⑤ 서로 진실을 말하고 있다는 C와 D의 진술은 동시에 참이 되거나 거짓이 되어야 한다.

02 정답 ④

'모든 무신론자가 운명론을 거부하는 것은 아니다.'를 바꿔서 표현하면 '무신론자 중에는 운명론을 믿는 사람이 있다.'가 된다. 따라서 빈칸에 들어갈 명제로 ④가 가장 적절하다.

| 03 | 자료해석

01									
①									

01 정답 ①

공장 안의 기온은 23°C로 유지 중이며, 수증기 함유량은 12g/kg이다.

따라서 상대습도 공식에 대입하면 공장 안의 상대습도가 $\frac{12}{20.8} \times 100 ≒ 57.7\%$임을 알 수 있다.

| 04 | 창의수리

01	02	03	04	05	06	07			
②	①	①	⑤	②	⑤	②			

01 정답 ②

앞의 항에 17을 더하는 수열이다.
따라서 ( )=18−17=1이다.

02 정답 ①

나열된 수를 각각 A, B, C라고 하면 다음과 같은 규칙이 성립한다.
$\underline{A\ B\ C} \rightarrow (A \times B) - 5 = C$
따라서 ( )=(3+5)÷(−4)=−2이다.

03 정답 ①

- 추 1개를 사용할 경우 : 2kg, 3kg, 7kg
- 추 2개를 함께 놓을 경우 : (2+3)kg, (2+7)kg, (3+7)kg → 5kg, 9kg, 10kg
- 추 3개를 함께 놓을 경우 : (2+3+7)kg → 12kg
- 추를 양쪽 그릇에 1개씩 놓을 경우 : (3−2)kg, (7−2)kg, (7−3)kg → 1kg, 5kg, 4kg
- 추를 오른쪽에 2개, 왼쪽에 1개를 놓을 경우 : 7−(2+3)kg, (7+2)−3kg, (7+3)−2kg → 2kg, 6kg, 8kg

따라서 A씨가 산딸기 무게를 재는 경우의 수는 중복되는 무게 2kg, 5kg을 제외한 11가지이다.

04 정답 ⑤

A~C 세 사람이 가위바위보를 할 때의 나올 수 있는 모든 경우의 수는 3×3×3=27가지이다.
A만 이기는 경우를 순서쌍으로 나타내면 (보, 바위, 바위), (가위, 보, 보), (바위, 가위, 가위)로 3가지가 나온다.
따라서 A만 이길 확률은 $\frac{3}{27} = \frac{1}{9}$이다.

05 정답 ②

학교에서 도서관까지의 거리를 $x$km라 하면 다음 식이 성립한다.
$\frac{x}{40} = \frac{x}{45} + \frac{1}{6}$
→ $9x - 8x = 60$
∴ $x = 60$
따라서 학교에서 도서관까지의 거리는 60km이다.

06 정답 ⑤

A, B기차의 길이를 각각 am, bm라고 가정하고 터널을 지나는 시간에 대한 방정식을 세우면 다음과 같다.

- A기차 : $\dfrac{600+a}{36}=25 \to 600+a=900 \to a=300$
- B기차 : $\dfrac{600+b}{36}=20 \to 600+b=720 \to b=120$

따라서 A기차의 길이는 300m이며, B기차의 길이는 120m이다.

07 정답 ②

원기둥의 부피를 구하는 공식은 (반지름)$^2 \times$(원주율)$\times$(높이)이다.
따라서 $5^2 \times 3.14 \times 10 = 785$cm^3 이다.

CHAPTER 11 | 2020년 기출복원문제

| 01 | 언어이해

01	02								
②	③								

01 정답 ②

마지막 문단에 따르면 우리 춤은 정지 상태에서 몰입을 통해 상상의 선을 만들어 내는 과정을 포함한다. 따라서 처음부터 끝까지 쉬지 않고 곡선을 만들어 낸다는 설명은 적절하지 않다.

오답분석
① 첫 번째 문단의 '우리 춤은 옷으로 몸을 가린 채 손만 드러내놓고 추는 경우가 많기 때문이다.'를 통해 알 수 있다.
③ 두 번째 문단의 '예컨대 승무에서 ~ 완성해 낸다.'를 통해 알 수 있다.
④ 세 번째 문단의 '그러나 이때의 ~ 이해해야 한다.'를 통해 알 수 있다.
⑤ 마지막 문단의 '이런 동작의 ~ 몰입 현상이다.'를 통해 알 수 있다.

02 정답 ③

두 번째 문단 마지막 문장에서 절차적 지식을 갖기 위해 정보를 마음속에 떠올릴 필요가 없다고 하였다.

오답분석
① 마지막 문단에서 표상적 지식은 절차적 지식과 달리 특정한 일을 수행하는 능력과 직접 연결되어 있지 않다고 하였으나, 특정 능력의 습득에 전혀 도움을 줄 수 없는지 아닌지는 제시문의 내용을 통해서는 알 수 없다.
② 마지막 문단에 따르면 '이 사과는 둥글다.'는 지식은 둥근 사과의 이미지일 수도, '이 사과는 둥글다.'는 명제일 수도 있다.
④ 인식론에서 나눈 지식의 유형에는 능력의 소유를 의미하는 절차적 지식과 정보의 소유를 의미하는 표상적 지식이 모두 포함된다.
⑤ 절차적 지식을 통해 표상적 지식을 얻는다는 내용은 제시문을 통해서는 알 수 없다.

| 02 | 언어추리

01	02								
①	①								

01 정답 ①

주어진 조건에 따라 직원 A~H가 앉을 수 있는 경우는 A-B-D-E-C-F-H-G이다. 여기서 D와 E의 자리를 서로 바꿔도 모든 조건이 성립하고, A-G-H와 D-E-C를 통째로 바꿔도 모든 조건이 성립한다. 따라서 총 경우의 수는 2×2=4가지이다.

02 정답 ①

첫 번째 조건과 두 번째 조건을 고려하면 E-B-A 또는 E-A-B 순임을 알 수 있다.
여기서 세 번째 조건을 고려하면 D과장이 A사원보다 앞에 있는 경우는 다음 4가지이다.
E-D-B-A, E-D-A-B, D-E-B-A, D-E-A-B
네 번째 조건을 고려하면 E부장과 B사원 사이에 2명이 있어야 하므로 가능한 순서는 5가지 경우로 다음과 같다.
E-D-C-B-A, E-C-D-B-A, E-D-A-B-C, C-E-D-A-B, D-E-C-A-B
마지막으로 다섯 번째 조건을 고려하면 C대리와 A사원 사이에 2명이 있는 순서는 E-C-D-B-A와 C-E-D-A-B이다.
따라서 C대리는 첫 번째 또는 두 번째로 검진을 받을 수 있다.

| 03 | 자료해석

01	02								
⑤	③								

01 정답 ⑤

문제에서 주어진 팀장의 요구조건에 부합하는 결과를 제시된 표에서 정보를 찾아 도출하면 된다.
영유아 인구가 많은 곳과 향후 5년간 지속적인 영유아 비중의 증가 두 가지 조건을 모두 충족하는 지역을 선정하면 된다.
ⅰ) 주어진 표에서 영유아 인구수를 구하면 다음과 같다.
 • A지역 : 3,460,000×0.03=103,800명
 • B지역 : 2,470,000×0.05=123,500명
 • C지역 : 2,710,000×0.04=108,400명
 • D지역 : 1,090,000×0.11=119,900명
 따라서 B-D-C-A 순으로 영유아 인구수가 많은 것을 알 수 있다.
ⅱ) 향후 5년간 영유아 변동률을 보았을 때 A지역은 1년 차와 3년 차에 감소하고, B지역은 3~5년 차 동안 감소하는 것을 확인할 수 있다. 그러므로 지속적으로 영유아 비중이 증가하는 지역은 C지역, D지역이다. C지역의 5년간 성장률은 5%이며, D지역의 5년간 성장률은 6.4%이므로 D지역을 상대적으로 우선한다.
따라서 위 ⅰ), ⅱ) 조건을 모두 고려하였을 때, D지역이 유아용품 판매직영점을 설치하는 데 가장 적합한 지역이 된다.

오답분석
① B지역이 영유아 인구수가 가장 많은 것은 맞으나, 향후 5년 동안 변동률이 감소하는 추세를 보이므로 옳지 않다.
② 향후 5년간 영유아 인구 증가율이 가장 높은 곳은 D지역이다.
③ 단순히 영유아 비율이 높다고 하여 영유아 인구수가 많은 것이 아니므로 조건에 부합하지 않는다.
④ 총인구수로 판단하는 것은 주어진 조건과 무관하므로 옳지 않다.

02 정답 ③

ㄴ. 최대 수익을 내는 방법은 다음과 같다.
　ⅰ) F를 먼저 시작하여 20일 뒤에 작업을 마치며 85억의 수익을 낸다.
　ⅱ) 동시에 B를 시작하여 10일 뒤에 작업을 마치며 20억의 수익을 낸다.
　ⅲ) 11일째부터 A를 시작하여 5일 뒤에 작업을 마치며 15억의 수익을 낸다.
　ⅳ) 21일째부터 C를 시작하여 10일 뒤에 작업을 마치며 40억의 수익을 낸다.
　따라서 최대 수익은 160억 원이다.

ㄷ. 계획한 기간이 45일이 되면, 작업은 다음과 같이 마칠 수 있다.
　ⅰ) D와 E를 먼저 시작하여 15일 뒤에 작업을 마칠 수 있다.
　ⅱ) 16일째부터 A, B와 C를 시작하여 25일째에 작업을 마칠 수 있다.
　ⅲ) 26일째부터 F를 시작하여 45일째에 작업을 마칠 수 있다.
　따라서 계획한 기간이 15일 연장된다면 수주한 모든 선박을 건조할 수 있다.

오답분석

ㄱ. 선박의 수를 최대로 잡기 위해서는 근로자의 배분과 작업일자의 배분이 중요하기 때문에 두 변수를 고려하면 시작일에 100명을 동시에 투입할 수 있어야 하므로 다음과 같다.
　ⅰ) D와 E를 먼저 시작하면 15일 뒤에 작업을 모두 마칠 수 있다.
　ⅱ) 16일째부터 A, B, C의 작업에 투입하면 25일째에는 총 5척의 선박을 건조할 수 있다.
　따라서 甲조선소가 건조할 수 있는 선박의 수는 최대 5척이다.

ㄹ. 15일짜리가 2척, 20일짜리가 1척이며 여기에 소요되는 인원이 170명이므로 불가능하다. '130명 / 일'로 증가시켜야만 다음과 같은 배분이 이루어져 가능하다.
　ⅰ) F에 70명을 투입해 20일 뒤 완료하고 이어서 B, C에 80명을 투입해 30일째에 완료할 수 있다.
　ⅱ) F와 동시에 E에 60명을 투입해 15일 뒤 완료하고 D, A에 작업완료인원을 투입해 30일째에 완료할 수 있다.

| 04 | 창의수리

01	02								
②	③								

01 정답 ②

전체 일의 양을 1이라고 하면 A, B가 각각 1시간 동안 일할 수 있는 일의 양은 각각 $\frac{1}{2}$, $\frac{1}{3}$이다.
A 혼자 일하는 시간을 x시간, B 혼자 일하는 시간을 y시간이라고 하면 다음 식이 성립한다.
$x+y=\frac{9}{4}$ ⋯ ㉠
$\frac{1}{2}x+\frac{1}{3}y=1$ ⋯ ㉡
㉠과 ㉡을 연립하면 $x=\frac{3}{2}$, $y=\frac{3}{4}$이다.
따라서 A 혼자 일한 시간은 1시간 30분이다.

02 정답 ③

여직원 수를 x명이라고 하자(단, $x>0$).
여직원 x명 중 2명을 회장과 총무로 선출하는 경우의 수는 $_xP_2=x(x-1)$가지이고, 16명의 회원 중 2명을 회장과 총무로 선출하는 경우의 수는 $_{16}P_2=16\times15=240$가지이다.
여직원이 회장과 총무로 선출될 확률이 $\frac{3}{8}$이므로 다음 식이 성립한다.
$\frac{x(x-1)}{240}=\frac{3}{8}$
→ $x(x-1)=90$
→ $(x+9)(x-10)=0$
∴ $x=10$
따라서 영화 동아리에 가입되어 있는 여직원의 수는 10명이다.

CHAPTER 12 | 2019년 하반기 기출복원문제

| 01 | 언어이해

01	02	03	04
⑤	③	⑤	②

01 정답 ⑤

ㄷ. 마켓홀의 천장벽화인 '풍요의 뿔'은 시장에서 판매되는 먹을거리가 하늘에서 떨어지는 모습을 표현하기 위해 4,500개의 알루미늄 패널을 사용했으며, 이 패널은 실내의 소리를 흡수하고 소음을 줄여주는 기능 또한 갖추고 있다.
ㄹ. 마켓홀은 전통시장의 상설화와 동시에 1,200대 이상의 차량을 주차할 수 있는 규모의 주차장을 구비해 그들이 자연스레 로테르담의 다른 상권에 찾아갈 수 있도록 돕는다.

오답분석

ㄱ. 마켓홀 내부에 4,500개의 알루미늄 패널을 설치한 것은 네덜란드의 예술가 아르노 코넨과 이리스 호스캄이다.
ㄴ. 마켓홀이 로테르담의 무역 활성화에 기여했다는 내용은 제시문에서 찾아볼 수 없다.

02 정답 ③

이소크라테스는 영원불변하는 보편적 지식의 무용성을 주장했을 뿐, 존재 자체를 부정했다는 내용은 제시문에서 확인할 수 없다.

03 정답 ⑤

제시문은 좌뇌형 인간과 우뇌형 인간이라는 개념이 지닌 허점에 대하여 지적할 뿐, 브로카 영역과 베르니케 영역이 존재하는 좌반구가 손상을 받으면 언어 장애가 생긴다는 사실에 대해서는 긍정하고 있다. 실제로 베르니케 영역이 손상되면 '베르니케 실어증'이 생기며, 청각이나 시각은 정상이지만 말을 듣거나 읽었을 경우 그 내용을 이해할 수 없게 된다.

오답분석

① 말하기를 담당하는 브로카 영역과 듣기를 담당하는 베르니케 영역처럼, 사람은 특정 행동을 할 때 특정 부위의 뇌를 주로 사용하게 된다.
② 일상에서 흔히 좌뇌형 인간을 남성적, 우뇌형 인간을 여성적이라고 평가하지만, 좌뇌와 우뇌의 활용도 차이는 사후해석에 가까운 근거 없는 개념이다.
③ 2014년 미국 펜실베이니아대학 연구팀의 연구결과에 따르면 여성의 경우 좌뇌와 우뇌의 상호 연결이 주로 발달하며, 남성의 경우 좌뇌와 우뇌 각각의 내부 연결이 주로 발달한다고 하였다. 따라서 여성의 경우 상대적으로 양쪽의 뇌가 골고루 활성화될 것이며, 남성의 경우 안쪽의 뇌가 집중적으로 활성화될 것이다.
④ 1998년 미국 듀크대학 연구팀의 실험에 따르면 남성은 공간 정보의 절대적 위치를, 여성은 공간 정보의 상대적 위치를 주로 활용하므로 수치화된 답변이 나올 가능성이 여성에 비해 상대적으로 높을 것이다.

04 정답 ②

제시문은 첫 번째 문단에서 유행에 따라 변화하는 영화 제목의 글자 수에 대한 이야기를 언급한 뒤 다음 문단에서 2000년대에 유행했던 영화의 제목 글자 수와 그 예시를, 그다음 문단에서는 2010년대에 유행했던 영화의 제목 글자 수와 그 사례 그리고 흥행에 실패한 사례를 예시로 들고 있다.

| 02 | 언어추리

01	02								
④	⑤								

01 정답 ④

'운동을 꾸준히 한다.'를 A, '스트레스를 많이 받는다.'를 B, '술을 많이 마신다.'를 C, '간에 무리가 간다.'를 D라고 하면 첫 번째 명제는 C → D, 세 번째 명제는 B → C, 네 번째 명제는 ~A → D이므로 네 번째 명제가 도출되기 위해서는 빈칸에 ~A → B가 필요하다. 따라서 대우 명제인 ④가 답이 된다.

02 정답 ⑤

A나 C가 농구를 한다면 진실만 말해야 하는데, 둘 다 다른 사람이 농구를 한다고 말하고 있으므로 거짓을 말한 것이 되어 모순이 된다. 그러므로 농구를 하는 사람은 B 또는 D이다.
ⅰ) B가 농구를 하는 경우 : C는 야구, D는 배구를 하고 남은 A가 축구를 한다. A가 한 말은 모두 거짓이고, C와 D는 진실과 거짓을 한 개씩 말하므로 모든 조건이 충족된다.
ⅱ) D가 농구를 하는 경우 : B은 야구, A는 축구, C는 배구를 한다. 이 경우 A가 진실과 거짓을 함께 말하고, B와 C는 거짓만 말한 것이 되므로 모순이 된다. 그러므로 D는 농구를 하지 않는다.
따라서 A는 축구, B는 농구, C는 야구, D는 배구를 한다.

| 03 | 자료해석

01	02								
③	④								

01 정답 ③

영등포구의 고등학생 수는 영등포구 전체 학생 수의 $\frac{6,713}{26,822} \times 100 ≒ 25.0\%$이므로 30% 미만이다.

오답분석
① 중학교의 학급당 학생 수가 가장 많은 지역은 27.2명으로 강남구이다.
② 중학교와 고등학교의 전체 학생 수는 합계에서 초등학교 학생 수를 뺀 것과 같으므로 900,684−424,800=475,884명이다. 따라서 초등학교의 전체 학생 수가 더 적다.
④ 학생 수가 초등학교, 중학교, 고등학교 순서로 많은 지역은 중랑구, 성북구, 강북구, 서대문구, 마포구, 양천구, 동작구로 총 7곳이다. 따라서 5곳 이상이므로 옳지 않다.

⑤ 고등학교의 학급 수가 가장 많은 상위 3개 지역은 노원구 869개, 강남구 730개, 강서구 668개이다. 이 지역 학급 수의 합은 869+730+668=2,267개이며, 전체의 $\frac{2,267}{9,685}\times 100 ≒ 23.4\%$이므로 25% 이하이다.

02 정답 ④

매년 조사대상의 수는 동일하게 2,500명이므로 비율의 누적 값으로만 판단한다. 3년간의 월간 인터넷 쇼핑 이용 누적 비율을 구하면 다음과 같다.
- 1회 미만 : 30.4+8.9+18.6=57.9%
- 1회 이상 2회 미만 : 24.2+21.8+22.5=68.5%
- 2회 이상 3회 미만 : 15.9+20.5+19.8=56.2%
- 3회 이상 : 29.4+48.7+39.0=117.1%

따라서 두 번째로 많이 응답한 인터넷 쇼핑 이용 빈도수는 1회 이상 2회 미만이다.

오답분석
① 제시된 자료를 통해 알 수 있다.
② 2017년 월간 인터넷 쇼핑을 3회 이상 이용했다고 응답한 사람은 2,500×0.487=1,217.5명이다.
③ 1회 이상 2회 미만 쇼핑했다고 응답한 사람의 2017년 비율은 21.8%이고, 2018년은 22.5%이다. 따라서 $\frac{22.5-21.8}{21.8}\times 100 ≒$ 3.2%이므로 3% 이상 증가했다.
⑤ 매년 조사 대상이 2,500명씩 동일하므로 비율만 비교한다. 2018년 월간 인터넷 쇼핑을 2회 이상 3회 미만 이용했다고 응답한 비율은 19.8%이고, 2017년 1회 미만으로 이용했다고 응답한 비율은 8.9%이다. 따라서 8.9×2=17.8<19.8이므로 2배 이상이다.

| 04 | 창의수리

01	02								
④	⑤								

01 정답 ④

C사원이 걸어간 시간을 x분, 뛴 시간을 y분이라고 하면 다음 식이 성립한다.
$x+y=24 \cdots ㉠$
$\frac{x}{60}\times 4+\frac{y}{60}\times 10=2.5 \cdots ㉡$
㉠과 ㉡을 연립하면 $x=15$, $y=9$이다.
따라서 C사원이 뛴 거리는 $\frac{9}{60}\times 10=1.5$km이다.

02 정답 ⑤

물건을 200개 구입했을 때 C제품의 가격은 200×0.85×20=3,400만 원이다.
구입하려는 C제품의 개수를 n개라고 하면, 10%를 할인했을 때의 가격은 $n\times 0.9\times 20=18n$만 원이다.
$18n>3,400 \rightarrow n>188.9$
따라서 189개 이상 구입할 때부터는 200개를 사는 쪽이 더 이익이다.

CHAPTER 13 | 2019년 상반기 기출복원문제

| 01 | 언어이해

01	02	03	04	05
④	②	⑤	③	④

01 정답 ④

탄소배출권거래제는 의무감축량을 초과 달성했을 경우 초과분을 거래할 수 있는 제도이다. 그러므로 온실가스의 초과 달성분을 구입 혹은 매매할 수 있음을 추측할 수 있으며, 빈칸 이후 문단에서도 탄소배출권을 일종의 현금화가 가능한 자산으로 언급함으로써 이러한 추측을 돕고 있다. 따라서 ④가 빈칸에 들어갈 내용으로 가장 적절하다.

오답분석
① 제시문에서 탄소배출권거래제가 6대 온실가스 중 이산화탄소를 줄이는 것을 특히 중요시한다는 내용은 확인할 수 없다.
② 제시문에는 탄소배출권거래제가 가장 핵심적인 유연성체제라고는 언급되어 있지 않다.
③ 탄소배출권거래제가 탄소배출권이 사용되는 배경이라고는 볼 수 있으나, 다른 감축의무국가를 도움으로써 탄소배출권을 얻을 수 있다는 내용은 제시문에서 확인할 수 없다.
⑤ 청정개발체제에 대한 설명이다.

02 정답 ②

마지막 문단에서 엑셀로드는 팃포탯 전략이 두 차례 모두 우승할 수 있었던 이유가 비열한 전략에는 비열한 전략으로 대응했기 때문임을 알게 되었다고 언급하고 있다.

오답분석
①・⑤ 마지막 문단에서 엑셀로드는 팃포탯을 친절한 전략으로 분류했음을 확인할 수 있다.
③ 네 번째 문단에 의하면 팃포탯을 만든 것은 심리학자인 아나톨 라포트 교수이다.
④ 두 번째 문단에 의하면 죄수의 딜레마에서 자신의 이득이 최대로 나타나는 경우는 내가 죄를 자백하고 상대방이 죄를 자백하지 않는 것이다.

03 정답 ⑤

제시문에서 베버가 다른 종교관을 지닌 지역에서 근대 자본주의가 발달할 수 있을 것이라고 생각했다는 내용은 찾아볼 수 없다.

오답분석
① 마지막 문단에서 당시 베버가 자본주의의 정신이 변질되는 것에 대하여 경계했음을 확인할 수 있다.
② 세 번째 문단에서 당시 자본주의의 근본이 통념과는 다른 것이라는 사실을 주장한 베버의 생각에 대하여 서술하고 있다.
③ 네 번째 문단에서 근대 자본주의 정신의 가치관에 대한 베버의 답변을 서술하고 있다.
④ 네 번째 문단에서 베버는 칼뱅주의의 종교관이 근대 자본주의 정신의 밑바탕이 된다고 생각했다.

04 정답 ③

리플리 증후군 환자와 사기 범죄자의 차이는 자신이 거짓말을 하고 있는지 아닌지를 인지하고 있는가 그리고 그 거짓말을 들키는 것을 두려워하는가이다. 따라서 거짓말 탐지기나 취조, 증거물 제시 등의 방법으로 둘의 차이를 구분할 수 있을 것이다.

[오답분석]
① 세 번째 문단을 통해 현재까지 리플리 증후군의 정확한 원인은 밝혀지지 않았으며, 여러 가설만이 존재한다는 사실을 확인할 수 있다. 따라서 원인이 복합적일 가능성을 배제할 수 없다.
② 리플리 증후군이 작화증의 일종이라는 가설이 사실로 나타날 경우, 작화증의 발생 원인인 해마의 손상을 치료함에 따라 리플리 증후군 또한 치료될 가능성이 있다.
④ 첫 번째 문단을 통해 소설 속 리플리와 같은 증상이 나타나면서 20세기 후반부터 정신병리학자들의 본격적인 연구 대상이 되었다는 사실을 알 수 있다. 따라서 소설 이전에는 별다른 연구 대상이 되지 않았음을 추론할 수 있다.
⑤ 제시된 가설의 경우 스트레스와 좌절감, 학대와 뇌 질환 등 다양한 정신적·육체적 문제를 그 원인으로 지목하고 있다.

05 정답 ④

보기는 아쿠아포닉스의 단점에 대해 설명하고 있다. 그러므로 보기 앞에는 아쿠아포닉스의 장점이 설명되고, 그 뒤에는 단점을 해결하는 방법이나 추가적인 단점 등이 오는 것이 적절하다. 또한 두 번째 문단의 '이러한 수고로움' 앞에 제시되어야 하므로, 보기가 들어갈 위치로 가장 적절한 곳은 (라)이다.

| 02 | 언어추리

01	02								
⑤	④								

01 정답 ⑤

먼저 거짓말은 한 사람만 하는데 진희와 희정의 말이 서로 다르므로, 2명 중 1명이 거짓말을 하고 있음을 알 수 있다. 이때, 반드시 진실인 아름의 말에 따라 진희의 말은 진실이 되므로 결국 희정이가 거짓말을 하고 있음을 알 수 있다.
따라서 영화관에 '아름 – 진희 – 민지 – 희정 – 세영' 순으로 도착하였으므로, 가장 마지막으로 영화관에 도착한 사람은 세영이다.

02 정답 ④

첫 번째 명제의 대우와 두 번째 명제를 정리하면 '모든 대학생 → 교양 강의 → 전공 강의'가 되어 '모든 대학생은 교양 강의와 전공 강의를 듣는다.'가 성립한다. 세 번째 명제에서 전공 강의를 듣는 '어떤' 대학생들이 심화 강의를 듣는다고 했으므로, '어떤 대학생들은 교양, 전공, 심화 강의를 듣는다.'가 성립한다.

| 03 | 자료해석

01	02								
③	①								

01 정답 ③

통근수단으로 버스와 지하철을 모두 이용하는 직원은 $1,200 \times 0.45 \times 0.55 = 297$명이다.
도보를 이용하는 직원은 $1,200 \times 0.39 = 468$명이다.
따라서 통근수단으로 버스와 지하철 모두 이용하는 직원 수는 도보를 이용하는 직원 수보다 $468 - 297 = 171$명 적다.

[오답분석]

① 통근시간이 30분 이하인 직원은 $1,200 - (260 + 570 + 160) = 210$명으로 전체 직원 수의 $\frac{210}{1,200} \times 100 = 17.5\%$를 차지한다.

② 통근시간이 45분 이하인 직원은 $210 + 260 = 470$명으로, 1시간 초과인 직원의 $\frac{470}{160} = 2.9$배이다.

④ 전체 직원 중 통근수단으로 자가용을 이용하는 직원은 $1,200 \times 0.16 = 192$명이므로 조사에 응한 A부서의 직원 중 통근수단으로 자가용을 이용하는 직원은 192명 이하이다.

⑤ 통근수단으로 대중교통을 이용하는 직원 수는 $1,200 \times 0.45 = 540$명이고, 이 중 25%는 135명이다. 통근시간이 60분을 초과하는 직원 수의 80%는 $160 \times 0.8 = 128$명이므로 대중교통을 이용하면서 통근시간이 60분을 초과하는 직원 수는 통근시간이 60분을 초과하는 전체 직원 수의 80% 이상을 차지한다.

02 정답 ①

통근수단으로 도보 또는 버스만 이용하는 직원 중 $\frac{1}{3}$은 $1,200 \times \{0.39 + (0.45 \times 0.25)\} \times \frac{1}{3} = 201$명이다.
통근시간이 30분 초과 45분 이하인 직원 중 통근수단으로 도보 또는 버스만 이용하는 직원을 제외한 수는 $260 - 201 = 59$명이다.
따라서 이 수가 자가용으로 출근하는 전체 직원 중에서 차지하는 비중은 $\frac{59}{1,200 \times 0.16} \times 100 = 31\%$이다.

| 04 | 창의수리

01	02	03							
①	③	⑤							

01 정답 ①

구입할 수 있는 컴퓨터를 x대라고 하면 3대까지는 1대당 100만 원이므로 80만 원에 구입할 수 있는 컴퓨터는 $(x-3)$대이다.
식을 세우면 다음과 같다.
$100 \times 3 + 80 \times (x-3) \leq 2,750$
→ $80(x-3) \leq 2,450$
→ $x-3 \leq 30.625$
∴ $x \leq 33.625$
따라서 컴퓨터는 최대 33대 구입 가능하다.

02 정답 ③

길이가 6분인 곡이 길이가 4분, 5분인 곡을 합한 것보다 1곡 더 많이 연주되었으므로
$z = x + y + 1$ … ㉠
음악회 전체에 걸린 시간은 총 92분이고 연주곡 사이의 준비시간은 가장 마지막 곡에는 포함되지 않으므로
$4x + 5y + 6z + (x+y+z-1) = 92$ … ㉡
㉠과 ㉡을 연립하면
$12x + 13y = 86$
x와 y는 자연수이므로 $x=5$, $y=2$이다.
따라서 길이가 6분인 곡은 $z=5+2+1=8$곡이 연주되었다.

03 정답 ⑤

지원이가 자전거를 탄 시간을 x분이라고 할 때, 걸어간 시간은 $(30-x)$분이므로 다음 식이 성립한다.
$50(30-x) + 150x = 4,000$
→ $100x = 2,500$
∴ $x = 25$
따라서 지원이가 자전거를 탄 시간은 25분이다.

CHAPTER 14 | 2018년 하반기 기출복원문제

| 01 | 언어이해

01	02	03							
②	②	⑤							

01 정답 ②

ⓒ은 주장의 타당성을 위해 구체적인 수치를 제시하고 있는 반면에 ②는 권위자의 이론을 바탕으로 설명하고 있다.

오답분석
① 구성요소를 나열하여 전개하고 있다.
③ 예화를 통해서 주장을 뒷받침하고 있다.
④ 특정 사안을 바라보는 서로 다른 관점을 제시한다.
⑤ 감정에 호소하여 주장을 관철시키려 하고 있다.

02 정답 ②

청색기술의 모델이 되는 동식물은 오랫동안 진화를 거듭하여 자연에 적응한 동식물이다.

03 정답 ⑤

골수계 종양의 하나인 진성적혈구증가증(ⓜ)에 걸리면 다른 혈액 성분에 비해 적혈구(ⓒ)가 많이 생산된다. 적혈구(ⓒ)의 총량에는 변동 없이 혈장(ⓛ)이 감소하는 것은 진성적혈구증가증(ⓜ)이 아닌 가성적혈구증가증이다.

| 02 | 언어추리

01	02								
②	④								

01 정답 ②

제시된 내용을 정리하면 다음과 같다.

따라서 B는 옳은 결론을 내렸지만, 학원강사는 공무원과 작가 사이에 앉아 있기 때문에 A의 결론은 틀렸다.

02 정답 ④

제시된 조건을 정리하면 다음과 같다.

1층	2층	3층	4층	5층
인사부	기획부	홍보부	총무부	비서부

따라서 2층으로 이동하는 부서는 기획부이다.

| 03 | 창의수리

01	02	03	04	05	06	07	08	09	10
②	③	④	③	①	④	⑤	②	④	③

01 정답 ②

홀수 항은 ×10, 짝수 항은 $\div 2^0$, $\div 2^1$, $\div 2^2$, ⋯이 반복되는 수열이다.
따라서 ( )=$256 \div 2^2 = 64$이다.

02 정답 ③

분모에는 +3을, 분자에는 ×3을 적용하는 수열이다.
따라서 ( )=$\dfrac{135 \times 3}{12+3} = \dfrac{405}{15}$ 이다.

03 정답 ④

나열된 수를 각각 A, B, C라고 하면 다음과 같은 규칙이 성립한다.
$\underline{A\ B\ C} \rightarrow B = A^2 - C^2$
따라서 ( )=$8^2 - 5^2 = 39$이다.

04 정답 ③

나열된 수를 각각 A, B, C라고 하면 다음과 같은 규칙이 성립한다.
$\underline{A\ B\ C} \rightarrow C = (A-B) \times 2$
따라서 ( )=$19 - 10 \div 2 = 14$이다.

05 정답 ①

$a_{n-2} \times a_{n-1} = a_n$ 인 수열이다.
따라서 $A = 12 \div 4 = 3$이고, $B = 48 \times 576 = 27{,}648$이므로, $B \div A = 9{,}216$이다.

06 정답 ④

물통에 물이 가득 찼을 때의 양을 1이라 하면, A수도로는 1시간에 $\dfrac{1}{5}$, B수도로는 $\dfrac{1}{2}$만큼 채울 수 있다.
B수도가 1시간 동안 작동을 하지 않았고, A, B 두 수도관을 모두 사용하여 물통에 물을 가득 채우는 데 걸리는 시간을 x시간이라 하면 다음 식이 성립한다.
$\dfrac{1}{5}x + \dfrac{1}{2}x = 1 - \dfrac{1}{5}$
$\rightarrow \dfrac{7}{10}x = \dfrac{4}{5}$
$\therefore x = \dfrac{8}{7}$

따라서 $\dfrac{8}{7}$시간이 소요된다.

07　정답 ⑤

컴퓨터를 판매한 총금액을 구하면 $30 \times \{(1.4 \times 6) + (1 \times 4)\} = 372$만 원이다.

수익률은 [(판매금액)−(생산금액)]÷(생산금액)이므로 $\frac{372-300}{300} \times 100 = 24\%$이다.

따라서 컴퓨터를 판매하여 얻은 총수익률은 24%이다.

08　정답 ②

집에서부터 회사까지의 거리를 $x$km라 하자.

처음 집을 나온 후 15분이 지났을 때 돌아갔으므로 집과 다시 돌아갔던 지점 사이의 거리는 $60 \times \frac{15}{60} = 15$km, 다시 집으로 돌아갔을 때의 속력은 $60 \times 1.5 = 90$km/h, 집에서 다시 회사로 갈 때의 속력은 $90 \times 1.2 = 108$km/h이다.

집에서 처음 회사로 출발했을 때를 기준으로 50분 후 회사에 도착했으므로 식을 세우면 다음과 같다.

$$\frac{15}{60} + \frac{15}{90} + \frac{x}{108} = \frac{50}{60}$$

$\rightarrow \frac{1}{4} + \frac{1}{6} + \frac{x}{108} = \frac{5}{6}$

$\rightarrow 27 + 18 + x = 90$

$\therefore x = 45$

따라서 C사원의 집에서 회사까지의 거리는 45km이다.

09　정답 ④

1명은 인턴이기 때문에 제외하고 시간마다 3명씩 근무한다고 했으므로 $_9C_3 \times _6C_3 \times _3C_3 = 1,680$가지이다.

따라서 교대근무가 가능한 경우의 수는 1,680가지이다.

10　정답 ③

부서당 최소 12개의 의자가 필요하다고 하였으므로 필요한 의자는 $12 \times 8 = 96$개이고, 남는 의자는 4개이다. 의자는 12개씩 똑같이 배분되므로 남는 의자 4개에 대한 경우의 수를 구하면 다음과 같다.

- 의자 4개를 한 부서에서 가져가는 경우의 수 : $_8C_1 = 8$가지
- 의자 3개와 1개를 두 부서에서 가져가는 경우의 수 : $_8C_1 \times _7C_1 = 56$가지
- 의자를 2개씩 두 부서에서 가져가는 경우의 수 : $_8C_2 = 28$가지
- 의자 2개, 1개, 1개씩 세 부서에서 가져가는 경우의 수 : $_8C_1 \times _7C_2 = 168$가지
- 의자를 1개씩 네 부서에서 가져가는 경우의 수 : $_8C_4 = 70$가지

따라서 의자를 나눠 갖는 경우의 수는 $8+56+28+168+70 = 330$가지이다.

CHAPTER 15 2018년 상반기 기출복원문제

| 01 | 언어이해

01	02	03							
⑤	②	④							

01 정답 ⑤

옆집 아저씨에 의해 크게 다쳐 실제 손해가 발생하였으며 작정하고 때린 것에서 고의성과 위법성이 인정되기 때문에 민·형사 책임이 모두 적용된다.

오답분석
① 형사책임은 피해자가 원하지 않더라도 가해자의 위법성 여부에 따라 국가가 형벌을 가할 수 있다.
② 제시문에서 고의성이 민사책임에서 더 큰 책임을 입증할 근거라는 내용은 확인할 수 없다.
③ 형사책임은 고의성과 위법성에 무게를 둔다. 손해를 배상하는 것에 중점을 두는 것은 민사책임이다.
④ '나도 모르게'라는 점에서 고의성이 인정되지 않으며 위법성 여부 또한 판단할 수 없으므로 형사책임이라고 판단할 근거가 부족하다.

02 정답 ②

두 번째 문단과 마지막 문단에서 과시 소비는 합리성이나 유용성의 논리만으로 설명되지 않으며 신분의 논리가 개입함으로써 개인이 소비를 통해 신분을 과시하려 한다고 하였고, 가시적 신분 제도가 사라진 현대 사회에서도 마찬가지라고 하였다.

오답분석
① 과시 소비의 중심에는 신분의 논리가 있으며 신분의 논리는 유용성의 논리나 시장의 논리로 설명되지 않는 것들을 설명해 준다고 하였다. 따라서 유용성의 논리로는 과시 소비 현상을 설명할 수 없다.
③ '인간의 기본적인 생존 욕구를 충족시켜 주는 합리적 소비 수준에 머물지 않고, 소비는 자신을 표현하는 상징적 행위가 된 것'이라고 하였을 뿐, 생존 욕구와 상관이 없는 것은 아니다.
④ 폐쇄적 계층 사회에서는 권력자가 힘을 통해 자기의 취향을 주위 사람들과 분리시키고 자신의 취향을 과시함으로써 잠재적 경쟁자들을 통제하였다. 따라서 권력자를 제외한 사람들은 과시적 소비를 일부 제한당했지만, 권력자는 제한 없이 과시적 소비를 한 것으로 볼 수 있다.
⑤ 소비가 더 이상 합리적 소비 행위에 머물지 않고 소비에 정서적·사회심리학적 요인이 개입한다고 하였을 뿐, 이론 그 자체에 치명적 모순이 있다는 설명은 없다.

03 정답 ④

과학적, 논리적 추론 과정의 정립은 서구의 고전적 탐정소설 유형이며, 1930년대 우리나라 탐정소설의 범위를 넓히는 동시에 다양한 세부 장르를 형성한 것은 감정적 혹은 육감적 사건 전개이다.

| 02 | 언어추리

01	02								
③	②								

01 정답 ③

제시된 문장을 정리하면 다음과 같다.

청자 \ 화자	사자	호랑이	여우	토끼
사자		×	×	
호랑이	○		×	
여우	○			
토끼	○	○	×	

- A : 여우의 말은 아무도 믿지 않으므로 A는 옳다.
- B : 사자의 말은 모두 믿기 때문에 B는 옳다.

따라서 A, B 모두 옳다.

02 정답 ②

순대 가게는 만두 가게의 바로 뒤쪽에 위치하며, 라면 가게는 가장 앞쪽에 있는 떡볶이 가게와 순대 가게 사이에 위치하므로 순대 가게는 4개의 가게 중 맨 뒤쪽에 위치한다. 순대 가게는 만두 가게 바로 뒤에 위치하므로 만두 가게는 앞에서 세 번째에 위치한다.
따라서 떡볶이 가게(D) – 라면 가게(A) – 만두 가게(C) – 순대 가게(B) 순으로 위치한다.

오답분석

① 순대 가게는 앞에서 네 번째에 위치한다.
③ A의 가게는 앞에서 두 번째에 위치한 라면 가게이다.
④ B는 순대 가게, C는 만두 가게, A는 라면 가게 사장이므로 D는 떡볶이 가게 사장임을 알 수 있다.
⑤ B는 가장 뒤쪽에 위치한 순대 가게의 사장이다.

| 03 | 창의수리

01	02	03	04	05	06	07	08	09
④	③	④	③	③	④	①	③	①

01 정답 ④

각각 2^1-1, 2^2-1, 2^3-1, 2^4-1, …인 수열이다.
따라서 ( )=2^6-1=63이다.

02 정답 ③

(앞의 항)×2−(뒤의 항)=(다음 항)인 수열이다.
따라서 ( )=3×2−(−13)=6+13=19이다.

03 정답 ④

앞의 항에 ÷3과 ×6이 반복하여 적용되는 수열이다.
따라서 A=3, B=120이므로 $A \times B$=360이다.

04 정답 ③

1부터 1씩 계속 증가하며 +, −, ×가 반복하여 적용되는 수열이다(+1, −2, ×3, +4, −5, ×6, +7, −8, ×9).
따라서 A=5+1=6, B=66+7=73이므로 $B-A$=67이다.

05 정답 ③

A와 B 두 사람의 걷는 속력을 각각 x, $y$km/h$(x>y)$라고 하자. (속력)×(시간)=(거리)이므로, 다음 식이 성립한다.
$x-y=9.8$ … ㉠
$\dfrac{x}{2}+\dfrac{y}{2}=9.8 \rightarrow x+y=19.6$ … ㉡
㉠과 ㉡을 연립하면, $x=14.7$, $y=4.9$이다.
따라서 A의 속력은 14.7km/h, B의 속력은 4.9km/h이다.

06 정답 ④

A제품과 B제품을 각각 x개 계약했을 때, 계약금과 제품 단가를 합친 가격을 비교하여 A제품이 B제품보다 저렴해야 이득이 된다.
식을 세우면 다음과 같다.
$3,000+50x>8,000+20x$
$\rightarrow 30x>5,000$
$\therefore x>\dfrac{5,000}{30}≒166.7$
따라서 최소 167개 이상의 제품을 계약해야 이득이다.

CHAPTER 15 2018년 상반기 기출복원문제

07 정답 ①

더 넣은 소금을 xg이라고 하면 다음 식이 성립한다.

$500 \times \frac{8}{100} + x = (500+x) \times \frac{12}{100}$

$\rightarrow 88x = 2,000$

$\therefore x = \frac{250}{11}$

따라서 더 넣은 소금은 $\frac{250}{11}$ g이다.

08 정답 ③

재우가 이동한 거리는 $50 \times 60 = 3,000$m이고, 광수가 이동한 거리는 $20 \times 80 = 1,600$m이다.
재우와 광수 사이의 거리를 xm$(x>0)$라 하고, 피타고라스의 정리를 이용하면 다음과 같은 식이 성립한다.

$x^2 = 3,000^2 + 1,600^2 = 3,400^2$

$\therefore x = 3,400$

따라서 재우와 광수 사이의 직선거리는 3.4km이다.

09 정답 ①

강을 내려가는 데 걸리는 시간을 a시간이라 하면, 거슬러 올라가는 데 걸리는 시간은 $\frac{3}{2}a$시간이므로 $a + \frac{3}{2}a = 2\frac{1}{4} \rightarrow a = \frac{9}{10}$이다.

배의 속력을 $x$km/h, 강 물살의 속력을 $y$km/h라 하면, 배가 상류로 거슬러 올라갈 때의 속력은 $(x-y)$km/h, 배가 하류로 내려갈 때의 속력은 $(x+y)$km/h이다. (시간)=(거리)÷(속력)이므로 다음과 같은 연립방정식을 세울 수 있다.

$\frac{27}{x-y} = \frac{9}{10} \times \frac{3}{2} \rightarrow x-y = 20 \cdots$ ㉠

$\frac{27}{x+y} = \frac{9}{10} \rightarrow x+y = 30 \cdots$ ㉡

㉠과 ㉡을 연립하면 $x=25$이다.
따라서 배의 속력은 25km/h이다.

CHAPTER 16 | 2017년 하반기 기출복원문제

| 01 | 언어이해

01	02	03	04						
③	①	②	③						

01 정답 ③

제시문은 국가 기술 정책 수단인 기술 영향 평가가 지니는 문제점과 그러한 문제를 해결하기 위한 새로운 시도들을 평가하고 있다. 먼저 두 번째 문단에 따르면 기술의 발전은 인간과 사회에 긍정적인 영향과 부정적인 영향을 동시에 끼치므로 기술에 대한 사회적 통제가 필요하다고 보았다. 그러나 마지막 문단에서 기술 발전의 방향은 불확실성이 많아 기술의 영향을 정확하게 예측하기 힘들며 또한 기술 통제를 위해 실시되는 기술 정책이 의도하지 않은 결과를 낳을 수도 있다고 하였다. 따라서 ③은 제시문의 주장으로 적절하지 않다.

02 정답 ①

네 번째 문단에 따르면 18세기의 다이어트는 '특정 집단에 속한 사람들이 음식의 양과 유형을 조절하는 방식'이었으며, '날씬한 몸매를 만들어서 자신의 상품 가치를 높이려는 목적'에서 이루어지는 것은 현대의 다이어트이다.

오답분석
② 세 번째 문단에서 확인할 수 있다.
③・④・⑤ 두 번째 문단에서 확인할 수 있다.

03 정답 ②

첫 번째 문단에 따르면 책을 읽기 전에 표지나 목차를 먼저 읽듯이 쇼윈도를 통해 소비 사회의 공간 텍스트에 입문할 수 있다. 이는 소비 사회에서 쇼윈도의 역할을 설명하기 위해 쇼윈도를 책의 표지나 목차에 비유한 것일 뿐이므로 독서 능력이 공간 텍스트 해독에 도움을 준다고 판단하기는 어렵다.

04 정답 ③

ㄱ. 첫 번째 문단에 따르면 영웅을 만들고 그들의 초상을 새롭게 덧칠해 온 각 시대의 서로 다른 욕망을 읽어 내면 그 시대로부터 객관적인 거리를 획득할 수 있다고 하였다.
ㄷ. 마지막 문단에 따르면 영웅은 애국의 덕목과 결부되어 모르는 사람들을 하나의 국민으로 묶어 주는 상상의 원천이 되었으며, 구성원 모두를 매개하고 연결한다.
ㄹ. 네 번째 문단에 따르면 영웅은 민족의 영광과 상처를 상징하는 육화된 기호로서 구성원에게 동일시할 대상으로 나타난다.

오답분석
ㄴ. 제시문은 영웅의 시대적 의미와 매개성에 대해 설명하고 있으며, 영웅을 만드는 행위를 부정적으로 바라봤는지는 알 수 없다.

| 02 | 창의수리

01	02	03	04	05	06	07	08		
⑤	③	④	①	③	③	⑤	③		

01 정답 ⑤

-8, $\times 8$, $\div 8$이 반복되는 수열이다.
따라서 ( )$=-1-8=-9$이다.

02 정답 ③

-7, $+10$이 반복되는 수열이다.
따라서 ( )$=30+10=40$이다.

03 정답 ④

$+2$, $+3$, -4가 반복되는 수열이다.
따라서 ( )$=6+3=9$이다.

04 정답 ①

나열된 수를 각각 A, B, C, D라고 하면 다음과 같은 규칙이 성립한다.
$\underline{A\ B\ C\ D} \rightarrow A \times B = C + D$
따라서 $(10+2) \div 4 = 3$이다.

05 정답 ③

$+7$, -5, $+3$이 반복되는 수열이다.
따라서 $A=8$, $B=20$이므로 $B-A=12$이다.

06 정답 ③

처음 가지고 있던 금액을 x원이라 하면 $\dfrac{x-1,300}{2}-300=300$이다.
$\therefore x=2,500$
따라서 C씨가 처음 가지고 있던 금액은 2,500원이다.

07 정답 ⑤

A회사의 밀가루 무게를 $5x\,\text{kg}$이라고 하면 설탕의 무게는 $4x\,\text{kg}$이다. B회사의 밀가루 무게를 $2y\,\text{kg}$이라고 하면 설탕의 무게는 $y\,\text{kg}$이다. 두 제품을 섞었을 때 밀가루와 설탕의 비율이 $3:2$이므로 $3(4x+y)=2(5x+2y)$이고 설탕의 무게가 120kg이므로 $4x+y=120$이다. 이 두 식을 연립하면 $x=20$, $y=40$이다.
따라서 A회사 제품의 무게는 $(5 \times 20)+(4 \times 20)=180\,\text{kg}$이다.

08 정답 ③

B회사에서 본사까지의 거리를 $x$km라고 하면 다음 식이 성립한다.

$$\frac{1+1+x}{3} = \frac{5}{3}$$

$\therefore x = 3$

따라서 B회사에서 본사까지의 거리는 3km이다.

CHAPTER 17 | 2017년 상반기 기출복원문제

| 01 | 언어이해

01	02	03							
①	⑤	④							

01 정답 ①

(나)는 (가)에 대한 보충 설명이므로 (가) 뒤에 와야 한다. 또한 (다)는 (나)에 의해 발생되는 '오류'의 가능성에 대한 언급이므로 (나)의 뒤에 오는 것이 적절하다. 그리고 (라)와 (마)는 각각 (다)의 오류의 가능성이 부정적인 것은 아니며 그에 대한 사례를 들어 설명하고 있으므로 (다)의 뒤에 이어지는 것이 문맥상 자연스럽다. 따라서 (가) - (나) - (다) - (라) - (마) 순으로 나열하는 것이 적절하다.

02 정답 ⑤

제시문의 구조를 파악해 보면, (가)는 대전제, (다)는 소전제, (나)는 결론의 구조를 취하고 있다. 그리고 (마)는 (다)에 대한 보충 설명, (라)는 (마)에 대한 보충 설명을 하고 있으므로 (가) - (다) - (마) - (라) - (나) 순으로 나열하는 것이 적절하다.

03 정답 ④

제시문은 언어를 통해 선인들의 훌륭한 문화유산이나 정신 자산을 이어받을 수 있음을 설명하며, 문명의 발달은 언어와 함께 이루어진 것이라는 내용이다. 따라서 중심 내용으로 ④가 가장 적절하다.

| 02 | 언어추리

01	02								
②	③								

01 정답 ②

제시문을 통해 '명랑한 사람은 마라톤을 좋아하고, 마라톤을 좋아하는 사람은 체력이 좋으며 인내심도 있다.'는 사실을 알 수 있다. 명제가 참일 때, 대우 명제 또한 참이므로 '인내심이 없는 사람은 명랑하지 않다.'도 참이다.

02 정답 ③

제시된 문장을 정리하면 다음과 같다.

구분	1교시	2교시	3교시	4교시
경우 1	사회	국어	영어	수학
경우 2	사회	수학	영어	국어
경우 3	수학	사회	영어	국어

따라서 A, B 모두 옳다.

| 03 | 창의수리

01	02	03	04	05	06	07	08	09	10
①	④	③	③	④	④	⑤	④	③	⑤

01 정답 ①

홀수 항은 ×2+0.2, ×2+0.4, ×2+0.6, …, 짝수 항은 ×3−0.1이 반복되는 수열이다.
따라서 ( )=12.2×3−0.1=36.5이다.

02 정답 ④

나열된 수를 각각 A, B, C, D라고 하면 다음과 같은 규칙이 성립한다.
$\underline{A\ B\ C\ D} \to A-B=C-D$
따라서 ( )=25−16+9=18이다.

03 정답 ③

홀수 항은 $+10^1$, $+10^2$, $+10^3$, …, 짝수 항은 +7인 수열이다.
따라서 $A=11$, $B=240$이므로 $A-B=-130$이다.

04 정답 ③

홀수 항은 −7, 짝수 항은 +12인 수열이다.
따라서 $A=44$, $B=63$이므로 $A+B=107$이다.

05 정답 ④

(평균점수)=$\frac{(총득점)}{(인원수)}$이므로, A, B부서 10명의 총득점은 84×10=840점이다.

마찬가지로 A부서의 총득점은 81×4=324점이므로, B부서의 총득점은 840−324=516점이다.
따라서 B부서의 평균점수는 516÷6=86점이다.

06 정답 ④

물과 음료수의 개수를 각각 x, y개라고 하면 $x+y=330$이다.

이때 물은 1명당 1개, 음료수는 5명당 1개가 지급되므로 $y=\frac{1}{5}x$로 치환하면 다음과 같은 식이 성립한다.

$\frac{6}{5}x=330$

→ $6x=1,650$

∴ $x=275$

따라서 야유회에 참가한 직원은 275명이다.

07 정답 ⑤

집에서 휴게소까지의 거리를 $x$km라 하면, 휴게소부터 할머니 댁까지는 $(128-x)$km이므로 다음 식이 성립한다.

$\frac{x}{40}+\frac{128-x}{60}=3$

∴ $x=104$

따라서 집에서 휴게소까지의 거리는 104km이다.

08 정답 ④

작년의 남자 입사자 수와 여자 입사자 수를 각각 x, y명이라 하면 다음과 같은 식이 성립한다.
- 작년의 전체 입사자 수 : $x+y=820$ … ㉠
- 올해의 전체 입사자 수 : $1.08x+0.9y=810$ … ㉡

㉠과 ㉡을 연립하면 $x=400$, $y=420$이다.

따라서 올해 여자 입사자는 $0.9 \times 420=378$명이다.

09 정답 ③

작은 톱니바퀴가 x바퀴 돌았다고 할 때, 큰 톱니바퀴와 작은 톱니바퀴가 움직인 길이는 동일하므로 다음과 같다.

$27\pi \times 10 = 15\pi \times x$

→ $15x=270$

∴ $x=18$

따라서 작은 톱니바퀴는 18바퀴를 돌았다.

10 정답 ⑤

집에서 학교까지의 거리를 xm라 하면 다음 식이 성립한다.

$\frac{x}{30}-\frac{x}{50}=5$

→ $5x-3x=750$

∴ $x=375$

따라서 집에서 학교까지의 거리는 375m이다.

PART 3

3개년 주요기업 기출복원문제

정답 및 해설

PART 3 | 3개년 주요기업 기출복원문제

| 01 | 언어

01	02	03	04	05	06	07	08	09	10	11	12	13	14	15	16	17	18	19	20
⑤	⑤	①	③	③	④	①	②	②	④	①	④	④	⑤	⑤	④	③	⑤	③	③
21	22	23	24	25	26	27	28	29	30	31	32	33	34						
④	②	③	⑤	④	①	②	④	④	③	④	⑤	④	③						

01 정답 ⑤

제시문에 따르면 오리엔탈리즘은 서구의 정치·경제적 권력을 기반으로 형성되는 담론이다. 즉, 동양을 해석하는 주체는 항상 서구이며, 권력 비대칭이 핵심 요소이다. 그러므로 ⑤의 경제·정치 권력을 전혀 사용하지 않는다는 전제는 제시문과 모순된다. 또한 제시문은 오리엔탈리즘을 서구가 동양을 타자화하며 만들어낸 이미지라고 설명한다. 그런데 ⑤는 동양이 스스로 오리엔탈리즘 이미지를 생산한다고 하여 주체를 바꾸고 있다. 따라서 오리엔탈리즘의 작동방식과 가장 거리가 먼 것은 ⑤이다.

02 정답 ⑤

제시문은 안티고네의 비극적 죽음을 통해 개인의 신념과 사회적 법이 상충할 때의 모습을 보여주며 인간이 도덕적 선택을 하기 위해서는 어떤 선택을 해야 하는지 의문점을 던지는 글이다. 여기서 안티고네가 한 행동은 개인의 신념으로서 가족의 시신을 장례하는 보편적인 가치인 자연법에 따라 행동한 결과이다. 반면 크레온의 명령은 왕권에 의한 명령으로 국가나 사회가 제정한 실정법이다. 따라서 크레온이 안티고네를 붙잡아 가둔 것은 실정법에 따라 행동한 결과이므로 제시문의 주제로 가장 적절한 것은 '자연법과 실정법 사이의 상충과 도덕적인 인간의 선택'이다.

오답분석
① 안티고네 이야기는 에테오클레스와 폴리네이케스 사이의 테베 내전을 배경으로 하고 있으나 제시문의 핵심 주제는 아니다.
② 개인의 양심과 사회적 질서가 상충하는 것이 주제이며, 각각의 차이점을 분석하는 글은 아니다.
③ 제시문의 내용과 상관없는 내용이다.
④ 개인의 의무 및 국가의 권위에 대한 내용은 제시문에 포함되어 있지 않다.

03　정답　①

제시문은 정부의 탈원전·탈석탄 공약에 따른 8차 전력수급기본계획을 수립하면서 기존의 중앙집중형 에너지 생산시스템의 문제점을 지적하고, 분산형 에너지 생산시스템으로 정책의 전환이 필요함을 이야기하는 글이다. 따라서 제시문의 주제로 ①이 가장 적절하다.

오답분석
② 다양한 사회적 문제점들과 기후, 천재지변 등에 의한 문제점들을 언급하고 있으나, 이는 제시문의 주제를 뒷받침하기 위한 이슈이므로 제시문 전체 주제로는 적절하지 않다.
③·④ 제시문에서 언급되지 않았다.

04　정답　③

제시문은 '최고의 진리는 언어 이전, 혹은 언어 이후의 무언(無言)의 진리이다.', '동양 사상의 정수(精髓)는 말로써 말이 필요 없는 경지'라고 하였다. 따라서 '동양 사상은 언어적 지식을 초월하는 진리를 추구한다.'가 제시문의 주제로 가장 적절하다.

05　정답　③

제시문은 책을 사거나 빌리는 것만으로는 책을 진정으로 소유할 수 없다고 하며, 책을 진정으로 소유하기 위한 독서의 방법과 책을 고르는 기준을 제시하고 있다. 따라서 중심 내용으로 가장 적절한 것은 '독서의 목적은 책의 내용을 온전히 소유하는 것이다.'이다.

오답분석
①·② 제시문 전체 내용을 포괄하지 못하므로, 중심 내용이 될 수 없다.
④·⑤ 제시문의 논점에서 벗어난 내용이므로, 중심 내용이 될 수 없다.

06　정답　④

쇼펜하우어는 표상의 세계 안에서의 이성이 시간과 공간 그리고 인과율을 통해서 세계를 파악하는 주인의 역할을 함에도 불구하고 다시 의지에 종속됨으로써 제한적이며 표면적일 수밖에 없다는 한계를 지적하고 있다. 따라서 중심 내용으로 ④가 가장 적절하다.

오답분석
① 세계의 본질은 의지의 세계라는 내용은 쇼펜하우어 주장의 핵심 내용이라는 점에서는 옳지만, 제시문의 주요 내용은 주관 또는 이성 인식으로 만들어내는 표상의 세계는 결국 한계를 가질 수밖에 없다는 것이다.
② 제시문에서는 표상 세계의 한계를 지적했을 뿐, 표상 세계의 극복과 그 해결 방안에 대한 내용은 없다.
③ 제시문에서 의지의 세계와 표상 세계는 의지가 표상을 지배하는 종속관계라는 차이를 파악할 수는 있으나, 중심 내용으로는 적절하지 않다.

07　정답　①

제시문은 사주분석 중 특히 타고난 체형과 체질을 파악해 미리 내 몸의 어느 부분이 약하고 강한지를 알고 그에 맞는 건강관리를 통해 질병을 예방하자는 내용이다. 따라서 '사주로 건강 관리하기'가 글의 제목으로 가장 적절하다.

오답분석
② 제시문은 사주의 길흉화복 중 특별히 건강에 관련된 것에 중점을 두고 있으므로 제시문 전체의 제목으로는 지나치게 광범위하다.
③ 제시문은 사주로 음양오행을 배합하여 알 수 있는 정보 중 건강에 대해 한정적으로 언급하고 있으므로 제목으로 적절하지 않다.
④ 제시문은 사주 분석으로 질병을 치료하는 것이 아닌, 사주로 내 몸 중 어느 부분이 강하고 약한지 예측하여 미리 건강관리를 하여 질병을 예방하자는 내용이므로 제목으로 적절하지 않다.
⑤ 제시문은 사주 분석으로 체형 및 체질을 개선하는 것이 아닌, 타고난 체형과 체질을 파악해 이것을 토대로 건강관리를 하자는 내용이므로 제목으로 적절하지 않다.

08 정답 ②

제시문은 고전주의의 예술관을 설명한 후 이에 반하는 수용미학의 등장을 설명하고, 수용미학을 처음 제시한 야우스의 주장에 대해 설명한다. 이어서 이것을 체계화한 이저의 주장을 소개하고 이저가 생각한 독자의 역할을 제시한 뒤 이것의 의의에 대해 설명한다. 따라서 (가) 고전주의 예술관과 이에 반하는 수용미학의 등장 - (라) 수용미학을 제기한 야우스의 주장 - (다) 야우스의 주장을 정리한 이저 - (나) 이저의 이론 속 텍스트와 독자의 상호작용의 의의 순으로 나열하는 것이 적절하다.

09 정답 ②

시조문학이 발전한 배경 설명과 함께, 두 경향인 강호가류(江湖歌類)와 오륜가류(五倫歌類)를 소개하고 있는 (다) 문단이 맨 처음에 와야 한다. 다음으로 강호가류에 대하여 설명하는 (라) 문단이나 오륜가류에 대하여 설명하는 (나) 문단이 와야 하는데, (나) 문단이 전환 기능의 접속어 '한편'으로 시작하므로 (라) - (나)가 되고, 강호가류와 오륜가류에 대한 설명을 마무리하며 사대부들의 문학관을 설명하는 (가) 문단이 마지막에 와야 한다. 따라서 (다) - (라) - (나) - (가) 순으로 나열하는 것이 적절하다.

10 정답 ④

'이러한'으로 시작하는 (나) 문단과 '반면'으로 시작하는 (라) 문단의 경우 앞부분에 내용이 있어야 하므로 글의 첫 번째 문단으로 적합하지 않다. 나머지 (다) 문단과 (가) 문단 중 (다) 문단이 반도체의 정의와 특징을 설명하고, (가) 문단은 반도체의 미래 전망에 대해 서술하고 있으므로 (다) 문단이 가장 처음에 나열되어야 하고, (가) 문단은 글의 결론으로 가장 마지막에 와야 한다. (나) 문단과 (라) 문단 중 (나) 문단에서 반도체의 기능에 따른 종류 2가지와 메모리 반도체에 대해 설명하고, (라) 문단에서 '반면'이라는 접속부사를 사용하여 앞선 (나) 문단의 내용에 대비되는 시스템 반도체에 대해 설명하고 있으므로 (나) 문단이 (라) 문단보다 먼저 나열되어야 한다. 따라서 (다) - (나) - (라) - (가) 순으로 나열하는 것이 적절하다.

11 정답 ①

네 번째 문단에 따르면 열원에서 만들어진 냉온수를 압력 손실 없이 실별로 분배한 뒤 환수하는 분배기는 주로 난방용으로 이용되어 왔으나, 냉방기에도 이용이 가능하다.

[오답분석]
② 냉온수를 압력 손실 없이 실별로 분배한 뒤 환수하는 장치는 분배기이다.
③ 난방 시 열을 공급하고 냉방 시 열을 제거하는 열매체를 생산하는 장치는 열원이다.
④ 각 실의 바닥, 벽, 천장 표면에 설치되어 열매체를 순환시키는 것은 패널이다.
⑤ 복사 냉난방 패널 시스템은 열매체의 온도가 낮아 난방 시 에너지 절약 성능이 뛰어나다.

12 정답 ④

네 번째 문단에 따르면 음극재로 사용하는 실리콘은 충·방전 시 최대 300%까지 부피 팽창이 일어나 소재 및 배터리가 쉽게 손상되는 단점이 있다고 하였다.

[오답분석]
① 2차 전지의 양극에서 이동한 리튬이온은 음극재의 음극활물질에 저장되며, 집전판은 외부 회로와 활물질 사이에서 전자를 전달하는 역할을 한다.
② 2차 전지의 용량은 주로 양극재에 따라 달라진다.
③ 흑연은 원자 6개에 1개의 리튬이온을 저장하지만 실리콘은 원자 5개에 22개의 리튬이온을 저장하므로 같은 면적일 때 흑연보다 실리콘이 더 많은 리튬이온을 저장한다.
⑤ 제시문에서 리튬이온 배터리 이외의 다른 소재의 2차 전지에 대한 비교가 없으므로 적절하지 않다.

13 정답 ④

마지막 문단에 따르면 한스 슈페만은 1935년 노벨 생리의학상을 받았으므로 적절하다.

[오답분석]
① 두 번째 문단에 따르면 정자가 동물 반구로 진입해 난자와 만나면 색소들이 정자 진입 지점 주변으로 모여 검은 점을 이룬다.
② 첫 번째 문단에 따르면 생명체는 단순한 수정란에서 세포의 증식, 분화, 형성을 통해 복잡한 형태로 발전한다.
③ 네 번째 문단에 따르면 한스 슈페만은 도롱뇽의 수정란을 두 분류로 나누어 회색신월환의 역할이 무엇인지 밝혀냈다.

14 정답 ⑤

1차 전지와 2차 전지 모두 양극, 음극, 전해질로 구성되어 내부에서 일어나는 화학 반응을 통해 전류가 흐르는 것이다.

[오답분석]
① 세 번째 문단 마지막 문장에서 2차 전지의 단점으로 초기 구입비용이 높다고 하였다.
② 1차 전지는 화학 반응이 비가역적이고, 2차 전지는 화학 반응이 가역적이므로 가장 큰 차이점은 재사용의 가능 여부이다.
③ 전기차, 재생에너지 저장장치 등 첨단 산업에서 2차 전지의 중요성이 부각되고 있으므로 미래 산업에서는 2차 전지의 가치가 더욱 높을 것이다.
④ 1차 전지는 리모컨, 벽시계, 손전등과 같이 저전력으로 장기간 사용하는 간단한 장비에 쓰이며, 2차 전지는 스마트폰, 노트북, 전기차 등 보다 첨단 장비에 주로 쓰인다.

15 정답 ⑤

대상포진은 수두 – 대상포진 바이러스에 감염된 경우 띠 모양의 발진과 수포 등 눈의 띄는 증상이 나타나는 질병이다. 또한 제시문에서는 사전에 검진을 받는 것보다 면역력 강화, 예방접종 실시 등의 예방책이 중요함을 강조하고 있다.

[오답분석]
① 60세 이하의 사람도 면역력이 약해지면 잠복해 있던 대상포진 바이러스가 활성화되어 감염될 수 있다.
② 대상포진은 수두 – 대상포진 바이러스에 의해 발생하는 질병으로 과거에 수두에 걸렸을 때, 대상포진 바이러스가 신경절에 잠복해 있다가 면역력이 저하되면 활성화되어 발병하는 것이다. 따라서 수두에 걸리지 않으면 대상포진에 걸리지 않는다.
③ 대상포진의 주요 발병원인은 면역력의 저하이므로 생활습관 개선을 통해 면역력을 강화하는 것은 대상포진 예방에 큰 도움이 된다.
④ 만성질환으로 인해 면역력이 저하된 경우 예방접종을 통해 발병위험을 크게 줄일 수 있다. 특히 한 번의 접종으로 상당 기간 대상포진에 대한 면역력을 유지할 수 있어, 고령층이나 만성질환자에게 적극 권장된다고 하였다.

16 정답 ④

마지막 문단에 따르면 아인슈타인이 '우주상수 람다'를 지운 것이 잘못되었다 했으므로 우주상수 람다가 잘못된 이론이라고 볼 수 없다.

[오답분석]
① 첫 번째 문단에 따르면 시간의 상대성 때문에 주인공과 아이의 시간이 다르게 흐른 것이므로 만일 시간의 상대성이 없다면, 주인공과 아이의 시간은 동일하게 흘렀을 것이다.
② 세 번째 문단에 따르면 특정한 질량을 가진 물체가 시공간을 극도로 휘게 만들면 그 중력은 빛조차도 새어 나올 수 없는 강한 힘을 가지게 될 것이라고 하였다.
③ 마지막 문단에서 아인슈타인도 처음에는 '우주의 불변'을 주장했으나, 일반상대성이론의 대입으로 우주가 변한다는 것을 받아들였다.
⑤ 두 번째 문단에 따르면 중력은 시간을 왜곡한다고 하였으며 이러한 중력은 질량이 있는 물체에서 나오는 힘이다. 따라서 물체가 질량이 없다면 중력 또한 없어 시공간을 왜곡할 수 없었을 것이다.

17 　정답　③

스톡홀름 신용은행 강도 납치사건에서 인질들은 납치범이 검거되어 상황이 종료된 이후에도 납치범을 변호하는 모습을 보이는 등 스톡홀름 증후군은 사건 이후에도 피해자가 자신의 감정이 왜곡되었음을 인식하지 못하는 경우가 많다. 따라서 극한의 상황에서 일시적으로 발생하는 것이 아니며, 지속적으로 나타날 수 있기 때문에 심리 상담, 치료 등 외부의 도움이 필요하다.

오답분석
① 스톡홀름 증후군은 납치, 학대 등 가해자의 힘에 비해 피해자가 상황을 통제할 수 없는 무기력한 상황일 때 가해자에게 동조하여 심리적 불안을 해소하려는 현상이므로 피해자가 무기력한 상황일수록 스톡홀름 증후군 현상이 나타나기 쉽다.
② 스톡홀름 증후군은 심리적으로 궁지에 몰린 피해자가 자신이 처한 현실을 부정하지 않고 받아들이며, 생존을 위해 가해자에게 동조하는 현상이다.
④ 스톡홀름 증후군은 극단적인 스트레스로 인해 위협적인 가해자의 조그만 친절을 과대 해석하여 발생하는 현상이므로 피해자의 심리적 방어기제로 인한 감정 왜곡이 원인이다.
⑤ 스톡홀름 증후군은 복잡하고 다층적인 심리적 현상이므로 피해자의 심리·환경 등 다방면적인 이해와 접근이 필요하다.

18 　정답　⑤

세 번째 문단에 따르면 치료용 항체는 암세포가 스스로 사멸하도록 암세포에 항체를 직접 투여하는 항암제라고 언급되어 있다.

오답분석
① 첫 번째 문단에 따르면 면역 세포는 T세포와 B세포가 있다고 언급되어 있다.
② 마지막 문단에 따르면 면역 활성물질이 과도하게 분비될 때, 환자에게 치명적인 사이토카인 폭풍을 일으키는 등 신체 이상 증상을 보일 수 있다고 언급되어 있다.
③ 두 번째 문단에서 암세포가 면역 시스템을 피하면 성장하고 다른 곳으로 전이할 수 있음을 알 수 있다.
④ 네 번째 문단에서 CAR-T 치료제는 환자의 T세포를 추출하여 암세포를 공격하는 기능을 강화 후 재투여한다고 언급되어 있다.

19 　정답　③

면허를 발급하는 것은 면허 발급 방식이며, 보조금을 지급받는 것은 보조금 지급 방식으로 둘 사이의 연관성은 없다.

오답분석
① 경쟁 입찰 방식의 경우 정부가 직접 공공 서비스를 제공할 때보다 서비스의 생산 비용이 절감될 수 있고, 정부의 재정 부담도 경감될 수 있다.
② 과거에는 공공 서비스가 경합성과 배제성이 모두 약한 사회 기반 시설 공급을 중심으로 제공되었다. 이런 경우 서비스 제공에 드는 비용은 주로 세금을 비롯한 공적 재원으로 충당을 한다.
④ 공공 서비스의 다양화와 양적 확대가 이루어지면서 행정 업무의 전문성 및 효율성이 떨어지는 문제점이 나타나기도 한다.
⑤ 정부는 위탁 제도를 도입함으로써 정부 조직의 규모를 확대하지 않으면서 서비스의 전문성을 강화할 수 있다.

20 　정답　③

두 번째 문단은 우울증의 긍정적인 면모인 보호 기제로서의 측면에 대한 내용을 다루고 있다. ⓒ은 지금의 경쟁 사회가 정신적인 소진 상태를 초래하기 쉬운 환경이라는 내용이므로, 오늘날 우울증이 급격히 늘어나는 원인을 설명하고 있는 마지막 문단의 마지막 문장 바로 앞에 들어가는 것이 더 적절하다.

오답분석
① 첫 번째 문단은 우울증과 창조성의 관계를 설명하면서 그 예시로 우울증을 갖고 있었던 위대한 인물들을 들고 있다. 따라서 천재와 우울증이 동전의 양면과 같으므로 인류 문명의 진보를 이끌었다고 볼 수 있다는 내용의 ⊙은 첫 번째 문단의 결론이므로 삭제할 필요가 없다.
② 문장의 주어가 '엄청난 에너지를 소모하는 것', 즉 행위이므로 이 행위는 어떤 상태에 이르게 '만드는' 것이 되어야 문맥상 자연스럽다. 따라서 문장의 주어와 호응하는 것은 '이르게도 할 수 있다.'이다.
④ ⓔ을 기준으로 앞 문장은 새로운 조합을 만들어내는 창조성 있는 사람이 이익을 갖게 된다는 내용이고, 뒤 문장은 새로운 조합을 만들어내는 일이 많은 에너지를 요하는 어려운 일이라는 내용이다. 따라서 뒤 문장은 앞 문장의 결과라고 보기 어렵다.

⑤ 마지막 문단 앞 부분의 내용에 따르면 경쟁 사회에서 창조성 있는 사람이 이익을 얻는다. 따라서 ⑩을 '억제하지만'으로 바꾸게 되면 글이 어색해진다.

21 정답 ④

제시문에서는 미흡한 위생 관리나 건강관리 등의 개인적 요인으로 인해 질병이 발병한다고 주장한다. 따라서 이러한 주장에 대한 반박으로는 성별, 계층, 직업 등의 사회적 요인에 따라 질병의 종류나 정도가 다르게 나타날 수 있다는 내용의 ④가 가장 적절하다.

22 정답 ②

아리스토텔레스는 관객과 극중 인물의 감정 교류를 강조하지만, 브레히트는 관객이 거리를 두고 극을 보는 것을 강조하고 있다. 브레히트는 관객이 극에 지나치게 몰입하게 되면, 극과의 거리두기가 어려워져 사건을 객관적으로 바라볼 수 없게 된다고 보았다. 따라서 브레히트가 제기할 만한 의문으로 가장 적절한 것은 ②이다.

23 정답 ②

제시문에서 필자는 3R 원칙을 강조하며 가장 필수적이고 최저한의 동물실험이 필요악임을 주장하고 있다. 특히 '보다 안전한 결과를 도출해 내기 위한 동물실험은 필요악이며, 이러한 필수적인 의약실험조차 금지하려 한다는 것은 기술 발전 속도를 늦춰 약이 필요한 누군가의 고통을 감수하자는 이기적인 주장'이라는 대목을 통해 약이 필요한 이들을 위한 의약실험에 초점을 맞추고 있음을 확인할 수 있다. 따라서 생명과 큰 관련이 없는 동물실험을 비판의 근거로 삼는 것은 적절하지 않다.

24 정답 ⑤

세 번째 문단에 따르면 입장료를 낮은 수준으로 가격을 책정할 시 수입이 줄어들고, 너무 높은 수준으로 매기면 소비자들이 이용을 포기해 수입이 줄어들 수 있다.

오답분석
① 소비자가 어떤 상품을 구매하기 위하여 지불할 용의가 있는 금액보다 실제로 지불한 가격이 낮아 얻는 이득을 소비자 잉여라 한다.
② 소비자 잉여와 생산자 잉여의 합을 총잉여라 한다.
③ 독점적 지위를 가진 생산자는 시장 가격을 임의의 수준으로 설정할 수 있다.
④ 독점적 지위를 가진 생산자는 이부가격을 설정할 수 있으며, 놀이공원은 이부가격설정의 예 중 하나이다.

25 정답 ④

최초의 2차 전지인 납축전지는 내연기관 자동차의 시동을 걸 때 사용하는 전지이나, 전기 자동차에서의 사용 여부는 서술되어 있지 않다. 실제로 전기 자동차는 시동 및 주행을 위해 리튬 이온 전지를 사용하고 있으며 일반적으로 납축전지는 사용하지 않는다.

오답분석
①·③ 마지막 문단에서 2차 전지는 지속 가능한 미래를 위한 필수적인 기술로 다양한 산업 분야의 혁신을 이끌어 낼 것이라고 서술하고 있으므로 그 중요성을 강조하고 있다.
② 2차 전지의 과방전은 전지의 손상을 일으키며 과충전은 폭발의 위험이 있다고 하였으므로 과충전 및 과방전은 2차 전지의 성능 및 수명을 단축시킴을 알 수 있다.
⑤ 2차 전지에 전기를 공급하면 이온이 전해질을 통해 분리막을 넘어 이동하므로 극 사이에서 이온의 이동이 전기를 발생시킴을 알 수 있다.

26 정답 ①

1형 당뇨는 유전적 요인에 의해 췌장에서 인슐린 분비 자체에 문제가 생겨 발생하는 당뇨병이다. 반면 2형 당뇨는 비만, 운동부족 등 생활 습관적 요인에 의해 인슐린 수용체가 부족하거나 인슐린 저항성이 생겨 발생하는 당뇨병이다. 따라서 나쁜 생활 습관은 2형 당뇨를 유발할 수 있다.

오답분석
② 2형 당뇨 초기에는 생활 습관 개선이나 경구 혈당강하제를 통해 혈당을 관리할 수 있지만, 지속될 경우 인슐린 주사가 필요할 수 있다.
③ 당뇨병은 혈액 속에 남은 포도당이 글리코겐으로 변환되지 못하고 잔류하여 소변을 통해 배출되는 병이다.
④ 2020년 기준 한국인 당뇨 유병자는 약 600만 명이며, 이 중 90%가 2형 당뇨를 앓고 있으므로 약 540만 명(=600만×0.9)이다.
⑤ 포도당이 글리코겐으로 세포에 저장되기 위해서는 췌장에서 분비한 인슐린이 세포의 곁에 있는 인슐린 수용체와 결합해야 한다.

27 정답 ②

시니어 산업의 성장은 사회가 고령화됨에 따라 경제력을 갖추고 디지털 환경에 익숙한 구매력을 가진 노년층이 많아지면서 일어난 현상이다. 따라서 고령화사회가 심해질수록 시니어 산업은 오히려 성장할 것으로 전망할 수 있다.

오답분석
① 시니어 하우징은 전통적인 노년층의 단순 거주 기능을 넘어 건강관리, 취미활동, 커뮤니티 형성 등 삶의 질을 높이는 주거 서비스를 의미한다. 따라서 요양원 운영은 시니어 하우징 사업으로 보기 어렵다.
③ 최근에는 인공지능과 사물인터넷 등 첨단 기술이 시니어 사업과 결합하고 있으며, 디지털 환경에 익숙한 디지털 시니어가 등장하고 있으므로 전통적인 기술이 선호되는 사업으로는 볼 수 없다.
④ 그레이 르네상스는 노년층이 소비와 사회 변화를 이끄는 주체로 떠오르면서 생긴 현상이다. 첨단 기기를 잘 다루는 노년층의 등장은 디지털 시니어에 더 가까운 개념이다.
⑤ 고령층 일자리 창출 사업의 주요 목적은 단순한 생계형 일자리에서 벗어나, 전문성과 경험을 살리는 것이다.

28 정답 ④

테크핀의 발전 원인에는 국내의 높은 IT 인프라, 전자상거래 확산, 규제 완화 등이 있다.

오답분석
① 핀테크와 테크핀의 부정적인 영향으로 혜택의 불균형이 있다.
② 핀테크는 금융기관이, 테크핀은 ICT 기업이 주도한다.
③ 테크핀은 금융보다 기술을 강조한다.
⑤ 테크핀의 발전은 핀테크의 발전을 야기하였다.

29 정답 ④

포지티브 방식은 PR 코팅, 즉 감광액이 빛에 노출되었을 때 현상액에 녹기 쉽게 화학구조가 변하며, 네거티브 방식은 반대로 감광액이 빛에 노출되면 현상액에 녹기 어렵게 변한다.

오답분석
① 포토리소그래피는 PR층이 덮이지 않은 증착 물질을 제거하는 식각 과정 이후 PR층을 마저 제거한다. 이후 일련의 과정을 다시 반복하여 증착 물질을 원하는 형태로 패터닝하는 것이다.
② PR코팅은 노광 과정 이후 현상액에 접촉했을 때 반응하여 사라지거나 남게 된다. 따라서 식각 과정 이전에 자신의 실수를 알아차렸을 것이다.
③ 포지티브 방식의 PR 코팅을 사용한 창우의 디스플레이 회로의 PR층과 증착 물질이 모두 사라졌다면, 증착 및 코팅 불량이나 PR 제거 실수와 같은 근본적인 오류를 제외할 경우 노광 과정에서 마스크가 빛을 가리지 못해 PR층 전부가 빛에 노출되었을 가능성이 높다.
⑤ 광수가 원래 의도대로 디스플레이 회로를 완성시키기 위해서는 최소 PR 코팅 이전까지 공정을 되돌릴 필요가 있다.

30 정답 ③

보기는 독립신문이 일반 민중들을 위해 순 한글을 사용해 배포됐고, 상하귀천 없이 누구나 새로운 소식을 전달해 준다는 내용이다. 따라서 ③이 가장 적절하다.

31 정답 ④

빈칸 뒤가 '따라서'로 연결되어 있으므로 빈칸에는 '사회적 제도의 발명이 필수적이다.'를 결론으로 낼 수 있는 논거가 들어가야 한다. 따라서 빈칸에 들어갈 내용으로 ④가 가장 적절하다.

32 정답 ⑤

증거를 표현할 때 포함될 수밖에 없는 발롱엔의 의미는 본질적으로 불명료하기 때문에 그 의미를 정확하고 엄밀하게 규정할 수 없다. 한편, 증거와 가설의 논리적 관계를 판단하기 위해서는 증거의 의미 파악이 선행되어야 한다. 그러나 이미 발롱엔이 포함된 증거는 그 의미를 명확하게 규정하기 어렵다. 따라서 증거의 의미가 정확하게 파악되지 않는다면, 과학적 가설과 증거의 논리적 관계 역시 정확하게 판단할 수 없으므로 빈칸에는 ⑤가 들어가는 것이 가장 적절하다.

[오답분석]
① 증거를 표현할 때 발롱엔이 포함되므로 증거가 의미하는 것이 무엇인지 정확히 파악할 수 없다.
② 과학적 가설을 표현하는 데에는 물리학적 언어가 사용되며, 발롱엔은 과학적 가설을 검사하는 과정에서 개입된다.
③ 과학적 이론이나 가설을 검사하는 과정에 사용되는 일상적 언어에는 발롱엔이 포함되므로 발롱엔은 증거를 표현할 때 포함될 수밖에 없다.
④ 과학적 이론이나 가설을 검사하는 과정에는 물리학적 언어 외에 감각적 경험을 표현하는 일상적 언어도 사용될 수밖에 없다.

33 정답 ④

제시문은 마이데이터의 개념을 소개하고, 그 핵심인 개인정보 주권에 대해 설명하고 있다. 또한 금융, 의료 등 실생활에서의 활용 사례를 제시하고, 마이데이터의 다양한 장점과 주의해야 할 점들을 논의하고, 마이데이터의 미래 전망과 개인의 책임에 대해 언급하고 있다. 따라서 전체적인 구조와 내용을 포괄적으로 반영하고 있는 ④가 주제로 가장 적절하다.

[오답분석]
① 제시문의 일부 요소만을 다루고 있어 주제로는 적절하지 않다.
② 마이데이터의 등장 배경을 중심으로 하고 있어 제시문의 전반적인 내용을 포괄하지 못한다.
③ 개인정보 주권과 데이터 경제에 초점을 맞추고 있어 제시문의 다른 중요한 측면들을 놓치고 있다.

34 정답 ③

제시문의 빈칸은 결론 부분으로서 앞의 내용을 총괄하여 정리하는 문장이 들어가야 한다. 마이데이터의 핵심 개념은 '데이터 주권'으로 개인이 자신의 정보에 대한 통제권과 결정권을 가지고 관리하는 것을 의미한다. 따라서 ③이 빈칸에 들어갈 내용으로 가장 적절하다.

[오답분석]
① 정보 보호의 중요성을 강조하지만 마이데이터의 적극적 활용 측면을 반영하지 못하므로 적절하지 않다.
② 개인정보의 제3자 위임은 마이데이터의 취지와 맞지 않으므로 적절하지 않다.
④ 무분별한 공개를 통해 개인정보 보호를 간과하고 있으므로 적절하지 않다.

| 02 | 수리

01	02	03	04	05	06	07	08	09	10	11	12	13	14	15	16	17	18	19	20
④	④	③	④	④	③	④	⑤	①	③	②	①	①	②	⑤	①	②	③	①	①
21	22	23	24	25	26	27	28	29	30	31	32	33	34	35	36	37	38	39	40
⑤	④	③	③	①	②	③	⑤	④	⑤	③	③	①	②	③	①	④	①	③	④
41	42	43	44	45	46	47	48	49	50	51	52	53	54	55	56	57	58	59	60
③	②	①	①	④	④	④	⑤	④	④	⑤	③	①	②	⑤	④	①	③	②	⑤

01 정답 ④

제시된 조건에 따라 태풍의 영향권을 표시하면 다음과 같다.

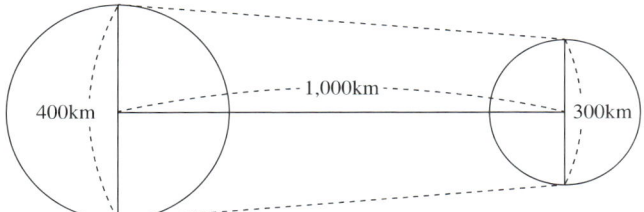

표시된 영향권의 넓이를 구하기 위해서는 발생 시 태풍 영향권 넓이의 절반, 소멸 시 태풍 영향권 넓이의 절반 그리고 이동 경로의 사다리꼴 넓이를 구해야 한다.

- 발생 시 태풍 영향권 넓이의 절반 : $3.14 \times 200^2 \times \frac{1}{2} = 62,800 \text{km}^2$

- 소멸 시 태풍 영향권 넓이의 절반 : $3.14 \times 150^2 \times \frac{1}{2} = 35,325 \text{km}^2$

- 이동 경로의 사다리꼴 넓이 : $(400+300) \times 1,000 \times \frac{1}{2} = 350,000 \text{km}^2$

따라서 태풍 영향권의 넓이는 $62,800 + 35,325 + 350,000 = 448,125 \text{km}^2$이다.

02 정답 ④

11월 회원의 남녀의 비가 2 : 3이므로 각각 $2a$명, $3a$명이라 하고, 12월에 더 가입한 남녀 회원의 수를 각각 x명, $2x$명이라고 하면 다음 식이 성립한다.
$2a + 3a < 260 \cdots$ ㉠
$(2a+x) + (3a+2x) > 320 \cdots$ ㉡
12월에 남녀의 비가 5 : 8이므로 $(2a+x) : (3a+2x) = 5 : 8 \to a = 2x$이다.
이를 ㉠, ㉡에 대입하여 정리하면 다음과 같다.
$4x + 6x < 260 \cdots$ ㉠'
$5x + 8x > 320 \cdots$ ㉡'
㉠'은 $10x < 260$이므로 $x < 26$이고 ㉡'은 $13x > 320$이므로 $x > \frac{320}{13}$이다.

공통범위는 $24.6 \cdots < x < 26$이고 x는 자연수이므로 $x = 25$이다.
따라서 12월 현재 전체 회원 수는 $5a + 3x = 13x = 325$명이다.

03 정답 ③

(모기가 이동한 거리)=(모기가 이동한 시간)×(모기가 이동한 속력)이다.
모기가 이동한 시간은 두 구슬이 만날 때까지 걸리는 시간과 같으므로 다음 식이 성립한다.
$\frac{1.8\text{km}}{150\text{km}}\text{h} = \frac{12}{1,000}$ 시간 ($\because$ 150km/h=60+90)

따라서 모기가 이동한 거리는 $\frac{12}{1,000} \times 70 = \frac{84}{100}$ 이므로, 0.84km이다.

04 정답 ④

세제 1스푼의 양을 xg이라고 하면 다음 식이 성립한다.
$\frac{5}{1,000} \times 2,000 + 4x = \frac{9}{1,000} \times (2,000 + 4x)$
$\therefore x = \frac{2,000}{991}$

물 3kg에 들어갈 세제의 양을 yg이라고 하면 다음 식이 성립한다.
$y = \frac{9}{1,000} \times (3,000 + y)$
→ $1,000y = 27,000 + 9y$
$\therefore y = \frac{27,000}{991}$

따라서 물 3kg에 세제 $\frac{\frac{27,000}{991}}{\frac{2,000}{991}} = \frac{26,757,000}{1,982,000} = 13.5$스푼을 넣으면 농도가 0.9%인 세제 용액이 된다.

05 정답 ④

A씨는 S산 정상에서 30분간 휴식하였으므로 이동하는 데 걸린 시간은 3시간 30분(3.5시간)이다. 또한 S산 입구에서 정상까지의 등산로의 거리를 $x$km라고 하면 다음 식이 성립한다.
$\frac{x}{1.8} + \frac{x}{2.4} = 3.5$
→ $\frac{10x}{18} + \frac{10x}{24} = 3.5$
→ $\frac{20x + 15x}{36} = \frac{35x}{36} = 3.5$
$\therefore x = 3.5 \times \frac{36}{35} = 3.6$

따라서 등산로의 거리는 3.6km이다.

06 정답 ③

S사의 작년 남직원의 수를 x명, 여직원의 수를 y명이라고 하면 다음 식이 성립한다.
$x + y = 100$ → $y = 100 - x$ ⋯ ㉠
$1.1x + 1.2y = 114$ ⋯ ㉡

㉠을 ㉡에 대입하면 다음의 식이 성립한다.
$1.1x + 1.2 \times (100 - x) = 114$
→ $1.1x + 120 - 1.2x = 114$
→ $-0.1x = -6$
$\therefore x = 60, \ y = 40$

따라서 작년 남직원의 수가 60명이므로 올해 증가한 남직원의 수는 60×0.1=6명이다.

07 정답 ④

작년 A제품의 생산량을 a개, B제품의 생산량을 b개라고 하면 다음 식이 성립한다.
$a+b=3,200 \cdots$ ㉠
올해 A제품의 생산량을 25%, B제품의 생산량을 35% 증가시켜 총 4,200개를 생산하면 다음 식이 성립한다.
$(a \times 1.25)+(b \times 1.35)=4,200 \cdots$ ㉡
㉠과 ㉡을 연립하여 ㉡-㉠을 정리하면 다음과 같다.
$1.25a+1.35b=4,200 \cdots$ ㉡
$1.25a+1.25b=4,000 \cdots$ ㉠×1.25
→ $0.1b=200$
∴ $a=1,200$, $b=2,000$
작년 A제품의 생산량이 1,200개, B제품의 생산량이 2,000개이므로 올해 A제품의 생산량은 $1.25 \times 1,200 = 1,500$개, B제품의 생산량은 $1.35 \times 2,000 = 2,700$개이다.
따라서 올해 A, B제품의 생산량 차이는 $2,700-1,500=1,200$개이다.

08 정답 ⑤

- 전체 가전제품의 개수 : $3+4+2=9$대
- 전시할 3대의 가전제품이 모두 세탁기와 청소기일 확률 : $\dfrac{{}_6C_3}{{}_9C_3}=\dfrac{5}{21}$

따라서 적어도 1대의 냉장고를 전시할 확률은 $1-\dfrac{5}{21}=\dfrac{16}{21}$이다.

09 정답 ①

농도 5%의 묽은 염산의 양을 xg이라고 하면 농도 20%의 묽은 염산과 농도 5%의 묽은 염산을 섞었을 때 농도가 10%보다 작거나 같아야 하므로 다음 식이 성립한다.
$\dfrac{20}{100} \times 300 + \dfrac{5}{100} \times x \le \dfrac{10}{100}(300+x)$
→ $6,000+5x \le 10(300+x)$
→ $5x \ge 3,000$
∴ $x \ge 600$
따라서 농도가 5%인 묽은 염산의 최소 필요량은 600g이다.

10 정답 ③

7시간이 지났다면 용민이는 $7 \times 7 = 49$km, 효린이는 $3 \times 7 = 21$km를 걸은 것이다.
용민이는 호수를 한 바퀴 돌고나서 효린이가 걸은 21km까지 더 걸은 것이므로 호수의 둘레는 $49-21=28$km이다.

11 정답 ②

A햄버거 단품 가격을 x원이라고 하면 B햄버거 단품 가격은 $(x-400)$원이다.
A햄버거 세트 2개와 B햄버거 세트 2개를 주문하므로 다음 식이 성립한다.
$2 \times \{(x+1,800)+(x-400+1,800)\}=29,200$
→ $2 \times (2x+3,200)=29,200$
→ $4x+6,400=29,200$
∴ $x=5,700$
따라서 A햄버거 단품 가격이 5,700원이므로 B햄버거 단품 가격은 $5,700-400=5,300$원이다.

12 정답 ①

40m의 간격으로 50그루를 심으므로 호수 둘레의 길이는 40×50=2,000m이다.

따라서 25m 간격으로 나무를 심는다면 나무는 모두 $\frac{2,000}{25}=80$그루 심을 수 있다.

13 정답 ①

(초당 채울 수 있는 물의 양)=(A호스를 통해 채우는 물의 양)+(B호스를 통해 채우는 물의 양)-(C호스를 통해 빠져나가는 물의 양)이므로 초당 채울 수 있는 물의 양은 20+90-50=60L이다.
1L를 1kg로 환산하므로 60L는 60kg이고, 1t=1,000kg이다.

따라서 물탱크에 물을 가득 채우는 데 걸리는 시간은 $\frac{15\times1,000}{60}=250$초=4분 10초이다.

14 정답 ②

2명씩 짝을 지어 한 그룹으로 보고 원탁에 앉는 방법을 구하기 위해서 원순열 공식 $(n-1)!$을 이용한다.
2명씩 3그룹이므로 $(3-1)!=2\times1=2$가지이다. 또한 그룹 내에서 2명이 자리를 바꿔 앉을 수 있는 경우는 2가지씩이다.
따라서 6명이 원탁에 앉을 수 있는 방법은 $2\times2\times2\times2=16$가지이다.

15 정답 ⑤

토너먼트 경기는 대진표에 따라 한 번 진 사람은 탈락하고 이긴 사람이 올라가서 우승자를 정하는 방식이다.
16명이 경기를 하면 처음에는 8번의 경기가 이루어지고, 다음은 4번, 2번, 1번의 경기가 차례로 진행된다.
따라서 최종 우승자가 나올 때까지 총 8+4+2+1=15번의 경기가 진행된다.

16 정답 ①

(단위 : 원)

구분	A매장	B매장
판매가	$\left(1-\frac{14}{100}\right)a=\frac{86}{100}a$	$\left(1-\frac{20}{100}\right)a=\frac{80}{100}a$
총수입	$\frac{86}{100}a\times50=43a$	$\frac{80}{100}a\times80=64a$
이익	$43a-50\times700$ $=43a-35,000$	$64a-80\times700$ $=64a-56,000$

$43a-35,000=64a-56,000$
→ $21a=21,000$
∴ $a=1,000$

따라서 각 자리의 수를 모두 더한 값은 1이다.

17 정답 ②

작년 남학생 수를 x명, 여학생 수를 y명이라고 하면 다음과 같은 식이 성립한다.
$x+y=480 \cdots$ ㉠
올해 남학생 수는 $x\times(1+0.2)=1.2x$명이고, 여학생 수는 $y\times(1-0.1)=0.9y$명이다.
올해 남학생 수와 여학생 수의 비율이 20 : 21이므로 다음과 같은 식이 성립한다.
$1.2x:0.9y=20:21$ → $25.2x=18y$ → $y=1.4x \cdots$ ㉡
㉡을 ㉠에 대입하면 $x=200$, $y=280$이다.
따라서 올해 전교생 수는 $(1.2\times200)+(0.9\times280)=240+252=492$명이다.

18 정답 ③

1차 전체회의가 열린 3월 6일부터 그달 말일인 3월 31일 사이의 일수는 25일이다.
4월과 5월의 말일은 각각 30일, 31일이므로 3월 6일부터 5월 31일까지의 일수는 25+30+31=86일이다.
따라서 남은 일수는 100−86=14일이므로 2차 전체회의는 6월 14일에 열린다.

19 정답 ①

올라간 거리를 $x$km라 하면 내려온 거리는 $(x+2)$km이고, 올라간 시간과 내려간 시간이 같으므로 식은 다음 식이 성립한다.
$$\frac{x}{4} = \frac{x+2}{6}$$
→ $3x = 2(x+2)$
∴ $x = 4$

따라서 내려올 때 걸린 시간은 $\frac{4+2}{6} = 1$시간이다.

20 정답 ①

8명의 선수 중 4명을 뽑는 경우의 수는 $_8C_4 = \frac{8 \times 7 \times 6 \times 5}{4 \times 3 \times 2 \times 1} = 70$가지이다.
A, B, C를 포함하여 4명을 뽑는 경우의 수는 A, B, C를 제외한 5명 중 1명을 뽑으면 되므로 $_5C_1 = 5$가지이다.
따라서 구하고자 하는 확률은 $\frac{5}{70} = \frac{1}{14}$ 이다.

21 정답 ⑤

두 주사위의 눈의 수의 곱은 다음과 같다.

구분	1	2	3	4	5	6
1	1	2	3	4	5	6
2	2	4	6	8	10	12
3	3	6	9	12	15	18
4	4	8	12	16	20	24
5	5	10	15	20	25	30
6	6	12	18	24	30	36

4의 배수가 나오는 경우의 수는 모두 15가지이다.
따라서 구하고자 하는 확률은 $\frac{15}{36} = \frac{5}{12}$ 이다.

22 정답 ④

올라갈 때 달린 거리를 $x$km라고 하면 다음 식이 성립한다.
$$\frac{x}{10} + \frac{x+10}{20} = 5$$
→ $2x + x + 10 = 100$
→ $3x = 90$
∴ $x = 30$

따라서 올라갈 때 달린 거리는 30km이다.

23 정답 ③

전체 일의 양을 1이라고 하고, A~C가 하루에 할 수 있는 일의 양을 각각 $\frac{1}{a}$, $\frac{1}{b}$, $\frac{1}{c}$라고 하면 다음 식이 성립한다.

$\frac{1}{a}+\frac{1}{b}=\frac{1}{12}$ …㉠

$\frac{1}{b}+\frac{1}{c}=\frac{1}{6}$ …㉡

$\frac{1}{c}+\frac{1}{a}=\frac{1}{18}$ …㉢

㉠, ㉡, ㉢을 모두 더한 다음 2로 나누면 3명이 하루에 할 수 있는 일의 양을 구할 수 있다.

$\frac{1}{a}+\frac{1}{b}+\frac{1}{c}=\frac{1}{2}\left(\frac{1}{12}+\frac{1}{6}+\frac{1}{18}\right)=\frac{1}{2}\left(\frac{3+6+2}{36}\right)=\frac{11}{72}$

따라서 72일 동안 3명이 끝낼 수 있는 일의 양은 $\frac{11}{72}\times 72=11$이므로 전체 일의 양의 11배이다.

24 정답 ③

사과를 x개 산다고 하면 자두는 $(14-x)$개 살 수 있으므로 다음과 같은 부등식이 성립한다.
$235\leq 15x+20(14-x)\leq 250$
$\therefore 6\leq x\leq 9$
따라서 사과를 최대 9개까지 살 수 있다.

25 정답 ①

앞의 항에 ×3, ÷9, ×27, ÷81, ×243, ÷729, …을 하는 수열이다.
따라서 ( )=729÷729=1이다.

26 정답 ②

앞의 항에 $+8$, $-\frac{1}{2}$, ×2를 번갈아 가면서 적용하는 수열이다.
따라서 ( )=101+8=109이다.

27 정답 ③

앞의 항에 -38을 하는 수열이다.
따라서 ( )=193-38=155이다.

28 정답 ⑤

제시된 수열은 정수 부분이 +5, +7, +9, +11, …, 소수 부분이 -0.03, -0.05, -0.07, …인 수열이다.
따라서 ( )=(48+15)+(0.63-0.13)=63.5이다.

29 정답 ④

×(-2)와 -6을 번갈아 가면서 적용하는 수열이다.
따라서 ( )=(-42)×(-2)=84이다.

30 정답 ⑤

앞의 두 항의 합이 다음 항이 되는 피보나치 수열이다.
따라서 (   )=23+37=60이다.

31 정답 ③

×(−2)와 +(3의 배수)를 번갈아 가면서 적용하는 수열이다.
따라서 (   )=(−2)+12=10이다.

32 정답 ③

앞의 항에 −20, −19, −18, −17, −16, …을 하는 수열이다.
따라서 (   )=43−17=26이다.

33 정답 ①

홀수 항은 ×2+1.1, ×2+1.2, ×2+1.3, …, 짝수 항은 ×2−1.1을 하는 수열이다.
따라서 (   )=0.3×2−1.1=−0.50이다.

34 정답 ②

나열된 수를 각각 A, B, C라고 하면
$\underline{A\ B\ C} \rightarrow B-A=C$
따라서 (   )=23−27=−4이다.

35 정답 ③

나열된 수를 각각 A, B, C라고 하면
$\underline{A\ B\ C} \rightarrow C=(A-B)\times 2$
따라서 (   )=$19-\frac{10}{2}=14$이다.

36 정답 ①

나열된 수를 각각 A, B, C라고 하면
$\underline{A\ B\ C} \rightarrow A\times C=B$
따라서 (   )=$\frac{12}{3}=4$이다.

37 정답 ④

앞의 항에 +1, ×2를 번갈아 가면서 적용하는 수열이다.
따라서 (   )=23×2=46이다.

38 정답 ①

홀수 항은 $\times \frac{3}{2}$, 짝수 항은 $\times \frac{4}{3}$을 하는 수열이다.

따라서 ( )=$432 \times \frac{3}{4}$=324이다.

39 정답 ③

나열된 수를 각각 A, B, C라고 하면
$\underline{A\ B\ C} \rightarrow (A+B) \div 3 = C$
따라서 ( )=$6 \times 3 - 8$=10이다.

40 정답 ④

나열된 수를 각각 A, B, C라고 하면
$\underline{A\ B\ C} \rightarrow 2B - A = C$
따라서 ( )=$43 \times 2 - 36$=50이다.

41 정답 ③

앞의 항에 $\times 2$, -4, $\times 6$, -8, …을 하는 수열이다.
∴ $A=4 \times 10=40$, $B=392-16=376$
따라서 $A+B=40+376=416$이다.

42 정답 ②

앞의 항에 -1, $+5$, $+11$, $+17$, …을 하는 수열이다.
7번째 항의 값이 74이므로 8번째 항의 값은 $74+35=109$, 9번째 항의 값은 $109+41=150$, 10번째 항의 값은 $150+47=197$이다.
따라서 11번째 항의 값은 $197+53=250$이다.

43 정답 ①

C사의 이익률이 2%, 3%, 4%, …, 즉 1%p씩 증가하고 있다. 따라서 빈칸에 들어갈 수는 $350 \times 0.06=21$이다.

44 정답 ①

- 1~4월까지의 총반품금액에 대한 4월 반품금액의 비율
  - 2월 반품금액 : $1,700,000-$(2월 반품금액)$-160,000-30,000=1,360,000$원
    ∴ (2월 반품금액)=150,000원
  - 4월 반품금액 : $300,000+150,000+180,000+$(4월 반품금액)$=900,000$원
    ∴ (4월 반품금액)=270,000원

그러므로 1~4월까지의 총반품금액에 대한 4월 반품금액의 비율은 $\frac{270,000}{900,000} \times 100 = 30\%$이다.

- 1~4월까지의 총배송비에 대한 1월 배송비의 비율
  - 3월 배송비 : 2,200,000−180,000−140,000−(3월 배송비)=1,840,000원
    ∴ (3월 배송비)=40,000원
  - 1월 배송비 : (1월 배송비)+30,000+40,000+60,000=160,000원
    ∴ (1월 배송비)=30,000원

그러므로 1~4월까지의 총배송비에 대한 1월 배송비의 비율은 $\frac{30,000}{160,000} \times 100 = 18.75\%$이다.

따라서 구하고자 하는 값은 30−18.75=11.25%p이다.

45 정답 ④

제조업용 로봇 생산액의 2021년 대비 2023년의 성장률은 $\frac{7,016-6,272}{6,272} \times 100 ≒ 11.9\%$이다.

46 정답 ④

자료를 통해 (영업이익)=(영업수익)−(영업비용)임을 알 수 있다.
따라서 빈칸에 들어갈 수는 676,000−193,000=483,000이다.

47 정답 ④

책의 수는 매월 25권씩 늘어난다. 따라서 2023년 5월에 보관하는 책의 수는 500+25×11=775권이다.

48 정답 ⑤

전월에 제조되는 초콜릿의 개수와 금월에 제조되는 초콜릿의 개수의 합이 명월에 제조되는 초콜릿의 개수이다.
- 2023년 7월 초콜릿의 개수 : 80+130=210개
- 2023년 8월 초콜릿의 개수 : 130+210=340개
- 2023년 9월 초콜릿의 개수 : 210+340=550개
- 2023년 10월 초콜릿의 개수 : 340+550=890개
- 2023년 11월 초콜릿의 개수 : 550+890=1,440개

따라서 2023년 11월에는 1,440개의 초콜릿이 제조될 것이다.

49 정답 ④

ⓒ 2022~2024년에 사망자 수는 1,850명 → 1,817명 → 1,558명으로 감소하고 있고, 부상자 수는 11,840명 → 12,956명 → 13,940명으로 증가하고 있다.

ⓔ 각 연도의 검거율을 구하면 다음과 같다.
- 2021년 : $\frac{12,606}{15,280} \times 100 = 82.5\%$
- 2022년 : $\frac{12,728}{14,800} \times 100 = 86\%$
- 2023년 : $\frac{13,667}{15,800} \times 100 = 86.5\%$
- 2024년 : $\frac{14,350}{16,400} \times 100 = 87.5\%$

따라서 검거율은 매년 높아지고 있다.

오답분석

㉠ 사고건수는 2022년까지 감소하다가 2023년부터 증가하고 있고, 검거 수는 매년 증가하고 있다.
㉡ 2022년과 2023년의 사망률 및 부상률은 다음과 같다.

- 2022년 사망률 : $\dfrac{1,850}{14,800} \times 100 = 12.5\%$

- 2022년 부상률 : $\dfrac{11,840}{14,800} \times 100 = 80\%$

- 2023년 사망률 : $\dfrac{1,817}{15,800} \times 100 = 11.5\%$

- 2023년 부상률 : $\dfrac{12,956}{15,800} \times 100 = 82\%$

따라서 사망률은 2022년이 더 높지만 부상률은 2023년이 더 높다.

50 정답 ④

2016 ~ 2017년 사이 축산물 수입량은 약 10만 톤 감소했으나, 수입액은 약 2억 달러 증가하였다. 또한 2021 ~ 2022년 사이 축산물 수입량은 약 10만 톤 감소했으나, 수입액은 변함이 없다.
따라서 축산물 수입량과 수입액의 변화 추이는 동일하지 않다.

51 정답 ⑤

각 국가의 승용차 보유 대수 비율은 다음과 같다.

- 네덜란드 : $\dfrac{3,230}{3,585} \times 100 ≒ 90.1\%$

- 독일 : $\dfrac{17,356}{18,481} \times 100 ≒ 93.9\%$

- 프랑스 : $\dfrac{15,100}{17,434} \times 100 ≒ 86.6\%$

- 영국 : $\dfrac{13,948}{15,864} \times 100 ≒ 87.9\%$

- 이탈리아 : $\dfrac{14,259}{15,673} \times 100 ≒ 91.0\%$

- 캐나다 : $\dfrac{7,823}{10,029} \times 100 ≒ 78.0\%$

- 호주 : $\dfrac{4,506}{5,577} \times 100 ≒ 80.8\%$

- 미국 : $\dfrac{104,898}{129,943} \times 100 ≒ 80.7\%$

따라서 유럽 국가는 미국, 캐나다, 호주보다 자동차 보유 대수에서 승용차가 차지하는 비율이 높다.

오답분석

① 자동차 보유 대수에서 승용차가 차지하는 비율이 가장 높은 국가는 독일이다.
② 자동차 보유 대수에서 트럭・버스가 차지하는 비율은 100%에서 승용차 보유 대수 비율을 뺀 것과 같다. 즉, 승용차 보유 대수 비율이 낮은 국가가 트럭・버스 보유 대수 비율이 가장 높다. 따라서 트럭・버스 보유 대수 비율이 가장 높은 국가는 캐나다이다.
③ 승용차 보유 대수 비율이 가장 낮은 국가는 약 78%인 캐나다이다.
④ 프랑스의 승용차와 트럭・버스의 비율은 15,100 : 2,334 ≒ 6.5 : 1이다.

52 정답 ③

ㄱ. 2차 구매 시 1차와 동일한 제품을 구매하는 사람들이 다른 어떤 제품을 구매하는 사람들보다 높은 수치를 보이고 있다.
ㄷ. 1차에서 C를 구매한 사람들은 204명으로 가장 많았고, 2차에서 C를 구매한 사람들은 231명으로 가장 많았다.

[오답분석]

ㄴ. 1차에서 A를 구매한 뒤 2차에서 C를 구매한 사람들은 44명, 반대로 1차에서 C를 구매한 뒤 2차에서 A를 구매한 사람들은 17명이므로 전자가 더 많다.

53 정답 ①

2021년에는 위암이 가장 많이 증가했다.

[오답분석]

② 매년 인구증가율 평균이 1.54%인데, 전년 대비 가장 적게 상승한 2022년에도 약 4% 이상 증가했다.
③ 간암의 경우 2022년에는 전년 대비 증가율이 마이너스(-)를 보이고 있다.
④ 다른 암에 비해서 간암의 경우 29.9명에서 31.7명으로 1.8명 늘어났으므로 간암의 증가율이 가장 낮다.
⑤ 가장 낮은 암은 유방암이고 가장 높은 암은 위암이므로 이 격차가 가장 큰 해를 찾으면 된다. 따라서 2021년의 위암은 54.1명이고 유방암은 20.8명이므로 그 차는 33.3명으로 가장 큰 폭을 보이고 있다.

54 정답 ②

제시된 자료를 바탕으로 분기별 매출액을 구하면 다음과 같다.

(단위 : 억 원)

구분	1분기 매출액	2분기 매출액	3분기 매출액	4분기 매출액
A사	16	$16 \times (1+0.12) = 17.92$	$17.92 \times (1-0.11) ≒ 15.95$	$15.95 \times (1-0.2) = 12.76$
B사	11	$11 \times (1-0.08) = 10.12$	$10.12 \times (1+0.09) ≒ 11.03$	$11.03 \times (1+0.08) ≒ 11.91$
C사	9	$9 \times (1+0.06) = 9.54$	$9.54 \times (1-0.05) ≒ 9.06$	$9.06 \times (1+0.3) ≒ 11.78$

A사의 2분기 매출액은 17.92억 원이고, C사의 2분기 매출액은 9.54억 원이다. 따라서 $17.92 \div 9.54 ≒ 1.88$배이므로 1.5배 이상이다.

[오답분석]

① A~C사의 매출액 순위는 모든 분기에서 A사가 1등, B사가 2등, C사가 3등으로 변하지 않는다.
③ B사의 4분기 매출액은 11.91억 원이고, A사의 4분기 매출액은 12.76억 원으로 B사의 매출액은 A사의 매출액을 초과하지 않았다.
④ B사의 1분기 매출액보다 10% 이상 증가하려면 $11 \times 1.1 = 12.1$억 원 이상이어야 한다. 그러나 4분기 매출액은 11.91억 원이므로 10% 미만 증가하였다.
⑤ 4분기에 감소한 A사 매출액의 절댓값은 $|12.76 - 15.95| = 3.19$억 원, 4분기에 증가한 C사 매출액의 절댓값은 $|11.78 - 9.06| = 2.72$억 원으로 A사의 절댓값이 C사보다 크다.

55 정답 ⑤

연봉은 매년 말 고정적으로 각국의 통화로 지급한다고 하였다. 그러므로 연봉 액수는 감소하지 않으나, 환율에 따라 원화 환산 연봉이 감소할 수 있다. 환율의 감소율을 구하면 다음과 같다.

- 2022년 말 대비 2023년 말 중국의 환율 감소율 : $\frac{160-170}{170} \times 100 ≒ -5.88\%$

- 2021년 말 대비 2023년 말 일본의 환율 감소율 : $\frac{1,050-1,100}{1,100} \times 100 ≒ -4.54\%$

따라서 2022년 말 대비 2023년 말 중국기업의 원화 환산 연봉의 감소율이 더 크다.

[오답분석]

① 2021년 말 원화 환산 연봉은 중국기업이 가장 많다.
- 미국기업 : 1,250×3만=3,750만 원
- 중국기업 : 190×20만=3,800만 원
- 일본기업 : 1,100×290만÷100=3,190만 원

② 2022년 말 원화 환산 연봉은 일본기업이 가장 많다.
- 미국기업 : 1,100×3만=3,300만 원
- 중국기업 : 170×20만=3,400만 원
- 일본기업 : 1,200×290만÷100=3,480만 원

③ 2023년 말 원화 환산 연봉은 일본기업이 중국기업보다 적다.
- 미국기업 : 1,150×3만=3,450만 원
- 중국기업 : 160×20만=3,200만 원
- 일본기업 : 1,050×290만÷100=3,045만 원

④ 향후 3년간 가장 많은 원화 환산 연봉을 주는 곳은 미국기업이다.
- 미국기업 : 3,750+3,300+3,450=10,500만 원
- 중국기업 : 3,800+3,400+3,200=10,400만 원
- 일본기업 : 3,190+3,480+3,045=9,715만 원

56 정답 ④

수입량이 많은 곡식을 순서대로 나열하면 귀리 – 콩 – 쌀 – 보리 – 수수이고, 수출량이 많은 곡식을 순서대로 나열하면 쌀 – 콩 – 보리 – 귀리 – 수수이다. 따라서 수수는 수입량과 수출량 모두 가장 적은 곡식이다.

[오답분석]
① 수입량이 가장 많은 곡식은 귀리이다.
② 수출량이 가장 많은 곡식은 쌀이다.
③ 제시된 자료로는 알 수 없다.
⑤ 콩은 수입량과 수출량 모두 두 번째로 많은 곡식이다.

57 정답 ①

국제학업성취도 읽기 점수의 한국과 OECD 평균 점수의 차이가 가장 큰 해는 2007년으로 556−492=64점이다.

58 정답 ③

휴대전화 스팸 수신량은 2022년이 2021년보다 0.34−0.33=0.01통 많고, 2023년에는 2021년보다 0.33−0.32=0.01통 적다. 따라서 증가량과 감소량이 0.01통으로 같음을 알 수 있으므로 옳다.

오답분석

① 2019년의 이메일 스팸 수신량은 1.16통으로 휴대전화 스팸 수신량의 2.5배인 약 1.33통보다 적으므로 옳지 않다.
② 전년 대비 이메일 스팸 수신량 감소율은 2021년에 $\frac{1.48-1.06}{1.48} \times 100 = 28.4\%$, 2022년에 $\frac{1.06-1.00}{1.06} \times 100 = 5.7\%$로 2021년 감소율이 2022년의 약 5배이므로 옳지 않다.
④ 2021년부터 2023년까지 휴대전화 스팸 수신량은 2022년도 증가하고 다음 해에 감소했으나 이메일 스팸 수신량은 계속 감소했으므로 옳지 않다.
⑤ 이메일 스팸 수신량이 가장 많은 해는 2020년이 맞지만 휴대전화 스팸 수신량이 가장 적은 해는 2023년이므로 옳지 않다.

59 정답 ②

이산화탄소의 농도가 계속해서 증가하고 있는 것과 달리 오존전량은 2016년부터 2019년까지 차례로 감소하고 있다.

오답분석

① 이산화탄소의 농도는 2016년 387.2ppm에서 시작하여 2022년 395.7ppm으로 해마다 증가했다.
③ 2022년 오존전량은 335DU로, 2016년의 331DU보다 4DU 증가했다.
④ 2022년 이산화탄소 농도는 2017년의 388.7ppm에서 395.7ppm으로 7ppm 증가했다.
⑤ 오존전량은 2017년에는 1DU, 2018년에는 2DU, 2019년에는 3DU 감소하였으며, 2022년에는 8DU 감소하였다.

60 정답 ⑤

1인당 GDP 순위는 E>C>B>A>D이다. 그런데 1인당 GDP가 가장 큰 E국은 1인당 GDP가 2위인 C국보다 1% 정도밖에 높지 않은 반면, 인구는 C국의 $\frac{1}{10}$ 이하이므로 총 GDP 역시 C국보다 작다.
따라서 1인당 GDP 순위와 총 GDP 순위는 일치하지 않는다.

오답분석

① 경제성장률이 가장 큰 나라는 D국이며, 1인당 GDP와 총인구를 고려하면 D국의 총 GDP가 가장 작은 것을 알 수 있다.
② 1인당 GDP 대비 총인구를 고려하였을 때 총 GDP가 가장 큰 나라는 C국, 가장 작은 나라는 D국이다.
  • D국의 총 GDP : 25,832×46.1=1,190,855.2백만 달러
  • C국의 총 GDP : 55,837×321.8=17,968,346.6백만 달러
  따라서 총 GDP가 가장 큰 나라와 가장 작은 나라는 10배 이상의 차이를 보인다.
③ 수출 및 수입 규모에 따른 순위는 C>B>A>D>E이므로 서로 일치한다.
④ • A국의 총 GDP : 27,214×50.6=1,377,028.4백만 달러
  • E국의 총 GDP : 56,328×24.0=1,351,872백만 달러
  따라서 A국이 E국보다 총 GDP가 더 크다.

| 03 | 추리

01	02	03	04	05	06	07	08	09	10	11	12	13	14	15	16	17	18	19	20
④	③	①	③	④	②	④	③	④	⑤	⑤	①	②	③	⑤	②	④	②	②	②
21	22	23	24	25	26	27	28	29	30										
①	③	③	③	③	②	②	③	③	⑤										

01 정답 ④

탄수화물은 영양소이고, 영양소는 체내에서 에너지원 역할을 한다. 따라서 탄수화물은 체내에서 에너지원 역할을 한다.

02 정답 ③

전제2에 따라 S사의 신입이 사용하는 메신저가 모두 S사의 메신저고, 전제1에 따라 S사의 메신저는 모두 보안 네트워크를 사용하므로 S사의 신입이 사용하는 메신저는 모두 보안 네트워크를 사용한다. 따라서 빈칸에 들어갈 명제는 'S사의 신입이 사용하는 메신저는 모두 보안 네트워크를 사용한다.'이다.

[오답분석]
① 'S사의 신입이 아니면'이라는 조건은 전제에서 언급되지 않은 범위까지 포함하는 것이다. 또한 S사의 신입이 아닌 사람이 어떤 메신저를 사용하는지 또는 보안 네트워크를 사용하는지에 대해 언급하지 않는다. 따라서 주어진 전제에서 도출되는 결론이 아니다.
② 전제1(S사의 메신저 → 보안 네트워크 사용)의 역에 해당하는 것으로 참인 명제의 역이 항상 참이 아닌 '역의 오류'에 해당한다. 따라서 주어진 전제에서 도출되는 결론이 아니다.
④ 보안 네트워크를 사용하지 않는 메신저에 대한 정보가 전제에 없고, 오히려 전제1에 따라 S사의 메신저는 모두 보안 네트워크를 사용하므로 주어진 전제에서 도출되는 결론이 아니다.
⑤ S사의 메신저를 사용하지 않는 사람이 어떤 메신저를 사용하는지 그리고 그 메신저가 보안 네트워크를 사용하는지에 대한 정보는 전제에 없으므로 주어진 전제에서 도출되는 결론이 아니다.

03 정답 ①

전제2에 따라 기숙사에 거주하는 사람은 모두 도보로 등교하므로 전제1에 따라 빈칸에 들어갈 명제는 'S대학의 어떤 신입생은 모두 도보로 등교한다.'이다.

[오답분석]
② 도보로 등교하는 학생 중 기숙사에 거주하는 사람은 모두 도보로 등교하지만, 도보로 등교한다고 모두 기숙사에 살고 있는 신입생인 것은 아니므로 주어진 전제에서 도출되는 결론이 아니다.
③ 신입생이 아닌 경우에 대한 전제가 없으므로 주어진 전제에서 도출되는 결론이 아니다.
④ 기숙사의 거주자가 모두 신입생으로 구성되어 있다는 전제가 없으므로 주어진 전제에서 도출되는 결론이 아니다.
⑤ 전제2의 역에 해당하는 것으로 전제2가 참이어도 그 역이 항상 참은 아니다. 따라서 주어진 전제에서 도출되는 결론이 아니다.

04 정답 ③

전제1의 경우 '회의 참석 → 명함 필요'이며, 결론은 '출장을 나감 → 회의 참석 가능'이므로 명함과 출장을 연결시켜 줄 전제가 필요하다. 따라서 빈칸에 들어갈 명제는 '출장을 나가면 반드시 명함을 지참한다.'이다.

[오답분석]
① 전제1과 모순되는 내용이다.
② 회의 참석의 필요 조건이 전제1과 다른 내용이므로 결론을 도출하는 전제가 될 수 없다.
④ 전제1에 따라 회의에 참석한 사람은 모두 명함이 있지만, 명함이 있는 모든 사람이 회의에 참여하는 것은 아니므로 결론을 도출하는 전제가 될 수 없다.
⑤ 결론과 반대되는 내용으로 결론을 도출하는 전제가 될 수 없다.

05 정답 ④

다이아몬드는 광물이고, 광물은 매우 규칙적인 원자 배열을 가지고 있다. 따라서 빈칸에 들어갈 명제로 '다이아몬드는 매우 규칙적인 원자 배열을 가지고 있다.'가 적절하다.

06 정답 ②

'밤에 잠을 잘 자다.'를 A, '낮에 피곤하다.'를 B, '업무 효율이 좋다.'를 C, '성과급을 받는다.'를 D라고 하여 제시된 명제를 논리기호화하면 다음과 같다.
• 전제1 : ~A → B
• 전제3 : ~C → ~D
• 결론 : ~A → ~D
따라서 ~A → B → ~C → ~D가 성립하기 위해서 필요한 전제2는 B → ~C이므로 빈칸에는 '낮에 피곤하면 업무 효율이 떨어진다.'가 적절하다.

07 정답 ④

'달리기를 잘함'을 A, '건강함'을 B, '홍삼을 먹음'을 C, '다리가 긺'을 D라고 하면, 첫 번째 명제부터 차례대로 '~A → ~B', 'C → B', 'A → D'이다. 첫 번째 명제의 대우와 두 번째, 세 번째 명제를 조합하면 'C → B → A → D'가 되어 'C → D'가 되며, 대우는 '~D → ~C'이므로 ④는 항상 참이다.

08 정답 ③

주어진 명제와 이의 대우를 정리하면 '진달래를 좋아함 → 감성적 → 보라색을 좋아함 → 백합을 좋아하지 않음'이다. 따라서 진달래를 좋아하는 사람은 보라색을 좋아한다.

09 정답 ④

'어떤'과 '모든'이 나오는 명제는 벤 다이어그램으로 정리하면 편리하다. 제시된 명제를 정리하면 다음과 같다.

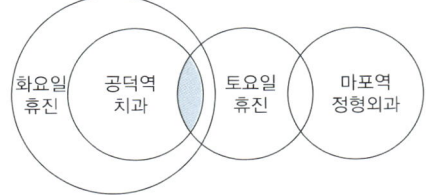

위의 벤 다이어그램을 통해 '공덕역 부근의 어떤 치과는 토요일과 화요일이 모두 휴진이다.'를 추론할 수 있다.

오답분석
① 마포역 부근의 어떤 정형외과는 토요일이 휴진이다.
② 공덕역 부근의 어떤 치과는 토요일이 휴진이기 때문에 거짓이다.
③ 제시된 명제만으로는 알 수 없다.
⑤ 마포역 부근의 어떤 정형외과가 화요일도 휴진인지는 알 수 없다.

10 정답 ⑤

병사원과 정사원의 항공 마일리지를 비교할 수 없으므로 항공 마일리지가 많은 순서대로 나열하면 '갑 – 정 – 병 – 을' 또는 '갑 – 병 – 정 – 을' 모두 가능하기 때문에 항상 참은 아니다.

11 정답 ⑤

두 번째 조건에 의해, B는 항상 1과 5 사이에 앉는다.
따라서 E가 4와 5 사이에 앉으면 2와 3 사이에는 A, C, D 중 누구나 앉을 수 있다.

오답분석
① A가 1과 2 사이에 앉으면 마지막 조건에 의해 E는 4와 5 사이에 앉는다. 그러면 C와 D는 3 옆에 앉게 되는데 이는 세 번째 조건과 모순이 된다.
② D가 4와 5 사이에 앉으면 마지막 조건에 의해 E는 1과 2 사이에 앉는다. 그러면 C와 D는 3 옆에 앉게 되는데 이는 세 번째 조건과 모순이 된다.
③ C가 2와 3 사이에 앉으면 세 번째 조건에 의해 D는 1과 2 사이에 앉는다. 또한 마지막 조건에 의해 E는 3과 4 사이에 앉을 수 없다. 따라서 A는 반드시 3과 4 사이에 앉는다.
④ E가 1과 2 사이에 앉으면 세 번째 조건의 대우에 의해 C는 반드시 4와 5 사이에 앉는다.

12 정답 ①

제시된 내용을 정리하면 '일본어를 잘함 → 스페인어를 잘함 → 중국어를 잘함 → 프랑스어를 잘하지 않음'이다.
따라서 A만 옳고 B는 틀리다.

13 정답 ②

'원숭이를 좋아한다.'를 p, '코끼리를 좋아한다.'를 q, '낙타를 좋아한다.'를 r, '토끼를 좋아한다.'를 s라고 하여 제시된 내용을 논리기호화하면 다음과 같다.
• 원숭이를 좋아하면 코끼리를 좋아한다. : $p \to q$
• 낙타를 좋아하면 코끼리를 좋아하지 않는다. : $r \to \sim q$
• 토끼를 좋아하면 원숭이를 좋아하지 않는다. : $s \to \sim p$
A : 코끼리를 좋아하면 토끼를 좋아한다는 것은 제시된 명제로 추론할 수 없으므로 옳은지 틀린지 판단할 수 없다.
B : $r \to \sim q \to \sim p$이므로 옳다.
따라서 B만 옳다.

14 정답 ③

A : 수요일에는 혜진, 수연, 태현이가 휴가 중이고, 목요일에는 수연, 지연, 태현이가 휴가 중이므로 수요일과 목요일에 휴가 중인 사람의 수는 같다.
B : 태현이는 금요일까지 휴가이다.
따라서 A, B 모두 옳다.

15 정답 ⑤

A~E의 진술에 따르면 B와 D의 진술은 반드시 동시에 참이나 거짓이 되어야 하며, A와 B의 진술 역시 동시에 참이나 거짓이 되어야 한다. 이때 B의 진술이 거짓일 경우, A와 D의 진술 모두 거짓이 되므로 2명이 거짓을 말한다는 조건에 어긋난다.
따라서 진실을 말하고 있는 심리상담사는 A, B, D이며, 거짓을 말하고 있는 심리상담사는 C와 E가 된다.
이때, 진실을 말하고 있는 B와 D의 진술에 따라 근무시간에 자리를 비운 사람은 C가 된다.

16 정답 ②

축구를 잘하는 사람의 경우 진실을 말할 수도 있고, 거짓을 말할 수도 있다는 점에 유의한다.
ⅰ) 갑이 진실을 말한 경우
    병의 말과 모순된다.
ⅱ) 을이 진실을 말한 경우
    병과 갑이 모두 거짓을 말한 것이 된다. 그러므로 을이 야구, 병이 축구(거짓을 말함), 갑이 농구를 잘하는 사람이다.
ⅲ) 병이 축구를 잘하면서 거짓을 말한 경우
    을이 야구, 갑이 농구이다. 반대의 경우는 병의 말 자체가 모순되어 성립하지 않는다.
따라서 바르게 연결된 것은 ②이다.

17 정답 ④

지원자 4의 진술이 거짓이면 지원자 5의 진술도 거짓이고, 지원자 4의 진술이 참이면 지원자 5의 진술도 참이다. 즉, 1명의 진술만 거짓이므로 지원자 4, 5의 진술은 참이다. 그러면 지원자 1과 지원자 2의 진술이 모순이다.
ⅰ) 지원자 1의 진술이 거짓인 경우
    지원자 3은 인사부에 선발되었고, 지원자 2는 미디어홍보부 또는 기획재정부에 선발되었다. 이때 지원자 3의 진술에 따라 지원자 4가 미디어홍보부, 지원자 2가 기획재정부에 선발되었다.
    ∴ 인사부 : 지원자 3, 미디어홍보부 : 지원자 4, 기획재정부 : 지원자 2, 경영전략부 : 지원자 5
ⅱ) 지원자 2의 진술이 거짓인 경우
    지원자 2는 인사부에 선발되었고, 지원자 3은 미디어홍보부 또는 기획재정부에 선발되었다. 이때 지원자 3의 진술에 따라 지원자 4가 미디어홍보부, 지원자 3이 기획재정부에 선발되었다.
    ∴ 인사부 : 지원자 2, 미디어홍보부 : 지원자 4, 기획재정부 : 지원자 3, 경영전략부 : 지원자 5
따라서 항상 참인 것은 ④이다.

18 정답 ②

E사원의 진술에 따라 C사원과 E사원의 진술은 동시에 참이 되거나 거짓이 된다.
ⅰ) C사원과 E사원이 모두 거짓말을 한 경우
    참인 B사원의 진술에 따라 D사원이 금요일에 열리는 세미나에 참석한다. 그러나 이때 C와 E 중 1명이 참석한다는 D사원의 진술과 모순되므로 성립하지 않는다.
ⅱ) C사원과 E사원이 모두 진실을 말했을 경우
    C사원과 E사원의 진술에 따라 C, D, E사원은 세미나에 참석할 수 없다. 따라서 D사원이 세미나에 참석한다는 B사원의 진술은 거짓이 되며, C와 E사원 중 1명이 참석한다는 D사원의 진술도 거짓이 된다. 또한 A사원은 세미나에 참석하지 않으므로 금요일 세미나에 참석하는 사람은 B사원이 된다.
따라서 B사원과 D사원이 거짓말을 하고 있으며, 이번 주 금요일 세미나에 참석하는 사람은 B사원이다.

19 정답 ②

만약 민정이가 진실을 말한다면 영재가 거짓, 세희가 진실, 준수가 거짓, 성은이의 '민정이와 영재 중 1명만 진실만을 말한다.'가 진실이 되면서 모든 조건이 성립한다.
반면, 만약 민정이가 거짓을 말한다면 영재가 진실, 세희가 거짓, 준수가 진실, 성은이의 '민정이와 영재 중 1명만 진실만을 말한다.'가 거짓이 되면서 모순이 생긴다.
따라서 거짓을 말한 사람은 영재와 준수이다.

20 정답 ②

A대리와 E대리의 진술이 서로 모순이므로, 둘 중 1명은 거짓을 말하고 있다.
ⅰ) A대리의 진술이 거짓인 경우
    A대리의 말이 거짓이라면 B사원의 말도 거짓이 되고, D사원의 말도 거짓이 되므로 모순이다.
ⅱ) A대리의 진술이 진실인 경우
    A대리, B사원, D사원의 말이 진실이 되고, C사원과 E대리의 말이 거짓이 된다.
• 진실
 - A대리 : A대리·E대리 출근, 결근자 모름
 - B사원 : C사원 출근, A대리 진술은 진실
 - D사원 : B사원 진술은 진실
• 거짓
 - C사원 : D사원 출근
 - E대리 : D사원 출근, A대리는 결근 사유 듣지 못함
따라서 출근하지 않은 직원은 B사원이다.

21 정답 ①

A와 C의 진술이 서로 모순되므로 둘 중 1명은 거짓을 말하고 있다.
ⅰ) A의 진술이 참일 경우
    범인은 D이며, D의 진술이 거짓이 된다. 그러나 이 경우 B와 C가 범인이 되며, C의 진술 또한 거짓이 되므로 모순이다.
ⅱ) A의 진술이 거짓일 경우
    범인은 A이며, B, C, D는 모두 참을 말하고 있으므로 범인은 A이다.
따라서 S회사의 중요 문서를 훔친 범인은 A이다.

22 정답 ③

A와 B의 진술이 서로 모순되므로 둘 중 1명은 참을 말하고 있다. 또한, C와 D는 서로 함께 참석했다고 하였으므로 2명 모두 참이나 거짓이 되지만, A와 B 중 1명이 거짓을 말하고 있으므로 C와 D의 진술은 모두 참이다.
ⅰ) A의 진술이 거짓인 경우
    A는 세미나에 참석하지 않으며, B는 세미나에 참석하고, C와 D는 모두 참석한다. 마지막으로 E의 진술이 참이므로 E도 세미나에 참석한다. 이 경우, 거짓을 말하는 사람은 A뿐이므로 2명이 거짓을 말한다는 문제의 조건에 위배되므로 모순이다.
ⅱ) A의 진술이 참인 경우
    A는 세미나에 참석하며, B는 세미나에 참석하지 않고, C와 D는 모두 참석한다. 마지막으로 E의 진술이 거짓이므로 E는 세미나에 참석하지 않는다. 이 경우 거짓을 말하는 사람은 B와 E 2명이다.
따라서 거짓을 말하는 사람은 B, E이다.

23 정답 ③

진술의 진실 여부를 고려할 때 가능한 선발 경우는 다음과 같다.
ⅰ) 경우 1
G가 선발되었을 경우, 첫 번째, 두 번째 진술이 거짓이다. 이에 따라 나머지 진술이 참이어야 한다. D가 선발되는 경우를 제외하고는 나머지 진술이 참일 수 없다. 그러므로 D와 G가 선발된다.
ⅱ) 경우 2
B, C, D 중에서 1명만 선발되지 않고 2명이 선발될 경우, 네 번째, 다섯 번째 진술이 거짓이다. 이에 따라 나머지 진술이 참이어야 한다. 그러므로 C, D가 선발된다.
따라서 항상 선발되는 사람은 D이다.

24 정답 ③

만약 갑의 말이 진실이면 을의 말은 거짓, 병·정의 말은 진실, 무의 말은 거짓이 되어 진실을 말한 사람이 3명이 되므로 1명만 진실을 말한다는 조건에 맞지 않는다. 그러므로 갑의 말은 거짓이다.
또한 을이나 무의 말이 진실이라면 병의 말이 진실이 되므로 1명만 진실을 말한다는 조건에 어긋나 을과 무의 말 역시 거짓이다.
병의 말이 진실이라면 을의 말은 거짓, 정의 말은 진실이 되므로 병의 말도 거짓이다.
따라서 진실을 말한 사람은 정이고, 갑, 을, 병, 무의 말은 모두 거짓이 되므로 병이 범인이다.

25 정답 ③

A와 D의 진술이 모순되므로, A의 진술이 참인 경우와 거짓인 경우로 나눠 살펴본다.
ⅰ) A의 진술이 참인 경우
A의 진술에 따라 D가 부정행위를 하였으며, 거짓을 말하고 있다. B는 A의 진술이 참이므로 B의 진술도 참이며, B의 진술이 참이므로 C의 진술은 거짓이 되고 E의 진술은 참이 된다. 이때 부정행위를 한 사람은 C, D이다.
ⅱ) A의 진술이 거짓인 경우
A의 진술에 따라 D는 참을 말하고 있고, B는 A의 진술이 거짓이므로 B의 진술도 거짓이 된다. B의 진술이 거짓이므로 C의 진술은 참이 되고, E의 진술은 거짓이 된다. 그러면 거짓을 말한 사람은 A, B, E이지만 조건에서 부정행위를 한 사람은 2명이므로 모순이 된다.
따라서 부정행위를 한 사람은 C, D이다.

26 정답 ②

첫 번째 조건에서 D는 A의 바로 왼쪽에 앉으며, 마지막 조건에서 B는 E의 바로 오른쪽에 앉으므로 'D – A', 'E – B'를 각각 한 묶음으로 생각할 수 있다. 두 번째 조건에서 C는 세 번째 자리에 앉아야 하며, 세 번째 조건에 의해 'D – A'는 각각 첫 번째, 두 번째 자리에 앉아야 한다. 이를 표로 정리하면 다음과 같다.

첫 번째 자리	두 번째 자리	세 번째 자리	네 번째 자리	다섯 번째 자리
D	A	C	E	B

[오답분석]
① D는 첫 번째 자리에 앉는다.
③ C는 세 번째 자리에 앉는다.
④ C는 A의 바로 오른쪽에 앉는다.
⑤ C는 E의 바로 왼쪽에 앉는다.

27 정답 ②

여섯 번째 조건에 의해 E는 1층에서 살고, C가 살 수 있는 층에 따른 A~D의 위치는 다음과 같다.
- C가 1층에 살 때
  첫 번째 조건에 의해 C와 E가 같은 층에 살 수 있으며, 다섯 번째 조건에 의해 D는 2층에 산다. 세 번째·네 번째 조건에 의해 A는 4층에 살고, B는 3층 또는 5층에 산다. 이때, 빈 층은 홀수 번째 층이므로 두 번째 조건을 만족한다.
- C가 2층에 살 때
  다섯 번째 조건에 의해 D는 3층에 살고, 세 번째·네 번째 조건에 의해 A는 4층에 산다. B는 두 번째 조건에 의해 5층에 살 수 없고, 첫 번째 조건에 의해 B는 1층 또는 3층에 산다.
- C가 3층에 살 때
  다섯 번째 조건에 의해 D는 4층에 살고, 세 번째·네 번째 조건에 의해 A는 2층에 산다. B는 두 번째 조건에 의해 5층에 살 수 없고, 첫 번째 조건에 의해 B는 1층 또는 3층에 산다.
- C가 4층에 살 때
  다섯 번째·마지막 조건에 의해 D는 5층에 살 수 없으므로 불가능하다.

따라서 B가 5층에 산다면 C는 1층에 E와 같이 살기 때문에 혼자 살지 않는다.

오답분석
① A가 2층에 산다면 B는 1층 또는 3층에 살고, C는 3층에 산다.
③ C가 2층에 산다면 B와 E는 1층에 같이 살 수 있다.
④ D가 4층에 산다면 B와 C는 3층에 같이 살 수 있다.
⑤ E가 1층에 혼자 산다면 C가 2층에 살 때, 3층에 B와 D가 같이 살 수 있다.

28 정답 ③

직원은 모두 9명이고, 자리는 11개이므로 빈자리는 두 곳이다. 두 번째 조건에서 사원 양옆과 앞자리는 비어있을 수 없다고 했으므로 B, C, E, F, G를 제외한 A, D자리는 빈자리가 된다. 세 번째 조건에 따라 부장 앞자리에 오상무 또는 최차장이 앉으며, 첫 번째 조건을 보면 같은 직급은 옆자리에 배정할 수 없다. 이를 표로 정리하면 다음과 같다.

부장	빈자리	B	성대리	C	빈자리
	최차장 또는 오상무	김사원	F	이사원	G

따라서 F와 G에 과장 2명이 앉으면 성대리 양옆 중 한 자리에 한대리가 앉아야 하므로 ③은 옳지 않다.

오답분석
① 최차장이 E에 앉을 경우 앞자리 A는 빈자리이다.
② A와 D는 빈자리이다.
④ B, C, F, G 중 한 곳에 최차장이 앉으면, E에는 오상무가 앉게 된다.
⑤ 한대리가 앉을 수 있는 자리는 F 또는 G이다.

29 정답 ③

세 번째 조건에 따라 E와 B 사이에 2명이 있으므로 E와 B의 위치는 다음과 같이 두 가지 경우가 존재한다.
 ⅰ) E-○-○-B-○
  두 번째 조건에 따라 A와 D 사이에 1명이 있어야 하므로 A와 D는 왼쪽에서 세 번째나 다섯 번째에 위치한다. 그러므로 남은 두 번째 자리는 C가 위치하므로 마지막 조건에 따라 D는 세 번째, A는 다섯 번째에 위치한다.
 ⅱ) ○-E-○-○-B
  두 번째 조건에 따라 A와 D 사이에 1명이 있어야 하므로 A와 D는 왼쪽에서 첫 번째나 세 번째에 위치한다. 그러므로 남은 네 번째 자리는 C가 자리하게 되지만, 마지막 조건에 따라 C의 오른쪽에 D가 위치할 수 없으므로 불가능하다.

따라서 E-C-D-B-A 순으로 줄을 서며, D는 왼쪽에서 세 번째에 위치하게 된다.

30 정답 ⑤

영래의 맞은편이 현석이고 현석이의 바로 옆자리가 수민이므로, 이를 기준으로 주어진 조건에 맞추어 자리를 배치해야 한다.
영래의 왼쪽, 수민이의 오른쪽이 비어있을 때 또는 영래의 오른쪽, 수민이의 왼쪽이 비어있을 때는 성표와 진모가 마주보면서 앉을 수 없으므로 성립하지 않는다. 그러므로 영래의 왼쪽, 수민이의 왼쪽이 비어있을 때와 영래의 오른쪽, 수민이의 오른쪽이 비어있을 때를 정리하면 다음과 같다.

ⅰ) 영래의 왼쪽, 수민이의 왼쪽이 비어있을 때

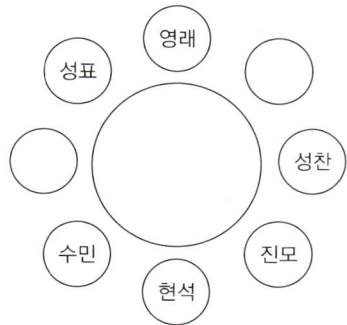

ⅱ) 영래의 오른쪽, 수민이의 오른쪽이 비어있을 때

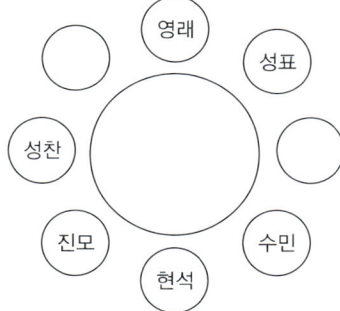

따라서 어느 상황에서든 진모와 수민이는 1명을 사이에 두고 앉는다.

2026 최신판 시대에듀 기출이 답이다
CJ그룹 CAT 온라인 적성검사

개정16판1쇄 발행	2025년 12월 15일 (인쇄 2025년 11월 26일)
초 판 발 행	2017년 10월 10일 (인쇄 2017년 08월 24일)
발 행 인	박영일
책 임 편 집	이해욱
편 저	SDC(Sidae Data Center)
편 집 진 행	안희선 · 한성윤
표지디자인	김경모
편집디자인	양혜련 · 김경원 · 장성복
발 행 처	(주)시대고시기획
출 판 등 록	제10-1521호
주 소	서울시 마포구 큰우물로 75 [도화동 538 성지 B/D] 9F
전 화	1600-3600
팩 스	02-701-8823
홈 페 이 지	www.sdedu.co.kr
I S B N	979-11-434-0437-4 (13320)
정 가	23,000원

※ 이 책은 저작권법의 보호를 받는 저작물이므로 동영상 제작 및 무단전재와 배포를 금합니다.
※ 잘못된 책은 구입하신 서점에서 바꾸어 드립니다.

CAT
CJ그룹 온라인 적성검사

기출이 답이다

대기업 인적성 "기출이 답이다" 시리즈

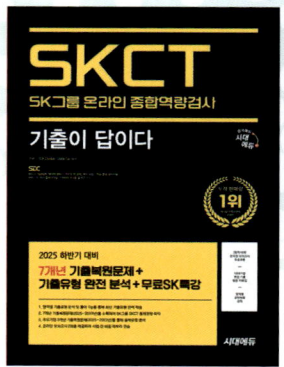   

역대 기출문제와 주요기업 기출문제를 한 권에! 합격을 위한
Only Way!

대기업 인적성 "사이다 모의고사" 시리즈

실제 시험과 동일하게 마무리! 합격으로 가는
Last Spurt!

NEXT STEP

시대에듀가 합격을 준비하는
당신에게 제안합니다.

성공의 기회
시대에듀를 잡으십시오.

시대에듀

기회란 포착되어 활용되기 전에는 기회인지조차 알 수 없는 것이다.
- 마크 트웨인 -

**2026 최신판 시대에듀 기출이 답이다
CJ그룹 CAT 온라인 적성검사**

Always with you

사람의 인연은 길에서 우연하게 만나거나 함께 살아가는 것만을 의미하지는 않습니다.
책을 펴내는 출판사와 그 책을 읽는 독자의 만남도 소중한 인연입니다.
시대에듀는 항상 독자의 마음을 헤아리기 위해 노력하고 있습니다. 늘 독자와 함께하겠습니다.

자격증·공무원·금융/보험·면허증·언어/외국어·검정고시/독학사·기업체/취업
이 시대의 모든 합격! 시대에듀에서 합격하세요!
www.youtube.com ➔ 시대에듀 ➔ 구독

CAT
CJ그룹 온라인 적성검사
기출이 답이다

시대에듀